제4판

생활과 법률

오경식

유원북스

제 4 판을 출판하면서

2023년 여름은 천재지변과 다양한 범죄로 사건사고가 유난히 많은 계절이었다. 코로나19의 끝자락에 나타난 사회현상으로 볼 수 있다. 이에 대처하기 위한 다양한 노력 중 하나로 법률의 양산과 무차별적 법률 개정이라는 또 하나의 부작용을 낳았다. 안타깝지만 이러한 급조된 법률들은 진지한 검토를 거친 것으로 볼 수 없는 것들이 대다수이다.

일상생활에서 법을 접하는 일반인의 입장에서는 더 어려움에 직면할 것으로 보인다. 그렇지만 이러한 상황에서도 보다 정확한 법률정보는 제공할 필요가 있어 제4판을 출판할 수 밖에 없다.

본 4판은 변경된 법률에 따라 본서를 재구성하였다. 많고 다양한 분야 중 반드시 알아야 할 필수적 생활 관련 법률 중 민법(가족법)과 주택 및 상가 임대차보호법, 노동관련 법률, 교통사고특례법, 행정관련 법률 및 수사권조정관련 형법, 형사소송법 및 공수처법 등의 일부 개정된 내용을 수정·보완하였다.

빈번한 법률 변경에도 불구하고 개정작업에 도움을 주신 분으로 국립강릉원주대에서 강의를 해주시는 송진경박사님과 본서의 편집 작업을 맡아 주신 전충영 상무님과 본서의 개정 출판을 맡아 주신 유원북스 이구만 사장님께 감사드립니다.

2023. 8

저자

책을 출판하면서

2016년 여름은 유난히 더웠다. 2002년 출판된 『법과 사회생활』은 그동안 그 내용이 너무 많이 바뀌어, 더위 속에서 이를 읽는 독자들에게 여름의 무더위보다 더한 불편을 끼쳐드렸다. 이에 미력하나마 바뀐 내용을 제공하는 것이 저자로서의 의무이자 사명이라 생각하였다.

본서는 2002년 출판된 『법과 사회생활』을 바탕으로 새로이 개정·변화된 내용의 생활법률을 소개하고, 법적 문제 해결을 위한 유용한 법률 정보를 담고 있다.

현대 사회를 살아가기 위해서는 좋으나 싫으나 다양한 법률문제와 직면할 수밖에 없다. 필자는 법학과 교수로 약 30여년 근무하는 동안 학회, 사회봉사 활동, 정부 위원회 및 각종 법률상담을 하면서 우리 생활 속에서 꼭 필요한 생활법률이 무엇인가를 늘 고민하였다. 법은 우리 생활에 뿌리 깊게 자리 잡고는 있지만, 그 내용의 전문성으로 인하여 이를 모르는 일반인들에게는 늘 어렵고 생소하며, 그로 인해 선량한 사람들이 불이익을 당하는 경우가 적지 않다.

본서는 현대 사회인이 꼭 알아야 할 생활법률을 정리하여 소개하는 것을 1차적인 목표로 하였다. 또한 일반행정공무원, 검찰공무원, 경찰공무원 등의 각종 공무원 시험을 준비하는 학생들과 법학을 전문으로 하려는 초학자들에게 다양한 법률의 근본원리와 기초법학을 소개하고자 노력하였다.

본서는 총론과 각론으로 나누어 총론에서는 꼭 필요한 법의 일반원리를 소개하고, 각론에서는 널리 이용되는 생활법률과 사례를 소개하였다.

본서가 출판되기 위해서 이 더운 여름날 많은 분들이 수고를 해 주셨다. 본서의 교정을 위해 수고한 국립 강릉원주대학교 석사과정의 손진주양, 꼼꼼한 편집 작업을 해 주신 전충영 상무님, 그리고 본서의 출판을 맡아 주신 유원북스 이구만 사장님께 진심으로 감사드린다.

2016. 8

저자

차 례

제1부 총 론

제2부 각 론

제 1 부

총 론

제 1 장

서 론

1. 법학의 학문성

학문이란 체계화된 모든 지식의 총체로서 크게 과학과 철학으로 구분하여 볼 수 있다. 과학과 철학은 모두 진리를 탐구한다는 점에서 공통점을 가진다. 다만, 과학은 주어진 존재현상을 설명하기 위하여 일정한 가설을 세우고 객관적인 실험과 관찰을 통하여 그 가설을 검증하는 방법으로써 진리를 탐구한다. 즉 과학은 사물의 특수성에서 출발하여 구체적·실증적·경험적인 진리를 탐구하는 학문이다. 이에 비하여, 철학은 주어진 현상을 기술하고 설명하는 것 그 자체가 목적이 아니라, 존재현상의 배후에 있는 존재의 목적과 근본원리의 규명을 그 임무로 한다. 그런 의미에서 철학은 사물의 보편성에서 출발하여 추상적·논리적·선험적인 진리를 탐구하는 학문이다. 바로 이 점에서 양자는 구별된다.

과학은 형식적 과학(선험적 과학)과 실질적 과학(경험적 과학)으로 구별할 수 있다. 형식적 과학은 수학과 논리학으로 대표될 수 있으며, 실질적 과학은 자연과학과 정신과학 및 문화과학으로 또다시 구분할 수 있다. 그중에서 정신과학은 인간의 정신현상에 중점을 두는 개인적 과학(심리학, 교육학, 언어학)과 사회현상에 중점을 두는 사회과학으로 나누어진다.

이와 같은 학문영역들 중에서 법학은 그 대상으로 하는 것들이 법에 관한 사회현상에 착안하여 그것을 규명하는 것이므로 사회과학에 속한다고 할 수 있다. 따라서 정치에 관한 사회현상을 규명하는 정치학과 경제에 관한 사회현상을 규명하는 경제학과 구별된다.

법학은 일반적으로 법해석학, 법사실학, 법가치학으로 나누어진다.

1) 법해석학(협의의 법학)

법을 적용하기 위해서는 사실관계의 확정과 사실관계에 적용될 법률 규정의 의미가 확정되어야 한다. 법의 적용을 위해 법률에 규정된 법적 개념들을 논리적·체계적으로 분석하여 그 의미를 객관적으로 확정하는 것을 법의 해석이라고 하는데, 법학은 이러한 법의 해석을 자신의 주된 임무로 하고 있다. 그런 의미에서 통상 법학이라고 하면 법해석학을 의미하게 된다.

2) 법사실학

법해석학은 법률을 주어진 규범으로 보고, 그 규범적·법적 의미를 밝히는 것을 과제로 한다. 이에 반해, 법사실학은 법을 사회적 사실 또는 사회적 현상으로 보고, 그 사실 또는 현상으로서의 법을 경험적·과학적으로 탐구하는 학문이다. 법사회학, 법사학, 법심리학, 비교법학 등이 바로 이러한 법사실학에 속한다.

3) 법가치학

법해석학은 실정법 그 자체에 대한 가치적 평가는 배제한다. 실정법을 이미 주어진 규범, 즉 하나의 도그마(dogma)로서 받아들인다. 이에 비하여 법가치학은 주어진 실정법이 과연 정당한 것인가를 묻는다. 즉, 실정법의 배후에 놓여 있는 실정법의 정당화 근거나 실정법을 정당화시켜 줄 수 있는 가치들을 탐구함으로써 실정법에 대한 비판적·가치평가적 기능을 수행한다. 법철학과 법정책학이 여기에 속한다.

법학적 물음의 차이	
법해석학	「성매매알선 등 행위의 처벌에 관한 법률」이 규정한 성매매죄가 성립하기 위해서는 어떤 구성요건을 충족해야 하는가? 특정인들을 상대로 금품을 수수하고 성행위를 한 경우에도 성매매죄에 해당하는가?
법사실학	성매매행위는 언제부터 범죄로 처벌되었는가? 성매매행위에 대한 처벌이 사회에 어떤 영향을 미치는가? 성매매행위에 대한 국민들의 의식수준은 어떠한가? 성매매행위를 모든 국가에서 처벌하는가?
법가치학	성매매행위가 과연 실질적 의미에서 범죄인가? 성매매행위를 처벌하는 것이 과연 정의로운 것인가?

2. 법의 어원

동양에서의 '법(法)'이란 글자는 「氵」 변에 「去」자를 합친 한자어이다. 그런 까닭에 사람들은 법이라는 말 속에 '물이 간다'라는 의미를 담고 있다고 보기도 한다. 물이 가듯이 공평하게 세상을 다스린다는 정의 또는 순리를 표현하는 글자로 보아야 한다는 것이다. 물의 성질 또한 어느 그릇에 담겨도 수평으로 담기며 역류하는 법이 없듯이 법에는 형평의 의미도 포함되어 있다고 볼 수 있다.

그러나 법의 옛글자는 「灋」이다. 즉, 「氵」, 「去」, 「廌」(해태 치)의 합자이다. 해태는 사슴이나 양과도 닮았으나 외뿔을 가진 전설 속의 짐승이다. 신령한 짐승으로 여겨졌던 해태는 전설시대의 심판관 구실을 맡았던 모양이다. 즉, 유죄인지 무죄인지 종잡기 어려운 용의자가 있으면 해태의 외뿔 위에 손을 얹어 보게 하여 뿔이 떨리면 유죄가 되고 떨리지 않으면 무죄가 되었다고 한다. 마치 요즘의 거짓말 탐지기를 방불케 한다. 해태의 전설은 법이란 모래사장에 고랑을 내면 이리도 흐르고 저리도 흐르는 물줄기만은 아니라는 뜻을 깨우쳐 준다. 해태라는 짐승이 심판의 역할을 해준 것처럼 법은 옳고 그름을 분별해 주는 의미를 담고 있는 것이다.

그렇다면 서양에서 법이라는 말은 어떤 어원적 의미를 가지고 있을까? 고대 그리스 신화에서 법을 상징하는 신은 제우스의 아내 테미스(Themis)다. 테미스에게는 세 딸이 있는데, 정의의 여신 디케(Dike), 평화의 여신 에이레네(Eirene), 규율의 여신 에우노미아(Eunomia)가 그들이다. 그런 의미에서 본다면, 그리스에서의 법은 정의, 평화, 규율의 의미를 담고 있다고 볼 수 있다. 로마에서 유스(ius)라는 말은 선과 형평의 기술(ius est ars boni et aequi)로서 도덕을 포함한 법을 지칭하는 말인데, 이 말은 권리라는 의미도 더불어 가지고 있다. 독일어의 Recht, 프랑스어의 droit도 법이라는 의미 외에 올바름, 정의, 권리 등의 의미를 함께 가지고 있다.[1)]

---

1) 서양의 법개념의 어원적 의미에 관해서는 조천수 외, 법학개론, 법원사, 2002, 2면 이하 참조.

3. 법과 사회생활

인간은 사회적 존재이며, 사회를 떠나서는 생활을 영위할 수 없다. 기르케(Otto von Gierke)는 "사람의 사람다움은 사람과 사람의 결합에 있다"라고 하여 사회적 존재(Zoon Politikon)로서의 인간을 적절히 지적하고 있다.

사람은 태어나서부터 죽을 때까지 결코 혼자서는 생활할 수 없고 반드시 다른 사람들과 공동생활을 하기 마련이다. 즉, 인간은 태어나면서 가족이라는 혈연적 공동사회인 가정에 속하게 되고, 또한 취미·교양을 위한 단체·클럽, 공동의 이익을 도모하기 위한 이익사회(회사, 조합), 종교단체, 학교, 지방자치단체, 주권정부하의 국가사회조직, 그리고 지구의 230여개의 국가들이 정치·문화·경제적으로 상호 교류하는 국제사회 등 크고 작은 다양한 사회에 속하게 된다.

그런데 사람이 사회 속에서 공동생활을 하려면 서로 이해의 충돌과 공통이 있게 마련이다(갑에게 이익 → 을·병에게 손해 혹은 을·병에게도 이익). 이러한 사람들 간의 다툼과 충돌로 공동생활의 질서가 문란케 되고, 이로 인하여 공동생활의 유지가 곤란하게 되어 토마스 홉스(Thomas Hobbes)가 말하는 소위 '만인의 만인에 대한 투쟁'의 상태가 지속될 수 있다. 그러므로 이러한 사람들이 사회공동생활을 영위하는 데는 행위의 준칙인 사회규범이 필요하게 되는 것이다.

이와 같이 사회의 통일과 질서를 유지하기 위한 사회규범에는 여러 종류가 있지만 보편적이고 중요한 사회규범의 종류로는 도덕규범, 종교규범, 관습규범, 법규범 등이 있다. 그중 강제성이 강하고 중요한 것이 법규범이다. 특히 법은 사회생활에 있어 행위의 준칙(규범)으로서 공동생활을 안전하게 하는 것이므로 사회질서를 유지하고 공동생활의 목적을 이룩하기 위하여 반드시 요구되는 것이다. 따라서 모든 사회에는 반드시 그 사회에 특유한 법이 존재한다고 할 수 있다. "사회가 있는 곳에 법이 있다(ubi societas ibi ius)"는 법언(法諺)이나, "지옥에도 법이 있다"는 괴테(Goethe)의 말은, 인간의 사회가 유지되고 존속하기 위해서는 반드시 사회생활의 준칙으로서의 법규범이 필요하다는 것을 잘 표현하고 있는 말이다.

사회규범은 시간, 장소에 따라 차이가 있고, 크게 변천하여 왔다. 원시사회는 제정일치사회로서 여러 규범이 혼연일체를 이루고 있었던 것으로 보인다. 그러나 이러한 혼연일치된 규범은 동양에서는 춘추전국시대, 서양에서는 소피스트의 등장 및 스토아와 기독교세계로 접어들면서 점차 분화되었으며 또한 문화발달에 따라 각 규범은 분화되기 시작하였다.

제 2 장

법의 개념

'법이란 무엇인가'라는 법의 개념에 대한 문제는 지금까지도 법철학에 있어서 가장 본질적인 물음으로 남아있다. 예로부터 수많은 학자들이 제각기 법에 대한 정의를 내리고는 있지만 모두가 만족할 수 있는 법 개념을 찾기는 쉽지 않다.

법이라는 것은 '열린 개념'으로서 그것을 일의적으로 정의하는 것은 매우 어려운 일이다. 다만, 널리 통용되는 기본적이고 일반적인 관념에 따라 법의 개념을 정의하면, 법이란 '사람의 공동생활(사회생활)에 필요한 행위의 준칙으로서 국가에 의하여 강행되는 사회규범'이라고 할 수 있다.

1. 법은 '규범'이다.

규범(Norm)은 어떠한 행위를 명령하거나, 금지하거나 또는 허용하는 등의 방법으로 인간의 행위를 일정한 방향으로 지시하는 당위(當爲)를 의미한다. 법은 이러한 의미에서 규범법칙에 속한다.

이 세계를 지배하는 법칙은 자연법칙과 규범법칙의 두 가지로 나눌 수 있다(Kant의 이원론적 세계관). 자연법칙은 자연을 그 대상으로 하는 것으로서 "해는 동쪽에서 떠서 서쪽으로 진다", "봄이 가면 여름이 온다"는 법칙과 같은 필연법칙으로서의 존재법칙(Sein의 법칙)이며, 규범법칙은 "거짓말 하지 마라", "사람을 살해한 자는 사형, 무기 또는 5년 이상의 징역에 처한다"와 같은 인간의 행위를 대상으로 하는 행위법칙으로서의 당위법칙(Sollen의 법칙)이다.

규범법칙이란 자연법칙과 달리 어떠한 이상을 목표로 하여 그 사회의 구성원들에게 명령, 금지 또는 허용 등의 방법을 통하여 특정한 인간의 행위를 지시한다. 따라서 규범은 위반가능성을 예상하고 때로는 위반하는 경우가 있음으로써 그 존재가치가 있다. 즉, 어떠한 필연을 전제로 하지 않는다. 그러므로 '배고프면 먹어야 한다'는 식의 규범은 존재할 수 없다.

2. 법은 '사회규범'이다.

사회규범이란 사람이 공동생활(사회생활)을 하는 데 필요한 행위의 준칙이다. 이러한 사회규범에는 도덕규범, 종교규범, 관습규범, 법규범 등이 있는데, 오늘날 사회생활에 있어서 가장 중요한 규범 중의 하나가 바로 법규범이다. 따라서 법은 원칙적으로 두 사람 이상의 사이에서의 관계, 이른바 인간의 사회생활관계를 규율한다.

이러한 점에서 법은 개인적 규범과 구별된다. 개인적 규범이란 개인이 자기의 생활관계를 규율하는 규범으로 각 개인이 자기 스스로 "술·담배를 끊는다", "하루 몇 시간은 반드시 독서한다" 등을 생활의 규칙으로 하고 있는 경우와 같은 규범을 말한다. 그러나 이러한 개인적 규범은 그 사람에게만 규범적 기능을 수행할 뿐, 직접적으로 사회적 의미는 없다는 점에서 법규범은 아니다.

3. 법은 '행위의 준칙'이다.

법은 원칙적으로 외적인 행위를 규율대상으로 한다. 법학에서의 행위란 일반적인 사전적 의미와는 달리 사람의 의사에 기한 신체의 외부적 동정으로서, 의사에 의하지 않는 수면 중의 동작이나 단순한 거동과는 구별된다. 이러한 사람의 의사에 기한 행위에는 동적(적극적) 방향과 정적(소극적) 방향의 두 종류가 있다. 전자는 작위(作爲)로서 외부의 적극적 변동을 의미하고, 후자는 부작위(不作爲)로서 행위자가 법이 기대하거나 요구하는 일정한 행위를 하지 않는 것을 의미한다. 예를 들면, 민사관계에서의 채무불이행이나, 산모가 살인의 고의로서 유아에게 젖을 주지 않음으로써 살해하는 부작위에 의한 살인 등을 들 수 있다. 그리고 준칙이란 바로 이와 같은 인간의 행위를 반가치적인 행위 혹은 가치적인 행위로 평가하는 기준을 의미한다.

4. 법은 국가(정치적으로 조직된 사회) 권력에 의하여 강행되는 규범이다.

법의 가장 큰 특징은 국가와 같은 정치적으로 조직된 사회 권력에 의하여 강제되는 규범이라는 점에 있다. 정치적 조직사회는 국가와 국가 이외의 조직된 사회(국제사회 → 국제법, 지방자치단체 → 자치법규)로 구분할 수 있다. 법은 자신이 요구하는 바를 실제로 준수하게 하기 위하여 국가권력 등에 의하여 강행된다는 점에서 도덕 및 기타의 사회규범과 구별된다.

제 3 장

법과 다른 사회규범

1. 법과 관습

관습(Gewohnheit, custom)이란 일정한 행위가 일정한 범위의 사람들 사이에서 계속적·반복적으로 행하여짐으로써, 이러한 행동양식을 따를 경우에는 옳고, 따르지 않을 경우에는 옳지 않으며, 또한 그 위반에 대한 사회적 비난을 받는 방식으로, 일정 범위의 사람들에게 규범적 구속력을 갖기에 이른 특정한 행동양식을 의미한다.

관습은 습관(habit)과 구별되는데, 습관은 반복하여 행하는 행위가 개인적이고, 따라서 각 개인에 따라 다르나, 관습은 사회적 행위이고, 이를 준수해야 한다는 공통된 의식이 사회구성원들에게 발생되기 때문에 관습에 위반하면 사회적 비난을 받으며, 그 결과 규범성을 띠는 관습규범으로 된다. 특히 관습은 의식적·모방적 현실생활로서 불합리한 점도 있으나 현실적 의미가 강하게 존재하고 있다. 이와 같은 관습은 원시사회에서는 법, 도덕, 종교가 다함께 미분화된 상태로서 존재하고 있었다.

관습은 외부적 행위결과에 중점을 두고 타율적 성격을 가지며, 도덕은 내면적 동기에 중점을 두고 자율적 성격을 가진다. 관습도 이에 위반하면 사회적 비난이 온다는 강제성을 갖지만, 국가권력에 의한 강제가 아닌 심리적 강제로서 법과 관습은 그 위반시에 오는 강제성의 강약의 정도에 의하여 서로 다르나, 관습이라 하더라도 국가권력에 의하여 강행되면 '관습법'이라는 법의 일종으로 된다.

관습법이 성립하기 위해서는 ① 일정한 관행이 존재하여야 하고, ② 그 관행이 거듭됨으로써 일반의 법적 확신 내지 법적 승인이 있어야 하며, ③

그 관행이 선량한 풍속 기타 사회질서에 위반되지 않아야 한다.

대법원 판례에 따른 관습법의 정의

관습법이란 사회의 거듭된 관행으로 생성한 사회생활규범이 사회의 법적 확신과 인식에 의하여 법적 규범으로 승인·강행되기에 이른 것을 말하고, 그러한 관습법은 법원(法源)으로서 법령에 저촉되지 아니하는 한 법칙으로서의 효력이 있는 것이고, 또 사회의 거듭된 관행으로 생성한 어떤 사회생활규범이 법적 규범으로 승인되기에 이르렀다고 하기 위하여는 헌법을 최상위 규범으로 하는 전체 법질서에 반하지 아니하는 것으로서 정당성과 합리성이 있다고 인정될 수 있는 것이어야 하고, 그렇지 아니한 사회생활규범은 비록 그것이 사회의 거듭된 관행으로 생성된 것이라고 할지라도 이를 법적 규범으로 삼아 관습법으로서의 효력을 인정할 수 없다(대법원, 2002다1178 전원합의체 판결).

헌법적 관습 및 관습헌법에 대한 헌법재판소의 입장

우리 헌법전상으로는 '수도가 서울'이라는 명문의 조항이 존재하지 아니한다. 그러나 현재의 서울 지역이 수도인 것은 그 명칭상으로도 자명한 것으로서, 대한민국의 성립 이전부터 국민들이 이미 역사적, 전통적 사실로 의식적 혹은 무의식적으로 인식하고 있었으며, 대한민국의 건국에 즈음하여서도 국가의 기본구성에 관한 당연한 전제사실 내지 자명한 사실로서 아무런 의문도 제기될 수 없는 것이었다. 따라서 제헌헌법 등 우리 헌법제정의 시초부터 '서울에 수도(서울)를 둔다.'는 등의 동어반복적인 당연한 사실을 확인하는 헌법조항을 설치하는 것은 무의미하고 불필요한 것이었다. 서울이 바로 수도인 것은 국가생활의 오랜 전통과 관습에서 확고하게 형성된 자명한 사실 또는 전제된 사실로서 모든 국민이 우리나라의 국가구성에 관한 강제력 있는 법규범으로 인식하고 있는 것이다. (중략) 서울이 우리나라의 수도인 것은 조선시대 이래 600여 년간 우리나라의 국가생활에 관한 당연한 규범적 사실이 되어 왔으므로 우리나라의 국가생활에 있어서 전통적으로 형성되어 있는 계속적 관행이라고 평가할 수 있고(계속성), 이러한 관행은 변함없이 오랜 기간 실효적으로 지속되어 중간에 깨어진 일이 없으며(항상성), 서울이 수도라는 사실은 우리나라의 국민이라면 개인적 견해 차이를 보일 수 없는 명확한 내용을 가진 것이며(명료성), 나아가 이러한 관행은 오랜 세월간 굳어져 와서

> 국민들의 승인과 폭넓은 컨센서스를 이미 얻어(국민적 합의) 국민이 실효성과 강제력을 가진다고 믿고 있는 국가생활의 기본사항이라고 할 것이다. 따라서 서울이 수도라는 점은 우리의 제정헌법이 있기 전부터 전통적으로 존재하여온 헌법적 관습이며 우리 헌법조항에서 명문으로 밝힌 것은 아니지만 자명하고 헌법에 전제된 규범으로서, 관습헌법으로 성립된 불문헌법에 해당한다. (중략) 관습헌법의 제 요건을 갖추고 있는 '서울이 수도인 사실'은 단순한 사실명제가 아니고 헌법적 효력을 가지는 불문의 헌법규범으로 승화된 것이며, 사실명제로부터 당위명제를 도출해 낸 것이 아니라 그 규범력에 대한 다툼이 없이 이어져 오면서 그 규범성이 사실명제의 뒤에 잠재되어 왔을 뿐이다. (중략) 어느 법규범이 관습헌법으로 인정된다면 그 개정가능성을 가지게 된다. 관습헌법도 헌법의 일부로서 성문헌법의 경우와 동일한 효력을 가지기 때문에 그 법규범은 최소한 헌법 제130조에 의거한 헌법개정의 방법에 의하여만 개정될 수 있다. 따라서 재적의원 3분의 2 이상의 찬성에 의한 국회의 의결을 얻은 다음(헌법 제130조 제1항) 국민투표에 붙여 국회의원 선거권자 과반수의 투표와 투표자 과반수의 찬성을 얻어야 한다(헌법 제130조 제3항). [신행정수도의 건설을 위한 특별조치법 위헌확인, 헌법재판소 2004헌마554·566(병합)]

관습법은 성문법에 대하여 원칙적으로 보충적 효력만을 가진다. "민사에 관하여 법률에 규정이 없으면 관습법에 의하고 관습법이 없으면 조리에 의한다."는 민법 제1조의 규정은 바로 이 점을 잘 표현하고 있다. 즉 원칙적으로 관습법은 성문법을 개폐할 효력이 없다.

2. 법과 종교

종교규범이라 함은 일정한 종교가 그 신자에게 지킬 것을 요구하는 규칙, 즉 종교의 명령 또는 금지이다. 고대사회에서는 제정일치사상에 의하여 법과 종교가 혼동되어 양자는 미분리 상태였다. 특히 중세 서구에서는 기독교와 법이 혼합되어 종교가 최고권위의 가치기준이어서 종교적 계율이 '교회법'(canon law)이라는 이름으로 일반사회를 규율하였다. 유럽 각국의 법전 또한 기독교적 영향을 받지 않은 것이 거의 없었으며, 오늘날에도 실정법 가운데 종교에 관한 규정이 여러 곳에 남아 있다. 그리고 종교규범이 동시에 법규범인 경우도 있다. 예컨대 이슬람교의 종교규범은 이슬람국가에 있어서는 동시에 법규범이다. 또한 유대인에게 구약의 율법은 종교규범인 동시에 도덕규범이기도 하고, 법규범이기도 하다. 종교규범도 일종의 사회통제수단으로서의 기능을 가지고 있다. 일찍이 레프고우(Eike von Repgow: 1180~1233)는 "신은 기독교의 보호를 위하여 두 자루의 칼을 지상에 주었다. 하나는 황제에게, 다른 하나는 법황에게 주었다"라고 하여 국가권력인 세속권과 신의 세계인 종교권을 구분하였다.

법규범과 종교규범은 각각 그 존립의 기반과 강제의 방법이 상이하다는 점에서 차이점을 발견할 수 있다. 법은 정치적으로 조직된 사회의 권력, 즉 세속적 권력에 의한 강제에 의하여 보장되는 규범이다. 즉 법의 위반에 대해서는 세속적 권력에 의한 제재(sanction)가 가해진다. 그러나 종교규범은 신과 같은 초자연적인 존재에 의하여 보장되는 규범이다. 즉 종교규범의 위반에 대해서는 신과 같은 초자연적 존재에 의한 제재가 가하여진다. 예컨대 구약에서의 소돔과 고모라의 파괴라든가 노아의 홍수와 같은 천재지변은 신의 명령(즉 종교규범), 보다 정확히 말하면 신과의 계약 위반에 대한 신의 제재다. 이러한 처벌은 부정적인 제재에 속한다. 그러나 신의 명령에 순종할 때에는 신은 은혜와 축복을 내려준다. 이것은 하나의 포상으로서 긍정적 제재라고 할 수 있다.

3. 법과 도덕

1) 법과 도덕의 구분

자연법이 지배하던 18세기 말까지 법과 도덕은 결합된 하나의 사회규범을 이루고 있었으며, 법은 도덕적 질서의 한 부분으로 생각되었다. 그러나 토마지우스(Christian Thomasius: 1655~1728)가 비로소 도덕적 선(善, honestum)과 법적 정(正, iustum)을 대립시켜 윤리는 선(善)에 관한 것이고, 법은 정(正)에 관한 것이며, 정(正)은 선(善)에 속하지 않는 것이라 하여 윤리학과 법학을 구별하였다. 특히 근대국가가 법치주의를 채택하여 성문법제도를 완비하고, 법이 국가질서의 유지를 위해 절대적 기능을 담당하자, 법의 존재가 더욱 중요시되어 법과 도덕의 구별은 뚜렷하게 되었다.

그러나 법과 도덕의 구별 및 관계에 대한 문제는 예링(Rudolf von Jhering)이 "법과 도덕의 관계는 법철학에 있어서 케이프 혼(Cape Horn)이다"라고 비유한 것처럼 법에 있어서 가장 어려운 문제이다. 또한 옐리네크(Georg Jellinek, 1859~1911)는 "법은 도덕의 최소한이다"라고 함으로써 도덕 중에서 그 실현의 강제가 필요한 것을 법으로 한다고 하였으며, 슈몰러(Gustav Schmoller, 1838~1917)는 "법은 최대한의 도덕이다"라고 하여 도덕이 사회생활의 전면에 확대됨을 지적하였다.

이와 같이 법과 도덕은 중복하여 일치하는 점도 많으며, 법의 이면에 도덕이 존재하는 경우도 많다. 따라서 법과 도덕을 현실적으로 따로 떼어 내기는 어려운 형편이나 법을 올바르게 이해하기 위해서는 법의 고유성격을 철저히 분석할 필요가 있으며, 이런 의미에서 도덕과 구별되는 법의 고유성격을 정립하고 나서 법과 도덕의 상호관계를 고찰하는 것이 유익하다.

2) 법과 도덕의 차이

법과 도덕은 사회생활 규범으로서 이 양자는 가장 밀접한 관계를 가지고 사회생활의 질서를 유지해 가고 있다. 가령 "살인하지 마라" 또는 "타인의 물건을 훔치지 마라"는 규범은 인간행동에 관한 도덕의 요청이면서 또한 법의 명령이기도 하다. 그러나 법과 도덕이 밀접한 관련이 있다고 해서 그것이 곧 도덕적 요구가 반드시 법의 내용이 되어야 한다거나, 법의 내용이 곧 도덕이라는 의미를 뜻하는 것은 아니다. 법과 도덕은 서로 고유의 영역이 있으며, 일반적으로 다음과 같은 기준에 의하여 양자의 영역이 구별된다.

① 법은 타율적 규범인 데 대해 도덕은 자율적인 규범의 성격을 가지고 있다(법의 타율성과 도덕의 자율성). 칸트(Kant)에 의하면, 도덕은 '인간의 의사의 자율성'에 기초하고 있다. 그러나 법은 주로 타율을 목표로 한다. 예컨대, "사람을 살해한 자는 사형, 무기 또는 5년 이상의 징역에 처한다"는 형법의 규정은 자기를 규율하는 것이 아니고 타인을 규율하는 것이다. 그러나 "타인의 재물을 훔치지 마라"라는 도덕규범 역시 타인에 대하여도 요구할 수 있

다. 다만 도덕이 주로 목표로 하는 바는 자율성이라고 할 수 있다.

② 법은 외부적인 행위에 관한 규범인 데 대하여 도덕은 내면적인 의사(양심)에 관한 규범으로서의 성격을 가지고 있다. 법의 관심은 외면적이고, 도덕의 관심은 내면적이다. 예를 들면, 설령 사람을 살해하려는 의도를 가졌다고 해도 그 내면의 의사가 외부적 행위로 나오지 않으면 법에 반하지 아니한다. 이에 반해 개인의 재물을 훔치려는 의사를 가졌다면 그러한 의사가 설령 어떠한 외부적 행동으로도 나타나지 않았다 하더라도 도덕에 반하는 것이 된다. 그러나 이 구별도 절대적인 것은 아니다. 즉 법도 외면적인 행위에만 관계된 규범이 아니다. 내면적인 상태(고의·과실)에 따라 그 효과에 중요한 차이가 있다.

③ 법은 양면적인 데 대해 도덕은 편면적 성격을 가지고 있다. 법은 갑·을 양자 간의 관계를 규율하는 점에서 도덕과 다르다. 즉 법은 권리와 의무의 대립적 존재를 규율함에 반하여 도덕은 권리를 인정하지 않고 단지 의무만을 인정한다. 그러나 공법·사법의 영역에서 의무만을 규율하는 규정이 많이 있으므로 이 구별도 절대적이라 할 수는 없는 것이다.

④ 법은 국가권력에 의해 강행되는 규범인 데 대하여 도덕은 이러한 강제가 없는 규범으로서의 성격을 가지고 있다(법의 강제성과 도덕의 비강제성). 도덕도 강제성을 가지고 있으나 그것은 이른바 심리적 강제(양심)이며, 법률에 있어서의 물리적 강제와 구별된다. 따라서 도덕은 사람의 내면적 의사 또는 심정을 규율하는 데 반하여 법은 사람의 외면적 태도, 행위를 규율한다.

⑤ 법은 보편적 실현가능성을 기반으로 하고, 도덕은 숭고한 것일수록 현실과는 떨어져 있다고 할 수 있다.

결론적으로 법과 도덕과의 차이를 획일적이고 명확하게 구별할 수 있는 기준은 찾기 어렵다. 대체로 도덕은 자율을 목적으로 하여 내심의 의사인 양심을 중요시하고 심리적·인격적 강제성을 중시하는 데 대하여, 법은 타율을 목적으로 외부적 행위에 중점을 두고 국가의 권력을 기반으로 한 강제력을 기반으로 한다는 것 정도만을 확인할 수 있을 뿐이다.

3) 법과 도덕의 관계

법과 도덕은 다 같이 인간 공동생활에 관한 사회규범이므로 관련되거나 일치되는 경우가 많다. 법이 실제로 잘 행해지기 위해서는, 즉 '실효성'을 갖기 위해서는 도덕을 바탕으로 해야 한다. 법은 도덕에 의하여 지지되고 있을 때에 가장 강력해지고, 도덕의 지지를 받지 못하는 법은 법으로서의 가치가 적어지고 또 그 존속의 기초는 박약하다. 그런 의미에서 법률규정 속에 도덕적·윤리적 요소를 담기도 한다. 예를 들면, "권리의 행사와 의무의 이행은 신의에 좇아 성실히 하여야 한다"는 「민법」 제2조의 규정이나, "사회상규에 위배되지 아니하는 행위는 벌하지 아니한다"는 「형법」 제20조의 규정처럼 도덕규범인 신의·성실·사회상규라는 윤리적인 요소를 법의 내용으로 하고 있는 경우도 있다.

그러나 모든 도덕이 법으로 됨은 적당하지 않다. 즉 그리스도의 "너의 적을 사랑하라" 혹은 노자의 "원수를 갚는 데 덕으로써 하라"라는 것은 도덕으로서는 행해질 수 있다 하더라도 법으로서는 행해질 수 없다.

그리고 도덕적 색채가 희박한 기술적인 법규범도 있다. 예를 들면, 교통법규나 국가기관의 조직을 정한 법률 등 합목적적 고려에서 출발한 법은 대개 도덕과는 무관하다.

물론 국민 대다수의 도덕의식에 강하게 반하는 법일 때에는 그 생명이 오래가지 못함은 당연하다. 그렇지만 모든 도덕이 법으로서 존재할 수는 없는 것이고, 또한 법으로서 강행되는 것 역시 적당하지 아니하다. 그리하여 일정한 상황 하에서는 법이 명하는 의무와 도덕이 명하는 의무가 심각하게 충돌하는 경우가 발생된다. 이와 같이 법과 도덕 사이에 충돌이 있을 경우 어떻게 해결할 수 있을 것인가?

① 첫째, 자연법론에 의하면 실정법(사람이 만든 법, man-made law)과 자연법(도덕의 법)은 각각 그 고유의 영역을 가지고 있지만, 도덕이 법보다 상위의 것이고 실정법의 타당성의 시금석이라고 하는 입장에 있다. 따라서 양자 사이에 충돌이 있을 때에는, 예컨대 법이 악법인 경우에는 시민은 악법에 의한 의무를 준수하지 않아도 된다고 한다.

② 둘째, 법실증주의에 의하면 법의 영역과 도덕의 영역을 철저하게 분

리하여 준별하는 입장에 있다. 이 입장은 도덕은 법의 타당성에 전혀 영향을 줄 수 없으며, 도덕의 효력에 대해서도 법은 전혀 영향을 미칠 수 없다. 따라서 법이 도덕과 충돌하더라도 법은 법이며, 시민은 법에 복종하여야 할 법적 의무를 부담한다고 한다. 즉 법이 적법한 절차에 의하여 제정된 경우에는 그 법의 내용이 비록 도덕에 반하더라도, 시민은 이에 복종하여야 할 법적 의무를 진다고 한다. 따라서 "악법도 법이다"라는 명제가 성립한다.

결합테제(Verbindungsthese)	분리테제(Trennungsthese)
법은 도덕으로부터 나와야 한다는 입장. 즉 법은 필연적으로 도덕(자연법)으로부터 연역되어야 한다는 입장	법은 도덕(자연법)으로부터 논리필연적으로 연역될 수 없고, 따라서 법과 도덕은 엄격히 분리되어야 한다는 입장
자연법론	법실증주의
실정법 외에 보편타당한 효력을 갖는 정의로운 법, 이른바 '자연법'의 존재를 인정하는 입장	경험으로 증명가능한 실증적인 법, 즉 실정법만을 법으로 인정하는 입장
법은 자연법과 실정법 두 가지 형태로 존재한다(법이원론).	법은 실정법 하나밖에 존재하지 않는다(법일원론).
도덕(자연법)에 반하는 실정법(=악법)은 법으로서의 효력을 가지지 못한다.	실정법의 내용이 도덕(자연법)에 반한다는 이유로 실정법의 효력을 부정하여서는 안된다.

자연법론은 이른바 '자연법'에 반하는 부정의한 법, 비도덕적인 법의 효력을 부인할 수 있다는 이론적 장점을 가진다. 반면에 자연법론의 이론적 약점은 도대체 무엇이 자연법인가, 즉 무엇이 정의로운 법이며, 무엇이 도덕적인 법인가를 객관적으로 명확하게 인식할 수 없다는 점에 있다. 법실증주의는 그 반대다. 정의, 도덕, 자연법과 같은 애매모호한 개념을 법의 영역에서 추방하고, 오로지 경험적으로 증명가능한 법인 실정법만을 법으로 인식한다는 점에 그 이론적 장점이 있다. 그러나 나치의 법률과 같이 비인도적이고 인간의 존엄성을 침해하는 법률이라 하더라도, 그것이 법률제정기관이 적법한 절차를 거쳐 제정한 법률이라면 법으로서의 효력을 인정하지 않을 수 없다는 한계를 가진다.

4) 자연법론과 법실증주의에 대한 사상사적 고찰

실정법은 인간이 만든 경험적인 법이며, 때와 장소에 따라 변하는 상대적인 규범이다. 자연법은 인간이 제정한 법이 아니라 때와 장소를 초월한 보편타당한 효력을 갖는 법이며, 선험적 규범이다. 자연법론은 바로 이러한 자연법의 존재를 긍정하고, 실정법의 내용이 자연법에 어긋나지 않을 때에만 실정법의 효력을 인정하는 이론이다. 이에 비하여 법실증주의는 자연법의 존재를 부정하고 인간이 만든 실정법만을 법으로 인정하는 이론이다.

(1) 고 대

자연법사상이 처음 전개된 것은 고대 그리스 철학에서였다. 이때의 자연법의 근거로서는 자연적 질서가 제시되었다. 여기서 자연이란 개념은 아리스토텔레스(Aristoteles)가 말한 우리가 살고 있는 외부세계 전체를 의미하고 있다. 그런데 이 우주에는 질서가 있으며, 따라서 자연은 질서를 내포하고 있다. 따라서 이러한 자연적 질서에 근거하여 국가의 기능을 수행하고 질서를 유지할 실정법을 만들어 낼 수 있다고 한다. 따라서 아리스토텔레스의 실정법적 근거는 자연법에 근거하여 정당화된다. 그러나 실정법의 근거가 되는 자연은 매우 불완전하고 모호하므로 이러한 모호하고 불완전한 규칙에 근거하여 국가의 기능을 수행하고 그 질서를 유지할 수는 없다는 비판이 가해진다.

(2) 중 세

신학적 자연법사상을 대표하는 토마스 아퀴나스(Thomas Aquinas)는 「신학대전」에서 전통적인 자연적 질서개념(세상은 우연한 결과가 아니라 어떤 질서를 포함하고 있으며, 일정한 목적을 지향하고 있는 것)에서 출발하여 자연법의 궁극적 근거는 우주에 질서를 부여하는 하나님의 이성의 일종으로서, 실정법은 자연법규칙의 근거 내에서 인간의 이성을 통하여 이끌어낸 고정된 성문형태로서 신의 의지의 산물이라고 하였다. 이러한 중세의 자연법사상은 교회권력의 정당성에 관한 근거를 제공하였으며, 중세의 봉건질서를 유지하는 기능을 수행하였고, 교회법(Canon law)의 근원이 되었다.

(3) 근 대

가) 근대의 자연법사상

17·8세기경 근대 자연법은 합리주의, 개인주의 및 급진주의를 특징으로 하였다. 즉 그로티우스(Hugo Grotius; 자연법의 아버지)가 「전쟁과 평화의 법」에서 "신이 존재하지 않는다든가, 인간의 일에 신이 관여하지 않는다고 용인하는 것은 극악의 죄를 범하지 않고서는 할 수 없는 일이지만, 설령 우리들이 그것을 용인하였다고 하더라도 자연법은 어느 정도의 효력을 가질 것이다"라고 주장한 이래 근대 자연법론자들은 자연법을 신의 이성이나 의지로부터 이탈시키기 시작하였다.

이와 같이 근대 자연법론자들은 신이 보증하지 않는 자연법을 세우기 위해 자연상태라는 가정의 세계를 마련하고 여기에서 인간의 권리를 이끌어 내었으며, 이를 자연권이라 했다. 이들은, 자연권은 어떠한 논증도 필요로 하지 않는 자명한 것이라 하여 자연법에 합리주의적 성격을 부여하였다. 또한 자연권은 천부불가양의 권리로서 어느 누구에 의해서도 박탈될 수 없는 절대적인 것이며, 단지 자유로운 사회계약에 의해서만 제한될 수 있는 것으로 여겨졌기 때문에 개인주의적 성격을 띠고 있다.

따라서 근대 자연법론자들은 자연권 밑에 실정법을 종속시키고 만일 실정법이나 정부가 각인의 천부불가양의 기본적 권리를 침해하게 되면 이를 변혁하여 새로운 실정법 체계나 정부를 만들어 내지 않으면 안 된다는 급진적인 혁명사상으로 발전시켰다. 이러한 근대 자연법사상은 정치적 자유와 평등을 실현하려는 혁명가들의 이념적 기초가 되기도 하였다.[1)]

그런데 근대 자연법사상은 개인의 절대적 권리를 강조한 나머지 이를 제한할 수 있는 이론적 토대를 구축하지 못하였다. 근대 자연법론자들은 자연상태에서 국가상태로의 이행을 해명하고, 국민을 지배할 수 있는 국가의

1) Hobbes(1588~1679): 국가권력형성의 기초를 국민의 자유로운 의지에서 구하고, 권력에 의해서도 침범할 수 없는 자유보존의 본능에 따른 자유권을 주장하였다.

John Locke(1632~1704): 영국의 경험주의의 입장에서 법에 의해 보장되는 시민적 자유를 강조하면서 기본적 인권의 불가침성을 주장하였다.

J. J. Rousseau(1712~1778): 「사회계약론」에서 사회계약설을 완성하여 국민주권이론을 정립하였으며, 법제정의 기초를 공공복지라는 이념에서 구하였다.

권위를 확보하기 위해 사회계약설을 제시하였으나 그것을 통해서 원자적 개인들간의 결합으로서의 국가는 설명할 수 있어도 공동체로서의 국가를 설명하는 데에는 한계를 가지고 있었다. 결국 19세기에 들어오면서 사회현실에서 그 결함을 노출시키게 되어 결국 법실증주의라는 반동에 직면하게 되었다.

나) 법실증주의의 대두

법실증주의는 초경험적인 자연법의 존재를 부정하고 오로지 경험적인 실정법에 시야를 한정한다. 이러한 사상은 독일의 개념법학적 법실증주의와 영국의 분석법학적 법실증주의로 대표될 수 있다.

먼저 독일의 개념법학적 법실증주의는 자유법론에 대칭되는 사상으로서 법의 개념은 객관적으로 불변하여야 하며, 따라서 실정법규를 기초로 하여 일반적 법개념을 논리적·체계적으로 형성하려는 데에만 주력하였다. 이때문에 반대자들에 의해 '개념법학'이라는 마치 비꼬는 뉘앙스의 명칭을 얻었다. 개념법학의 업적으로는 법학의 기본이 되는 여러 가지 일반개념을 정립하였다는 점에 있다. 그중에서 특히 대표적인 것이 '법률행위'(Rechtsgeschäft)의 개념이다. 개념법학은 법철학을 부정하고 이른바 일반법학을 주장한다. 이러한 입장의 특징은 형식주의, 법조문의 Dogmatism, 국가주의로 요약할 수 있다. 개념법학에 의하면, 법은 그 자체로서 충분한 논리적 체계를 가지고 있으며, 그로 인해 스스로 충족되고, 흠결이 없기 때문에 자연법이나 기타 형이상학의 도움이 필요 없다고 한다.

그 다음으로 영국의 분석법학적 법실증주의를 들 수가 있는데, 이는 오스틴(John Austin)에 의해 정립되었다. 그의 분석법학은 벤담(Bentham)의 공리주의에서 출발한다. 오스틴은 벤담의 유용성의 원칙을 옹호하기 위해 많은 노력을 하였다. 그 또한 법학의 대상을 실정법에 한정하고, 가치판단을 일절 배제하고, 합리적이고 형식적인 실정법의 체계를 구성하려 하였다. 그러나 그는 논리적·체계적 이론을 성립시키기 위하여 이에 적당하지 않은 법의 현상이나 요소들을 모두 제거하기 때문에 현실성을 잃는다는 비판을 받는다. 즉 국제법이나 관습법을 법이 아니라 실정도덕이라고 한다.

그 이외에도 켈젠(Hans Kelsen, 1881~1973)의 법단계설도 법실증주의적 사상에 의한 것으로 볼 수 있다. 그는 법규범의 전체체계를 최종적으로, 그리고 객관적으로 근거지우기 위하여 이른바 논리적·선험적 가정인 근본규범(Grundnorm)을 주장하였다. 형이상학적 가치를 배제하고 순수 형식적 법이론을 전개한 논리필연적인 개념이었지만, 근본규범의 내용이 모호하다는 비판을 받고 있다.

이와 같은 법실증주의는 20세기 초까지 유럽의 지배적인 법사상으로 자리 잡았으나, 제2차 세계대전을 거치면서 나치독일이 독재와 비인도적 정치에 법실증주의사상을 이용함을 계기로 심각한 반성이 일어남에 따라 새로운 자연법사상이 대두되었는데, 이를 新자연법론이라 한다.

다) 新자연법론의 부활

법실증주의가 가치판단의 문제를 법학의 분야에서 배제함으로써 결과적으로는 권력이나 법에 대한 비판을 포기한 것이 되어 나치와 그들이 제정한 법에 이용되지 않았는가 하는 비판이 대두하여 실정법의 상위개념으로서 자연법이 부활되었다.

슈타믈러(Rudolf Stammler)는 자연법에 상대성을 수용하고 내용가변의 자연법 체계를 세우면서 新칸트학파적인 이상주의의 입장에서 법이념론을 전개하였으며, 라드브루흐(Gustav Radbruch, 1878~1949)[2]는 슈타믈러의 자연법을 더욱 발전시켜서, 존재와 당위를 구별하는 칸트철학의 방법이원론을 도입하여, 법실증주의는 당위로서의 법을 법의 사실적인 존재상황에서 파악하려고 하는 것이라고 비판하면서, 이러한 법을 몰가치적으로 전락시킨 법실증주의를 극복하기 위해 법을 하나의 문화현상으로 보고, 법으로 하여금 법이 되게 하는 가치를 중심으로 법의 본질을 규명하려고 하였다. 이를 가치상대주의 입장이라고 한다.

2) 독일의 법철학자이자 형법학자로서 당시 하이델베르크(Heidelberg)대학 교수였다.

제 4 장

법의 목적(이념)

1. 법의 목적의 의의

법의 목적이란 법에 의하여 달성하려고 하는 내용 또는 이념을 말한다. 개개의 법령에는 명시적이든 묵시적이든 그 특유의 목적이 있다. 예를 들면, 주택임대차보호법 제1조는 "이 법은 주거용 건물의 임대차에 관하여 민법에 대한 특례를 규정함으로써 국민 주거생활의 안정을 보장함을 목적으로 한다"고 하여, 「주택임대차보호법」의 목적을 명시적으로 규정하고 있다. 「형법」의 경우에는 그 목적을 명시하고 있지는 않지만, 「형법」 역시, '범죄로부터 사회를 방위하고 불법한 침해로부터 법익을 보호'하려는 목적을 가지고 있다. 즉 법조문에 목적을 명시한 법만이 목적을 갖고 그렇지 아니한 법은 목적이 없다는 것은 아니다. 법에는 반드시 그 목적이 있다. 왜냐하면 법은 규범적 준칙이며, 목적에 대한 수단의 관계에 있기 때문이다.

2. 법 개념의 출발점으로서의 법의 목적

개개의 법령이 집합하여 그 전체가 사회전체의 질서를 형성하고 있으므로 이러한 법전체의 목적(이념)은 개개의 법규의 목적이 아니고, 법전체가 공통적으로 가지는 일반적·궁극적인 목적을 의미한다. 이 장에서 논의하는 법의 목적은 바로 이러한 의미에서의 법의 보편적 목적이다. 법의 목적(이념)은 법개념의 출발점이다. 법의 목적이 확정되지 아니하면, 법의 개념 또한 확정할 수 없다.

3. 법의 보편적 목적에 관한 학설

일찍이 플라톤(Platon, B.C 427~347)과 아리스토텔레스(Aristoteles)는 법의 목적을 "정의를 원칙으로 하는 도덕생활의 실현"에 있다고 하였고, 루소(Jean Jacques Rousseau, 1712~1778)는 "개인의 자유와 평등을 확보하고 이를 발전시키는 데 있다"고 하였다.[1] 또한 Kant는 "도덕적 개인의 인격의 보장에 봉사"하는 데 법의 목적이 있다고 하였으며, 영국의 공리주의의 대표자인 벤담(Jeremy Bentham, 1748~1832)은 인간은 누구나 행복을 추구할 평등한 권리를 가지고 있다는 관점에서 법의 목적을 "최대 다수의 최대 행복(the greatest happiness of the greatest number)의 증진"에 있다고 하였다.

이처럼 법은 인간의 자유·평등·행복을 실현하는 수단인 것이다. 이하에서는 라드브루흐(Radbruch)가 법의 이념으로 주장한 정의·합목적성·법적 안정성에 관하여 살펴보기로 한다.

1) 정의(正義)

원래 '법'이라는 용어와 '정의'라는 용어는 동일한 어원을 가진 것으로서, 라틴어 ius(법)는, iustum(정의)과 어원적으로 같고, 독일어 'Recht', 영어의 'justice' 역시 법이라는 의미와 정의라는 의미를 함께 가지고 있다. 이와 같이 고대로부터 법은 정의를 목적으로 하였으며, 사상사적으로 보아도 법의 목적은 정의실현이라고 할 수 있다.

고대 그리스 이래 정의는 전통적으로 인간의 주관적 의사를 통한 하나의 덕론(德論)으로 취급되었으나, 오늘날의 정의론은 德으로서의 정의가 아니고 사회적 행동의 객관적 기준으로서의 정의를 의미한다. 그러므로 정의에 반한다는 의미는 법규범을 침해한다는 의미와 사회질서에 반한다는 의미, 그리고 특정의 정치이념이나 세계관적 기준에 어긋난다는 의미를 갖게 된다.

---

1) 루소는 그의 「인간불평등기원론」에서 원시자연상태에서 인류는 자유·평등이 보장된 행복한 상태였는데, 사유재산제도, 분업으로 빈부의 차가 생김으로써 인류가 불평등해졌다고 한다. 따라서 그의 사회계약이론은 자유·평등을 기초로 하여 인민주권의 국가를 이상으로 하며, 그러한 국가에 있어서는 사유재산제도, 분업에 의하여 야기된 불평등을 제거해야 한다고 한다. 그러므로 국가제도로서의 법의 이념이란 자연상태의 개인의 자유·평등을 확보하고 발전시키는 것이라고 본 것이다.

이러한 다의적인 뜻을 확실히 이해하기 위해 아리스토텔레스(Aristoteles)의 정의론을 중심으로 정의의 개념을 살펴보기로 하자. 그에 의하면 정의란 바른 태도로서 행동과 바른 것을 원하는 성품이며, 이러한 정의의 특성은 인간의 의지와 품성 이외에 인간 상호간의 교섭에서 연유되는 제도도 중시한다.

아리스토텔레스는 「니코마코스 윤리학」(Ethika Nicomachea) 제5장에서 정의를 '각자에게 각자의 몫을 주는 것'(Suum cuique tribuere)으로 정의한다. 즉 각자에게 올바른 척도에 따라 타당한 분배가 실현되도록 하는 것이 정의라는 것이다. 이와 같이 정의의 문제를 분배의 문제로 봄으로써 그는 정의와 도덕 전체와의 혼동으로부터 벗어나게 된다.

그에 의하면, 정의에는 '배분적 정의'(justitia distributiva)와 '교환적 정의'(justitia commutativa) 두 가지가 있다. 배분적 정의는 국가가 국민들에 대하여 재산이나, 명예, 형벌 등의 부담을 평등(공정)하게 분배하는 것을 말하며, 여기에서의 평등은 각자의 능력, 공적, 국가와 사회에 대해 공헌하는 비율 등이 고려되는 까닭에 실질적 평등, 기하학적 평등 내지 비례적 평등이 문제된다. 교환적 정의는 개인 상호간의 이해득실을 평균화하여 조정하는 것으로서, 예컨대 甲에게 속한 재산, 명예 등이 乙에게 옮겨진 경우, 乙 역시 甲에게 그에 상당하는 반대급부를 평등하게 지불해야 함을 의미한다. 여기에서의 평등은 개인 상호간의 급부와 반대급부, 손해와 배상 등이 잘 조화되도록 공정한 균형을 기하는 것으로서, 형식적 평등 또는 산술적 평등이 문제된다.

'각자에게 각자의 몫을 주는 것'이라는 아리스토텔레스의 정의(正義)의 대한 정의(定義)는 정의의 내용을 말해주는 것이 아니라, 다만 정의의 추상적·이념적 형식만을 드러내어 보여주고 있다. 즉 그 '각자의 몫'이 구체적으로 무엇인지, 또는 그것이 어떻게 정해지는지에 대하여는 아리스토텔레스는 아무 것도 말해주는 바가 없다. 그렇다면 각자의 몫의 대소경중을 결정하는 기준은 누구에 의하여 어떻게 정하여지는 것인가? 과연 영구불변의 정의인 절대적 정의라는 것이 있는 것인가?

정의의 구체적인 내용은 역사적·경험적 변천에 따라 변화될 수밖에 없다. 따라서 나라와 사회마다 정의의 내용은 다양할 수 있다. 예를 들면, 舊민법 제809조는 동성동본간에는 혼인하지 못하도록 하는 것을 정의라고 여기고 있었으며, 舊형법 제241조 역시 간통행위를 범죄행위로 처벌하는 것을 정의라고 여기고 있었다. 이와 같이 정의라는 말은 하나이지만 거기에 담겨져 있는 내용은 역사적·민족적으로 여러 가지로 다르다고 할 수 있다. 이것은 도덕의 이념인 선(善)에 관해서도 마찬가지이다. 즉 무엇이 선(善)인가는 그 시대·장소의 사회적 제 조건에 의해 결정되고 선악의 도덕적 판단을 위하여 선을 지향하는 양심도 사회적 제 조건에 의해 결정되고 또한 여러 면에서 제약을 받는다.[2)]

2) 법적 안정성

법이 실현하고자 하는 목적은 정의에 한정되어 있지 않고 사회생활에 있어서 질서를 유지하는 데에도 있다. 사회의 질서유지가 우리들에게 어째서 가치가 있겠는가? 그것은 우리들이 안심하고 생활할 수 있기 때문이다. 즉 법적 안정성이 있기 때문이다. 이러한 법적 안정성은 법의 근본적 가치이며, 법의 목적이라 할 수 있다(Radbruch).

때로는 법적 안정성이라는 가치를 정의라는 법가치보다 우선시하는 경우도 있다. "악법에 시달리더라도 무질서에는 안주할 수 없다"는 괴테(Goethe)나 "악법도 법"이라고 하는 소크라테스 역시 정의라는 가치보다는 법적 안정성이라는 가치를 우선시하고 있는 것이다.[3)]

이와 같은 법적 안정성을 유지하기 위한 조건으로서 첫째, 법은 명확해

---

2) 정의의 의미에 대한 학자들의 견해를 소개하면 다음과 같다. Ulpianus는 정의란 각인에게 그의 권리를 배분하려는 부단의 의지이며 도덕적으로 바른 생활을 하라는 것이라고 하였으며, 스콜라 철학에서의 정의는 '각인에게 그의 것을 주는 것'을 의미한다. Kant는 '한 사람의 의지의 자유가 자유의 보편법칙의 따라 모든 사람들의 자유와 양립할 수 있도록 하는 것'을 정의라고 한다. Perelman은 플라톤에서 아리스토텔레스, 토마스 아퀴나스, 현대윤리와 철학 및 법학에 이르기까지 정의는 평등이념의 활동이라는 점에서 공통점을 가지며 정의는 형식(규칙)없이는 파악할 수 없는 합리적 도덕, 즉 행위 속에서 선언되는 이성이라고 한다. James K. Feibleman은 정의에 대한 결정적 결론은 불가능하다고 하며 가장 일반적 의미에서의 정의는 질서에의 요구이며 규범적 정의가 법의 이상이고, 현실적 정의는 법의 이상적 제도라고 하였다.

3) 외관상으로는 정의에 위배되는 것 같지만 실제로 법적 안정성을 위하여 인정되고 있는 제도로 소멸시효, 취득시효, 사법상 점유보호, 선의취득 및 형사법상의 공소시효나 형의 소멸시효 등을 들 수가 있다(이광병, 현대여성과 법률, 62면 참조).

야 한다. 둘째, 법은 함부로 변경되어서는 안 된다. 셋째, 법은 실제로 행해져야 한다. 넷째, 법은 국민의 법감정과 합치되어야 한다.

3) 합목적성

합목적성이라는 것은 법의 한 이념으로서 추상적인 정의의 이념에서 구체적으로 무엇이 정당한가를 결정하게 하는 가치기준이며, 또한 국가의 법질서가 어떠한 표준에 의하여 구체적으로 제정·실시되는가를 결정하는 실질적인 표준이다. 이와 같은 표준은 크게 세 가지 기준에 의해서 결정된다고 할 수 있다.

첫째는 개인주의로서 국가와 단체는 개인의 행복(사익)을 위한 수단으로서 인정되는 데 불과하다. 이러한 개인주의는 개인가치에 대응하는 것으로서 평균적 정의를 강조하고 있는 것이다.

둘째로 단체주의로서 단체를 최고의 가치로 보면서 개인은 단체의 번영(공익)을 위한 일부분으로 보면서, 단체가치에 대응하는 것으로서 비례적 평등을 실현하는 배분적 정의를 강조하고 있는 것이다.

셋째로 문화업적주의(초인격주의)로서 개인·단체를 모두 초월하여, 문화업적을 위주로 하여 개인이 단체 속에서 창조하는 문화가 가치기준으로서 업적가치에 대응되는 것이다.

이와 같이 법은 국가와 사회의 세계관에 따라 그 목적이 달라질 수밖에 없으므로 국가는 자신의 의사를 법으로 표현하기 때문에 법의 합목적성은 결국 국가의지를 어떠한 가치기준에 의하여 설정하느냐에 따라 다르게 된다. 즉 합목적성은 정의나 법적 안정성과는 달리 상대주의적이라 할 수 있다.[4)]

4. 법이념의 상호관계

정의·법적 안정성·합목적성은 서로 긴밀한 보완관계에 있다. 즉 정의와 합목적성은 법의 내용의 충족을 위한 이념인 데 비해 법적 안정성은 법의 형식에 중점을 두고 있으며, 정의와 합목적성도 다 같이 법의 내용에 관한 것이긴

4) 이를 라드브루흐(Radbruch)의 가치상대주의라고 한다.

하지만 정의는 윤리라는 가치관념을 가지고 있으며 합목적성은 공리성이라는 가치관념을 바탕으로 하기 때문에 이 양자 사이에도 대립과 모순이 생길 수 있다. 마찬가지로 법적 안정성도 사회질서의 유지를 위해 법의 내용이 비록 정의나 합목적성에 부합하지 않더라도 실효성과 강제성을 요구하게 되므로 정의·법적 안정성·합목적성 사이에는 서로 모순과 갈등이 생기게 된다.

라드브루흐(Radbruch)는 법질서의 유지가 정의나 합목적성보다 중요한 것이므로 법에 있어서 정의나 합목적성은 법의 제2의 과제이나, 법적 안정성, 즉 질서·평화는 제1의 과제라고 하여 법적 안정성의 이념을 중시하였다. 그러나 법적 안정성은 법의 내용이 정의와 합목적성에 부합하지 않더라도 강행하는 법의 자기모순에 빠지게 된다. 따라서 정의와 합목적성 그리고 법적 안정성에 서로 모순됨을 최소한도로 하고, 인간의 존엄과 가치와 이익을 보호하고 공공복리를 증진시키는 것이 법이 가지고 있는 가장 보편적 목적이며 이를 위해서 끊임없는 노력을 해야 한다.

라드브루흐 공식(Die Radbruchsche Formel)

"정의와 법적 안정성 사이의 갈등은 다음과 같이 해결할 수 있을 것이다. 즉 규정(Satzung)과 권력에 의해 보장된 실정법은 그 내용이 정의롭지 못하고(ungerecht) 합목적성이 없다고 할지라도 일단은 우선권을 갖는다. 그러나 실정법률의 정의에 대한 위반이 참을 수 없는(unerträglich) 정도에 이르렀다면, 부정당한 법(unrichtiges Recht)인 그 법률은 정의에게 자리를 물려주어야 할 것이다. 물론 어떠한 경우에는 법률적 불법이며 어떠한 경우에는 비록 부정당한 내용을 지녔지만 그럼에도 효력을 갖는 법률인지를 확연하게 구별하는 것은 불가능하다. 그러나 한 가지 경계선만은 명백하게 확정할 수 있다. 즉 결코 정의를 추구하지 않는 경우, 다시 말해서 실정법을 제정하면서 정의의 핵심을 이루는 평등을 의식적으로 부정(verleugnen)한 경우 그 법률은 단순히 불법에 그치지 않고, 법의 성질 자체를 갖고 있지 않다."[5)]

5) '라드브루흐 공식'은 라드브루흐가 세상을 뜨기 3년 전 발표한 논문인 '법률적 불법과 초법률적 법'(gesetzliches Unrecht und übergesetzliches Recht)이라는 논문에서 제기한 테제다. 여기의 인용문은, 프랑크 잘리거 저, 윤재왕 역, 라드브루흐의 공식과 법치국가, 길안사, 2000, 15면에서 재인용.

제 5 장

법 계

1. 법계의 의미

사회가 있는 곳에는 어디나 법이 있지만 그 성격은 지역과 시대에 따라 제각기 다른 형태로 규정되어 있다. 그러나 이러한 형태 가운데 공통되는 하나의 법영역을 형성할 수 있는데, 이렇게 형성되어진 법영역을 법계(法系) 또는 법의 계통이라고 한다. 따라서 이러한 법의 특성을 연구하고 같은 계통에 있는 다른 법공동체의 구체적 내용을 비교 연구하는 것은 법규정의 부족한 점이나 애매하고 불완전한 점을 보충하여 자기 고유의 법체계를 발전시키고 올바르게 이해하는 데 큰 도움이 된다.

이와 같은 법의 계통을 어떻게 분류하는가는 그 기준에 따라서 다양하다고 할 수 있다. 그 기준 가운데에서 가장 일반적인 방법으로는 첫째, 법의 개념적 구조를 기준으로 하는 것으로서 법의 연원을 기초로 비슷한 구조로 되어 있으면 같은 계통이고, 전혀 다른 구조로 되어 있으면 계통이 다른 것으로 분류하는 것이다. 이러한 분류에 의하여 법의 계통을 분류하면 로마와 게르만법에서 그 기원을 찾을 수 있는 대륙법계통과 판례와 관습법이 중심이 되어서 형성되어온 영미법계통으로 나누어 볼 수 있다. 둘째, 법체계의 바탕이 되는 정치적·사회적 철학을 기초로 분류하는 것으로서 이와 같이 분류하면, 자유주의 법계통과 공산주의 또는 사회주의 법계통을 그 예로 들 수 있다. 그리고 기타의 것으로 아시아에 오랫동안 영향을 미친 중국의 법계통과 이슬람법계통을 들 수 있다. 이러한 분류방법 중에서 개념적 구조를 중심으로 법의 계통을 살펴보기로 한다.

2. 대륙법계(로마·게르만법계, Civil Law)

대륙법계는 로마법계와 게르만법계를 근간으로 한다. 로마법(시민법: ius civil)은 기원 전 753년 도시국가 형태의 로마 초기부터 기원 후 6세기 중엽에 이르는 1,300여년에 걸쳐 형성·발전되었다. 이러한 로마법은 유스티니아누스(Justinianus) 황제의 『로마대법전』[1]에 집대성되어 있다.

그러나 유스티니아누스 황제 사후, 게르만민족의 침입에 따라 문명이 쇠퇴하고, 더불어 그 이전까지 학문의 중심이었던 법학이 쇠퇴하면서, 신학이 중심이 됨에 따라 로마법은 관습법의 형태로 그 명맥만을 유지하였으며 게르만 민족의 관습이 모든 규칙이 되었다.

게르만법은 게르만 민족의 고유한 관습법에서 성립되었다. 초기에는 관습법의 형태로 도덕규범 등과 분화되지 못하였지만, 13세기에 접어들면서 관습법을 바탕으로 한 법률문서가 편찬되기 시작하면서 소수의 성문법령이 제정되었다. 그러나 대체로 중세 말까지 게르만 관습법이 지배적이었다. 이러한 게르만법의 전통도 영국, 독일, 프랑스 등의 유럽의 국가법에 많은 영향을 미쳤다.

로마법은 11~12세기에 이르러 볼로냐에서 일어난 주석학파에 의하여 다시 부활하였다. 이를 캐논법(Cannon Law, Kanonische Recht)이라고 한다. 이는 그리스도교의 발전과 더불어 형성된 법체계로서 종교법을 그 본질로 하며 중세를 이끌어 나가는 중심이 되었다. 이와 같이 중세에 있어서의 그리스도교의 발전은 법왕의 권위를 증대시켜 교회는 국가와 병존하는 대세력으로, 교회에 관한 법체계가 국가법과 독립하여 시행되었다. 교회재판소는 종교적 사항 이외에 혼인이나 이자 등의 사건에도 재판권을 가졌다.

15~16세기에 이르러서는 전 유럽에 로마법의 계수(Rezeption des römi- schen Rechts)가 일어났으며, 이와 같은 영향에 의해서 1794년의 프로이센 보통법과 1804년의 프랑스 민법전(나폴레옹법전)으로 대표되는 독일

1) 로마대법전은 4부로 구성되어 있다. 1부 학설휘찬(Digesta)은 학설법을 집대성하였으며, 2부 법학제요(Institutiones)는 법의 근본원칙을 기술하였고, 3부 칙법휘찬(Codex)은 칙법을 집대성하였으며, 마지막으로 4부 신칙법(Novellae)은 위의 3부를 만든 후 유스티니아누스황제 사망시까지 새로이 공포된 칙법을 수록한 것이다.

법계통과 프랑스법계통으로 발전되어 나갔다.

이와 같이 대륙법계통은 로마법과 게르만법으로 대별될 수 있는데 로마법의 특성은 법조법, 도시법, 상인법인 데 비하여 게르만법은 민중법, 농촌법, 농민법, 관습법주의, 공사법의 융합, 단체주의를 그 특색으로 한다.

3. 영미법계(Common Law)

영미법계는 영국과 미국 등을 중심으로 발달한 법계다. 지리적 여건상 로마법의 영향을 적게 받았으며, 영국의 고유법이 판례법의 형태로 집적되면서 발전하였다.

11세기 윌리엄 1세가 노르만왕조를 수립하여 강력한 중앙집권적 봉건제도가 수립된 이후, 법조원(Inns of Court) 및 순회재판소의 활동에 의하여 형성된 판결을 토대로 전국에 공통된 일반적 규범으로서의 보통법(Common Law)이라는 법체계가 형성되었다. 이는 계속성과 강인성 이외에 부심제와 법의 지배(rule of law), 선례구속의 원칙을 그 특색으로 한다. 또한 교회법원(Ecclesiastical Court)이 성립하여 19세기 중엽까지 종교적 도덕적 사항에 관한 민사법상의 중요한 역할을 함으로서 보통법이 발전되었다. 이러한 보통법은 오늘날에 이르기까지 영국법의 주요 법원(法源)이 되고 있다.

이와는 성격이 다른 재판소로서 형평법재판소(Court of Equity) 또는 대법관재판소(Court of Chancery)를 들 수 있는데, 이는 보통법재판소(Common Law Court)와 대립적인 것으로 보통법(Common Law)의 지나친 엄격성을 완화하고, 선결례(precedents)에 구애되지 않고 구체적 타당성을 존중하였으며, 법학의 자유재량을 인정하였으며, 법의 도덕화를 지향하였다. 이로 인해 형성된 법을 형평법(Equity Law)이라 한다.

이후 보통법 법원과 형평법 법원이 각각 병존하여 다른 법을 적용하는 것이 소송당사자에게 불편을 주게 되자, 1873년, 최고법원(Supreme Court of Judicature)이 생겨 양 법원을 통합하였다. 그러나 보통법(Common Law)과 형평법(Equity Law)까지 통합된 것이 아니고, 양법이 서로 틀리는 경우에 형평법(Equity Law)이 우선 적용되었다. 오늘날 영국에서는 상당수의 성문법이 제정되었지만 아직도 보통법(Common Law)이 영국법의 주요부분을 이루고 있다.

영국법은 식민지 시대 이후 미국에 계수되었으나 미국은 독립과 남북전쟁을 거친 후 독특한 법체계를 형성하였다. 이러한 미국법의 특색은 사법우위의 확립, 선례구속성의 원칙의 완화, 독특한 배심제도,[2] 이념적·관념적인 것보다 실질적·분석적인 법학방법(Case Method)을 들 수 있다.

4. 법계통에 있어서의 한국법의 위치

우리나라의 법의 연원은 충분한 자료는 없으나 대체로 고조선시대로 거슬러 올라간다고 할 수 있다. 그리고 그 후 고대국가시대인 삼국시대에도 통일된 법전이 있었는지는 의심스러우나 규칙과 같은 것은 존재했으리라 추측할 수 있다. 그리고 고려시대에는 중국의 당률이 의용되었으며, 조선시대에는 대명률과 대명률을 우리 실정에 그대로 적용하기 어려운 부분에 대해서는 독자적인 통일법전인 경국대전, 속대전, 대전통편, 대전회통 등을 편찬하였다.[3]

그 후 1895년 갑오경장에 의해서 근대적인 프랑스법체계에 접하게 되었으며 일본에 의해서 다시 독일법체계를 받아들이게 되었다. 그 후 해방이후 미군정당국에 의해서 영미법체계가 받아들여짐으로 해서 우리나라는 대륙법계통과 영미법계통의 혼합적 형태의 법체계라고 할 수 있다.

---

2) 배심제도는 기소배심과 심리배심으로 되어 있으나, 미국에서는 일부 주에서만 기소배심을 채택하고 있으며, 심리배심은 모든 주에서 채택하며 배심원의 평결로 유무죄를 결정한다.

3) 이 경우, 대명률과 편찬된 법전과의 관계는 일반법과 특별법관계라고 할 수 있다.

제 6 장

법의 분류

1. 법의 분류의 의의

법은 하나의 통일적인 조직체계를 구성하여 사회의 질서를 유지하며, 국가의 법질서를 이룬다. 법질서로 나타나는 법은 그 분류의 표준에 따라서 여러 가지로 분류된다.

먼저 법은 법이 실증적으로 제정법화되었느냐의 여부에 따라 자연법과 실정법으로 나눌 수 있고, 실정법은 또한 국내법체계와 국제법체계로 대별할 수 있다. 국내법은 다시 법의 성질·적용범위·내용·효력 등에 따라서 ① 공법·사법·사회법, ② 일반법·특별법, ③ 실체법·절차법, ④ 강행법·임의법 등으로 분류할 수 있다.

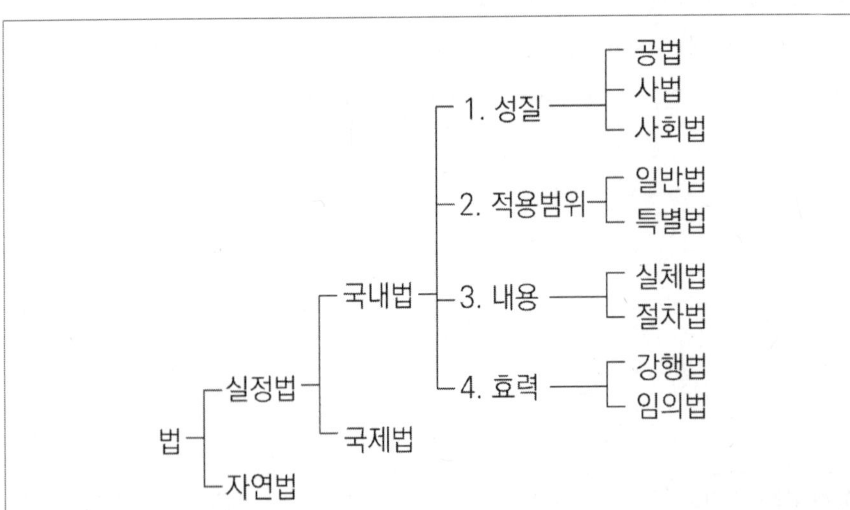

〈법의 분류〉

2. 공법과 사법 및 사회법

1) 공·사법 구별의 상대성

법을 공법(public law, öffentliches Recht)과 사법(private law, Privatrecht)으로 나누는 것은 로마법 이래의 전통적인 분류로서, 이는 근대사회에 있어서의 국가와 사회와의 이원화를 전제로 국가에 대해서는 특별한 법적 지위를 인정하려는 정치적 이데올로기 내지는 법률적 소산이다. 따라서 양법의 구분은 특정한 정치적·경제적·사회적인 기반 위에서 실제상의 필요에 의하여 상대적으로 구별된다.

역사적으로 보면 양법의 구별이 강조되는 시기는 강력한 중앙집권적 전제국가가 존재하던 로마시대 및 근대였다. 19세기의 자유방임주의 하에서 개인에 대한 국가의 간섭을 최소한으로 그치고, 사적 자치가 최대한으로 보장되었을 때에는 사법의 영역이 확대되었다. 그러나 20세기 이후 복지국가를 지향하는 현대국가에 있어서는 사적 자치를 제한하여 '사법의 공법화' 경향을 보이게 되어 점차 공법의 영역이 확대되었으며, 마침내 양자의 구별이 명확치 않게 되었고, 급기야 양법이 서로 융합하는 사회법의 발달을 가져 왔다.[1)]

2) 공·사법 구별에 관한 학설

공법과 사법의 구별은 로마법 이래의 전통이다. 그러나 어떤 기준에 따라 공법과 사법을 구별할 것인지에 대해서는 아직까지 명확한 학설은 존재하고 있지 않다.

(1) 이 익 설

이 설은 로마법시대의 통설로서 공익의 보호를 목적으로 하는 법은 공법이고 개인의 이익을 보호하는 것을 목적으로 하는 법은 사법이라고 하는 학설이다. 이는 울피아누스(Ulpianus)가 "로마 자신을 위하여 존재하는 법은 공법이요, 각 개인의 이익을 위하여 존재하는 법은 사법이다"라고 한 말에 기원을 두고 있다. 그러나 공익과 사익을 명확하게 구별하기란 매우 어려운 일이다.

---

1) 홍성찬, 법학개론, 1988, 85면.

예컨대, 사회질서유지를 목적으로 하는 「형법」(공법)은 또한 개인의 이익도 보호하는 것이며(예를 들면, 절도의 처벌은 사회질서의 유지라는 공익을 보호함과 아울러 개인의 재산이라는 사익도 보호한다), 「민법」(사법)은 개인의 이익을 보호함과 아울러 공익에도 이바지한다(예를 들면, 학술·종교·자선 등 공익을 목적으로 하는 비영리법인에 관한 규정인 「민법」 제32조). 그리하여 최근에는 이익설을 수정하여 공법의 제1차적인 관심은 공익의 보호에 있으며, 사법의 그것은 사익의 보호에 있다고 한다. 현재 이러한 이익설에 따르는 학자들이 적지 않다.

(2) 주 체 설

이 설은 법률관계의 주체를 표준으로 하여 공법과 사법을 구별하는 학설로서 국가 또는 그 밖의 공공단체 상호간의 관계 또한 이들과 개인 간의 관계를 규율하는 법이 공법이고, 개인 상호간의 관계를 규율하는 법이 사법이라고 한다. 그러나 국가나 공공단체도 개인과 동등한 자격으로 임대차관계 또는 운송계약을 체결하는 경우에는 사법의 적용을 받는 것이 일반적으로 인정되고 있으나 주체설에 의하면 공법이 적용된다는 불합리성이 지적된다.

(3) 생활관계설

이 설은 어떤 법률관계의 당사자 일방이 국가통치권의 담당자의 자격으로 그 법률관계에 참여하는 경우 그 관계는 공법관계이며 이것을 규율하는 법이 공법이고, 그렇지 않은 법이 사법이라고 한다.

이 설에 의하면 국제법은 국제사회에 있어서의 국가의 통치권의 작용을 규율하는 법이라는 의미에서 공법에 속하게 되며, 두 개의 동위의 공동단체가 공동으로 공립학교를 세우기 위하여 공법상의 계약을 체결하는 경우도 공법분야에 속하는 것으로 볼 수 있게 된다. 그러나 국가 또는 공공단체가 개인의 자격으로 개인과 맺는 관계(예를 들면, 공공단체가 사무실로 쓰기 위하여 개인으로부터 집을 빌리는 계약)는 국가통치권의 행위에 관한 것이 아니므로 사법인 민법에 의하여 규율을 받게 된다. 이 설이 오늘날 통설이며 가장 타당하다고 할 수 있다.

(4) 법률관계설

법률관계의 성질을 기준으로 구별하려는 것으로서 이는 상위자와 하위자(불평등한 자들) 사이의 법률관계(예를 들면, 국가 또는 공공단체와 국민사이의 관계)를 규율하는 법은 공법이고, 평등한 법률관계(예를 들면, 개인 상호간의 관계)를 규율하는 법은 사법이라고 하는 견해이다. 따라서 상·하위자 간의 관계를 다루는 공법에서는 명령·복종의 원리가 적용되며, 평등자간의 관계를 다루는 사법에서는 자유·평등의 원리가 적용된다. 이러한 견해를 복종설(Subjektionstheorie)이라고도 한다. 그런데 이 설에 따르면 국제법은 국가 대 국가의 평등관계를 규정하는 것이라는 이유로 사법이 되어야 하고, 또한 사법관계인 민법의 부자관계, 친족관계는 평등관계가 아니므로 공법관계가 되어야 하는 모순에 빠진다.

(5) 결 론

이상과 같이 공법과 사법의 구별에 대해서는 여러 가지 학설이 대립되고 있으나, 어떠한 학설에 의하든 헌법·행정법·형법·민사소송법·형사소송법은 공법이고, 민법·상법은 사법이다.

그러면 이와 같이 공법과 사법을 구별하는 실익은 어디에 있겠는가? 그것은 공법원리와 사법원리가 여러 가지 점에서 다르므로 이를 구별할 필요가 있기 때문이다. 즉 사법에서는 개인이 자유로이 법률관계를 창설할 수 있는 것이 인정되어 있으나(사적 자치의 원리), 공법에서는 강제성과 명령·복종의 관계가 인정되어 있다.

3) 사 회 법

근대의 자본주의의 발전으로 자본주의 경제의 모순인 빈익빈·부익부현상도 함께 나타남에 따라 모든 사람들에게 인간다운 생활을 보장하기 위하여 국가는 종래의 자유방임적 태도를 지양하고, 국민생활에 적극적으로 관여하여 사익과 공익의 조화를 시도하였다. 그 결과 공법원칙과 사법원칙이 공존하는 이른바 '공법과 사법과의 혼합' 내지 '상호보완'으로 일컬어지는 법영역에 속하는 사회법(social law, Sozialrecht)이 탄생하였다.

라드브루흐(Radbruch)가 말한 바와 같이, 사회법은 공법도 아니고 사법도 아닌 그 중간의 혼합된 법으로서, 전혀 새로운 제3의 법이다. 현대 자본주의사회의 구조적 모순을 극복하기 위하여 20세기가 만든 법으로는 근로기준법, 노동조합법, 경제법, 사회보장법, 사회복지법 등을 그 예로 들 수 있다.

3. 일반법과 특별법

법은 적용범위를 기준으로 아무런 제한 없이 일반적·보편적으로 적용되는 일반법과 특정한 사람, 사물, 행위 또는 지역을 기준으로 좁은 사항에만 효력이 적용되는 특별법으로 구별할 수 있다.

법을 일반법과 특별법으로 구별하는 실익은 법의 적용순위에 있어서 특별법은 일반법에 대하여 우선적으로 적용된다는 특별법 우선의 원칙에 있다. 이러한 원칙에 따라 어떤 문제에 관하여 일반법과 특별법이 있는 경우에는 특별법이 우선적으로 적용되며, 특별법이 없는 경우에는 일반법이 제2차적으로 적용된다.

4. 실체법과 절차법

이 구별은 법규범의 내용을 기준으로 한 것이다. 실체법은 법률관계를 규율하는 법, 즉 어떤 법주체(권리주체)와 법주체 간의 법률관계(권리·의무관계) 또는 어떤 법주체와 권리객체 간의 법률관계를 규율하는 법이며, 절차법(adjective law, Verfahrensrecht)이란 권리·의무의 실질적 내용을 실현하기 위한 절차에 관하여 규정된 법을 말한다. 이러한 절차법 중에는 직접 소송에 관한 것과 그렇지 않은 것이 있는데, 민사소송법·형사소송법 등은 전자에 속하고, 부동산등기법·호적법 등은 후자에 속한다.

실체법과 절차법을 구별하는 실익은 실체법이 존재하지 아니하더라도 재판은 진행할 수 있지만, 절차법이 없을 때에는 재판을 할 수 없는 것이 원칙이다. 또한 실체법이 개정되면 그것은 법률불소급의 원칙[2)]이 적용되는 데 반하여, 절차법이 개정되면 실체법의 운용방식을 변경하는 데 불과하므로 새로운 절차법을 적용하는 것이 원칙이다.

---

2) 법률불소급의 원칙이란 새로 제정되거나 개정된 법은 그 이전의 법률관계에 적용되지 않는다는 원칙으로서 사후입법 금지의 원칙이라고도 한다. 이 원칙은 형벌에 관하여는 인권보장, 또한 헌법에서는 소급입법에 의한 국민의 참정권 제한 또는 재산권의 박탈을 금지하기 위하여 인정된 것이다.

5. 강행법과 임의법

강행법(imperative law, zwingendes Recht)이란 당사자의 의사여부를 묻지 않고 강제적으로 적용되는 법이며, 임의법(dispositive law, nachgiebiges Recht)이란 당사자가 법에 규정된 바와 다른 의사를 표시하지 않는 경우에 한하여 적용되는 법을 말한다.

일반적으로 선량한 풍속·사회질서·공공의 복리·국민의 의무에 관한 규정은 강행법으로 되어 있고,[3] 개인 간의 권리에 관한 규정은 일반적으로 임의법으로 되어 있다. 그러나 강행법과 임의법과의 구별이 반드시 공법과 사법과의 구별과 일치하는 것은 아니다.

6. 기 타

법의 분류에 대한 기타의 것으로서 고유법과 계수법을 들 수가 있는데, 전자는 한 나라의 고유의 소재를 기초로 하여 생성·발전된 것이고 후자는 외국에서 생성·발전된 법의 일부 또는 전부를 받아들여 성립한 것을 말한다. 계수는 그 성립 기초가 된 타국의 법을 모법(母法)이라 하고 계수법 자체를 자법(子法)이라고 한다.

또한 원칙법과 예외법을 들 수가 있는데 전자는 일정한 사항에 관하여 일반적으로 적용되는 법을 말하며 후자는 일정한 사항에 관하여 특별한 사정이 있는 경우에 원칙법을 배제하는 것을 규정한 법을 말한다. 예를 들면, "사람은 생존한 동안 권리의무의 주체가 된다"는 「민법」 제3조의 규정은 원칙법이며, "태아는 상속순위에 관하여는 이미 출생한 것으로 본다"는 「민법」 제1000조 3항은 예외법이다.

---

3) 강행법은 효력규정과 단속규정으로 되어 있는데, 전자의 규정에 위반하면 효력이 발생하지 않고 무효인 데 반하여, 후자의 규정에 위반하면 제재나 불이익이 발생할 뿐 효력에는 지장이 없다.

제 7 장

법의 효력

1. 서 설

법의 효력(Geltung des Recht)이란 말은 두 가지 의미로 쓰인다. '실질적 의미의 효력'과 '형식적 의미의 효력'이 그것이다. 전자는 법철학에서 법의 존재근거와 관련된 법 특유의 존재양식으로서의 '법의 구속력'을 의미한다. 후자는 법해석학에서 일정한 법규범이 그 나라의 역사적·사회적 배경으로 인하여 시간적·장소적·인적으로 어떠한 범위로 제약되는가의 문제로, '법의 효력범위'를 의미한다.

2. 법의 실질적 효력

1) 법 특유의 존재양식으로서의 효력

19세기 철학에 새로운 용어가 등장한다. 그것이 바로 '효력'이라는 개념이다. 당시의 철학적 입장들을 살펴보면, 한쪽에는 감각적으로 인지할 수 있는 것, 객관적으로 확증할 수 있는 것만을 실제적인(wirklich) 것으로 인정하는 실증주의가 서 있었고, 다른 한쪽에는 초감각적인 것도 '실제적'인 것으로 규정하는, 다시 말해서 초감각적인 것을 '진정한 존재'(das wahre Sein)로 규정하려는 형이상학이 서 있었다. 그리하여 '진리', '가치', '법률', '의미' 등과 같은 개념들은 딜레마에 빠지게 되었다. 즉, 이와 같은 말들이 나타내고 있는 '그것'의 실제가 부정되거나, 아니면 그 실제가 '존재 그 자체'(Sein-an-sich)인 것으로 주장되거나, 둘 중의 하나여야 했다. 그러나 전자의 경우는 받아들이기에 철학적으로 불충분하고 불만족스러운 것이며, 후자의 경우는 그때 이미 철학적으로 뒤지는 낡은 주장이었다. 그리하여 '진리', '가치', '법률', '의미' 등과 같은 것들의 독특한 존재양식을 표현하기 위해 '효력'의 개념이 등장하게 된다.[1)]

법 특유의 존재양식이 바로 효력이다. 말하자면, 법은 존재인 것이 아니라, 효력을 발한다. 따라서 "어떤 것이 법이다"라는 말은 곧 "그것이 법으로서 효력을 가진다"는 말과 같은 의미이다. 마찬가지로 "어떤 것이 법으로서 효력이 없다"는 말은 곧 "그것은 법이 아니다"는 말과 같은 의미가 된다. 이런 의미에서 효력의 개념은 법의 개념과 밀접한 관련을 갖는다.[2)]

2) 구속력으로서의 법의 효력

우리가 "어떤 규정은 법이다. 따라서 그것은 법으로서 효력이 있다"라고 말할 때, 그때 구체적으로 효력이 있다는 것은 어떤 의미를 갖는 것인가? 즉 구체적으로 무엇이 있다는 말인가? 이에 대해서는 두 가지 대답이 존재한다.

(1) 법사회학적 효력 개념

법사회학적인 언어관용에 따르면, 법으로서 효력이 있다는 것은, 그것이 수범자들에 의해서 '사실상' 잘 준수되고 있다는 '사실'을 표현하는 의미로 사용된다. 다시 말해서 '어떤 법이 효력이 있다'는 것은 그 법이 사실상 적용되고, 준수되고, 관철되고 있다는 의미이다. 즉, 법사회학자들은 효력이라는 말을 '사실상의 구속력'으로 이해한다.

(2) 규범학적 효력 개념

규범학적 효력 개념을 주장하는 사람들은 법사회학자들이 '효력'의 개념과 '실효성'(Wirksamkeit)의 개념을 혼동하고 있다고 한다. 즉 사실상의 구속력은 엄밀한 의미에서 보면 '실효성'을 의미하는 것이지 효력을 의미하는 것은 아니라는 것이다. 법은 당위이며, 따라서 효력의 개념도 현실에 대한 단순한 관찰이나 기술(記述)이어서는 안 되고, '규범적 구속력'으로 파악되어

---

1) Hermann Krings, Geltung, in: Staatslexikon, hrsg. v. der Görres-Gesellschaft, 7. Aufl. 1986, II, S.809.

2) 심헌섭, 법철학, 법문사, 2000, 62면.

야 한다는 것이다. 따라서 '어떤 법이 효력이 있다'는 것은 그 법이 사실상 적용되고, 준수되고, 관철되고 있다는 사실상의 구속력(실효성)이 있다는 것을 의미하는 것이 아니라, 그 법이 적용되어야만 하고, 준수되어야만 하고, 관철되어야만 한다는 규범적 요청, 즉 '규범적 구속력'을 가지고 있다는 의미라는 것이다.

(3) 규범적 구속력으로서의 법의 효력

생각건대, 효력의 개념과 실효성의 개념은 구별되어야 한다. 예컨대, 낙태행위나 피의사실공표행위를 금지하고 이를 위반하는 경우 처벌하는 형법의 규정들을 생각해보자. 이러한 규정들은 사문화되었다고 말할 정도로 실제로 잘 준수되지 않고 있는 것이 현실이다. 그런 의미에서 본다면 사실상 실효적이지 못하다. 그러나 그렇다고 해서 이러한 규정들이 법으로서 효력이 없는 것은 아니다. 실효성이 다소 떨어져도 여전히 이 규정들은 법이며, 따라서 수범자들을 향하여 이 규정은 반드시 적용되어야만 하고, 준수되어야만 하고, 관철되어야만 한다는 규범적 요청을 하고 있다. 즉 '규범적 구속력'을 가지고 있다.

3) 법의 효력(구속력)의 근거

법의 효력을 법의 규범적 구속력이라고 이해한다면, 법의 효력의 근거, 다시 말해서 법의 구속력의 근거는 무엇인가? 무엇이 법에게 이러한 힘, 즉 구속력을 부여하는가?

(1) 자연법설

이는 법의 효력 근거를 영구불변의 자연법에서 구하는 견해로서, 고대에는 자연적 질서, 중세에는 신의 이성, 근대에는 인간의 이성으로부터 나오는 자연법에서 법 효력의 근거를 찾는 이론이다. 그러나 이 설은 규범으로부터 법 효력의 근거를 구한다는 장점은 있으나 자연법도 하나의 관념이므로 실정법의 효력을 그 자체에서 구하지 못한다는 비판이 있다.

(2) 실 력 설

이는 법의 효력근거를 실력으로 보는 견해로서, 실력이란 사회생활에 있어서 어떤 주체가 다른 주체에 대해서 일정한 목적을 달성하기 위하여 자기의 의사를 실현 가능케 하기 위한 수단을 의미한다. 이러한 실력이 조직화되어 사회 속에서 정당하다고 인정되고 정의에 의해 인증되는 것을 권력이라고 한다.[3)]

실력설은 저항에 대하여 외형적·물리적 수단을 사용하여 극복하려는 외적 실력설과 저항에 대하여 내부적·심리적 수단을 사용하여 극복하려는 내적 실력설로 나누어진다.[4)]

(3) 결 론

생각건대, 법의 효력의 근거는 오로지 윤리적 가치에 의해서만 근거지워질 수 있다. "강제의무, 즉 강제에서 비롯되는 의무의 개념이란 형용의 모순이다. 강제는 강제할 뿐이며, 의무를 부과하지는 못한다. 하나의 가치만이 우리에게 의무를 부과할 수 있으며 그리고 이것만이 우리를 윤리적으로 구속한다. 법의무도 오로지 윤리적 의무로서 존재할 뿐이다"[5)]라는 벨첼(H. Welzel)의 지적은 정당하다. 그 윤리적 가치가 바로 '인간의 존엄성'이다.

---

3) 이와 관련하여 고대 그리스의 소피스트 철학자들은 정의(正義)는 강자의 이익에 합치되는 것 이외 아무 것도 아니라고 했으며, 칼리클레스(Kallikles)는, 법은 힘으로서 문서화된 강자의 자연적 권리라고 함으로써 법의 효력근거를 실력 및 권력으로 보았다.

4) 외적 실력설에는 강자권리설(Kallikles, Russel, Merkel)과 주권자명령설(J. Austine, M. Seydel)을 들 수가 있으며, 내적 실력설에는 법의 타당성의 근거를 신의 의사에서 구하는 신의설(Augustinus, Thomas Aquinas), 규범 복종자의 윤리적 확신이 법의 효력의 근거라고 하는 윤리설(G. Schmoller)과 법의 효력근거를 이익에 두는 이익설(R. v. Jhering)을 들 수가 있다. 그 외에 법의 타당성의 근거를 실정법 자체에서 구하는 내재적 타당성설인 사회계약설(Rousseau)과 법단계설(H. Kelsen), 승인설(R. Biering), 여론설(A. v. Dicey)등이 있다.

5) H. Welzel의 인용문은, 심헌섭, 법철학, 법문사, 2000, 85면에서 재인용.

3. 법의 형식적 효력

법의 형식적 효력은 법의 적용범위에 관한 문제이다. 따라서 형식적 효력의 문제는 다음과 같은 물음들로 요약될 수 있다. 즉 문제되는 법은 ① 어느 시점의 행위에 대하여 적용되는가?(시간적 효력, 시간적 적용범위) ② 어느 장소에서의 행위에 대하여 적용되는가?(장소적 효력, 장소적 적용범위) ③ 누구의 행위에 대하여 적용되는가?(인적 효력, 인적 적용범위)

1) 시간적 효력

(1) 법의 유효기간

법은 시행일로부터 폐지일까지 효력을 갖는다. 이를 법의 유효기간 또는 시행기간이라고 한다. 즉 법은 성립 후 공포에 의하여 일반국민에게 법의 존재를 알리기 위한 일정기간을 거친 후에 시행되는 것이 원칙이다. 이를 시행유예기간 또는 주지기간이라 한다.[6] 그리고 법의 폐지는 명시의 폐지와 묵시의 폐지를 들 수 있다.

전자는 명시적 규정에 의한 경우인 기간부 입법 또는 한시법(법령에 유효기간을 규정한 것)과 새로운 법령에서 일정한 법령의 폐지를 정한 경우 예컨대, 형법에서 구형법의 폐지규정(형법 부칙 제10조)을 규정한 것을 들 수가 있는데, 이때에도 하위법의 상위법 폐지는 불가능하다.

후자는 舊법령에 규정된 사항과 동일한 사항에 관하여 저촉되는 내용을 갖는 新법령이 제정·시행되는 경우를 말한다. 즉 신법은 구법을 폐지한다. 그러나 新일반법은 舊특별법을 개폐하지 못한다.

(2) 법률불소급의 원칙

법률불소급의 원칙이란 새로 제정된 법률은 그 이전에 발생한 사실에 소급하여 적용되지 않는다는 원칙이다. 이는 사회생활의 안정을 위한 것으로서 형사법에서는 죄형법정주의 원칙에 의해서 엄격히 지켜지고 있으나 사

6) 법의 시행유예기간은 첫째, 부칙 또는 시행법령 등에 일정한 기일을 정한 경우에는 그 날부터 시행하고, 둘째, 시행기일이 정하여져 있지 않은 경우에는 공포한 날로부터 20일을 경과함으로써 원칙적으로 효력이 생긴다.

회실정이나 국민의 법감정에 의해서 예외적으로 소급효를 인정하는 경우도 있다. 예컨대, 「민법」 부칙 제2조가 그렇다. 또한 신법이 형사피고인에게 유리하게 적용될 때에는 신법이 소급적으로 적용된다.

법의 시간적 효력과 관련된 헌법, 형법 및 민법의 규정
헌법 제13조 제1항: "모든 국민은 행위시의 법률에 의하여 범죄를 구성하지 아니하는 행위로 소추되지 아니한다."
형법 제1조 제1항: "범죄의 성립과 처벌은 행위 시의 법률에 의한다."
형법 제1조 제2항: "범죄 후 법률의 변경에 의하여 그 행위가 범죄를 구성하지 아니하거나 형이 구법보다 경한 때에는 신법에 의한다."
민법 부칙 제2조: "본법은 특별한 규정이 있는 경우 외에는 본법 시행일 전의 사항에 대하여도 이를 적용한다. 그러나 이미 구법에 의하여 생긴 효력에는 영향을 미치지 아니한다."

(3) 경과규정

구법을 개폐하는 신법을 제정할 때 어떤 법을 적용할 것인가는 그 법령의 부칙 또는 시행법령에 그에 관한 특별규정을 두는 것이 보통이다. 이를 경과규정 또는 시제법이라 한다.

2) 장소적 효력

법의 장소적 효력에 관한 입법주의에는 속지주의, 속인주의, 보호주의, 세계주의 및 속지주의의 연장으로서의 기국주의 등을 들 수 있다.

(1) 속지주의

속지주의는 자국의 영역 내에 있는 사람의 행위에 대하여는 그 사람이 내국인이든 외국인이든 불문하고 자국의 법을 적용하는 입법주의다.

(2) 속인주의

자국민에 대해서는 그가 설령 자국의 영역 이외의 장소(외국의 영역이나 공해 등)에서 행위를 하였더라도 그 행위에 대하여 자국의 법을 적용하는 입법주의를 속인주의라고 한다.

(3) 보호주의

보호주의는 외국인이 자국의 영역 이외의 장소에서 행위를 하였더라도 자국 또는 자국민을 보호하기 위하여 자국법을 적용하는 입법주의를 말한다.

(4) 세계주의

세계주의는 외국인이 자국의 영역 이외의 장소에서 외국 또는 외국인에 대하여 행위를 하였더라도 그것이 테러 등 반인도적 범죄나 전체 인류와 관련된 행위인 경우 자국법을 적용하는 입법주의를 말한다.

(5) 기국주의

기국주의는 자국의 선박이나 항공기 내에서의 행위에 대하여는 자국법을 적용하는 입법주의로서 일종의 속지주의의 연장이라고 볼 수 있다.

장소적 효력범위에 관한 형법규정
제2조(국내범) 본법은 대한민국 영역 내에서 죄를 범한 내국인과 외국인에게 적용한다. 제3조(내국인의 국외범) 본법은 대한민국 영역 외에서 죄를 범한 내국인에게 적용한다. 제4조(국외에 있는 내국선박 등에서 외국인이 범한 죄) 본법은 대한민국 영역 외에 있는 대한민국의 선박 또는 항공기 내에서 죄를 범한 외국인에게 적용한다. 제5조(외국인의 국외범) 본법은 대한민국 영역 외에서 다음에 기재한 죄를 범한 외국인에게 적용한다. 1. 내란의 죄 2. 외환의 죄 3. 국기에 관한 죄 4. 통화에 관한 죄 5. 유가증권, 우표와 인지에 관한 죄 6. 문서에 관한 죄 중 제225조 내지 제230조 7. 인장에 관한 죄 중 제238조 제6조(대한민국과 대한민국국민에 대한 국외범) 본법은 대한민국영역 외에서 대한민국 또는 대한민국국민에 대하여 전조에 기재한 이외의 죄를 범한 외국인에게 적

용한다. 단 행위지의 법률에 의하여 범죄를 구성하지 아니하거나 소추 또는 형의 집행을 면제할 경우에는 예외로 한다.
제296조의2(세계주의) 제287조부터 제292조까지 및 제294조(약취·유인·인신매매의 죄 및 그 미수범)는 대한민국 영역 밖에서 죄를 범한 외국인에게도 적용한다.

3) 인적 효력

일반적으로 법은 시간적·장소적 효력이 미치는 범위 내에 있는 모든 사람에게 적용되는 것이 원칙이다. 따라서 인적 효력의 문제는 통상 인적 예외의 문제, 즉 특별한 정책적 이유 등으로 법의 효력이 미치지 않는 경우의 문제를 다루게 된다.

(1) 국내법상 예외

가) 내국인

① **대통령**: 대통령은 내란·외환의 죄를 범한 경우를 제외하고는 재직 중 형사소추를 받지 않는다(헌법 제84조).

② **국회의원**: 국회의원은 국회 내에서 직무상 행한 발언과 표결에 관하여 국회 외에서 책임을 지지 않는다(헌법 제45조).

나) 외국인

① 원칙적으로 공법상의 권리·의무는 자국에 있는 외국인에게는 적용하지 않는다.

② 사람의 신분이나 행위능력에 관한 것은 본국법의 적용을 받는다(섭외사법).

(2) 국제법상 예외

외국의 원수와 외교관, 그 가족 및 내국인이 아닌 종자에 대하여는 우리나라 형법이 적용되지 않고, 외국영사의 직무상 행위에 대하여도 우리나라 사법권이 적용되지 않는다. 이를 국제법상의 면제라 한다. 또한 한미 간의 군대지위협정(SOFA)에 의해 공무집행 중인 미군의 범죄에 대하여도 우리나라 형법이 적용되지 않는데 이러한 것들이 국제법상의 예외에 해당한다.

제 8 장

법의 적용과 해석

1. 법의 적용

1) 의 의

법의 적용이란 법의 내용 또는 효력을 실제 사건에 구체적으로 실현시키는 것을 말한다. 즉 일반적·추상적인 법규의 의미를 구체적으로 실현하는 작용을 법의 적용이라고 한다. 이러한 법의 적용은 법원의 재판에 의해서 최종적으로 결정되지만 그 결정 과정은 일반적·추상적 법규인 대전제에 실제사건인 소전제를 적용시켜 나타나는 법적 판단 또는 법의 효과(Rechtserfolg)라는 삼단논법에 의하여 판단된다. 여기서 대전제를 준비하는 것을 법의 해석이라고 하며, 소전제인 실제사건을 확정시키는 것을 사실의 확정이라고 한다.

구분	삼단논법	법의 적용
대전제	모든 사람은 죽는다.	사람을 살해한 자는 ○형에 처한다. (규범)
소전제	A는 사람이다.	A는 사람을 살해하였다. (사실)
논리적 결론(또는 법적 효과) 도출	따라서 A는 죽는다.	따라서 A는 ○형에 처해진다. (법적 효과)

2) 사실의 확정

법의 적용에 있어서 소전제를 준비하는 것을 사실의 확정이라고 한다. 이러한 사실의 확정이 없이는 법을 적용할 수 없다. 이러한 소전제는 1차적으로 사실인정과 2차적으로 법규의 구성부분인 구성요건에 사안을 맞추어 사안이 이 구성요건에 포섭되느냐의 판정에 의하여 형성된다. 이러한 사실의 확정은 증거에 의하여 확정되는 이른바 증거재판주의를 원칙으로 한다. 사실인정의 자료 또는 근거를 증거라고 한다. 이러한 증거를 주장하는 것을 입증이라 하고, 입증책임은 그 사실의 존부를 주장하는 자가 부담한다. 그리고 사실을 확정하는 데 필요한 증거는 첫째, 증거로 될 수 있는 자격인 증거능력이 있어야 하고, 둘째, 증거의 실질적 가치인 증명력이 있어야 한다.

그러나 이러한 입증이 불가능하거나 곤란한 경우도 적지 않다. 이러한 경우에 공익상 또는 기타의 이유로 사실을 일단 가정하고 이에 상당하는 법적 효과를 부여하는 사실의 추정과 간주규정을 두고 있다.

(1) 사실의 추정

사실의 추정이란 어떤 사실의 입증이 불명확할 경우, 법이 당사자의 입증상의 불편을 피하기 위하여서 또는 공익상의 이유로 사실의 존부를 일단 가정하고, 이에 상당하는 법률효과를 부여하는 것을 말한다. 예를 들면, "처가 혼인 중에 포태한 자는 부의 자로 추정한다"는 「민법」 제844조 1항의 친생자 추정규정이라든가, "2인 이상이 동일한 위난으로 사망한 경우에는 동시에 사망한 것으로 추정한다"는 「민법」 제30조의 동시사망의 추정규정 등이 그 예이다. 사실의 추정은 편의상 인정하는 것이기 때문에 반증을 들어서 이를 부정할 수 있다는 점에서 간주(의제)규정과는 다르다.

(2) 사실의 의제(간주)

사실의 의제라 함은 사실의 진실성 여부와는 관계없이 일정한 법률적 취급을 결정적으로 확정하여 법률효과를 부여하는 것을 말한다. 예를 들면, "국내에 주소가 없는 자에 대하여는 국내에 있는 거소를 주소로 본다"는 「민법」 제20조, "태아는 상속순위에 관하여는 이미 출생한 것으로 본다"는 「민법」 제1000조 3항, "미성년자가 혼인한 때에는 성년자로 본다"는 「민법」 제826조의2의 규정 등이 이러한 의제규정에 해당한다. 의제는 추정과는 달리 원칙적으로 반증을 들어 부정할 수 없다.

2. 법의 해석

1) 의 의

법의 해석이라 함은 법을 적용함에 있어 대전제를 준비하는 것으로서 추상적인 법규를 구체적인 사안에 적용하기 위하여 법규의 의미·내용이 무엇인가를 명백히 밝히는 것을 말한다.

법의 해석은 성문법뿐만 아니라 판례법이나 관습법에 있어서도 필요하다. 특히 성문법은 본래 추상적·관념적으로 규정할 수밖에 없고, 또한 복잡하고 다양한 사회변화에 적용되는 법률을 빠짐없이 제정한다는 것은 불가능하기 때문에 새로운 사회변화에 의한 사실이 발생될 때에는 법도 또한 이에 알맞도록 해석해야 한다. 따라서 법의 해석은 사회의 발전에 따라 그 해석의 기준·내용·방법이 변천되는 것은 필연적이다.

2) 법해석의 방법

(1) 유권해석

유권해석은 국가의 권한 있는 기관에 의하여 법규범의 의미가 해석·확정되는 구속력이 있는 해석으로서 공권해석이라고도 한다. 유권해석은 다시 입법해석·행정해석·사법해석 세 가지로 나누어진다.

첫째, 입법해석이란 입법기관에 의해 법규의 의미나 내용이 확정되는 것을 말한다. 예를 들면, 「민법」 제98조에서 "본법에서 물건이라 함은 유체물 및 전기 기타 관리할 수 있는 자연력을 말한다"라고 규정하는 것처럼 동일 법규에 해석규정을 두는 경우와 부속법규에 두는 경우, 그리고 법규 가운데 실례를 들어 해석의 표준을 두는 경우 등이 있다.

둘째, 행정해석이란 행정관청에 의하여 행해지는 해석으로서 이는 행정관청이 법을 집행하는 형식이나 상급기관의 하급기관에 대한 회답, 훈령, 지령의 형식으로 나타난다.

셋째, 사법해석이란 법원에 의한 법의 해석으로서 재판의 형태로 나타난다.

(2) 학리해석

학리해석이란 국가기관에 의한 해석이 아니라 법이론을 기초로 개인의 법에 관한 의견과 논리 및 학설에 의해서 법규의 의미와 내용을 결정하는 것으로서 유권해석과는 달리 강제력을 갖지 못하여 무권해석이라고도 한다. 보통 법의 해석이라 할 때에는 이 학리해석을 말하며 다음과 같은 종류가 있다.

가) 문리해석

문리해석(grammatical interpretation)은 법규의 문자가 가지는 의미에 따라서 법규 전체의 의미를 해석하는 것을 말한다. 법의 해석은 우선 법규의 문자(字句)의 해석에서 출발하여야 한다. 그런데 문리해석에 관하여는 법문의 자구를 제정 당시의 의미로 해석하여야 한다는 '연혁적 해석설'과 해석 당시의 의미로 해석하여야 한다는 '진화적 해석설'이 대립하고 있다. 법은 현실적인 생활을 규율하는 것이기에 법 적용시를 기준으로 해석하여야 법적 확신과 실생활에의 타당성을 가져올 수 있기 때문에 후자가 타당하다고 하겠다.

나) 논리해석

논리해석은 문리해석을 전제로 하여 법규의 문자나 문장의 문법적 의미에만 구애되지 않고, 법전 전체에 대한 유기적·논리적 관련성에 입각하여 입법의 목적·결과 등을 고려한 논리적 방법에 의하여 법의 객관적 의미를 밝히는 것이다.

① 확장해석

확장해석은 법문의 용어를 그 의미보다 확장시켜 해석함으로써 법의 타당성을 확보하려는 해석방법이다. 확장해석은 그 범위에 있어서는 법의 자구의 원래의 의미를 이탈하지만 그 정신으로 보아서는 입법의 목적에 합당한 것이다. 예컨대, 마차통행금지라는 푯말이 붙어 있을 경우에 이 법문의 마(馬)를 우(牛)에까지 확장시켜 우마차통행금지로 해석하는 것과 같은 경우이다.

② 축소해석

축소해석은 확장해석과는 반대로 법문의 용어를 그 의미보다 축소시켜

해석하는 것을 말한다. 예컨대, 제마차통행금지라는 푯말이 붙어 있는 경우에 그 입법의 취지로 보아서 자전거라면 통행하여도 가능하다고 해석하는 방법이다.

③ **반대해석**

반대해석이란 어떤 사항을 규정한 법문이 있는 때에 기타의 사항에 대하여는 반대의 효과가 발생할 것이라고 해석하는 방법을 말한다. 예컨대, 우마차통행금지라고 하면 그 반면에 사람의 통행은 무방하다고 해석하는 것이다.

④ **물론해석**

법문의 규정으로서 명시되어 있지 않은 사항이라 할지라도 사물의 성질상 또는 입법정신에 비추어 보아 당연히 그 규정에 포함된 것이라고 해석하는 방법이다. 예컨대, 마차통행금지에는 우차(牛車)가 포함됨은 물론 자동차도 당연히 포함된다고 해석하는 것이다.

⑤ **유추해석**

유추해석이란 법령에 직접적인 규정이 없는 사항에 대하여 이와 성질이 유사한 다른 사항에 관한 법령을 적용하여 같은 법적 효과를 인정하는 해석으로서 일종의 해석에 의한 법의 창조라고 할 수 있다. 예컨대, 권리능력 없는 사단의 법률관계에 관하여는 민법에 규정이 없으므로 법인의 규정을 유추적용하는 것이 그 예이다. 또한 주차금지라고 하는 경우에 말을 매는 것도 금지되어 있다는 취지로 해석하는 것도 유추해석에 속한다.

법규범이 모든 사항을 빠짐없이 법으로 규정한다는 것은 거의 불가능한 일이다. 따라서 만일 유추해석이 허용되지 않는다면 법의 사회규범으로서의 효용은 크게 감소될 뿐만 아니라 비슷한 사항까지 법이 상이하게 적용되어 오히려 부당한 결과가 생길 우려가 있기 때문에 유추해석의 필요성이 인정된다.

유추해석은 결과적으로 법규의 의미를 확장하는 까닭에 확장해석과 비슷하다고 할 수 있으나 확장해석은 기존법규의 법문을 바탕으로 하여 논리적 해석에 의하여 확장·해석함으로써 법의 진의를 확정하려는 해석인 데 반하여, 유추해석은 명문규정에 있는 사항과 성질상 유사함을 이유로 확대·적용하는 경우이다. 예를 들면, 「민법」 제752조에 "타인의 생명을 해한 자는 피해자의 직계존속, 직계비속 및 배우자에 대하여는 재산상의 손해가 없는 경우에도 손해배상의 책임이 있다"라고 한 규정에서, 여기서의 배우자는 사실혼관계에 있는 배우자도 포함된다고 해석하는 것은 확장해석이며, 형제자매도 포함된다고 해석하는 것은 유추해석이라고 할 수 있다.

확장해석과 유추해석의 구별은 민법에서는 큰 의미가 없다. 왜냐하면 민법에서는 확장해석과 유추해석 모두가 허용되기 때문이다. 그러나 형법에서는 확장해석과 유추해석을 엄격히 구별할 필요가 있다. 형법에서는 유추해석이 원칙적으로 허용되지 않기 때문이다. 그러나 형법에서도 형사피고인에게 유리하게 적용될 경우에는 예외적으로 유추해석이 허용된다.

제 9 장

권리와 의무

1. 권 리

1) 권리의 개념

독일어의 Recht와 프랑스어의 droit라는 단어는 모두 '권리'라는 의미도 가지고 있고, '법'이라는 의미도 가지고 있다. 통상 이 단어가 주체와 관련하여 쓰이면 권리로 해석되고, 그 주체의 권리를 객관적인 입장에서 법질서로 볼 때에는 법이라고 해석된다. 즉 동일한 용어를 주관적으로 사용하느냐, 객관적으로 사용하느냐에 따라 권리로도 해석되고 법으로도 해석되는 것이다. 즉 권리라는 말과 법이라는 말은 사실 그 본질에 있어서는 다른 것이 없는 동일물인 셈이다.

(1) 권리의 의의

그렇다면 권리란 구체적으로 무엇인가? 이에 대해서는, ① 권리를 법률에 의해 주어진 의사(Wille)의 힘 또는 의사의 지배로 보는 의사설(Kant, Hegel, Windscheid), ② 권리를 법에 의하여 보호되는 이익이라고 보는 이익설(Jhering, Dernburg), ③ 권리를 법에 규정된 의사의 힘에 의해서 보호되는 이익이라고 보는 이익의사설(Jellinek), ④ 권리를 일정한 이익을 향유할 수 있게 하기 위하여 부여된 법률상의 힘이라고 보는 법력설(Merkel, Regensberger) 등이 대립하고 있다. 이 중에서 법력설(독일 및 우리나라의 통설)이 가장 타당하다고 할 수 있다.

법력설에 의하면, 권리란 일정한 이익을 향유할 수 있게 하기 위하여 부여된 법률상의 힘 또는 법률상의 가능성을 말한다. 여기서 말하는 힘은 이익의 향유를 주장할 수 있는 법률상의 힘을 의미한다는 점에서 사실상의 힘과는 구별된다.

(2) 권리와 구별되는 개념

① **권력**(Macht): 권력(실력)은 사실상의 힘을 말한다. 이에 반해 권리는 법률상의 힘이다. 권리는 각자에게 평등하나 실력은 각자에게 차이가 있다.

② **권한**(Zuständigkeit, Kompetenz): 국가 등의 법인에서 법인의 기관이 갖는 직무의 범위를 말한다. 권리의 행사가 직접적으로 권리자의 이익이 됨에 비해, 권한의 행사는 그렇지 아니하다는 점에 차이가 있다.

③ **권능**(Befugnis): 권리 속에 있는 개개의 작용을 권능이라고 한다. 예를 들면, 소유권 속에는 사용·수익·처분의 권능이 있다.

④ **권원**(Rechtstitel, title): 법률상 또는 사실상의 행위를 정당화시키는 법률상의 근거를 권원이라고 한다.

⑤ **반사적 이익**: 법이 일반인 또는 어떤 특정인에게 일정한 행위를 명령하거나, 금지하거나, 허용함으로써 다른 어떤 사람이 그 법의 반사적 효과로 받게 되는 사실상의 이익을 반사적 이익이라고 한다. 반사적 이익은 법에 의하여 보호되는 이익이 아니기 때문에 원칙적으로 그것이 침해되더라도 소송 등을 통하여 권리로서 주장할 수 있는 법적 힘이 없다.

2) 권리의 종류

권리의 종류는 법의 분류와 대응된다고 할 수 있다. 따라서 권리는 공권(公權), 사권(私權) 그리고 사회권(社會權)으로 분류된다. 공권은 공법에 의해 인정되는 권리이며, 여기에는 국가적 공권(국가나 공공단체가 가지는 공권)과 개인적(국민적) 공권(국민이 국가나 공공단체에 대해 가지는 공권)인 국내법상의 공권과 국제법상의 공권으로 분류된다. 사권은 사법에 의해 인정되는 권리로서 ① 첫째, 권리의 목적을 기준으로 재산권, 신분권, 인격권으로 분류할 수 있고, ② 둘째, 권리의 작용을 기준으로 지배권, 청구권, 형성권, 항변권으로 분류할 수 있으며, ③ 셋째, 권리의 대외적 효력이 미치는 범위에 따라서 절대권(대세권), 상대권(대인권)으로 분류할 수도 있으며, ④ 넷째, 양도성 유무에 따라 일신전속권, 비전속권으로 분류하기도 하고, ⑤ 마지막으로 권리 상호간의 관계에 따라 주된 권리와 종된 권리로 분류할 수도 있다. 그리고 사회권에는 노동법, 생활보호법 등의 이른바 '사회법'에 의해 인정되는 권리로서 공권과 사권이 혼합되어 있다.

3) 권리의 행사와 남용

권리는 이를 행사할 것인가의 여부가 권리자의 임의에 맡겨져 있기 때문에 반드시 행사하도록 강제 당하지 않는다. 다만 권리 위에서 잠자는 자는 권리자로서 보호할 가치가 없다(Rudolf von Jhering). 그리고 권리는 일정한 기간 이를 행사하지 않으면 소멸시효에 의해 권리 그 자체가 소멸하는 경우가 있다.

2. 의 무

1) 의무의 개념

의무란 자기의 의사 여하를 불문하고 일정한 행위(작위·부작위)를 하여야 할 법적인 강제, 즉 구속을 말한다(다수설). 예를 들면, 돈을 빌린 자는 그 돈을 갚아야 할 의무가 있으며, 국민은 국가에 대해 세금을 납부해야 할 의무가 있는 것이다.

2) 의무의 종류

의무의 종류는 권리의 종류와 마찬가지로 분류할 수 있다. 왜냐하면 의무는 권리와 대응관계에 있기 때문이다. 공의무는 공법에 의해 받는 의사의 구속으로서 국가의 공의무와 개인의 공의무로 분류할 수 있다. 사법상의 의무는 사권에 대응하며 사법에 의해 받는 의사의 구속을 말하며, 사회법상의 의무란 사회권에 대응하며 사회법에 의해 받는 의사의 구속을 말한다.

3. 권리 · 의무의 주체와 객체

1) 권리 · 의무의 주체

권리를 갖거나 의무를 부담할 수 있는 자격을 가진 자를 권리·의무의 주체라고 한다. 권리나 의무는 그 성질상 당연히 주체를 필요로 하고, 따라서 주체가 없는 권리나 의무는 생각할 수도 없고 존재할 수도 없다. 권리·의무의 주체를 '법률상 사람'(homo iuris)이라고 한다. 이 법률상 사람이 되는 능력 또는 자격, 즉 권리·의무의 주체로 될 수 있는 능력 또는 자격을 '인격'이라 하며, 이를 가지고 있는 사람을 '법적 인격자'라고 한다. 법적 인격자는 개개의 자연인에만 국한되지 않는다. 자연인 이외의 법인도 권리·의무의 주체가 될 수 있다.

2) 권리 · 의무의 객체

권리 또는 의무의 목적을 위해 지배되고 있는 것을 권리·의무의 객체라고 한다. 권리의 객체는 권리의 내용을 이루는 목적을 위해 존재하는 권리의 대상이다. 예컨대, 물권은 일정한 물건을 직접 배타적으로 지배하는 것이 목적인 권리인데, 이 목적을 위해 그 대상이 되어 있는 물건이 권리의 객체가 된다. 의무의 객체는 의무의 내용을 가리킨다.

3) 법률관계

법에 의해 규율되는 관계를 법률관계 또는 법관계라고 한다. 따라서 법률관계는 권리관계를 그 내용으로 한다고 말할 수 있다. 그러나 권리에는 이에 대응되는 의무가 있는 것이 보통이므로 법률관계의 실질은 권리·의무관계가 된다.

4. 권리의 행사와 의무의 이행

고대에서는 권리·의무관계에 있어서 특히 의무의 측면이 강조되었다. 그러나 근대에 들어오면서부터는 권리본위로 옮겨가면서 누구나 자유로이 법률관계를 창설할 수 있게 되었다(예를 들면, 특히 소유권의 신성불가침과 계약자유의 원칙). "자기의 권리를 행사하는 자는 누구에 대하여도 불법을 행하는 것이 아니다"라는 법언이 말해주듯이, 권리의 행사는 권리자가 자유롭게 행사할 수 있는 것이 원칙으로 자리 잡았다.

그런데 20세기 현대 복지국가에서는 특히 재산권 행사와 관련하여서 권리만큼이나 의무도 강조되면서 무제한적인 권리행사가 인정되지 아니하고, 공공복리사상에 의하여 권리행사에 제한을 받거나, 권리행사의 남용이 금지되는 등의 방향으로 나아가게 되었다.

그런 의미에서 우리 헌법도 제23조 3항에서 "재산권의 행사는 공공복리에 적합하도록 하여야 한다"라고 규정하고 있고, 민법 제2조 또한 이러한 헌법의 이념에 따라 "권리의 행사와 의무의 이행은 신의에 좇아 성실히 하여야 한다. 권리는 남용하지 못한다"고 규정하고 있다(신의성실의 원칙과 권리남용 금지의 원칙).

현대국가에서의 권리행사에 관한 외국의 입법례
• 1919년 독일 바이마르 헌법 제153조 3항: "소유권은 의무를 부담한다. 그 행사는 동시에 공공복리에 적합하도록 하여야 한다."   • 독일 민법 제226조: "권리의 행사는 타인에게 손해를 가하는 것만을 목적으로 하는 때에는 이를 허용하지 아니한다."   • 스위스 민법 제2조 1항: "권리의 명백한 남용은 법률의 보호를 받을 수 없다."

제 10 장

사상과 법

제1절 서 론

법사상에서 계속적이고 연속되는 다수의 법적 사실은 결국에는 그 근본이 되는 것은 법사상의 그림자라고 할 수 있다. 또한 우리의 사회생활을 규율하고 있는 법은 법 그 자체만으로 독립된 자족성을 가지는 것이 아니라 정치·경제·도덕 기타의 모든 문화현상과 불가분리의 밀접한 관계에 있다. 마찬가지로 우리의 현재의 법도 우리만의 역사와 문화에 의해서 내려온 것이 아니라 우리와 관계된 다른 모든 나라의 문화 등도 여기에 영향을 미치고 있다. 따라서 이러한 관점에서 우리의 전통적인 법문화와 대륙, 특히 독일과 프랑스의 법사상과 영미법의 법사상과의 관계를 고찰하여 현재의 법을 이해하고자 한다.

1. 법사상사의 개념

사람은 시대와 장소에 관계없이 집단을 구성하고 사회를 만들어 생활하여 왔다. 그리고 그 사회 속에서 구성원들의 복지를 가져오기 위해서 또한 질서를 유지하기 위해서 법이 존재하여왔다. 그러나 그러한 법이 그 사회의 구성원들에게 어떤 모습으로 비추어지는가는 명확하게 밝힐 수가 없다. 즉 그 사회에서 살고 있는 사람들에게 과연 무엇이 법인가는 막연하고 관념적일 수밖에 없는 것이다. 그 관념은 법 안에 융합되어 법을 지탱해 주며 법에 가치를 부여해 주기도 하고 또 스스로 법이 되기도 한다. 또 때에 따라서 법을 비판하기도 하고 법과 대립되기도 하며 현재의 실정법을 파괴하기도 하며 변형시키기도 한다.

이와 같은 관념이 가장 넓은 의미의 법사상이라고 할 수 있다. 이러한 법사상은 사회와 긴밀히 결합되어 있으며, 법사상의 배경을 가지고 있지 않은 법은 현실의 사회를 규율할 힘이 없는 것이다.

법사상을 체계적으로 연구하는 법철학자는 법사상에 철학적 고찰을 가하여 그것을 이론적으로 표현하려고 노력한다. 이러한 법사상을 기초로 하여 형성된 법과 그 법에 관한 법학자들의 이론적 표현의 영향을 받아 또한 법사상은 새롭게 형성되고 변천하기도 한다. 즉 법사상이란 그와 같은 법을 형성 발전시키는 기초와 원동력이 되는 사상을 말하며, 법사상사라 함은 그러한 법사상의 생성발전의 과정을 역사적으로 고찰함을 연구의 대상으로 하는 학문을 말한다.

2. 법사상사 연구의 방법

법사상사를 연구하는 방법에 있어서는 각 민족 또는 국민의 법사상을 개별적으로 고찰하는 개별적 법사상사와 그러한 법사상사 사이의 공통적 요소를 규명하는 일반적 법사상사로 구분될 수 있으며, 서양의 법사상사와 동양의 법사상사로 구분하여 고찰할 수 있다. 우리의 법사상은 서양의 법사상과 동양의 법사상의 영향을 함께 받고 있다.

제2절 고대의 법사상

1. 초기 그리스의 법이론

고대 그리스는 철학과 예술의 분야에서 절정을 이루었으며, 그 영향이 현대까지 내려 왔으므로, 현재 유럽문화에 끼친 영향은 절대적이며, 앞으로 인류문화 형성에 영원한 존재로 그 영향을 미칠 것이다. 그러나 고대 그리스는 각 도시마다 고유한 특징을 가진 법이론과 법규정이 존재했으므로 전체 그리스에 통일적으로 적용되는 법체계를 가지고 있지는 못했다. 그러나 민족과 환경이 같으므로 보편적인 그리스철학과 법사상을 배경으로 하고 있다.

미케네에서는 영웅과 신의 시대였으며, 그리스의 왕정국가에서는 Homer의 서사시에서 보듯이 인간이 큰 힘을 가지고 위업을 성취함으로써 영웅이 되고, 영웅은 신격화하여 신이 되었다. 이러한 영웅이 지배자가 되어 최고의 지휘자, 최고사제로 되었다. 이것이 그리스 초기의 왕정국가였다

이 시기의 법은 종교적 색채가 농후한 신의 명령 또는 도덕·관습의 미분화상태의 종합적 생활규범이었다. 즉 그 당시 법은 신들로부터 나와 신의의 계시를 통해 인간에게 알려지는 것으로 간주되었다. 여기서 그리스의 신은 인간적이며 영웅적이므로 인간 이외의 것을 대상으로 하는 다른 고대민족의 사상과는 많은 차이점이 있었다.

그 이후 그리스는 초기 왕정국가에서 귀족국가로의 정치적 전환이 이루어진다. 이 시기는 18인의 지배자 대신에 소수의 귀족이 등장하여 지배하였으나 아직 국가라는 의식에는 달하지 못한 시기였다. Homeros에 의하면, 이러한 귀족국가에서는 각종 생활규범을 의미하는 용어로 테미스(Themis)라는 말을 사용하였는데, 테미스란 자연법칙이라는 의미와 법규범의 의미를 동시에 가지고 있다. 즉 타당성을 가지고 준수되는 모든 규칙을 의미하였으나, 그 대상이 아직 국가적 의식에는 달하지 못하였다.

그 이후 귀족국가에서 도시국가에로의 변천이 이루어졌으며, 이러한 도시국가의 특징은 정치적으로는 전 국민의 자치주의, 경제적으로는 자급자족 체제, 대외적으로는 인보동맹(隣保同盟)으로 특징지을 수 있다. 그리고 법사상사적으로는 종교와 자연법칙의 형태에서 벗어난 독립적 법사상이 형성되기 시작한다.

이 시기에 있어서 테미스(Themis)는 오직 지배층만을 위한 도시국가 이전의 신의적 사회규범인 디케(Dike)로서 모든 국민에게 각자의 것을 가지게 하는 원리로서 국가의 질서의 의미로 사용되었다. 한편 이 시기에는 노모스(nomos)라는 말로 사용하였는데, 헤시오도스(Hesiodos)에 의하면, 이는 이성

적 인간의 법인 규범법칙이며, 비이성적 자연의 법(physis), 즉 자연법칙과는 구별된다고 하였다. 말자하면, 테미스, 디케라는 것은 신의적 질서이며, 노모스라는 것은 인위적 질서라는 의미로 사용되었다.

2. 소피스트의 등장

그리스 초기 철학은 대우주의 법칙을 탐구하거나, 대자연의 법칙을 인간세계에로 적용시키는 것과 관련하여 법이라든가 정의를 문제 삼았다. 이에 대해 철학을 종교로부터 분리시키고, 고찰의 초점을 인간 자체 또는 인간의 사회로 돌린 것은 소피스트들의 공헌이다. 이는 그때까지 아무런 반성 없이 맹목적으로 복종하여 온 국가와 법이라는 전통적 권위에 대하여 그 권위의 근거를 의심하고 복종할 이유에 관해 비판을 가함으로부터 시작되었다. 소피스트들은 철학적 상대주의와 회의주의의 최초의 대표자들이다.

1) 프로타고라스(Protagoras)

프로타고라스는 인간은 신들의 존재 혹은 비존재에 대해 알 수 없으며, 한 개인으로서의 인간은 만물의 척도라고 했다.

2) 소피스트의 이론

인간이 내리는 판단을 떠나서 영원히 통용하는 객관적인 진(眞) 혹은 선(善) 혹은 정의(正義), 가치(價値)에 대한 척도는 절대로 없다. 무엇이 정(正)인가는 인간이 무엇을 정(正)이라고 생각하는가에 의해 결정된다. 그러나 무엇을 정(正)이라고 생각하는가는 사람에 따라 각양각색이다. 그러나 실제로 강한 실력을 가진 자가 정(正)이라고 생각하는 것이 일반적 정(正)으로써 그 사회에 통용되게 된다. 그런데 지배자가 정(正)이라고 정한 것은 결국 지배자의 이익과 합치된다. 그러므로 정의라는 것은 강자의 이익 이외에는 아무 것도 아니다. 즉 정의에 관한 객관적인 가치기준은 없고, 그때그때의 실력자의 의사가 정의이며, 법으로써 행하여지게 되는 것이다.

3) 법에 대한 플라톤의 견해

(1) 소크라테스의 법이론

소크라테스에 의하면, 객관적 정의는 실정법에 의존하며, 국가에서 제정한 법이 법이며, 국가의 법을 준수하는 것이 곧 정의라고 한다. 그러나 그는 성문법규와 마찬가지로 신에 의해 인간에게 부과된 실질적 정의라는 보다 고차원의 정의를 주장하고, 법에 복종하는 것이 맹목적 복종도 아니고 실력에 대한 항복도 아니고 반성적 사유의 결과로서 의식적으로 행하는 것이라고 함과 동시에 법에 대하여 윤리적 성찰을 가하는 이론적 기초를 만들어 주었다.

(2) 플라톤의 법이론

소크라테스의 사상을 체계화한 것은 플라톤이다. 플라톤은 국가의 법은 일부계급의 이익을 위하여 존재하는 것이 아니라 국가전체의 복지를 목표로 하여 제정된 것이라고 한다. 여기서 국가란 이상국가, 즉 인간의 선천적 불평등을 전제로 각자의 능력을 기준으로 국가의 구성원을 예지의 덕을 가진 철인정치가와 용기의 덕을 가진 무인계급과 절제의 덕을 가진 생산자계급으로 삼분하여 국민의 개인적 존재를 국가생활 속으로 몰입시키고 각자의 능력을 발휘하도록 교육하는 유기체로서의 이상국가를 의미한다.

플라톤의 정의는 "각자가 그의 능력에 따라 요구되는 사회적 지위에서 자신의 일을 하는 것"을 의미한다. 즉 정의는 철인정치가의 지도하에 계급적으로 구성된 국가 안에서만 실현될 수 있는 객관적인 이념이며, 국민전체의 복지이며, 결코 일부 지배자의 이익은 아니다.

플라톤의 이상국가는 법규에 의해서라기보다 훌륭한 이들의 자유, 지성에 의해 통치되는 행정국가이다. 즉 정의는 '법 없이 집행'된다. 그러므로 분쟁이 발생했을 때 법관들은 법조문으로 구체화된 고정적이고 엄격한 규칙에 얽매이는 것을 원치 않는다.

그는 법의 원칙들은 추상적 개념과 지나친 단순 어구로 이루어졌다고 믿었으며, 가장 바람직한 것은 법에 대한 전적인 권위보다는 통치의 기술을 이해하고 지혜를 가진 자의 전적인 권위이다.

그는 시실리(Sicily)의 시라쿠스(Syracuse) 시에서 직접 이상국가 실현을 행하였으나 좌절되자 법이 없는(non-law) 국가가 가장 고차원적이고 완벽한 정부형태이지만, 행정부의 능률을 실현시키기 위해서는 고도의 지혜와 완전무결한 판단력을 가진 자를 필요로 한다고 인정했다. 그러나 그런 자를 찾기는 쉽지 않으므로 통치를 위한 차선책으로 '법치국가'(law state)를 제안했다.

결국 통치당국은 성문법이나 입법 없이 정의를 집행할 만큼 자유롭지 못하고, 그들은 일반입법으로부터 지시를 받아야 할 법률의 종복이 되었다.

(3) 아리스토텔레스의 법이론

플라톤의 완전한 국가와 차선의 국가를 위한 청사진의 방법을 답습하지 아니하고 '선한 생활'에의 목표를 위한 수단으로서 법에 기초한 국가를 내세웠다.

아리스토텔레스는 "인간은 완성되면 동물 중에서 가장 훌륭한 존재이지만, 법과 정의로부터 유리되면 가장 나쁜 존재이다"라고 하였다. 그는 지상의 복지를 실현하려면 다수의 사람 사이에 조직적 협력이 필요하다. 즉 사람은 국가의 생물이다. 즉 국가존재의 목적은 그 안에서 생활하는 모든 사람의 복지를 꾀함에 있다. 이 복지의 수단이 법인 것이다. 따라서 법에 따라 자기의 행동을 규율하고 타인과의 관계에서 균등을 꾀하는 것이 일반적 의미에서의 정의이다. 이 정의는 적용되는 사회관계의 성격에 따라 이중으로 구분된다.

* 배분적 정의-각자의 능력·가치에 따른 적용(질적 평등, 실질적 평등)
* 평균적 정의-각자를 대등한 입장에서 고려(양적 평등, 형식적 평등)

국가의 법은 배분적 정의와 평균적 정의를 기초하여 제정되어야 한다. 그러나 법은 모두 일반적 규정이므로 법의 적용을 받을 구체적 사건 자체를 모두 망라할 수는 없다. 그러므로 법의 일반적 규정에 의해 정의에 도달하지 못하는 경우에, 이 법을 수정하는 것이 '형평'이다. 형평은 법을 준수함으로써 실현되는 형식적 정의가 실질적으로는 부정의가 되는 경우에 그것을 구제하기 위한 구체적 정의인 것이다. 이 정의는 자연에 그 기초를 두고 있는 객관적인 존재라고 하여 자연법사상의 출발점을 만들어 놓았다.

(4) 스토아학파의 자연법

스토아학파는 제논(Zenon, B.C. 350~260)이라는 셈족 사상가에 의해 창시되었다. 제논과 그의 추종자들은 '자연'의 개념을 그들 철학체계의 중심부에 위치시켰다. 스토아학파는 자연법사상을 확립시켰는데, 그에 의하면 인간생활의 질서와 조화는 각인이 이성에 따라 행동함으로써만 이루어질 수 있다고 한다. 그것은 마치 대자연이 자연법칙에 따라 조화를 얻고 질서 있는 운행을 되풀이하고 있는 것과 마찬가지로 인간의 이성 또한 대자연의 법칙과 본질적으로 연결되어 있어야 한다는 것이다. 즉 자연법과 이성법을 동일한 것으로 파악(이성이 지시하는 행동의 준칙은 인간생활에 있어서의 자연법인 것이다)하였다.

스토아 철학자는 인간은 국가와 민족을 초월한 全우주에 걸쳐 있는 이성에 기초한 자연법(공통적인)의 보편성 원칙에 입각한 세계동포적 철학(cosmopolitan philosophy)을 가지고 있다고 생각했으며, 그들의 궁극적 이상은 신의 이성의 인도를 받아서 모든 사람이 서로 조화롭게 살아가는 세계국가의 건설이다.

이러한 이념에 의한 세계국가를 무기와 법의 힘에 의해 현실화하려는 사업에 착수한 자들이 '로마민족'들이었다. 대표적인 사상가로서 키케로(Cicero, B.C. 106~43)를 들 수가 있는데, 그는 로마의 위대한 법학자·정치가로서 스토아학파로부터 사상적으로 강한 영향을 받았으며, 자연과 이성을 동일시하고, 이성이 우주에서 지배적인 힘이라 여겼으며, 법의 속성을 '자연적 힘'(natural force)으로 보았다. 그리고 정의와 부정의를 나누는 기준을 지적인 사람의 지성과 이성으로 보고 불공정한 법은 법의 자질(quality of law)이 결여되었다고 주장하였다. 또한 그는 정의를 인간본성으로 이해되는 자연 속에서 본래부터 내재하는 것으로서 인간의 집단복지의 필요조건으로서 몇몇 소피스트들이 주장했던 것처럼 결코 실용성에서 유리될 수 없다고 하였다.

한편 고전적 로마법 시대(B.C. 1~A.D. 3 중엽)의 로마 법학자들은 스토아 철학의 영향으로 실용적 성격으로서 자연법을 보편적 시간을 초월한 법이 아닌 특정상황에 맞는 일종의 해결책으로 파악하기 시작하였다.

에른스트 레비(Ernst Levy)는 자연법이란 인간이나 사물의 물리적 성질에서 연유하며, 법체계 틀 속에서 인간관심사의 정상적이고 정당한 질서와 일치된다고 하였다.

가이우스(Gaius)는 그의 저서 『법학제요론』(Institutes)에서 시민법은 로마시민(특정국가의 시민에게 적용)에게 적용되고, 만민법은 로마 시민 이외의 민족(모든 인간 사이에서 확립된 자연적 이성으로 모든 인류에 의해 동등하게 준수)에게 적용되는 것이라고 하였다.

울피아누스(Ulpianus)는 자연법이란 자연이 모든 동물(인간과 동물 모두 포함)에게 가르쳐 온 것이라고 하였다.

제3절 중세의 법사상

1. 초기 기독교의 교리

중세시대에는 법철학도 다른 학문과 마찬가지로 교회와 교리에 의해 지배되었다. 그러나 플라톤, 아리스토텔레스, 스토아학자들의 고대사상은 신학의 관점에서 재해석되고 수정되어 중세 기독교 사상가에게 영향을 끼쳤다.

기독교적 법철학의 초기 기반은 중세가 시작되기 몇 세기 전에 마련되었다. 자연법에 대해서 사도 바울은 '인간의 마음속에 쓰여진 법', 천성적으로 법에 포함된 것이라고 하였고, 이는 인간의 뜻에 따라 잘 개발되기만 하면 성문법 없이도 선을 행하도록 지시하는 타고난 도덕성이 있다는 것을 인정하는 것이라고 하였다.

2. 성 아우구스티누스(St. Augustinus, 354~430)

그는 인간의 타락 이전은 인류의 황금시대로서 자연법의 절대적 이상이 실현되어 인간은 신성, 결백, 평등, 자유, 공유, 죽음도 존재하지 않았으나, 인간의 타락 이후부터 인간의 본성은 원죄에 의해 손상되어 인간정신의 완전하고 철저한 선을 반영했던 절대적 자연법은 더 이상 실현될 수 없었으며, 따라서 이성은 새로운 상태에 대처할 실제적 수단과 제도를 고안해야 했다. 그것이 정부와 법률과 재산과 국가로 등장되었다.

아우구스티누스(St. Augustinus)는 영원한 신법의 수호자로서 교회는 이러한 제도에 대해 마음대로 간섭할 수 있으며, 교회는 국가에 대해 무조건적 지배권을 가졌으며, 국가는 단지 지상에 평화를 유지하는 수단으로서만 정당화되었다. 즉 국가는 교회를 수호해야 했으며, 교회의 명령을 집행하고 세속법(lex temporalis)을 실시함으로써 인간 상호간의 질서를 보호해야 했다. 그는 세속법은 영구법의 요구를 수행하기 위해 노력해야 하며, 먼 미래 언젠가는 지상의 국가가 신의 국가로 바뀌리라 기대했다.

3. 이시도르(Isidore)

이시도르는 국가의 제도는 그 기원을 인간의 타락된 본성에 두고 있다고 가르쳤다. 정부는 나쁜 사람을 처벌하는 공포를 통해 사악한 행위를 하지 못하도록 규제하는 것이 필요하다. 그러나 그는 정당한 지도자만이 진실한 권위를 가진 자로 존경받을 만하고 반면에 독재자는 그러한 존경을 받을 자격이 없다고 주장했다. 그는 법을 자연법(jus naturale), 시민법(jus civile), 만민법(jus gentium)으로 구분하였다. 여기에서 자연법은 인간의 동의에 의해서가 아니라 자연의 본성에 의해서 지배되고 있다는 점에서 모든 사람들에게 공통적이라 했다. 이는 이시도르가 인류 초기의 '절대적 자연법'을 부분적으로 심사숙고한 것이라 할 수 있다.

4. 토마스 아퀴나스(St. Thomas Aquinas, 1226~1274)의 법사상

중세 스콜라 철학자로서 그의 가르침은 기독교 성서의 교리와 아리스토텔레스의 철학을 교묘하게 종합한 것이다. 그는 법의 종류를 영구법(eternal law), 자연법(natural law), 신법(divine law), 인정법(human law)으로 구분하였다.

1) 영구법

영구법(lex aeterna)은 조물주의 지배계획(신의 이성이며 지혜)으로서 인간은 실제 영구법을 알 수 없으나 신이 인간에게 부여해준 이성의 능력으로 그것을 부분적으로 알 수 있다고 하였다. 우주의 법에 대한 이성적 생물의 이러한 참여를 그는 자연법(lex naturalis)이라 했다. 그에게 있어서 자연법은 신의 이성의 명령을 불충분하게 반영한 것에 불과하지만 그것은 인간으로 하여금 적어도 영구법의 몇 가지 원칙들을 알게 해 준다고 하였다.

2) 자연법

자연법은 어떤 일반적인 교훈(precept)에 의해 인간의 행동을 지시한다. 즉 선을 행하고, 악을 피해야 한다. 그러나 선·악의 기준은 무엇인가라는 물음에 대해서 그는 인간이 천성적으로 좋아하는 것이 선이며, 자연법의 부분을 형성하는 것이라고 하였다. 또한 ① 인간은 법이 인정해야 할 자기보존의 자연적 본능을 갖고 있다. ② 남·녀 간에는 서로 끄는 힘이 있고, 자식을 양육·교육하고 싶은 욕망이 있다. ③ 인간은 신에 대한 진리를 알고 싶어하는 자연적 욕구와 지성에서 벗어나고자 하는 경향이 있다. ④ 인간은 사회 내에서 살고 싶어하며, 따라서 함께 살아야 할 사람들을 해치는 것을 피하는 것은 당연하다고 하였다.

이와 같이 토마스 아퀴나스의 사상에서 자연법은 인간의 어떤 육체적·심리적 특질과 인간으로 하여금 선을 성취하게끔 지시하는 이성의 명령들로 구성되어 있다고 보았다. 비이성적·반사회적·범죄적 행동은 인간의 정상적 본성으로부터 벗어난 병적인 탈선(morbid deviation)으로 설명하였다.

3) 신법(lex divina)

신법이란 신의 계시사항으로서 구약과 신약을 통해 하느님이 계시한 법이라 하였다.

4) 인정법(lex humana)

인정법이라 함은 공동체를 보살피는 사람에 의해 제정되고 공포된 공동선(common good)을 위한 이성의 질서로 정의된다.

제4절 근세의 법사상

1. 서 론

문예부흥에 의해 그동안 신 중심의 전통과 권위에 대한 맹목적 복종에 대한 인간성 회복 및 자아의 각성으로 인간사상의 혁신을 초래하였으며, 신세계의 발견과 교회의 전통적 지배를 배제하여 본연의 기독교 가르침으로 돌아감으로써 새로운 신앙을 확립하려는 종교개혁과 더불어 유럽사상의 대전환이 나타났으며, 이로 인해 국가와 법에 관한 사상도 근본적인 변혁을 겪게 되었다.

2. 개인주의 법사상

근세 초기의 자연법사상에 의하여 대표되는 개인주의 법사상은 모든 개인이 인간다운 생활을 할 권리를 가진다는 확고한 가치관에 입각하고 있는 것이다. 이와 같은 입장에서 인간은 평등하다는 정의관으로 우선 현실을 직시한 다음 인간의 힘으로 바른 사회질서를 이룩할 가능성을 믿고 그것을 위한 노력을 계속하여 가는 것이 인간 자각에 입각한 개인주의의 태도인 것이다.

인간이 인간다운 생활을 할 수 있기 위해서는 물질적인 생활 조건이 있어야 하는 것이다. 그러한 생활 조건이란 크게 두 가지로 나누어질 수 있다. 첫째, 다수의 인간의 공동이용에 맡겨 두는 것이며, 둘째, 특정인의 독점적 지배가 인정되는 것이다. 그중에서 후자가 개인의 재산이 되는 것이며, 재산이 개인에게 전속되는 이유에 관하여 근세 개인주의 법사상의 가장 유력한 기초를 만든 자는 로크(John Locke, 1632~1704)이다. 그에 의하면, 재산권의 취득의 근거를 '노동'으로 보면서 자연의 사물은 노동을 가함으로써 가치 있는 것이 되며, 그 사물의 소유는 노동을 가한 자에게 귀속되는 것이 자연의 이치에 맞는 권리라고 한다. 이러한 자연법상의 권리를 만들기 위해 모든 사람들은 합의 또는 계약(여기서의 계약이라 함은 사회계약을 가리킨다)에 의하여 국가를 조직하고 실정법을 제정한다. 따라서 국가는 개인의 권리와 이익을 위해서 존재한다고 할 수 있는 것이다. 그러기 위해서 국가의 제도를 합리화하는 것이 가장 중요한 것이라 할 수 있다. 즉 국민의 의사에 의하여 법을 만들고 그 법에 의하여 정부의 조직을 정하고 권력행사의 기준을 결정하여야 하는 것이다. 그것이 민주주의의 정치원리이며 따라서 개인주의의 법사상은 민주주의의 정치원리를 요구하고 민주주의의 정치원리는 개인주의의 법사상에 입각하여 발달하는 것이다.

개인주의는 모든 개인이 자유와 행복의 조건 위에서 각자의 행복을 추구할 수 있는 사회상태를 올바른 질서로 보고 있다. 그러나 어떠한 생활이 행복한가는 각 개인에 따라서 차이가 있기 때문에 개인주의의 입장은 법이 인정하는 규칙 하에서 각인이 실력으로 이익을 경쟁할 수 있는 조직이 결국에는 최대다수의 최대행복이라고 한다. 이것이 아담스미스(Adam Smith, 1723~1790)에서 출발하여 벤담(Bentham, 1748~1832)에 의하여 대표되는 공리주의의 법사상인 것이다.

개인주의 법사상은 초기에는 모든 사람들로 하여금 평등하게 재산권을 취득하고 그것을 자유로이 사용·수익·처분시켰다. 그 결과 근대사법에서 법주체로서 등장한 법인은 자본을 집중하여 자본가와 근로자 사이에 현격한 빈부의 격차가 발생하여, 특히 근로자들은 대부분 인간다운 생활을 하지 못하는, 즉 물(物)에 대한 사람의 지배를 통하여 사람에 대한 사람의 지배를 가져왔다. 이와 같은 불합리를 초래한 개인주의의 법사상은 많은 비판과 일대 전환을 필요하게 되었다.

3. 개인주의 이후의 법사상

1) 전체주의(국가주의)

이는 개인주의에서 다시 전체주의 내지 국가주의로 관점을 바꾸어 강력한 권력의 조직에 의하여 시민사회의 모순을 억지로 눌러 버리려는 경향이다.

이러한 사상의 이론적 경향을 제시한 학자로서는 헤겔(Hegel, 1770~1831)을 들 수 있다. 그는 개인을 초월한 보편성이 확립되는 곳에 도의적인 인간공동관계의 건설을 목표로 하였다. 또한 시민사회에서 활동하는 모든 사람은 외견상 완전한 자유를 향유하고 상호 의존의 공동관계와 연대관계를 이루고 있지만 거기에는 사실상 이성적인 자유는 도리어 부정되고 있다고 한다. 따라서 참다운 자유를 실현하려고 하는 객관정신의 움직임은 그 안에 내재하는 변증법적인 자기발전의 힘에 의하여 시민사회를 붕괴시키는 것이다. 그리고 시민사회 안에 있는 가족적 공동체의 정신이 시민사회의 필요에 따라 발달하여온 직업조합의 조합과 결합하고 그것이 잘 발전됨으로써 도의적 자유를 최고도로 실현하는 공동생활형태로서의 국가가 성립하게 된다고 한다. 이렇게 등장한 국가는 개체를 초월하는 전체이지만 개인의 의사의 다양성을 억지로 통제하는 독재국가는 아니었다. 즉 헤겔의 국가는 국민 각층의 대표를 의회에 내보내는 입헌국가였던 것이었다.

헤겔 이후 약 100년이 지나 제1차 대전에서 패전한 독일은 서구의 민주주의와 동구의 공산주의를 동시에 부정하고 민족전체주의를 주장하였다. 이는 자민족중심주의 또는 자국가중심주의의 태도인 것이다. 여기서는 공익우선의 원칙이 적용된다. 독일인은 그 체제의 지도세력을 민족사회주의적 독일노동당이라고 하였다. 이는 전체주의에 의하여 개인주의를 극복하고 사회주의적인 집중생산과 배분의 관계에 대한 강력한 통제에 의하여 한꺼번에 시민사회의 장기분열의 상태에서 탈피하려고 하는 시도였던 것이다.

2) 공산주의 법사상

이는 시민사회의 모순이 유물필연적인 법칙에 의하여 격화의 일로를 밟을 것을 예단하고, 그것을 방지하는 대신에 반대로 그 격화에 박차를 가하여 시민사회를 하루라도 빨리 붕괴시킨다는 사상이다. 이에 의하면, 민주주의의 법은 단순한 계급지배의 도구이며 실력의 압박에 불과하다고 보며 그 실력은 그 이상의 힘을 가지고 타파시켜야 한다고 주장한다. 따라서 그러한 실력의 힘을 가지지 않은 프롤레타리아는 단체의 힘을 중시하고 또한 단결에 의해 권익을 옹호해야 한다고 한다.

3) 사회적 민주주의

이는 개인주의의 기본사상을 기본원칙으로 하면서 점진적으로 자본주의의 폐해를 제거하고 다수지배의 정치방식을 채택하여 원래의 의미인 개인주의 정신에 들어맞는 사회를 세계적 규모로 쌓아 올린다는 사상이다. 이러한 사상에 따르면 근대시민사회가 그 이상으로 하는 자유와 평등을 형식적인 것으로 변화시켰으나 정치적인 면에서 개인, 즉 국민의 기본적인 권리를 국가권력의 침해에서 수호하기 위하여 법의 방벽을 쌓았다. 그러나 민주주의는 단순히 정치의 원리로서 확립되는 것은 불합리한 것이다. 모든 국민이 개인으로서 존중되기 위해서는 특히 경제적인 면에서 민주화를 도모하지 않으면 안 된다. 그러기 위하여서는 국가의 시책을 적극화하여, 기업에 공공성을 가지게 하고 근로대중의 생존권의 옹호에 노력해야 하는 것이다.

사회적 민주주의는 어느 정도 실질적인 자유를 상실시키는 것은 사실인 것이다. 그러나 사상, 언론의 비판과 정당의 지지를 위한 투표의 자유에 의해서 국민 대다수의 이익을 위한 제도적 장치를 마련하여 이러한 민주주의의 정치기구 밑에서 자본주의의 폐해를 시정하고 경제생활의 사회화를 실현하는 것이 가능한 것이다.

4) 결 론

개인주의사상의 모순과 근대시민사회의 모순을 극복하려는 점에서는 전체주의, 공산주의, 사회적 민주주의사상의 공통적인 성격이지만 이러한 세 가지 사상은 서로가 서로를 용납하지 못하는 성격을 가지고 있다. 이러한 대립은 제2차 대전으로 나타났다. 거기에서 전체주의는 붕괴되고 공산주의와 사회적 민주주의는 서로 대립상태에 의해 20세기까지 지속되었지만, 이제 공산주의는 몇몇 국가에서만 그 명맥을 유지하고 있을 뿐이다.

4. 자연법사상

1) 자연법의 생성

문예부흥과 인간주의에 의해 나타난 신의 권위에서부터의 탈피와 신대륙의 발견, 그리고 자연과학의 발달로 인해 합리적이고 경험적인 방법에 의해 국가와 법이라는 문화현상을 바라보려는 사상이 나타나게 되었다.

(1) 마키아벨리(Machiavelli)의 사상

그는 코페르니쿠스의 태양중심설의 출현을 전후하여 소피스트들의 사상을 취하여 현실에 입각한 국가와 법 및 그 의의에 관한 고찰을 하였다. 그 당시 이탈리아의 통일국가의 이념과 함께 그의 이론은 국가를 교회의 전통적 지배에서 벗어나게 하는 일관된 이론을 제공하였다. 즉 그는 인간은 본래 이기적 입장에서 서로 대립·항쟁하는 것을 전제로 하여 그와 같은 개인주의 또는 이기주의적 입장에서 인간의 본성을 악이라고 하였다. 그것을 다스리는 데는 법이 필요하며, 통일국가라는 목적을 이룩하기 위해서는 수단과 방법을 가리지 않는다. 따라서 종교와 같은 것도 국가적 통일을 유지하는 수단으로서 의의가 있음에 불과하다고 하여 로마 법황의 권력에 대항하였다.

이러한 마키아벨리의 사상은 교회의 전통적 지배에서 완전히 분리·독립한 통일적 국가의 형성을 주장하는 사상으로서 실제로 16·7세기에 유럽 각지에서 현실화되었으며, 더 나아가 그러한 국가의 권력을 절대적이라고 보아 군주의 절대적·전제적 지위를 주장하는 경향으로 나타나게 되었다.

한편 장 보댕(Jean Bodin, 1530~1596)은 국가는 사람의 합리적 본성에 기초를 두는 것이라고 하였다. 그는 마키아벨리와는 반대로 사람의 본성은 본래는 악이 아니며 군주는 사람의 합리적 본성에 기초를 둔 국가의 법을 실현하기 위하여 절대적 권리를 가져야 한다고 하였다. 이러한 이론은 그 당시 프랑스의 전제군주정을 반영하는 것이다. 그러나 장 보댕에 의하면 군주의 권력은 국민의 계약에 의하여 부여된 것이며, 그것은 개인의 소유권과 자유, 특히 종교적 자유에 대한 천부자연의 권리를 제한할 수는 없다고 한다. 이러한 점에 있어서 그에게는 개인주의적 경향을 볼 수 있다. 더구나 그가 정치적으로는 전제주의임에도 불구하고 종교적으로는 자유주의임은 로마교회의 교권에 대한 반감을 표현하는 것이다.

(2) 자연법론의 생성

새로운 국민적 통일국가는 자국의 이익을 위하여 국가적 부정과 불신의 행위를 서슴지 않고 자행하였으며, 17세기 전반의 30년 전쟁은 그러한 권력 투쟁의 국제관계가 인간생활에 미치는 실상을 여실히 보여준 것이다. 그와 같은 상태 하에서 어떻게 법적 정의를 주장하고, 어떻게 현실의 국가와 법의 근거가 될 확고부동의 원리를 정립할 것이며, 또한 그것에 의하여 어떻게 인간생활의 안정을 확보할 것인가에 대한 반성이 나오게 되었다. 이성을 기초로 하고 인간의 본성을 근거로 하는 자연법을 정립하고, 그와 같은 자연법을 기준으로 하여 교권의 통일적 지배를 떠나 형성·발전하게 된 현실의 국가와 법을 평가하고 그것을 어떻게 구성할 것인가를 논하고, 그와 같은 국가 상호간을 어떻게 규율할 것인가를 논하는 자연법론이 등장하게 되었다. 이러한 자연법 이론은 자연과학의 발달에 의하여 영향을 받게 되어 국가와 법에 대한 자연과학으로서의 그 체계를 확립하게 되었다.

(3) 알투지우스(Johannes Althusius, 1557～1638)의 법사상

그는 합리주의의 입장에서 자연법을 정립하였으며, 그 사상은 네덜란드에 있어서의 칼뱅주의 운동의 지주가 되었다. 그에 의하면, 국가제도는 그 성립의 기초가 계약에 있는데 그 계약에는 사회계약과 통치계약의 두 가지가 있다고 한다. 즉 인간의 공동생활은 그 자체는 이미 사람들의 합의에 의하여 성립한다. 그리고 국가의 주권은 국민에게 있으며 국민은 지배자와 지배복종의 관계를 설정하는 계약을 체결함으로써 그 주권을 군주에게 주었으므로 군주는 국민의 위임을 받아 국민을 대신하여 그 주권을 행사하는 것이며, 따라서 군주가 폭정을 하는 경우에는 그것은 불법행위이므로 국민은 군주에 대하여 저항을 할 수 있는 권리를 가진다고 설명한다. 그리하여 국가의 권력은 개인의 자연적 권리에서 생기는 것임을 명확히 하였다.

(4) 그로티우스(Hugo Grotius, 1588～1645)

그는 당시의 유럽을 지배한 불신·불의의 국제관계와 각 지역 간에 빈번하게 발생하는 전쟁과 내란을 보고 평화와 전시를 통하여 모든 국가가 준수하여야 할 공통적이고 보편적인 법이 존재되어야 함을 주장하고, 그와 같은 초국가적 질서, 즉 국제법의 타당성에 근거를 주기 위하여 스토아학파 이래로 자연이법(自然理法)의 관념을 사용하였다.

그에 의하면 사람은 출생하면서부터 사회본능을 가진다. 즉 사람은 누구를 막론하고 서로가 평화로운 공동생활을 영위하려는 공통성을 지닌다. 그와 같은 본능에 따라서 질서 있는 사회생활을 영위하는 것이 자연의 이법(理法)에 기초를 둔 정의의 요구인 것이다. 이에 반하여 사회생활의 안녕을 파괴하고 동족상잔의 투쟁을 일삼는 것은 인간의 본성을 무시하는 것이라 하지 않을 수 없는 것이다.

알투지우스와 그로티우스의 이론은 한편에서는 새로운 사상에 기초를 두면서 또한 본질적으로는 고래의 게르만적인 공동체사상에 기초를 두고 그와 같은 공동체를 안중에 두면서 형성된 것이라 할 수 있다.

(5) 홉스(Thomas Hobbes, 1588~1679)의 법사상

이기주의적 입장에서의 인간 본래의 반사회성에 근거하여 자연법을 정립하고, 사회 또는 국가성립의 필요성과 기구의 본질을 설명한 마키아벨리와 마찬가지로, 영국의 홉스는 인류는 결코 본성에 있어서 사회적인 동물은 아니고 도리어 각 개인은 본래 자기를 위하여만 행동한다고 생각하였다. 그와 같은 인간본성에 의하여 인간 상호간에는 항상 침해와 충돌 위험의 위협을 받는 상태인 "만인의 만인에 대한 투쟁상태"가 나타난다. 그와 같은 상태를 계속한다는 것은 인간자신의 자기보존의 본능과 모순하는 것이다. 그러나 인간에게는 한편에는 무한한 이기적 본능을 가짐과 동시에 다른 한편에서는 냉정한 이성과 창의를 구비하고 있다고 한다. 그리하여 사람들은 이성에 의하여 원시투쟁의 상태에서 벗어나는 방안을 창출하였다. 그것은 각 사람마다 계약에 의하여 국가생활에 들어가는 것이며, 그러면서도 각 개인이 가지고 있는 이기심을 억제시키기 위하여 개인의 자유를 모두 국가 지배자의 수중에 옮기고 만인이 국가권력의 절대성 밑에 복종하는 방법이다. 즉 국가는 각 개인의 자발적인 계약에 의하여 성립하였지만 일단 성립된 국가는 그 본질상 절대전제의 조직을 갖추지 않으면 안 되는 것이다. 왜냐하면 국가의 지배가 절대적일수록 인간 상호간의 침해와 전쟁의 위험은 그만큼 유효하게 배제될 수 있는 것이기 때문이다.

(6) 스피노자(Baruch Spinoza, 1632~1677)의 법사상

그는 홉스와 같은 인간의 이기주의에서부터 출발하였지만, 자연법을 적어도 처음에는 자연법칙과 동일하게 보고 따라서 자연권을 자연적인 힘과 동일시하였다. 그러나 그와 같은 자연권이 행하여지는 자연상태에서는 부단의 공포와 위험이 도리어 이기주의를 저해하기 때문에 인간은 그 이유에 의하여 서로 결합하고 질서를 이루는 편이 그들의 자기보존의 목적을 일층 잘 실현할 수 있다고 보았다. 그래서 사람들은 서로 계약을 체결하고 그 계약에 의하여 국가가 형성되었다고 한다. 이 점은 홉스와 공통적인 생각이었다. 그러나 홉스와의 차이점은 스피노자에 의하면, 각 개인이 계약을 체결함에 있어서 자기들의 모든 자연권을 포기하는 것이 아니라, 많은 것을 보유하고 그것을 보호하는 것이 국가의 주요한 의무라고 보는 점에 있다. 그러므로 국가권력의 강대함은 필요하지만 그 국가는 법치주의적인 것이다. 또한 국가는 인간을 그 이성적 본질에서 그 정신과 육체를 발전시켜 이성에 따라서 생활할 수 있도록 배려하지 않으면 안 된다고 하며, 그 이성의 활동 안에서 자유가 존재하는 것이다. 따라서 국가는 강대하여야 하지만 동시에 자유의 수호자이어야 하는 절대주의에 대한 자유주의적 수정을 가하였다.

제 2 부

각 론

제 1 장

가족관계와 법률

가족관계를 규율하는 법을 '가족법'이라고 한다. '가족법'은 단행의 법률을 의미하는 것이 아니라, 일반적으로 「민법」의 제4편(친족)과 제5편(상속)의 규정을 아울러 이르는 말로 쓰인다.

가족이란 종족보존의 본능에 의하여 자연적 결합에 의해서 형성된 것으로 도덕적·윤리적 색채가 강하다. 따라서 법률로써 가족관계를 규율한다고 하더라도 이들 윤리적인 요소를 무시할 수는 없다. 예를 들면 법률상 혼인신고를 하지 않고 사실상 부부생활을 하는 경우에도 부부로서의 사실관계를 무시할 수 없으며, 또한 혼인의 합의를 하지 않은 서로 무관한 사람이 법률상의 혼인신고를 했다고 하더라도 혼인관계는 발생하지 않는 것이다. 이와 같이 가족간에는 구체적 사실이 형식적 법률보다 오히려 중시된다고 할 수 있다.

'가족법'의 가장 큰 이념은 개인의 '자율성'을 보장하는 것과 '양성의 평등'을 보장하는 것이다. 우리 헌법도 바로 이러한 의미에서 "혼인과 가족생활은 개인의 존엄과 양성의 평등을 기초로 성립되고 유지되어야 하며, 국가는 이를 보장한다"고 규정하고 있다(헌법 제36조 제1항). '가족법'의 변천사는 바로 이러한 이념이 반영된 개정의 역사다. 최근에는 가족관계 내에서의 '미성년자녀의 복지'도 가족법에 있어서 중요한 이념으로 자리 잡았다.

제 1 절 친족과 가족의 범위

1. 친족의 범위

「민법」에서 친족이라 함은 배우자, 혈족 및 인척을 말한다. 여기에서 배우자는 법률상의 배우자를 말한다. 혈족(血族)이란 혈연을 통해 맺어진 친족관계를 말한다. 자기의 직계존속(直系尊屬)과 직계비속(直系卑屬)을 직계혈족(直系血族)이라 한다. 자기의 형제자매와 형제자매의 직계비속, 직계존속의 형제자매 및 그 형제자매의 직계비속을 방계혈족(傍系血族)이라 한다. 인척(姻戚)이란 혼인을 통해 맺어진 친족관계를 말한다. 혈족의 배우자, 배우자의 혈족, 배우자의 혈족의 배우자를 인척으로 한다. 친족관계로 인한 법률상의 효력은, 「민법」 또는 다른 법률에 특별한 규정이 없는 한, 8촌 이내의 혈족, 4촌 이내의 인척, 배우자에게 미친다.

인척관계는 혼인의 취소 또는 이혼으로 인하여 해소되나, 배우자의 사망으로는 해소되지 않는다. 부부의 일방이 사망한 경우에는 생존 배우자가 재혼해야 인척관계가 해소된다. 입양으로 인한 친족관계는 입양의 취소 또는 파양으로 인하여 종료한다.

혈족 간의 촌수(寸數)를 계산할 때에는, 직계혈족은 자기로부터 직계존속에 이르고 자기로부터 직계비속에 이르러 그 세수를 정하고, 방계혈족은 자기로부터 동원의 직계존속에 이르는 세수와 그 동원의 직계존속으로부터 그 직계비속에 이르는 세수를 통산하여 그 촌수를 정한다. 인척 간의 촌수를 계산할 때에는, 배우자의 혈족에 대하여는 배우자의 그 혈족에 대한 촌수에 따르고, 혈족의 배우자에 대하여는 그 혈족에 대한 촌수에 따른다.

양자와 양부모 및 그 혈족, 인척 사이의 친계와 촌수는 입양한 때로부터 혼인 중의 출생자와 동일한 것으로 본다. 부부는 촌수가 없다.

2. 가족의 범위

가족의 범위에 관한 민법의 규정
第779조(가족의 범위) ① 다음의 자는 가족으로 한다. 1. 배우자, 직계혈족 및 형제자매 2. 직계혈족의 배우자, 배우자의 직계혈족 및 배우자의 형제자매 ② 제1항 제2호의 경우에는 생계를 같이 하는 경우에 한한다.

종래 舊「호적법」에 의하면 가족이란 같은 호적에 기재되어 있는 사람을 의미한다. 그러나 2008년 1월 1일부터 「호적법」이 폐지되면서 새로이 가족의 개념을 정의할 필요가 생겼고, 이에 「민법」은 제779조에서 가족의 범위를 새로이 규정하고 있다. 이에 따르면, ① 배우자, 직계혈족, 형제자매는 생계를 같이 하느냐의 여부에 관계없이 가족이며, ② 직계혈족의 배우자, 배우자의 직계혈족 및 배우자의 형제자매는 생계를 같이 하는 경우에 한하여 가족이 된다.

제2절 약혼 및 혼인, 이혼의 법률관계

1. 약혼의 법률관계

1) 약혼의 개념

약혼이란 남녀가 장차 혼인할 것을 목적으로 하는 약속(계약)으로서 그 성립은 당사자간의 합의만 있으면 성립하고 어떠한 형식도 요구되지 않으므로 내연의 부부관계나 정혼(혼인양가의 주혼자들의 합의만으로 이루어지는 혼인) 그리고 연애와도 다르다.

약혼은 혼인이 아니기 때문에 약혼자 사이에 친족관계가 발생하지 않으며 약혼 중에 태어난 자는 혼인 외의 자가 된다.

약혼을 하면 반드시 혼인을 하여야 한다는 아무런 법적 의무가 없으며 또한 약혼당사자 일방이 상대방에 대하여 혼인의 강제이행을 청구할 수는 없다.

2) 약혼의 성립

약혼의 성립에는 특별한 형식이 없다(불요식주의). 성년에 달한 자는 자유로이 약혼할 수 있다. 약혼이 유효하기 위해서는 당사자의 연령이 혼인적령(婚姻適齡), 즉 만18세 이상이어야 한다. 미성년자는 부모나 미성년후견인의 동의를 받아 약혼할 수 있고, 피성년후견인은 부모나 성년후견인의 동의를 받아 약혼할 수 있다.

혼인적령의 의미
혼인적령(婚姻適齡)이란 민법상 약혼이나 혼인을 유효하게 할 수 있는 최소 연령을 말한다. 과거에는 남자 만18세 이상, 여자 만16세 이상이었지만, 현행 민법에 의하면 남녀 모두 만18세 이상이다.

3) 약혼의 해제

약혼당사자의 일방에게 아래의 도표와 같은 약혼해제사유가 있는 경우에 상대방은 약혼을 해제할 수 있다. 약혼의 해제는 상대방에 대한 의사표시로 한다. 그러나 상대방에 대하여 의사표시를 할 수 없는 때에는 그 해제의 원인 있음을 안 때에 해제된 것으로 본다.

약혼해제의 사유
제804조(약혼해제의 사유) 당사자 한쪽에 다음 각 호의 어느 하나에 해당하는 사유가 있는 경우에는 상대방은 약혼을 해제할 수 있다. 1. 약혼 후 자격정지 이상의 형을 선고받은 경우 2. 약혼 후 성년후견개시나 한정후견개시의 심판을 받은 경우 3. 성병, 불치의 정신병, 그 밖의 불치의 병질(病疾)이 있는 경우

4. 약혼 후 다른 사람과 약혼이나 혼인을 한 경우
5. 약혼 후 다른 사람과 간음(姦淫)한 경우
6. 약혼 후 1년 이상 생사(生死)가 불명한 경우
7. 정당한 이유 없이 혼인을 거절하거나 그 시기를 늦추는 경우
8. 그 밖에 중대한 사유가 있는 경우

4) 약혼해제의 효과

약혼이 해제된 경우에는 당사자 일방이 과실있는 상대방에 대하여 이로 인한 재산적 손해배상과 정신적 손해배상인 위자료를 청구할 수 있다. 손해배상의 청구는 우선 가정법원에 조정을 신청하여야 한다. 그리고 당사자 쌍방에 과실이 없는 경우에는 손해배상청구권이 발생하지 않으며, 당사자 쌍방에 과실이 있는 경우에는 과실상계(민법 제396조)의 원리에 따라 배상금액을 경감 또는 면제하여야 한다.

또한 약혼에 따른 예물 기타 금품의 제공은 혼인불성립을 해제조건으로 하는 증여(민법 제544조)이므로 약혼이 해제되면 예물과 금품의 제공은 부당이득 반환원리에 따라 반환해야 한다. 그 해제가 합의해제인 경우에는 합의대로 반환하면 되고, 아무런 합의가 없는 경우에는 약혼해제에 책임이 있는 자는 자신이 받은 예물은 반환해야 하지만, 준 예물에 대해서는 반환을 청구할 수 없다. 만약 쌍방에 과실이 있을 경우에는 과실상계의 원리에 의한다.

2. 혼인의 법률관계

1) 혼인의 의의

혼인이라 함은 남녀의 당사자가 자유로운 합의에 의하여 육체적·정신적·경제적인 공동생활을 할 것을 목적으로 결합하는 계약을 의미한다.

2) 혼인의 형식적 성립요건

우리나라는 사실혼주의가 아니라 법률혼주의를 채택하고 있으므로 「가족관계의 등록 등에 관한 법률」이 정하는 바에 의해서 신고함으로써 혼인이

성립된다. 이러한 신고는 신분관계 형성을 위한 창설적 신고이며 이미 형성된 신분관계를 보고하는 보고적 신고는 아니다.

혼인신고는 신고인의 등록기준지 또는 주소지나 현재지에서 할 수 있는데, 신고인의 관할 시(구)·읍·면의 사무소에 하면 된다. 다만, 외국에 거주하거나 체류하는 대한민국 국민의 경우 재외국민 가족관계등록사무소에서도 할 수 있다. 혼인은 신고함으로써 그 효력이 생기므로 신고기간이 별도로 존재하지는 않는다.

3) 혼인의 실질적 성립요건

(1) 이성혼(異性婚)이어야 한다. 동성 사이의 혼인은 허용되지 않는다.

(2) 혼인당사자간의 혼인할 의사의 합치가 있어야 한다. 이 의사의 합치가 없는 혼인은 무효이다. 그리고 사기·강박으로 인한 혼인의 의사표시는 취소사유가 된다.

(3) 당사자의 연령이 만18세 이상이어야 한다. 혼인적령을 위반한 혼인은 취소할 수 있다.

(4) 미성년자 또는 피성년후견인이 혼인을 할 경우에는 법정대리인의 동의가 있어야 한다. 미성년자가 혼인을 하는 경우에는 부모의 동의를 받아야 하며, 부모 중 한쪽이 동의권을 행사할 수 없을 때에는 다른 한쪽의 동의를 받아야 하고, 부모가 모두 동의권을 행사할 수 없을 때에는 미성년후견인의 동의를 받아야 한다. 피성년후견인은 부모나 성년후견인의 동의를 받아 혼인할 수 있다.

(5) 근친혼이 아니어야 한다. ① 8촌 이내의 혈족(친양자의 입양 전의 혈족을 포함한다) 사이에서는 혼인하지 못한다. ② 6촌 이내의 혈족의 배우자, 배우자의 6촌 이내의 혈족, 배우자의 4촌 이내의 혈족의 배우자인 인척이거나 이러한 인척이었던 자 사이에서는 혼인하지 못한다. ③ 6촌 이내의 양부모계(養父母系)의 혈족이었던 자와 4촌 이내의 양부모계의 인척이었던 자 사이에서는 혼인하지 못한다.

(6) 중혼이 아니어야 한다. 즉 배우자 있는 자는 다시 혼인하지 못한다. 중혼은 취소할 수 있다.

이른바 '겹사돈'의 법률관계
[사례] 甲(남)과 乙(여)은 부부이다. 그런데 甲의 남동생 丙과 乙의 여동생 丁이 결혼하려고 한다. 丙과 丁의 결혼은 유효하게 성립할 수 있는가?
[해설] 혼인은 혼인의 실질적 성립요건을 모두 충족하고, 혼인신고를 함으로써 유효하게 성립한다. 사례의 경우 丙과 丁이 혼인의 실질적 성립요건을 갖추고 있느냐가 문제되는데, 그중에서도 특히 근친혼 규정이 문제된다. 따라서 丙과 丁이 친족관계에 있느냐가 문제의 핵심이다. 丙에게 丁은 '혈족의 배우자의 혈족'에 해당하므로 친족이 아니다. 마찬가지 사유로 丁에게 丙도 친족이 아니다. 즉 두 사람은 친족관계에 있지 않다. 따라서 친족 사이에만 적용되는 근친혼 금지 규정은 문제될 것이 없고, 丙과 丁이 다른 혼인요건을 모두 갖추고 있다면 유효한 혼인이 성립할 수 있다.

4) 혼인의 무효와 취소

(1) 혼인의 무효

혼인의 무효는 처음부터 당사자 간에 부부관계로서 혼인효과가 발생하지 않는다. 혼인의 무효사유는 다음과 같다.

① 당사자 간에 혼인의 합의가 없는 때
② 혼인 당사자가 8촌 이내의 혈족 사이인 때
③ 당사자 간에 직계인척관계(直系姻戚關係)가 있거나 있었던 때
④ 당사자 간에 양부모계의 직계혈족관계가 있었던 때

당사자 간에 혼인의 합의가 없이 이루어진 혼인신고의 효력
[사례] 甲은 모회사의 회사원으로 근무하고 있는 23세의 여성이다. 얼마 전 친구의 소개로 남자친구 乙을 소개받아 2~3차례 만났으나 마음이 맞지 않아 이후로 만나지 않았다. 그러나 乙은 결혼하기를 원하면서 계속 연락을 해온다. 그러던 중 업무관계로 가족관계등록부를 떼어보니 그 남자가 일방적으로 혼인신고를 해놓았음을 알게 되었다. 이 경우 甲은 어떻게 가족관계등록부의 기재사항을 바로 잡아야 하는가? 또 乙에 대하여 형사처벌을 요구할 수 있는가?
[해설] 민법상 혼인은 당사자의 합의가 없으면 성립되지 않으며 일방적으로 행한

혼인신고는 무효이다. 사례의 경우 乙이 행한 혼인신고는 당사자 간에 혼인의 합의가 없이 이루어진 신고이므로 당연히 무효가 된다(민법 제815조). 이런 경우 甲은 가정법원에 혼인신고무효확인심판청구를 하여 동 심판확정 후 심판서등본과 확정증명서를 첨부하여 행정관청에 신고하여 가족관계등록부를 정정할 수 있다.

또한 이 경우 甲은 乙을 상대로 불법행위로 인한 손해배상청구도 가능하다. 더 나아가 乙은 사문서인 혼인신고서를 위조하였고, 이를 사용해 가족관계등록 공무원에게 허위사실을 신고하였으며, 가족관계등록부인 공정증서원본의 부실기재를 행하였으므로, 乙의 이러한 일련의 행위는 형법상 사문서위조 및 동행사죄와 공정증서원본부실기재죄로 평가할 수 있고, 따라서 형사처벌도 가능하다.

(2) 혼인의 취소

혼인의 취소란 혼인의 효력을 장래에 대하여 소멸시키는 것을 말한다. 혼인의 취소의 효과는 일반 법률행위의 취소와는 달리 소급효가 없다. 따라서 혼인에 의하여 출생한 자는 혼인 취소로 인하여 혼인 중의 자의 신분을 상실하지 않는다. 혼인의 취소사유는 다음과 같다.

① 혼인적령 규정에 위반하여 혼인한 때: 이 경우에는 혼인당사자 또는 그 법정대리인이 그 취소를 청구할 수 있다.

② 미성년자나 피성년후견인이 법정대리인의 동의 없이 혼인한 때: 이 경우에는 당사자 또는 그 법정대리인이 그 취소를 청구할 수 있다. 다만, 그 당사자가 19세가 된 후 또는 성년후견 종료의 심판이 있은 후 3개월이 지나거나 혼인 중에 임신한 경우에는 그 취소를 청구하지 못한다.

③ 근친혼 금지 규정에 위반하여 혼인한 때(혼인 무효의 사유에 해당하는 경우 제외): 이 경우에는 당사자, 그 직계존속 또는 4촌 이내의 방계혈족이 그 취소를 청구할 수 있다. 다만, 당사자 간에 혼인 중 포태(胞胎)한 때에는 그 취소를 청구하지 못한다.

④ 중혼금지 규정에 위반하여 혼인한 때: 이 경우에는 당사자 및 그 배우자, 직계혈족, 4촌 이내의 방계혈족 또는 검사가 혼인의 취소를 청구할 수 있다.

⑤ 혼인 당시 당사자 일방에 부부생활을 계속할 수 없는 악질 기타 중대한 사유가 있음을 알지 못한 때: 이 경우에는 혼인의 상대방이 취소를 청구할 수 있지만, 그 사유 있음을 안 날로부터 6월을 경과한 때에는 그 취소를 청구하지 못한다.

⑥ 사기 또는 강박으로 인하여 혼인의 의사표시를 한 때: 사기 또는 강박으로 인한 혼인은 사기를 안 날 또는 강박을 면한 날로부터 3월을 경과한 때에는 그 취소를 청구하지 못한다.

5) 혼인의 효과

(1) 일반적 효과

가) 친족관계의 발생

부부는 혼인으로 인하여 배우자라는 신분을 취득하고, 배우자의 혈족과 인척관계가 발생한다.

나) 성년의제

미성년자가 혼인을 한 때에는 성년자로 본다. 그러나 성년의제의 효과는 공법 기타 사회법규(공직선거법, 청소년보호법 등)에는 영향이 미치지 않는다. 혼인관계가 해소되어도 이 성년의제의 효과는 그대로 유지된다.

나이의 계산과 표시(2023년 6월 28일 시행)
제158조(나이의 계산과 표시) 나이는 출생일을 산입하여 만(滿) 나이로 계산하고, 연수(年數)로 표시한다. 다만, 1세에 이르지 아니한 경우에는 월수(月數)로 표시할 수 있다.

다) 동거, 부양, 협조의 의무

부부는 동거하며 서로 부양하고 협조하여야 한다. 그러나 정당한 이유로 일시적으로 동거하지 아니하는 경우에는 서로 인용하여야 한다. 부부의 동거 장소는 부부의 협의에 따라 정한다. 그러나 협의가 이루어지지 아니하는 경우에는 당사자의 청구에 의하여 가정법원이 이를 정한다.

라) 일상가사대리권

부부는 일상의 가사에 관하여 서로 대리권이 있다. 이 대리권에 가한 제한은 선의의 제3자에게 대항하지 못한다.

(2) 재산적 효과

가) 부부재산계약

부부 간의 재산관계는 혼인성립 전에 그 재산에 관하여 약정한 때에는 그 약정에 따라 규율된다. 부부가 혼인성립 전에 그 재산에 관하여 약정한 때에는 혼인 중 이를 변경하지 못한다. 부부가 그 재산에 관하여 따로 약정을 한 때에는 혼인성립까지에 그 등기를 하지 아니하면 이로써 부부의 승계인 또는 제3자에게 대항하지 못한다.

나) 법정재산제(부부별산제)

부부가 혼인성립 전에 그 재산에 관하여 따로 약정을 하지 아니한 때에는 부부 사이의 재산관계는 민법이 정한 법정재산제에 따라 규율된다. 우리 민법이 정한 법정재산제는 부부의 재산을 각각 별개의 재산으로 취급하는 '부부별산제'(夫婦別産制)이다. 이에 따르면, 부부의 일방이 혼인 전부터 가진 '고유재산'과 혼인 중 자기의 명의로 취득한 재산은 그 '특유재산'으로 한다. 부부의 누구에게 속한 것인지 분명하지 아니한 재산은 부부의 공유로 추정한다. 부부는 그 특유재산을 각자 관리, 사용, 수익한다.

다) 일상가사채무의 연대책임

부부의 일방이 일상의 가사에 관하여 제3자와 법률행위를 한 때에는 다른 일방은 이로 인한 채무에 대하여 연대책임이 있다. 그러나 이미 제3자에 대하여 다른 일방의 책임없음을 명시한 때에는 그러하지 아니하다.

라) 공동생활비용의 부담

부부의 공동생활에 필요한 비용은 당사자 간에 특별한 약정이 없으면 부부가 공동으로 부담한다. 전업 주부와 같이 가사에 전담하는 경우에는 그것을 비용의 부담으로 본다.

6) 혼인의 해소

하자 없이 완전히 유효하게 성립된 혼인이 종료되는 것을 말하는 것으로, 당사자의 사망과 이혼(협의상 이혼, 재판상 이혼)이 있다.

7) 사실혼관계

사실혼이라 함은 혼인의 의사를 가지고 동거하여 실질적으로는 부부로서의 생활을 하고 있으나 법률이 정한 혼인신고를 하지 않았기 때문에 법률상 혼인으로 인정하지 않는 사실상의 부부관계를 말한다. 따라서 혼인할 의사가 없으면서 일시적으로 동거하는 것은 사실혼으로 인정할 수 없다.

이러한 사실혼은 혼인에 준한다는 의미에서 준혼관계로 보고 있다. 사실혼관계에 있는 자는 법률상으로 미혼자와 같기 때문에 배우자가 사망한 경우에 상속권이 없으며, 또한 사실혼관계에서 출생한 자는 혼인 외의 자로 된다.

그러나 사실혼 관계라 하더라도 혼인신고만 없을 뿐, 혼인의 실질은 인정되기 때문에 사실혼 관계의 배우자에게도 상속재산분여권, 사실혼관계의 파탄으로 인한 손해배상청구권, 재산분할청구권, 불법행위의 피해 유족으로서의 손해배상청구권 등을 인정하고 있다. 또한 「공무원연금법」이나 「산업재해보상보험법」 등 각종 법령에서는 사실혼 배우자도 유족급여를 받을 수 있게 하는 등 사실혼 배우자를 법률혼 배우자와 동일하게 취급하는 경우가 많다. 한편 사실혼관계에 있는 자가 혼인신고에 협력하지 아니할 때에는 가정법원에 사실혼관계존재확인청구를 하여 혼인신고를 할 수 있는 길도 있다.

혼인신고를 하지 않은 사실혼의 효력

[사례] 甲은 3년 전 남편과 결혼식을 올리고 1남 1녀를 둔 가정주부다. 그런데 남편은 결혼식 이후 혼인신고를 차일피일 미루었고, 어느덧 시간이 흘러 현재까지 혼인신고를 하지 못한 상태다. 그런데 얼마 전 남편에게 여자가 생겼고, 곧이어 남편은 그 여자와 혼인신고까지 마쳤다. 최근 그 여자는 오히려 甲에게 남편과 헤어질 것을 요구하고 있다. 이 경우 甲은 어떻게 해야 하는가?

[해설] 우리나라는 법률혼주의 국가이므로 결혼식을 올리고 아이까지 있다 하더라도 혼인신고가 되어 있지 않은 경우에는 법률상의 부부로 취급되지 않고 사실상의 부부에 불과하다. 이러한 사실혼 관계 중 당사자 일방이 다른 사람과 혼인신고를 행하면 그 사람과 법률상의 부부가 된다.

사례에서 甲의 경우도 혼인신고를 행하지 않았으므로 그동안의 결혼생활은 사실혼 관계에 불과하다. 그 후 남편과 다른 여자가 혼인신고를 마쳤다면 그 쪽이 법률혼 부부가 된다. 따라서 甲은 남편과의 사실혼 관계를 정리해야 한다. 물론 이 경우에 甲은 남편을 상대로 사실혼 관계 파탄으로 인한 손해배상청구를 할 수 있으며, 재산분할의 청구도 가능하다.

3. 이혼과 법률관계

1) 이혼의 의의

이혼이라 함은 부부의 생존 중에 당사자의 협의나 법원의 판결로 혼인을 해소함으로써 혼인관계로 성립된 신분관계나 재산관계를 청산하는 것을 말한다. 이혼에는 협의상 이혼과 재판상 이혼이 있다.

2) 협의상 이혼

부부는 협의하여 이혼할 수 있다. 부부 사이에 이혼에 관한 진정한 의사의 합치가 있어야 한다. 사기 또는 강박으로 인하여 이혼의 의사표시를 한 자는 그 취소를 가정법원에 청구할 수 있다. 피성년후견인은 법정대리인의 동의를 얻어야 협의상 이혼이 가능하다. 협의상의 이혼은 다음의 단계를 거쳐 진행된다.

(1) 가정법원의 이혼 안내

협의상 이혼을 하려는 자는 가정법원의 확인을 받아야 한다. 이에 따라 부부는 가정법원에 협의이혼의사확인신청서를 제출한다. 그러면 가정법원이 부부에게 이혼에 관한 안내를 제공한다. 가정법원은 필요한 경우 당사자에게 상담에 관하여 전문적인 지식과 경험을 갖춘 전문상담인의 상담을 받을 것을 권고할 수 있다.

(2) 이혼숙려기간의 경과

가정법원에 이혼의사의 확인을 신청한 당사자는 가정법원의 안내를 받은 날부터 일정기간이 경과하여야 이혼의사의 확인을 받을 수 있다. 이 기간을 '이혼숙려기간'이라고 한다. 양육하여야 할 자(포태 중인 자를 포함)가 있는 경우에는 3개월, 그렇지 아니한 경우에는 1개월의 이혼숙려기간이 경과해야 한다. 다만, 가정법원은 폭력으로 인하여 당사자 일방에게 참을 수 없는 고통이 예상되는 등 이혼을 하여야 할 급박한 사정이 있는 경우에는 이 기간을 단축 또는 면제할 수 있다.

(3) 자녀의 친권과 양육에 관한 협의

협의상 이혼을 하려는 당사자에게 양육하여야 할 자가 있는 경우, 당사자는 제837조에 따른 자(子)의 양육과 제909조 제4항에 따른 자(子)의 친권자결정에 관한 협의서 또는 제837조 및 제909조 제4항에 따른 가정법원의 심판정본을 제출하여야 한다. 양육에 관한 협의에는 양육자의 결정, 양육비용의 부담, 면접교섭권의 행사 여부 및 그 방법 등의 사항이 포함되어야 한다. 양육에 대한 협의가 자(子)의 복리에 반하는 경우에는 가정법원은 보정을 명하거나 직권으로 그 자(子)의 의사(意思)·연령과 부모의 재산상황, 그 밖의 사정을 참작하여 양육에 필요한 사항을 정한다. 또한 양육에 관한 사항의 협의가 이루어지지 아니하거나 협의할 수 없는 때에도 가정법원은 직권으로 또는 당사자의 청구에 따라 이에 관하여 결정할 수 있다. 가정법원은 자(子)의 복리를 위하여 필요하다고 인정하는 경우에는 부·모·자(子) 및 검사의 청구 또는 직권으로 자(子)의 양육에 관한 사항을 변경하거나 다른 적당한 처분을 할 수 있다. 가정법원은 당사자가 협의한 양육비부담에 관한 내용을 확인하는 양육비부담조서를 작성하여야 한다.

(4) 가정법원의 협의이혼의사 확인

이혼숙려기간이 경과하고, 양육에 관한 협의가 끝나면, 판사는 당사자 사이에 진정한 이혼의사의 합치가 있는지, 미성년 자녀의 친권과 양육에 관한 사항에 협의가 있는지를 확인한 후 협의이혼의사확인서를 작성한다.

(5) 이혼신고

협의상 이혼은 가정법원의 확인을 받아 「가족관계의 등록 등에 관한 법률」의 정한 바에 의하여 신고함으로써 그 효력이 생긴다. 이 신고는 가정법원으로부터 확인서등본을 교부 또는 송달받은 날로부터 3개월 이내에 그 등본을 첨부하여 행정관청에 하여야 한다. 이 기간이 경과하면 협의이혼의사 확인서의 효력이 상실된다. 이혼신고는 이혼의 효력발생요건이다. 그리고 이혼신고를 하기 전까지 당사자는 언제든지 그 이혼의사를 취소할 수 있다.

3) 재판상 이혼

부부가 이혼에 합의하지 못한 경우, 부부 일방이 법원에 재판을 청구하여 법원의 재판에 의해 이루어지는 이혼을 재판상 이혼이라고 한다.

(1) 재판상 이혼 사유

재판상 이혼을 청구하기 위해서는 일방 배우자에게 다음과 같은 재판상 이혼사유가 있어야 한다.

재판상 이혼의 사유(민법 제840조)
제840조(재판상 이혼원인) 부부의 일방은 다음 각호의 사유가 있는 경우에는 가정법원에 이혼을 청구할 수 있다. 1. 배우자에게 부정(不貞)한 행위가 있었을 때 2. 배우자가 악의(惡意)로 다른 일방을 유기(遺棄)한 때 3. 배우자 또는 그 직계존속으로부터 심히 부당한 대우를 받았을 때 4. 자기의 직계존속이 배우자로부터 심히 부당한 대우를 받았을 때 5. 배우자의 생사가 3년 이상 분명하지 아니한 때 6. 기타 혼인을 계속하기 어려운 중대한 사유가 있을 때

(2) 이혼청구권의 소멸

"배우자에게 부정(不貞)한 행위가 있었을 때"의 경우에는 다른 일방이 사전 동의나 사후 용서를 한 때 또는 이를 안 날로부터 6월, 그 사유 있은 날로부터 2년을 경과한 때에는 이혼을 청구하지 못한다. "기타 혼인을 계속하기 어려운 중대한 사유가 있을 때"의 경우에도 다른 일방이 이를 안 날로부터 6월, 그 사유 있은 날로부터 2년을 경과하면 이혼을 청구하지 못한다.

(3) 이혼조정 및 이혼소송

「가사소송법」은 재판상 이혼에 관하여 '조정전치주의'를 채택하고 있다. 따라서 재판상 이혼을 하기 위해서는 먼저 법원에 조정(調停)을 신청하여야 한다. 조정은 조정담당판사 단독으로 하거나 판사와 2인 이상의 조정위원으로 구성된 조정위원회에서 한다. 조정기간 내에 당사자 사이에 조정이 성립되지 않으면, 조정신청을 한 때에 소송이 제기된 것으로 보고 소송이 진행된다. 법원이 부부 중 일방의 이혼청구를 인정하는 선고를 하면 재판상 이혼이 성립된다. 협의상 이혼과는 달리 재판상 이혼에서는 미성년 자녀의 친권과 양육에 관한 사항을 당사자가 협의로 정하는 것이 아니라, 법원이 직권으로 정한다.

(4) 이혼신고

재판상 이혼에 있어서 이혼신고는 협의상 이혼과는 달리 이혼의 효력발생요건이 아니다. 다만 가족관계등록부상의 신분관계사항을 정리하기 위한 사후보고적 성격을 갖는 행위이다.

4) 이혼의 효과

(1) 일반적인 효과

부부가 이혼을 하게 되면, 혼인으로 인해 발생하였던 배우자관계 및 인척관계가 종료한다. 또한 부부 간의 동거·부양·협조의무 및 일상가사대리권이 소멸된다. 다만 미성년자에 대한 성년의제의 효과는 이혼으로 인해 소멸되지 않는다. 또한 부모의 이혼은 자녀의 신분에 영향을 미치지 않는다. 혼인 중에 포태한 자는 이혼한 후에 출생하더라도 혼인 중의 자가 된다.

(2) 친권자와 양육권자의 지정 및 면접교섭권

양육하여야 할 자녀가 있는 경우에는 친권자와 양육권자가 당사자의 협의(협의상 이혼)나 가정법원의 결정(재판상 이혼)에 의해 정해진다. 그리고 이혼으로 인하여 자녀를 직접 양육하지 않는 부모 일방과 자녀는 서로 만나거나 접촉할 수 있는 '면접교섭권'을 가진다.

(3) 재산적 효과

가) 일상가사연대채무의 해소

부부는 일상가사로 인한 채무에 대하여는 연대하여 책임을 지지만, 이혼을 하게 되면, 이러한 일상가사연대채무는 소멸된다.

나) 위자료 청구권

부부가 이혼하는 경우에 혼인파탄에 책임이 없는 배우자가 혼인파탄에 책임이 있는 배우자(유책배우자)를 상대로 혼인파탄이라는 불법행위로 인한 정신적·물질적 손해의 배상을 청구할 수 있는 권리를 '위자료 청구권'이라고 한다. 이혼한 날로부터 3년이 경과하면 위자료 청구권은 시효로 소멸한다.

위자료는 부부 일방의 잘못으로 이혼하게 된 사람의 정신적 고통을 위로하는 것을 목적으로 하고, 재산분할은 혼인 중 부부가 공동으로 모은 재산에 대해 본인의 기여도에 따른 상환을 청구하는 것을 목적으로 하는 등 그 권리의 발생근거, 제도의 입법취지, 재판절차 진행 등 여러 가지 관점에서 차이가 있기 때문에 양자는 별개의 제도다(대법원 2000다58804). 따라서 위자료청구와 재산분할청구는 양자를 개별적으로 청구하는 것이 가능하다.

위자료를 지급받는 경우 그 위자료는 일종의 손해배상금으로서의 성격을 가지기 때문에, 증여나 소득에 해당하지 않아 증여세나 소득세가 부과되지는 않는다. 다만 위자료로 부동산의 소유권을 이전받는 경우에는 「지방세법」상의 취득세, 지방교육세, 농어촌특별세 등이 부과된다. 또한 위자료로 부동산의 소유권을 이전하는 경우에는 그 부동산을 양도한 대가로 위자료와 양육비지급의무의 소멸이라는 경제적 이익을 얻은 것으로서 「소득세법」상 유상으로 양도하는 경우에 해당하므로, 양도소득이 발생했다면 양도소득세를 납부해야 한다.

혼인파탄에 대한 책임이 있는 제3자에 대한 위자료 청구권
[사례] 가정주부인 甲은 얼마 전 자신의 남편 乙이 직장동료 丙과 간통행위를 한 것을 알게 되었다. 이를 이유로 甲은 현재 乙을 상대로 이혼소송을 제기 중이다. 또한 甲은 乙을 상대로 위자료청구소송도 제기할 예정이다. 그런데 甲의 남편 乙은 경제적으로 재산도 없고, 위자료청구소송에서 甲이 승소하더라도 받을 수 있는 재산이 사실상 없다. 그러나 간통행위의 상대방인 丙은 상당한 재력이 있다. 甲은 간통죄가 폐지되어 乙과 丙에 대한 형사고소도 못하는 상황이지만, 丙으로부터 정신적·물질적 손해에 대한 배상만큼은 꼭 받아내고 싶다. 이 경우 甲은 간통행위의 상대방인 丙에 대해서도 위자료를 청구할 수 있는가?
[해설] 위자료는 이혼의 원인을 제공한 사람에게 청구할 수 있다(민법 제750조, 제751조, 제806조, 제843조 및 가사소송법 제2조 제1항 제1호). 따라서 배우자가 혼인파탄에 책임이 있다면 그 배우자를 상대로, 시부모나 장인·장모 등 제3자가 혼인파탄에 책임이 있다면 그 제3자를 상대로 위자료를 청구할 수 있다. 사례에서 간통행위의 상대방인 丙도 혼인파탄에 대한 책임이 있으므로 甲은 丙에게도 위자료를 청구할 수 있다. 다만, 한 가지 주의할 것은 혼인파탄에 책임이 있는 제3자에 대해서 위자료 청구가 가능하다 하더라도, 이미 혼인이 사실상 파탄된 후에 이루어진 외도 등의 행위에 대해서는 제3자에게 손해배상을 청구할 수 없다는 점이다. 이에 대한 대법원의 논거는 다음과 같다: "부부가 아직 이혼하지 아니하였지만 실질적으로 부부공동생활이 파탄되어 회복할 수 없을 정도의 상태에 이르렀다면, 제3자가 부부의 일방과 외도를 하더라도 이를 두고 부부공동생활을 침해하거나 그 유지를 방해하는 행위라고 할 수 없고 또한 그로 인하여 배우자의 부부공동생활에 관한 권리가 침해되는 손해가 생긴다고 할 수도 없으므로 불법행위가 성립한다고 보기 어렵다. 그리고 이러한 법률관계는 재판상 이혼청구가 계속 중에 있다거나 재판상 이혼이 청구되지 않은 상태라고 하여 달리 볼 것은 아니다"(대법원 2011므2997).

다) 재산분할 청구권

① **재산분할청구제도의 의의**: 이혼시의 부부 간의 재산분할제도는 혼인 중 부부 공동의 협력으로 형성된 공동재산을 이혼시에 청산하는 제도이다. 다만 우리 헌법재판소는 이러한 청산적인 성격 외에도 경제적으로 곤궁한 상대방에 대한 부양적 성격이 보충적으로 가미된 제도로 이해하고 있다.

재산분할의 법적 성질에 대한 헌법재판소 판례

"우리 민법은 부부재산에 관하여 부부재산계약제(민법 제829조)와 법정재산제(민법 제830조 내지 제833조)의 이원적 구성방법을 채택하여, 부부인 당사자가 부부재산계약제를 선택하지 아니하는 경우에는 자동적으로 법정재산제에 의하도록 하고 있다. 우리나라에서는 부부재산계약이 체결되는 경우가 매우 드문 실정이므로 현실적으로는 법정재산제가 중요한 의미를 가지게 된다. 민법은 법정재산제의 내용으로 완전한 부부별산제를 채택하여 부부의 일방이 혼인전부터 가진 고유재산과 혼인 중 자기의 명의로 취득한 재산은 그 특유재산으로 하여 각자 관리, 사용, 수익하도록 하면서 다만 부부 중 누구에게 속한 것인지 분명하지 아니한 재산은 부부의 공유로 추정하고 있다. 이러한 부부별산제하에서는 혼인 중에 취득한 재산이 일방의 명의로 되어 있는 경우 혼인생활에 협력하여 온 타방의 기여도(특히, 가사노동의 경우)가 잘 반영되지 아니할 뿐만 아니라, 현실적으로 경제적 약자인 처가 이혼 후의 생활곤란을 염려하여 경제적 강자인 남편의 부당한 대우를 그대로 인종할 수밖에 없어 혼인관계의 자유와 평등을 해한다는 문제점이 있었다. 이러한 문제점이 인식되어 1990. 1. 13. 민법 중 가족법 부분의 개정(법률 제4199호, 1991. 1. 1. 시행)에 의하여 이혼으로 혼인이 해소될 때 배우자 일방이 타방에 대하여 재산분할을 청구할 수 있는 제도가 신설되었다. (중략) 우리의 경험칙상 혼인 중 형성되는 재산의 상당부분은 부부 쌍방의 협력에 의하여 이루어지는 것이 틀림없음에도 소유명의는 어느 일방에 귀속되어 있는 경우가 많은데, 재산분할제도는 바로 위와 같은 경우 부부의 실질적 공유재산을 청산한다는 데에 그 본질이 있다. 이러한 재산을 부부별산제라 하여 이혼시 형식상 명의자인 어느 일방에게 귀속시키는 것은 부당하므로 쌍방의 기여도에 따라 공평하게 분배하고자 하는 것이 재산분할제도의 본질이다. 민법 제839조의2 제2항에서 '당사자 쌍방의 협력으로 이룩한 재산의 액수'를 분할의 주된 기준으로 명시하고 있는 것은 바로 재산분할제도의 이러한 본질이 표출된 것이라 하겠다. 한편, 재산분할제도에는 이혼 후 경제적으로 곤궁한 배우자에 대한 부양이라는 요소도 다소 포함되어 있다. 지속적이고 장기간에 걸친 상호부조를 기초로 하는 것이 혼인이므로 비록 그 관계가 파탄되었더라도 일정한 정도로 경제적으로 곤궁한 상대방을 부양할 의무는 혼인 자체에서 우러나오는 것이라 할 수 있고, 또 현실적으로도 공동재산의 청산이나 이혼위자료에 의해서도 이혼 후 생계유지가 곤란한 경우가 있을 것이므로 이를 보충할 필요성이 있다. 재산분할제도에 이러한 부양적 요소가 포함되어 있다는 것은 민법 제839조의2 제2항에서 '……기타 사정을 참작하여 분할의 액수와 방법을 정한다'고 규정한 점에 미루어 보더라도 분명하다. (중략) 요컨대 이혼시의 재산분할제도는 본질적으로 혼인 중 쌍방의 협력으로 형성된 공동재산의 청산이라는 성격에, 경제적으로 곤궁한 상대방에 대한 부양적 성격이 보충적으로 가미된 제도라 할 것이다(대법원 1995. 10. 12. 95므175·182 결정 ; 1993. 5. 11. 93스6 결정 ; 1991. 1. 15. 90므446 결정 참조). 이와 같이 재산분할의 본질은 실질적인 부부공동재산의 청산에 있으므로 재산분할에 의하여 분할되는 재산은 사실상 재산취득자의 소유에 지나지 아니하고, 재산분할에 의한 자산이전은 공유물의 분할 내지 잠재화되어 있던 지분권의 현재화에 지나지 않는다"(헌법재판소 96헌바14).

② **재산분할 산정시기 및 산정기준**: 협의이혼인 경우 이혼신고일, 재판상 이혼인 경우 사실심 변론종결시를 기준으로 해서 재산분할의 대상이 되는 재산과 그 가액을 정하며(대법원 99므906; 2005다74900), 재산분할의 방법이나 비율 또는 그 액수에 관해서는 당사자 쌍방의 협력으로 이룩한 재산의 액수 및 그 밖의 사정을 참작해서 산정한다(대법원 97므1486, 1493).

③ **재산분할의 청구권자**: 재산분할청구권은 이혼의 책임이 누구에게 있는지에 관계없이 부부 일방이 상대방에게 청구할 수 있는 권리로서 혼인관계의 파탄에 대해 책임이 있는 배우자도 재산분할을 청구할 수 있다. 다만 이혼한 날로부터 2년을 경과하면 재산분할 청구권의 시효로 소멸한다.

④ **재산분할의 대상 재산**: 재산분할의 대상이 재산은 원칙적으로 혼인 중 부부가 공동의 노력으로 이룩한 공유재산이지만, 아래의 도표에서 보듯이, 판례는 그 외의 일정한 재산에 대하여도 재산분할이 가능하다고 하고 있다.

판례에 따른 '재산분할의 대상이 되는 재산'

- 부부의 공동재산: 재산분할의 대상이 되는 재산은 원칙적으로 혼인 중 부부가 공동으로 협력해서 모은 재산으로서 부부 중 누구의 소유인지가 불분명한 공동재산이다. 이러한 공동재산은 비록 그것이 부부 일방의 명의로 되어 있거나 제3자 명의로 명의신탁되어 있더라도 실제로 부부의 협력으로 획득한 재산이라면

재산분할의 대상이 된다(대법원 96므1434). 부부의 공동재산에는 주택, 예금, 주식, 대여금 등이 모두 포함되고, 채무가 있는 경우 그 재산에서 공제하여 산정한다.

- 부부 일방의 특유재산: 혼인 전부터 부부가 각자 소유하고 있던 재산이나 혼인 중에 부부 일방이 상속·증여·유증으로 취득한 재산 등은 부부 일방의 특유재산으로서 원칙적으로 재산분할의 대상이 될 수 없다. 다만, 다른 일방이 그 특유재산의 유지·증가를 위해 기여했다면 그 증가분에 대해서는 재산분할에 포함시킬 수 있다(대법원 93므1020; 97므1486·1493).
- 채무: 혼인 중 부부 일방이 제3자에게 채무가 있는 경우 그것이 부부의 공동재산형성에 따른 채무이거나 일상가사에 관한 채무라면 재산분할의 대상이 될 수 있다(대법원 22002스36; 96므1397; 97므1486, 1493).
- 퇴직금·연금 등의 장래의 수입: 이혼 당시에 이미 수령한 퇴직금·연금 등은 재산분할의 대상이 될 수 있으며(대법원 94므1713, 1720; 대법원 94므1584), 이혼 당시 부부 일방이 아직 재직 중이어서 실제 퇴직급여를 수령하지 않았더라도 이혼소송의 사실심 변론종결시에 이미 잠재적으로 존재하여 그 경제적 가치의 현실적 평가가 가능한 재산인 퇴직급여채권도 재산분할의 대상에 포함시킬 수 있고 사실심 변론 종결시를 기준으로 그 시점에 퇴직할 경우 수령할 수 있을 것으로 예상되는 퇴직급여 상당액의 채권이 그 대상이 된다(대법원 2013므2250). 또한 혼인 중 부부 일방이 다른 일방의 도움으로 변호사, 의사, 회계사, 교수 등 장래 고액의 수입을 얻을 수 있는 능력이나 자격을 취득한 경우에는 이 능력이나 자격으로 인한 장래 예상수입 등도 재산분할의 액수와 방법을 정하는 데 참작될 수 있다(대법원 98므213).

부부 일방의 명의로 등기된 재산

[사례] 甲은 남편과 결혼한 지 10년이 되었는데 성격불화로 얼마 전 협의 이혼을 하였다. 결혼 초기에는 남편이 직장이 없어 甲이 음식점을 운영하며 모은 돈으로 생활을 하였는데, 그때 모은 돈을 가지고 남편의 명의로 집과 약간의 땅을 구입하였다. 그 후 남편이 직장이 생겨 甲은 가게를 그만두고 가정주부로서만 생활하였다. 이혼 후 남편은 그 집과 땅이 자기명의로 되어 있으므로 자기 것이라고 한다. 이 경우 甲은 어떻게 해야 하는가?

[해설] 부부가 함께 노력하여 취득한 부동산을 일방 배우자의 명의로 등기하거나, 사례와 같이 부부 일방의 재산에 의해 취득한 부동산을 타방 배우자의 명의로 등기하면, 일단 그 부동산은 명의자의 재산으로 추정된다.

이런 경우 이 부동산이 공동소유라든가 아니면 실제로는 자기의 소유라고 주장하기 위해서는 이것을 주장하는 자가 그 부동산을 취득하기 위한 비용을 부담하였거나 부부의 재산을 증식하기 위한 노력을 적극적으로 하였다는 것을 증명해야 한다. 막연히 재산취득에 협력하였다거나 남편을 잘 내조하였다는 것만으로는 명의자의 재산으로 보는 추정을 번복할 수 없다(대법원 95다25695; 92다21982 참조).

따라서 사례의 경우 甲은 소송을 통하여 그 집과 땅이 실제로는 자신의 소유라는 것을 증명하여 자기 앞으로 소유권이전등기를 하거나, 아니면 실제로는 공동소유라는 것을 증명하여 재산분할을 청구할 수 있다.

⑤ **재산분할과 세금**: 재산분할을 받는 경우 그 분할 받은 재산은 본질적으로 혼인 중 부부 쌍방의 협력으로 형성된 공동재산을 나누는 것이라는 점에서 증여나 소득에 해당하지 않아 증여세나 소득세가 부과되지는 않는다. 다만 재산분할로 부동산의 소유권을 이전받는 경우에는 「지방세법」상의 취득세, 지방교육세, 농어촌특별세 등이 부과된다. 한편 재산분할로 부동산의 소유권을 이전해 주는 경우에는 유상양도에 포함되지 않아 양도소득세 과세대상이 되지 않는다(대법원 96누14401).

⑥ **사해행위(詐害行爲) 취소권**: 부부의 일방이 다른 일방의 재산분할청구권 행사를 해함을 알면서도 재산권을 목적으로 하는 법률행위를 한 때에는 다른 일방은 제406조 제1항(채권자 취소권)을 준용하여 그 취소 및 원상회복을 가정법원에 청구할 수 있다. 이를 '사해행위 취소권'이라고 한다. 이 소는 채권자가 취소원인을 안 날로부터 1년, 법률행위가 있은 날로부터 5년 내에 제기하여야 한다.

제3절 부모와 자녀의 법률관계

1. 친생자

1) 친생자의 의의

친생자는 법률혼 부부 사이에서 출생한 자녀를 말한다. 즉 법률상 혼인 중에 출생한 자녀를 친생자라 한다.

2) 친생자의 추정과 결정

아내가 혼인 중에 임신한 자녀는 남편의 자녀로 추정한다. 혼인이 성립한 날부터 200일 후에 출생한 자녀는 혼인 중에 임신한 것으로 추정한다. 혼인관계가 종료된 날부터 300일 이내에 출생한 자녀는 혼인 중에 임신한 것으로 추정한다(민법 제844조). 재혼한 여자가 해산한 경우에 위 규정에 의하여 그 자의 부를 정할 수 없는 때에는 법원이 당사자의 청구에 의하여 이를 정한다(법원에 의한 부의 결정, 민법 제845조).

친생부인의 허가 청구 및 인지의 허가 청구
「민법」 제844조 제2항 중 혼인관계종료의 날부터 300일 이내에 출생한 자는 혼인중에 포태(胞胎)한 것으로 추정하는 부분에 대한 헌법재판소의 헌법불합치결정(2013헌마623, 2015. 4. 30. 결정)의 취지를 반영하여 혼인관계가 종료된 날부터 300일 이내에 출생한 자녀에 대하여 어머니와 어머니의 전(前) 남편은 친생부인의 허가 청구를, 생부(生父)는 인지의 허가 청구를 할 수 있도록 하여 친생부인(親生否認)의 소(訴)보다 간이한 방법으로 친생추정을 배제할 수 있도록 함.

3) 친생부인의 소

부부의 일방은 처가 혼인 중에 포태한 경우에 그 자가 친생자임을 부인하는 소를 제기할 수 있다. 친생부인(親生否認)의 소(訴)는 부(夫) 또는 처(妻)가 다른 일방 또는 자(子)를 상대로 하여 그 사유가 있음을 안 날부터 2년 내에 이를 제기하여야 한다(민법 제847조 제1항). 이 경우에 상대방이 될 자가 모두 사망한 때에는 그 사망을 안 날부터 2년 내에 검사를 상대로 하여 친생부인의 소를 제기할 수 있다. 자(子)가 사망한 후에도 그 직계비속이 있는 때에는 그 모를 상대로, 모가 없으면 검사를 상대로 하여 부인의 소를 제기할 수 있다. 부(夫) 또는 처(妻)가 유언으로 부인의 의사를 표시한 때에는 유언집행자는 친생부인의 소를 제기하여야 한다. 부(夫)가 자(子)의 출생 전에 사망하거나 부(夫) 또는 처(妻)가 제847조 제1항의 기간 내에 사망한 때에는 부(夫) 또는 처(妻)의 직계존속이나 직계비속에 한하여 그 사망을 안 날부터 2년 내에 친생부인의 소를 제기할 수 있다. 자의 출생 후에 친생자(親生子)임을 승인한 자는 다시 친생부인의 소를 제기하지 못한다.

2. 혼인 외의 자

1) 혼인 외의 자의 개념

혼인 외의 자란 부모가 혼인 중에 출생하지 않은 자녀를 말한다. 여기에는 혼인이 무효인 때 출생한 자녀와 사실혼 관계의 부부 사이에서 출생한 자녀가 포함된다. 혼인 외의 출생자는 그 부모가 혼인한 때에는 그때로부터 혼인 중의 출생자로 본다(민법 제855조 제2항). 이를 준정(準正)이라고 한다. 혼인 외의 자에 있어서는 사실상의 부모가 혼인 외의 자를 법률상 자녀로 인정하는 방법이 주로 문제된다.

2) 인지(認知)

'인지'란 사실상의 부 또는 모가 혼인 외의 자에 대하여 자기의 자녀라고 인정함으로써 법률상 친자관계를 발생시키는 법률행위를 말한다. 혼인 외의 출생자는 그 생부나 생모가 이를 인지할 수 있다. 자가 사망한 후에도 그 직계비속이 있는 때에는 이를 인지할 수 있다. 부는 포태 중에 있는 자에 대하여도 이를 인지할 수 있다. 인지는 「가족관계의 등록 등에 관한 법률」의 정하는 바에 의하여 신고함으로써 그 효력이 생긴다. 인지는 유언으로도 이를 할 수 있다. 이 경우에는 유언집행자가 이를 신고하여야 한다. 인지는 그 자의 출생 시에 소급하여 효력이 생긴다. 즉 인지를 하면 혼인 외의 자는,

인지신고를 한 날이 아니라, 출생한 날부터 친생자로서의 지위를 가진다. 그러나 제3자가 취득한 권리를 해하지 못한다.

3) 인지청구의 소

혼인 외의 자에 대하여 생부 또는 생모가 인지를 하지 않는 경우에, 혼인 외의 자나 그 직계비속 또는 그 법정대리인은 생부 또는 생모를 상대로 하여 인지청구의 소를 제기할 수 있다. 인지청구의 소는 생부 또는 생모가 생존하고 있는 경우에는 언제든지 제기할 수 있다. 다만, 생부 또는 생모가 사망한 때에는 그 사망을 안 날로부터 2년 내에 검사를 상대로 하여 인지청구의 소를 제기할 수 있다.

3. 양 자

자연적 혈연관계가 없는 사람들이 당사자 사이의 합의에 의하여 법률상 부모와 자식 관계를 맺는 창설적 신분행위 내지 법률행위를 입양이라고 한다. 입양에는 「민법」에 의한 일반입양과 친양자 입양, 그리고 「입양특례법」에 의한 특별입양이 있다.

1) 일반입양

(1) 양부모의 자격

성년이 된 사람은 입양(入養)을 할 수 있다. 양부모가 성년자이면 남녀, 기혼, 미혼, 자식의 유무를 불문하고 입양할 수 있다. 배우자가 있는 사람은 배우자와 공동으로 입양하여야 한다. 피성년후견인은 성년후견인의 동의를 받아 입양을 할 수 있다.

(2) 양자의 자격

양자는 양부모의 존속이거나 또는 연장자가 아니어야 한다. 양자가 될 사람이 13세 이상의 미성년자인 경우에는 법정대리인의 동의를 받아 입양을 승낙한다. 양자가 될 사람이 13세 미만인 경우에는 법정대리인이 그를 갈음하여 입양을 승낙한다. 양자가 될 미성년자는 부모의 동의를 받아야 한다. 다만, 미성년자의 부모가 3년 이상 자녀에 대한 부양의무를 이행하지 아니한 경우, 미성년자의 부모가 자녀를 학대 또는 유기(遺棄)하거나 그 밖에 자녀의 복리를 현저히 해친 경우에는 가정법원은 부모가 동의를 거부하더라도 입양을 허가할 수 있다. 양자가 될 사람이 성년인 경우에도 부모의 동의를 받아야 한다. 가정법원은 성년자의 부모가 정당한 이유 없이 동의를 거부하는 경우에 양부모가 될 사람이나 양자가 될 사람의 청구에 따라 부모의 동의에 갈음하는 심판을 할 수 있다. 피성년후견인은 성년후견인의 동의를 받아 양자가 될 수 있다. 배우자가 있는 사람은 그 배우자의 동의를 받아야만 양자가 될 수 있다.

(3) 일반입양의 효력

입양은 「가족관계의 등록 등에 관한 법률」에서 정한 바에 따라 신고함으로써 그 효력이 생긴다. 일반입양의 경우 양자는 입양된 때부터 양부모의 친생자와 같은 지위를 가진다. 다만, 양자의 입양 전의 친족관계는 존속한다.

(4) 일반입양의 파양

파양에는 협의상 파양과 재판상 파양이 있다. 양부모와 양자는 협의하여 파양(罷養)할 수 있다. 다만, 양자가 미성년자 또는 피성년후견인인 경우에는 그러하지 아니하다. 양부모, 양자 기타 「민법」이 정하는 파양청구권자(민법 제906조)는 다음의 어느 하나에 해당하는 사유가 있는 경우에 가정법원에 재판상 파양을 청구할 수 있다. ① 양부모가 양자를 학대 또는 유기하거나 그 밖에 양자의 복리를 현저히 해친 경우, ② 양부모가 양자로부터 심히 부당한 대우를 받은 경우, ③ 양부모나 양자의 생사가 3년 이상 분명하지 아니한 경우, ④ 그 밖에 양친자관계를 계속하기 어려운 중대한 사유가 있는 경우가 그것이다.

2) 친양자 입양

(1) 친양자 입양의 의의

친양자 입양이란 입양되는 미성년 자녀의 복리를 위해 양자를 법률상

완전한 친생자로 인정하는 제도로, 가정법원에 의해 친양자 입양이 확정된 때부터 친생부모와의 친족관계 및 상속관계는 모두 종료되고, 양친과의 법률상 친생자관계를 새롭게 형성하여, 성(姓)과 본(本)도 양부의 성과 본을 따르게 되는 입양을 말한다(2008년 1월 1일부터 시행됨).

(2) 친양자 입양의 요건

친양자(親養子)를 입양하려는 사람은 다음 요건을 갖추어 가정법원에 친양자 입양을 청구하여야 한다.

가) 양부모의 자격요건

양부모는 3년 이상 혼인 중의 부부로서 반드시 공동으로 입양해야 한다. 배우자가 없는 독신자는 친양자 입양을 할 수 없다. 여기서 '혼인 중'이란 법률혼만을 의미한다. 양부모가 될 부부는 3년 이상이어야 하며, 실질적으로 혼인생활을 지속해야 한다. 양부모가 되려는 부부는 가정법원에 친양자 입양청구를 할 때 공동으로 해야 한다. 다만, 예외적으로 1년 이상 혼인 중인 부부의 일방이 그 배우자의 친생자를 친양자로 입양하는 경우에는 단독으로 할 수 있다.

나) 친양자의 자격요건

친양자가 될 사람은 미성년자이어야 한다. 19세 미만인지의 여부는 재판의 확정일을 기준으로 판단한다.

다) 친생부모의 동의

친양자 입양이 성립하기 위해서는 친양자가 될 사람의 친생부모가 친양자 입양에 동의해야 한다. 다만, 부모가 친권상실의 선고를 받거나 소재를 알 수 없거나 그 밖의 사유로 동의할 수 없는 경우에는 그러하지 아니하다. 친생부모가 자신에게 책임이 있는 사유로 3년 이상 자녀에 대한 부양의무를 이행하지 아니하고 면접교섭을 하지 아니한 경우나 친생부모가 자녀를 학대 또는 유기하거나 그 밖에 자녀의 복리를 현저히 해친 경우에도 친생부모의 동의를 얻지 않아도 된다.

라) 친양자로 될 자의 입양승낙

친양자가 될 사람이 13세 이상인 경우에는 법정대리인의 동의를 받아 입양을 승낙해야 한다. 친양자가 될 사람이 13세 미만인 경우에는 법정대리인이 그를 갈음하여 입양의 승낙을 해야 한다. 다만, 법정대리인이 정당한 이유 없이 동의 또는 승낙을 거부하는 경우, 친생부모가 자신에게 책임이 있는 사유로 3년 이상 자녀에 대한 부양의무를 이행하지 아니하고 면접교섭을 하지 아니한 경우, 친생부모가 자녀를 학대 또는 유기하거나 그 밖에 자녀의 복리를 현저히 해친 경우에는 가정법원은 법정대리인의 승낙이 없이도 친양자 입양청구를 인용할 수 있다.

(3) 친양자 입양의 효력

친양자 입양은 가정법원의 심판절차를 거쳐 확정된다. 심판확정시부터 친양자 입양의 효력이 발생한다. 친양자를 입양하고자 하는 사람은 친양자 입양재판의 확정일부터 1개월 이내에 재판서의 등본 및 확정증명서를 첨부하고 재판확정일을 기재하여 행정관청에 신고를 하여야 한다(가족관계등록 등에 관한 법률 제67조).

친양자는 부부의 혼인 중의 출생자로 본다. 친양자의 입양 전의 친족관계는 친양자 입양이 확정된 때에 종료한다. 다만, 부부의 일방이 그 배우자의 친생자를 단독으로 입양한 경우에 있어서의 배우자 및 그 친족과 친생자간의 친족관계는 그러하지 아니하다.

(4) 친양자 입양의 취소 및 파양

친양자로 될 사람의 친생(親生)의 아버지 또는 어머니는 자신에게 책임이 없는 사유로 인하여 친양자 입양에 대한 동의를 할 수 없었던 경우에 친양자 입양의 사실을 안 날부터 6개월 안에 가정법원에 친양자 입양의 취소를 청구할 수 있다.

양친, 친양자, 친생의 부 또는 모나 검사는 ① 양친이 친양자를 학대 또는 유기(遺棄)하거나 그 밖에 친양자의 복리를 현저히 해하거나, ② 친양자의 양친에 대한 패륜(悖倫)행위로 인하여 친양자관계를 유지시킬 수 없게 된 경우에 가정법원에 친양자의 파양(罷養)을 청구할 수 있다.

친양자 입양이 취소되거나 파양된 때에는 친양자관계는 소멸하고 입양 전의 친족관계는 부활한다. 이 경우 친양자 입양의 취소의 효력은 소급하지 아니한다.

3) 특별입양

「입양특례법」에 의한 18세 미만의 요보호아동의 입양을 특별입양이라고 한다. 「입양특례법」은 요보호아동의 입양(入養)에 관한 요건 및 절차 등에 대한 특례와 지원에 필요한 사항을 정함으로써 양자(養子)가 되는 아동의 권익과 복지를 증진하는 것을 목적으로 제정된 법이다.

(1) 양자의 자격

특별입양의 양자가 될 자는 18세 미만의 '요보호아동'이다. 요보호아동이란 「아동복지법」상의 '보호대상아동'으로서 보호자가 없거나 보호자로부터 이탈된 아동 또는 보호자가 아동을 학대하는 경우 등 그 보호자가 아동을 양육하기에 적당하지 아니하거나 양육할 능력이 없는 경우의 아동을 말한다.

(2) 양부모의 자격

다음의 규정에서 보듯이, 「입양특례법」은 양자의 복지를 위하여 「민법」에 비해 강화된 양부모의 자격요건을 규정하고 있다.

「입양특례법」상의 양부모의 자격요건

제10조(양친이 될 자격 등) ① 이 법에 따라 양친이 될 사람은 다음 각 호의 요건을 모두 갖추어야 한다.

1. 양자를 부양하기에 충분한 재산이 있을 것
2. 양자에 대하여 종교의 자유를 인정하고 사회의 구성원으로서 그에 상응하는 양육과 교육을 할 수 있을 것
3. 양친이 될 사람이 아동학대·가정폭력·성폭력·마약 등의 범죄나 알코올 등 약물중독의 경력이 없을 것
4. 양친이 될 사람이 대한민국 국민이 아닌 경우 해당 국가의 법에 따라 양친이 될 수 있는 자격이 있을 것

5. 그 밖에 양자가 될 사람의 복지를 위하여 보건복지부령으로 정하는 필요한 요건을 갖출 것

② 양친이 될 사람은 양자가 될 아동이 복리에 반하는 직업이나 그 밖에 인권침해의 우려가 있는 직업에 종사하지 아니하도록 하여야 한다.

③ 양친이 되려는 사람은 입양의 성립 전에 입양기관 등으로부터 보건복지부령으로 정하는 소정의 교육을 마쳐야 한다.

(3) 특별입양의 절차와 효과

요보호아동을 입양하려고 하는 자는 친생부모가 친권상실의 선고를 받았거나 소재불명 등의 사유로 동의를 받을 수 없는 등의 경우를 제외하고는 친생부모의 동의를 받아야 한다. 요보호아동을 입양하려는 자는 가정법원에 허가를 신청해야 한다. 이 경우 가정법원은 양자가 될 사람의 복리를 위하여 양친이 될 사람의 입양의 동기와 양육능력, 그 밖의 사정을 고려하여 허가를 하지 아니할 수 있다.

특별입양된 아동은 「민법」상 친양자와 동일한 지위를 가진다. 특별입양은 가정법원의 인용심판 확정으로 효력이 발생하고, 양친 또는 양자는 가정법원의 허가서를 첨부하여 「가족관계의 등록 등에 관한 법률」에서 정하는 바에 따라 신고하여야 한다.

4. 친 권

1) 친권의 의의 및 효력

미성년의 자녀를 보호하고 교양하며, 미성년 자녀의 법정대리인이 되는 부모의 권리·의무를 친권이라 한다.

친권의 효력

제911조(미성년자인 자의 법정대리인) 친권을 행사하는 부 또는 모는 미성년자인 자의 법정대리인이 된다.

제913조(보호, 교양의 권리의무) 친권자는 자를 보호하고 교양할 권리의무가 있다.
제914조(거소지정권) 자는 친권자의 지정한 장소에 거주하여야 한다.
제915조(징계권) 친권자는 그 자를 보호 또는 교양하기 위하여 필요한 징계를 할 수 있고 법원의 허가를 얻어 감화 또는 교정기관에 위탁할 수 있다.〔2021년 1월 26일, 아동의 권리와 인권보호를 위해 해당 규정 삭제〕
제916조(자의 특유재산과 그 관리) 자가 자기의 명의로 취득한 재산은 그 특유재산으로 하고 법정대리인인 친권자가 이를 관리한다.

2) 친권자 및 친권의 행사

부모는 미성년자인 자의 친권자가 된다. 양자의 경우에는 양부모(養父母)가 친권자가 된다. 친권은 부모가 혼인 중인 때에는 부모가 공동으로 이를 행사한다. 그러나 부모의 의견이 일치하지 아니하는 경우에는 당사자의 청구에 의하여 가정법원이 이를 정한다. 부모의 일방이 친권을 행사할 수 없을 때에는 다른 일방이 이를 행사한다.

혼인 외의 자가 인지된 경우와 부모가 이혼하는 경우에는 부모의 협의로 친권자를 정하여야 하고, 협의할 수 없거나 협의가 이루어지지 아니하는 경우에는 가정법원은 직권으로 또는 당사자의 청구에 따라 친권자를 지정하여야 한다. 다만, 부모의 협의가 자(子)의 복리에 반하는 경우에는 가정법원은 보정을 명하거나 직권으로 친권자를 정한다. 가정법원은 혼인의 취소, 재판상 이혼 또는 인지청구의 소의 경우에는 직권으로 친권자를 정한다. 가정법원은 자의 복리를 위하여 필요하다고 인정되는 경우에는 자의 4촌 이내의 친족의 청구에 의하여 정하여진 친권자를 다른 일방으로 변경할 수 있다.

인지, 혼인의 취소, 재판상 이혼, 인지 청구의 소 등을 이유로 단독 친권자로 정하여진 부모의 일방이 사망한 경우 생존하는 부 또는 모, 미성년자, 미성년자의 친족은 그 사실을 안 날부터 1개월, 사망한 날부터 6개월 내에 가정법원에 생존하는 부 또는 모를 친권자로 지정할 것을 청구할 수 있다. 가정법원이 친권자를 지정함에 있어서는 자(子)의 복리를 우선적으로 고려하여야 한다. 이를 위하여 가정법원은 관련 분야의 전문가나 사회복지기관으로부터 자문을 받을 수 있다. 가정법원은 친권자 지정 청구가 생존하는 부 또는 모, 친생부모 일방 또는 쌍방의 양육의사 및 양육능력, 청구 동기, 미성년자의 의사, 그 밖의 사정을 고려하여 미성년자의 복리를 위하여 적절하지 아니하다고 인정하면 청구를 기각할 수 있다. 이 경우 가정법원은 직권으로 미성년후견인을 선임하여야 한다.

친권을 행사함에 있어서는 자의 복리를 우선적으로 고려하여야 한다. 친권자가 그 자에 대한 법률행위의 대리권 또는 재산관리권을 행사함에는 자기의 재산에 관한 행위와 동일한 주의를 하여야 한다.

3) 친권의 상실, 일시정지 및 일부제한

가정법원은 부 또는 모가 친권을 남용하여 자녀의 복리를 현저히 해치거나 해칠 우려가 있는 경우에는 자녀, 자녀의 친족, 검사 또는 지방자치단체의 장의 청구에 의하여 그 친권의 상실 또는 일시 정지를 선고할 수 있다. 가정법원은 친권의 일시 정지를 선고할 때에는 자녀의 상태, 양육상황, 그 밖의 사정을 고려하여 그 기간을 정하여야 한다. 이 경우 그 기간은 2년을 넘을 수 없다. 가정법원은 자녀의 복리를 위하여 친권의 일시 정지 기간의 연장이 필요하다고 인정하는 경우에는 자녀, 자녀의 친족, 검사, 지방자치단체의 장, 미성년후견인 또는 미성년후견감독인의 청구에 의하여 2년의 범위에서 그 기간을 한 차례만 연장할 수 있다.

가정법원은 거소의 지정이나 징계, 그 밖의 신상에 관한 결정 등 특정한 사항에 관하여 친권자가 친권을 행사하는 것이 곤란하거나 부적당한 사유가 있어 자녀의 복리를 해치거나 해칠 우려가 있는 경우에는 자녀, 자녀의 친족, 검사 또는 지방자치단체의 장의 청구에 의하여 구체적인 범위를 정하여 친권의 일부 제한을 선고할 수 있다.

또한 가정법원은 법정대리인인 친권자가 부적당한 관리로 인하여 자녀의 재산을 위태롭게 한 경우에는 자녀의 친족, 검사 또는 지방자치단체의 장의 청구에 의하여 그 법률행위의 대리권과 재산관리권의 상실을 선고할 수 있다.

친권의 상실, 일시 정지, 일부 제한 또는 대리권과 재산관리권의 상실이 선고된 경우에도 부모의 자녀에 대한 그 밖의 권리와 의무는 변경되지 아니한다.

가정법원은 친권상실의 선고, 일시정지의 선고, 친권의 일부제한의 선고, 대리권 및 재산관리권 상실의 선고에 따른 선고의 원인이 소멸된 경우에는 본인, 자녀, 자녀의 친족, 검사 또는 지방자치단체의 장의 청구에 의하여 실권(失權)의 회복을 선고할 수 있다.

5. 자녀의 성의 계승과 변경

성(姓)이란 자기가 속한 혈연집단 내지 혈통을 표시하는 기호이며, 본(本)은 자기 시조의 발상지를 의미하는 것으로 본관(本貫) 또는 관향(貫鄕)이라고도 한다.

1) 성의 계승과 변경

우리 「민법」은 제781조에서 "자는 부의 성과 본을 따른다"고 하여 '부성계승의 원칙'을 분명히 밝히고 있다. 또한 성은 이를 변경할 수 없는 것을 원칙으로 하고 있다(성불변의 원칙). 다만 예외적으로 일정한 경우에 모의 성과 본을 따를 수 있는 경우와 자녀의 성이 변경될 수 있는 경우를 제한적으로 열거하고 있다.

자의 성과 본
제781조(자의 성과 본) ① 자는 부의 성과 본을 따른다. 다만, 부모가 혼인신고시 모의 성과 본을 따르기로 협의한 경우에는 모의 성과 본을 따른다. ② 부가 외국인인 경우에는 자는 모의 성과 본을 따를 수 있다. ③ 부를 알 수 없는 자는 모의 성과 본을 따른다. ④ 부모를 알 수 없는 자는 법원의 허가를 받아 성과 본을 창설한다. 다만, 성과 본을 창설한 후 부 또는 모를 알게 된 때에는 부 또는 모의 성과 본을 따를 수 있다. ⑤ 혼인 외의 출생자가 인지된 경우 자는 부모의 협의에 따라 종전의 성과 본을 계속 사용할 수 있다. 다만, 부모가 협의할 수 없거나 협의가 이루어지

> 지 아니한 경우에는 자는 법원의 허가를 받아 종전의 성과 본을 계속 사용할 수 있다.
> ⑥ 자의 복리를 위하여 자의 성과 본을 변경할 필요가 있을 때에는 부, 모 또는 자의 청구에 의하여 법원의 허가를 받아 이를 변경할 수 있다. 다만, 자가 미성년자이고 법정대리인이 청구할 수 없는 경우에는 제777조의 규정에 따른 친족 또는 검사가 청구할 수 있다.

2) 혼인 외의 자, 양자, 친양자의 성

혼인 외의 자는 생부가 인지하기 전까지는 「민법」 제781조 제3항의 "부를 알 수 없는 자"에 해당하여 모의 성과 본을 따르게 된다. 「민법」에 따라 일반입양된 양자는 양부의 성과 본을 따르는 것이 아니라, 종전의 성과 본을 그대로 유지한다. 다만, 친양자 입양이나 「입양특례법」에 따라 특별입양된 양자는 양부의 성과 본을 따라 성이 변경된다.

혼인 신고 시 자녀의 성에 대한 부모의 협의[1]
[사례] 甲은 결혼을 앞둔 남성이다. 여자 친구는 아이가 태어나면 자신의 성을 따르게 하고 싶다고 한다. 여자 친구의 뜻에 따라 앞으로 태어날 자녀의 성을 여자 친구의 성으로 하는 것이 가능한가?
[해결] 민법 제781조는 자녀는 아버지의 성과 본을 따르는 것을 원칙으로 하고 있지만, 예외적으로 부모가 혼인신고를 할 때 어머니의 성과 본을 따르기로 협의한 경우에는 어머니의 성과 본을 따를 수 있도록 하고 있다. 따라서 이 경우에서처럼, 자녀의 성을 아내의 성에 따르기로 서로 협의가 이루어졌다면, 甲은 혼인신고를 할 때 혼인신고서의 해당란에 그러한 협의가 있었음을 기재하고 그러한 사실에 관한 합의서를 첨부하여 혼인신고를 하면 된다(가족관계의 등록 등에 관한 법률 제71조).

1) 이 사례와 이하 두 사례는, 한국가정법률상담소, 어떻게 할까요(가정법률상담사례집), 2013, 166~168면을 참조함.

혼인 외의 자의 인지에 따른 자녀의 성과 본의 변경

[사례] 甲은 사실혼 상태에서 아이를 출산하고 헤어져 10여 년간 혼자 아이를 키워왔다. 현재 아이는 甲의 성을 따라 출생신고가 되어 있다. 최근 甲은 아이의 아버지 소식을 알게 되어 인지청구와 양육비청구를 하려고 한다. 그런데 인지를 통하여 아이의 성이 아이 아버지의 성에 따라 바뀌는 것이 걱정된다. 아이의 성을 그대로 쓸 수 없는가?

[해설] 종전에는 생부에 의한 혼외 자의 인지가 이루어지면 혼인 외의 자의 성은 생부의 성을 따라 변경되는 것으로 하고 있었다. 그러나 현행 민법은 혼인 외의 출생자가 인지된 경우에 부모의 협의에 따라 자의 종전의 성과 본을 계속 사용할 수 있도록 하고 있다. 따라서 만약 자녀의 종전 성과 본을 계속 사용하는 것에 협의가 되었다면, 甲은 인지신고 시 신고에 자녀의 성과 본을 유지하겠다는 취지의 신고 내용을 기재하고 그 내용을 증명하는 서면을 첨부하여 신고를 하면 된다(가족관계의 등록 등에 관한 법률 제55조). 또한 현행 민법은 "부모가 협의할 수 없거나 협의가 이루어지지 아니한 경우에는 자는 법원의 허가를 받아 종전의 성과 본을 계속 사용할 수 있다"고 하고 있다. 따라서 甲은 우선 자녀의 성을 종전의 성으로 그대로 유지하는 것에 대해 생부와 협의를 해보고, 이 협의가 이루어지지 않는다면, 자녀의 주소지를 관할하는 가정법원에 성본계속사용허가심판을 청구할 수 있다(가사소송법 제44조 제1호).

성년 자녀의 성의 변경

[사례] 甲은 13년 전에 아이를 데리고 재혼했는데 그동안 아이와 남편의 성이 달라서 많은 고통을 받아왔다. 아이는 지금 20세인데 지금이라도 성을 바꾸고 싶다고 한다. 그런데 알아보니 친양자가 되려면 미성년자이어야 한다고 해서 아이가 크게 실망하고 있다. 성을 바꿀 길은 전혀 없는가?

[해설] 자의 복리를 위하여 자의 성과 본을 변경할 필요가 있을 때에는 부, 모 또는 자의 청구에 의하여 법원의 허가를 받아 이를 변경할 수 있다(민법 제781조 제1항, 가사소송법 제44조 제1호). 가정법원은 자의 성과 본의 변경허가 청구가 있는 경우 부, 모 및 자가 15세 이상인 때에는 그 자의 의견을 들을 수 있다(가사소송규칙 제59조의2 제2항). 따라서 사례와 같이 자녀가 '새아버지'의 성으로 변경하기를 간절히 원한다면 법원에 성본변경허가심판을 청구해 볼 수 있다.

제4절 후견과 부양

1. 후 견

1) 후견의 의의

'후견제도'(後見制度)란 친권자가 없거나, 친권자가 친권상실의 선고 등을 받아 친권의 전부 또는 일부를 행사할 수 없어 친권에 의한 보호를 받지 못하는 미성년자 또는 장애·질병·노령 그 밖의 사유로 인한 정신적 제약으로 사무를 처리할 능력이 지속적으로 결여되거나 부족한 성년자에게 후견인을 두고, 후견인으로 하여금 이들을 돌보고 이들의 법률행위를 동의하거나 대리하게 함으로써 제한능력자에 대한 보호와 지원을 제공하기 위한 제도이다. 후견제도에는 미성년후견제도와 성년후견제도가 있다.

후견인의 결격사유

제937조(후견인의 결격사유) 다음 각 호의 어느 하나에 해당하는 자는 후견인이 되지 못한다.

1. 미성년자
2. 피성년후견인, 피한정후견인, 피특정후견인, 피임의후견인
3. 회생절차개시결정 또는 파산선고를 받은 자
4. 자격정지 이상의 형의 선고를 받고 그 형기(刑期) 중에 있는 사람
5. 법원에서 해임된 법정대리인
6. 법원에서 해임된 성년후견인, 한정후견인, 특정후견인, 임의후견인과 그 감독인
7. 행방이 불분명한 사람
8. 피후견인을 상대로 소송을 하였거나 하고 있는 자 또는 그 배우자와 직계혈족

2) 미성년후견제도

친권자가 없거나 친권자가 민법에 따라 친권의 전부 또는 일부를 행사할 수 없는 미성년자에게는 반드시 미성년후견인을 두어야 한다. 미성년후견인의 수(數)는 한 명으로 한다.

(1) 유언에 의한 미성년후견인의 지정

미성년자에게 친권을 행사하는 부모는 유언으로 미성년후견인을 지정할 수 있다. 다만, 법률행위의 대리권과 재산관리권이 없는 친권자는 그러하지 아니하다. 가정법원은 부모의 유언에 따라 미성년후견인이 지정된 경우라도 미성년자의 복리를 위하여 필요하면 생존하는 부 또는 모, 미성년자의 청구에 의하여 후견을 종료하고 생존하는 부 또는 모를 친권자로 지정할 수 있다.

(2) 미성년후견인의 선임

친권을 행사하는 부모의 유언으로 미성년후견인의 지정이 없는 경우에 가정법원은 직권으로 또는 미성년자, 친족, 이해관계인, 검사, 지방자치단체의 장의 청구에 의하여 미성년후견인을 선임한다. 미성년후견인이 없게 된 경우에도 또한 같다. 가정법원은 친권의 상실, 일시 정지, 일부 제한의 선고 또는 법률행위의 대리권이나 재산관리권 상실의 선고에 따라 미성년후견인을 선임할 필요가 있는 경우에는 직권으로 미성년후견인을 선임한다. 친권자가 대리권 및 재산관리권을 사퇴한 경우에는 지체 없이 가정법원에 미성년후견인의 선임을 청구하여야 한다.

(3) 미성년후견인의 임무

후견인은 피후견인의 법정대리인이 된다. 미성년후견인은 친권자와 동일한 권리와 의무가 있다. 다만, 친권자가 정한 교육방법, 양육방법 또는 거소를 변경하는 경우, 미성년자를 감화기관이나 교정기관에 위탁하는 경우, 친권자가 허락한 영업을 취소하거나 제한하는 경우에는 미성년후견감독인이 있으면 그의 동의를 받아야 한다. 미성년후견인은 미성년자를 갈음하여 미성년자의 자녀에 대한 친권을 행사한다.

(4) 미성년후견감독인

미성년후견감독인은 미성년후견인의 사무를 감독하는 사람을 말한다. 미성년후견인을 지정할 수 있는 사람은 유언으로 미성년후견감독인을 지정할 수 있다. 그러한 지정이 없는 경우에 가정법원은 필요하다고 인정하면 직권으로 또는 미성년자, 친족, 미성년후견인, 검사, 지방자치단체의 장의 청구에 의하여 미성년후견감독인을 선임할 수 있다. 또한 가정법원은 미성년후견감독인이 사망, 결격, 그 밖의 사유로 없게 된 경우에는 직권으로 또는 미성년자, 친족, 미성년후견인, 검사, 지방자치단체의 장의 청구에 의하여 미성년후견감독인을 선임한다.

(5) 미성년후견감독인의 임무

후견감독인은 후견인의 사무를 감독하며, 후견인이 없는 경우 지체 없이 가정법원에 후견인의 선임을 청구하여야 한다. 후견감독인은 피후견인의 신상이나 재산에 대하여 급박한 사정이 있는 경우 그의 보호를 위하여 필요한 행위 또는 처분을 할 수 있다. 후견인과 피후견인 사이에 이해가 상반되는 행위에 관하여는 후견감독인이 피후견인을 대리한다.

(6) 후견감독인의 동의를 필요로 하는 행위

후견인이 피후견인을 대리하여, 영업에 관한 행위, 금전을 빌리는 행위, 의무만을 부담하는 행위, 부동산 또는 중요한 재산에 관한 권리의 득실변경을 목적으로 하는 행위, 소송행위, 상속의 승인, 한정승인 또는 포기 및 상속재산의 분할에 관한 협의 등의 행위를 하거나 미성년자의 그러한 행위에 동의할 때에는 후견감독인이 있으면 반드시 그의 동의를 받아야 한다. 만약, 후견감독인의 동의가 필요한 행위에 대하여 후견감독인이 피후견인의 이익이 침해될 우려가 있음에도 동의를 하지 아니하는 경우에는 가정법원은 후견인의 청구에 의하여 후견감독인의 동의에 갈음하는 허가를 할 수 있다. 후견감독인의 동의가 필요한 법률행위를 후견인이 후견감독인의 동의 없이 하였을 때에는 피후견인 또는 후견감독인이 그 행위를 취소할 수 있다.

3) 성년후견제도

성년후견제도는 후견인 선임방법과 후견인의 권한범위에 따라 성년후견, 한정후견, 특정후견 및 임의후견제도로 구분된다.

(1) 성년후견

성년후견은 질병, 장애, 노령, 그 밖의 사유로 인한 정신적 제약으로 사무를 처리할 능력이 '지속적으로 결여된' 성인이 가정법원의 후견개시심판으로 선임된 후견인에 의한 후견을 말한다.

가) 성년후견인의 선임

가정법원의 성년후견개시심판이 있는 경우에는 그 심판을 받은 사람의 성년후견인을 두어야 한다(민법 제929조). 성년후견인은 피성년후견인의 신상과 재산에 관한 모든 사정을 고려하여 여러 명을 둘 수 있다. 법인도 성년후견인이 될 수 있다. 성년후견개시심판에 따른 성년후견인은 가정법원이 직권으로 선임한다. 가정법원은 성년후견인이 사망, 결격, 그 밖의 사유로 없게 된 경우에도 직권으로 또는 피성년후견인, 친족, 이해관계인, 검사, 지방자치단체의 장의 청구에 의하여 성년후견인을 선임한다. 가정법원은 성년후견인이 선임된 경우에도 필요하다고 인정하면 직권으로 또는 피성년후견인, 친족, 이해관계인, 검사, 지방자치단체의 장이나 성년후견인의 청구에 의하여 추가로 성년후견인을 선임할 수 있다. 가정법원이 성년후견인을 선임할 때에는 피성년후견인의 의사를 존중하여야 하며, 그 밖에 피성년후견인의 건강, 생활관계, 재산상황, 성년후견인이 될 사람의 직업과 경험, 피성년후견인과의 이해관계의 유무(법인이 성년후견인이 될 때에는 사업의 종류와 내용, 법인이나 그 대표자와 피성년후견인 사이의 이해관계의 유무를 말한다) 등의 사정도 고려하여야 한다. 이에 따라 가족과 친족은 물론, 친구, 변호사, 법무사, 사회복지사 등의 전문가나 법인도 성년후견인이 될 수 있다.

나) 성년후견인의 임무

성년후견인은 피성년후견인의 법정대리인이 된다. 성년후견인은 피성년후견인의 재산을 관리하고 그 재산에 관한 법률행위에 대하여 피후견인을 대리한다.

성년후견인은 피성년후견인의 재산관리와 신상보호를 할 때 여러 사정을 고려하여 그의 복리에 부합하는 방법으로 사무를 처리하여야 한다. 이 경우 성년후견인은 피성년후견인의 복리에 반하지 아니하면 피성년후견인의 의사를 존중하여야 한다.

피성년후견인은 자신의 신상에 관하여 그의 상태가 허락하는 범위에서 단독으로 결정한다. 성년후견인이 피성년후견인을 치료 등의 목적으로 정신병원이나 그 밖의 다른 장소에 격리하려는 경우에는 가정법원의 허가를 받아야 한다. 피성년후견인의 신체를 침해하는 의료행위에 대하여 피성년후견인이 동의할 수 없는 경우에는 성년후견인이 그를 대신하여 동의할 수 있다. 이 경우 피성년후견인이 의료행위의 직접적인 결과로 사망하거나 상당한 장애를 입을 위험이 있을 때에는 가정법원의 허가를 받아야 한다. 다만, 허가절차로 의료행위가 지체되어 피성년후견인의 생명에 위험을 초래하거나 심신상의 중대한 장애를 초래할 때에는 사후에 허가를 청구할 수 있다. 성년후견인이 피성년후견인을 대리하여 피성년후견인이 거주하고 있는 건물 또는 그 대지에 대하여 매도, 임대, 전세권 설정, 저당권 설정, 임대차의 해지, 전세권의 소멸, 그 밖에 이에 준하는 행위를 하는 경우에는 가정법원의 허가를 받아야 한다. 가정법원은 직권으로 여러 명의 성년후견인이 공동으로 또는 사무를 분장하여 그 권한을 행사하도록 정할 수 있다.

(2) 한정후견

한정후견은 질병, 장애, 노령, 그 밖의 사유로 인한 정신적 제약으로 사무를 처리할 능력이 '부족한' 성인이 가정법원의 후견개시심판으로 선임된 후견인에 의한 후견을 말한다.

가) 한정후견인의 선임

가정법원의 한정후견개시의 심판이 있는 경우에는 그 심판을 받은 사람의 한정후견인을 두어야 한다. 한정후견인은 가정법원이 직권으로 선임한다. 가정법원은 필요하다고 인정하면 직권으로 또는 피한정후견인, 친족, 한정후견인, 검사, 지방자치단체의 장의 청구에 의하여 한정후견감독인을 선임할 수 있다.

나) 한정후견인의 업무

한정후견인은 피한정후견인의 재산을 관리하고 그 재산에 관한 법률행위에 대해 피후견인을 대리한다.

한정후견인은 선량한 관리자의 주의로써 후견사무를 처리해야 한다(민법 제959조의6). 한정후견인은 피한정후견인의 재산관리와 신상보호를 할 때 여러 사정을 고려하여 그의 복리에 부합하는 방법으로 사무를 처리해야 한다. 이 경우 한정후견인은 피한정후견인의 복리에 반하지 않으면 피한정후견인의 의사를 존중해야 한다(민법 제947조, 제959조의6).

피한정후견인은 자신의 신상에 관하여 그의 상태가 허락하는 범위에서 단독으로 결정한다. 한정후견인이 피한정후견인을 치료 등의 목적으로 정신병원이나 그 밖의 다른 장소에 격리하려는 경우에는 가정법원의 허가를 받아야 한다. 피한정후견인의 신체를 침해하는 의료행위에 대해 피한정후견인이 동의할 수 없는 경우에는 한정후견인이 그를 대신하여 동의할 수 있다. 이 경우 피한정후견인이 의료행위의 직접적인 결과로 사망하거나 상당한 장애를 입을 위험이 있을 때에는 가정법원의 허가를 받아야 한다. 다만, 허가절차로 의료행위가 지체되어 피한정후견인의 생명에 위험을 초래하거나 심신상의 중대한 장애를 초래할 때에는 사후에 허가를 청구할 수 있다. 한정후견인이 피한정후견인을 대리하여 피한정후견인이 거주하고 있는 건물 또는 그 대지에 대하여 매도, 임대, 전세권 설정, 저당권 설정, 임대차의 해지, 전세권의 소멸, 그 밖에 이에 준하는 행위를 하는 경우에는 가정법원의 허가를 받아야 한다.

(3) 특정후견

정신적 제약으로 보호가 필요한 성인 중에는 성년후견이나 한정후견과 같은 지속적·포괄적 보호가 필요한 사람들도 있지만 일상적인 생활은 스스로 해나가면서도 특정한 문제의 해결을 위한 개별적·일회적 보호가 필요한 사람들도 있다. 특정후견은 이와 같은 경우의 사람들을 보호하기 위해 도입된 제도다.

'특정후견'이란 질병, 장애, 노령, 그 밖의 사유로 인한 정신적 제약으로 '일시적 후원 또는 특정한 사무에 관한 후원이 필요한' 성인이 가정법원의 결정으로 선임된 후견인을 통해 재산관리 및 일상생활에 관한 특정사무에 대해 보호와 지원을 제공받는 제도를 말한다.

가) 특정후견인의 선임

가정법원은 질병, 장애, 노령, 그 밖의 사유로 인한 정신적 제약으로 일시적 후원 또는 특정한 사무에 관한 후원이 필요한 사람에 대하여 본인, 배우자, 4촌 이내의 친족, 미성년후견인, 미성년후견감독인, 검사 또는 지방자치단체의 장의 청구에 따라 특정후견의 심판을 한다. 특정후견개시심판이 확정되면 가정법원은 특정후견인을 선임한다.

나) 특정후견인의 업무

특정후견인은 피특정후견인의 대리인이 되어 특정 사무를 처리한다. 특정후견인은 선량한 관리자의 주의로써 후견사무를 처리해야 한다. 특정후견인은 피특정후견인의 재산관리와 신상보호를 할 때 여러 사정을 고려하여 그의 복리에 부합하는 방법으로 사무를 처리해야 한다. 이 경우 특정후견인은 피특정후견인의 복리에 반하지 않으면 피특정후견인의 의사를 존중해야 한다.

후원할 사무의 성질에 따라 특정후견인에게 대리권이 필요한 경우가 있고 이 경우 가정법원은 기간이나 범위를 정하여 특정후견인에게 대리권을 수여하는 심판을 할 수 있으며, 특정후견인은 그러한 범위 내에서 피특정후견인의 대리인이 된다.

(4) 임의후견

'임의후견'이란 후견계약에 의해 선임된 후견인에 의해 재산관리 및 일상생활과 관련된 사무에 대한 보호와 지원을 받는 후견을 말한다. '후견계약'이란 일반 성인이 질병, 장애, 노령, 그 밖의 사유로 인한 정신적 제약으로 사무를 처리할 능력이 부족한 상황에 있거나 부족하게 될 상황에 대비하여 자신의 재산관리 및 신상보호에 관한 사무의 전부 또는 일부를 미리 다른 자에게 스스로 위탁하고 그 위탁사무에 관해 대리권을 수여하는 것을 내용으로 하는 계약을 의미한다. 후견계약은 공정증서로 체결하여야 한다. 후견계약은 가정법원이 임의후견감독인을 선임한 때부터 효력이 발생한다. 임의후견인은 후견계약으로 위탁된 사무를 본인의 의사를 최대한 존중하여 수행해야 한다. 가정법원은 후견계약이 등기되어 있고, 본인이 사무를 처리할 능력이 부족한 상황에 있다고 인정할 때에는 본인, 배우자, 4촌 이내의 친족, 임의후견인, 검사 또는 지방자치단체의 장의 청구에 의하여 임의후견감독인을 선임한다.

(5) 후견등기제도

금치산·한정치산 제도를 성년후견제로 확대·개편한 「민법」이 2013년 7월 1일부터 시행됨에 따라 후견과 관련한 대리권, 동의권 및 취소권 등의 범위가 보다 상세하게 정해지고 이에 따라 본인 또는 후견인이 법률행위를 할 때 후견개시 심판에서 정해진 각 권한의 범위를 증명할 수 있게 하여 본인 또는 후견인과 거래하는 상대방이 그 내용을 정확히 알 수 있도록 성년후견 등에 관한 새로운 공시방법으로 '후견등기제도'를 도입하고 그 등기사항과 등기절차 등을 규정하기 위해 「후견등기에 관한 법률」이 제정되었다.

이에 따라 후견관련 사항의 증명이 필요한 사람은 전국 가정법원 또는 가정법원 지원(가정법원 및 가정법원 지원이 설치되어 있지 않은 지역은 지방법원 및 지방법원 지원)의 가족관계등록과 또는 종합민원실에서 등기사항증명서 또는 등기사항부존재증명서를 발급받을 수 있다.

'등기사항증명서'를 통해서는 피후견인, 후견개시 및 종료, 후견인 및 후견감독인에 관한 사항 및 후견인의 대리권 범위를 확인할 수 있다. '등기사항부존재증명서'는 현재 효력이 있는 성년후견, 한정후견, 특정후견, 임의후견 등의 후견등기사항이 존재하지 않음을 나타내는 증명서다.

후견등기에 관한 정보는 사람의 판단능력에 대한 법원의 판단을 내용으로 하는 고도의 사생활에 관한 내용을 담고 있으므로 등기사항증명서의 발급을 청구할 수 있는 자는 「후견등기에 관한 법률」 제15조에 규정된 자로 제한된다.

〈성년후견제도의 비교[2]〉

<table>
<tr><th>종류</th><th>사유</th><th>성년후견심판 청구</th><th>가정법원의 절차</th><th>후견사무</th></tr>
<tr><td>성년 후견</td><td>•정신적 제약으로 사무처리능력이 지속적으로 결여된 경우에 이용.
•뇌사상태이거나 자기자신, 가족의 이름, 주소 등을 인지하지 못하는 등 혼자서는 일반 사회활동이나 경제활동을 전혀 할 수 없는 경우.</td><td rowspan="3">[청구권자]
본인, 배우자, 4촌 이내의 친족, 후견인, 검사 또는 지자체의 장</td><td rowspan="3">① 후견개시심판의 청구서 등 검토
② 관계인 진술청취 및 당사자 심문
③ 피후견인 정신감정(성년후견과 한정후견은 정신감정이 원칙, 특정후견은 의사 등의 의견을 청취)
④ 심판의 고지(심판결과를 청구인과 후견인에게 발송, 심판에 대해서는 14일 이내 즉시 항고할 수 있음)
⑤ 후견등기(심판이 확정되면 후견등기부에 후견인의 성명, 대리권의 범위와 내용 등을 공시함)</td><td>성년후견인이 일상생활에 필요하고 지출이 과도하지 않은 행위를 제외한 법률행위를 대리하고, 필요한 경우 취소한다.</td></tr>
<tr><td>한정 후견</td><td>•정신적 제약으로 사무처리능력이 부족한 경우에 이용.
•자신의 사무처리능력에 맞추어 후견의 범위를 조절할 수 있는 '맞춤형 후견'이 가능함.</td><td>한정후견인이 가정법원에서 정한 사항에 대해 대리하거나, 후견인의 동의를 받지 않은 피후견인에게 불리한 법률행위를 취소할 수 있다</td></tr>
<tr><td>특정 후견</td><td>•정신적 제약으로 일시적 후원 또는 특정사무에 관한 후견이 필요할 경우에 이용.
•일정기간이나 특정사무만을 도움 받고 싶을 때 이용.</td><td>특정후견인이 일정기간 또는 특정한 사무를 후원 또는 대리한다.</td></tr>
<tr><td>후견 계약</td><td>•현재 정신적 제약이 없는 건강한 사람이 이용.
•아직 사무처리 능력이 있을 때 장래 후견인이 될 사람을 정해 '후견계약'을 맺고, 이후 판단능력이 부족해져 사무처리에 어려움이 생기면 도움을 받음.</td><td>[임의후견감독인 청구권자]
본인, 배우자, 4촌 이내의 친족, 임의후견인, 검사 또는 지자체의 장</td><td>가정법원은 임의후견감독인을 선임</td><td>임의후견인(후견계약을 통해 정해 둔 후견인)이 후견계약을 통해 미리 정해 둔 재산관리 및 신상보호업무 등 법률행위를 대리한다.</td></tr>
</table>

2. 부 양

1) 부양의 의의

「민법」상 부양(扶養)이란 일정한 범위의 친족관계에 있는 사람들 사이에서 발생하는 경제적 상호부조의 권리·의무를 말한다. 부양을 받을 권리는 이를 처분하지 못한다.

2) 부양의무자

「민법」 제974조는 '직계혈족 및 그 배우자 간'에는 서로 1차적 부양의무가 있음을 규정하고 있다. 그 밖의 친족은 생계를 같이하는 경우에 한하여 2차적 부양의무자가 된다. 물론 부부는 서로에 대하여 언제나 1차적 부양의무자가 된다(민법 제826조 제1항).

3) 부양의무의 발생, 부양의 순위, 부양의 정도와 방법

부양의 의무는 부양을 받을 자가 자기의 자력(資力) 또는 근로에 의하여 생활을 유지할 수 없는 경우에 한하여 이를 이행할 책임이 있다.

부양의 의무 있는 자가 수인인 경우에 부양을 할 자의 순위에 관하여 당사자 간에 협정이 없는 때에는 법원은 당사자의 청구에 의하여 이를 정한다. 부양을 받을 권리자가 수인인 경우에 부양의무자의 자력이 그 전원을 부양할 수 없는 때에도 같다. 이 경우에 법원은 수인의 부양의무자 또는 권리자를 선정할 수 있다.

부양의 정도 또는 방법에 관하여 당사자 간에 협정이 없는 때에는 법원은 당사자의 청구에 의하여 부양을 받을 자의 생활정도와 부양의무자의 자력 기타 제반사정을 참작하여 이를 정한다.

부양을 할 자 또는 부양을 받을 자의 순위, 부양의 정도 또는 방법에 관한 당사자의 협정이나 법원의 판결이 있은 후 이에 관한 사정변경이 있는 때에는 법원은 당사자의 청구에 의하여 그 협정이나 판결을 취소 또는 변경할 수 있다.

---

2) 한국성년후견지원본부, 성년후견제도 및 성년후견지원본부 안내 브로슈어, 2015 참조.

부부 사이의 과거 부양료의 청구[3)]

[사례] 甲은 남편의 요구로 5년째 별거 중이다. 혼인생활 중 甲이 모은 돈은 남편이 사업확장에 필요하다고 하여 이미 다 주었고, 별거 무렵부터 甲은 다니던 직장을 그만두어 경제적으로 어려움이 컸다. 그러나 남편은 상당한 월수입이 있는데도 별거기간 내내 생활비를 주지 않아 이곳저곳에서 돈을 빌려 살고 있는 형편이다. 甲은 남편을 상대로 부양료를 청구하려고 하는데, 지난 5년간 받지 못한 부양료도 한꺼번에 받을 수 있는가?

[해설] 부부 간의 부양의무는 부부의 일방에게 부양을 받을 필요가 생겼을 때 당연히 발생하는 것이다(민법 제826조 제1항). 그러나 부부 간 과거의 부양료에 관하여 대법원은 미성년자녀에 대한 과거의 양육비 청구를 인정하는 것과는 달리 "부양을 받을 자가 부양의무자에게 부양의무의 이행을 청구하였음에도 불구하고 부양의무자가 부양의무를 이행하지 아니함으로써 이행지체에 빠진 이후의 것에 대하여만 부양료의 지급을 청구할 수 있을 뿐, 부양의무자가 부양의무의 이행을 청구받기 이전의 부양료의 지급은 청구할 수 없다고 보는 것이 부양의무의 성질이나 형평의 관념에 합치된다"고 하고 있다(대법원 2005스50). 따라서 부양료 심판청구 이전의 기간에 해당하는 부양료를 상대방에게 부담시켜야 할 특별한 사정이 인정되지 않는 이상 과거의 부양료를 지급받기는 어렵다고 할 것이다.

미성년자녀에 대한 부모의 부양의무

[사례] 甲은 자신의 딸이 2년 전 사망하자 딸의 자식인 손자를 지금까지 양육하고 있다. 딸의 사망 당시 사위는 자신이 아이를 잘 키울 수 없다며 외할아버지인 자기에게 자식을 맡겼고, 매월 양육비를 보내주겠다고 하더니 이후 소식이 없다. 소문에 의하면 재혼하여 아이를 낳고 잘 살고 있다고 한다. 甲은 경비직으로 근근이 살아가고 있는데, 그나마 퇴직을 하게 되어 앞으로 외손자를 키울 일이 걱정이다. 이 경우 甲은 아이의 아버지에게 양육비를 청구할 수 있는가?

[해설] 부모는 미성년자녀를 부양할 책임이 있으며 이것은 친자관계에서 당연히 요구되는 부모의 의무다(민법 제974조). 따라서 甲은 아이의 아버지에게 앞으로의 양육비는 물론 과거의 양육비까지 청구할 수 있다.

---

3) 이 사례와 이하 세 가지의 사례는, 한국가정법률상담소, 어떻게 할까요(가정법률상담사례집), 2013, 260~264면을 참조함.

성년자녀에 대한 부모의 부양의무

[사례] 甲은 수년 전에 이혼하고 당시 15세였던 딸은 전처가 양육했다. 이혼한 아버지에 대한 미움으로 딸은 甲을 전혀 찾지 않았고 사이 또한 좋지 않았다. 그런데 최근 전처가 연락을 하여 딸이 뇌종양으로 입원 중인데 치료비가 수천만원에 이르러 도저히 감당하기 어렵다고 도와달라고 한다. 甲은 성인이 되기까지의 양육비를 이미 지급했기에 거절했더니 전처는 법원에 청구하겠다고 한다. 甲은 성년이 된 자녀에 대한 부양책임까지 져야 하는가?

[해설] 부모와 자녀 사이에는 서로 간에 부양책임이 있다. 따라서 성인의 자녀라 할지라도 자기의 자력 또는 근로에 의하여 생계를 유지할 수 없는 경우라면 부모는 자녀에 대한 부양의무를 부담한다. 따라서 사례의 경우처럼 딸을 치료하기 위해서 거액의 치료비가 요구된다면, 甲은 이를 전처와 분담하여야 한다. 다만 구체적인 분담액은 재산상황이나 부양에 쌍방이 기여한 정도, 기타 제반사정이 참작되어 정해진다.

과거 양육비의 소멸시효

[사례] 현재 30살인 甲은 미혼인 어머니와 유부남인 아버지 사이에서 태어났다. 아버지 없는 자식은 만들지 않겠다고 어머니가 아버지께 사정하여 아버지의 자녀로 가족관계등록부에는 되어 있지만, 출생 이후 아버지는 甲에 대한 양육비를 전혀 지급하지 않았고, 지금까지 어머니가 전적으로 혼자서 양육해왔다. 甲은 지금이라도 아버지에게 양육비를 청구할 수 있는가?

[해설] 부모의 자녀양육 의무는 특별한 사정이 없는 한 자녀의 출생과 동시에 발생하는 것이므로 과거의 양육비에 대하여도 상대방이 부담함이 상당하다고 인정되는 경우에는 그 비용의 상환을 청구할 수 있다(대법원 92스21). 특히 과거 양육비의 소멸시효와 관련하여 판례는, "당사자의 협의 또는 가정법원의 심판에 의하여 구체적인 지급청구권으로서 성립하기 전에는 과거의 양육비에 관한 권리는 양육자가 그 권리를 행사할 수 있는 재산권에 해당한다고 할 수 없고, 따라서 이에 대하여는 소멸시효가 진행할 여지가 없다고 보아야 한다"고 하고 있다(대법원 2008스67). 따라서 사례의 경우 甲의 어머니와 아버지 사이에 양육비에 관한 구체적인 합의가 없었고, 양육비에 대한 재판을 한 적도 없다면 지금이라도 甲의 출생에서 성년이 될 때까지의 과거 양육비를 청구할 수 있다.

제5절 상속의 법률관계

1. 상속제도의 개관

1) 상속의 의의

상속이란 어떤 사람이 사망한 경우, 일신전속적인 것을 제외한 그의 생전의 재산상의 지위가 유언이나 법률의 규정에 따라 특정한 사람에게 포괄적으로 승계되는 것을 말한다. 이때 사망 또는 실종선고로 인하여 상속재산을 물려주는 사람을 피상속인(被相續人)이라고 하며, 피상속인의 사망 또는 실종선고로 상속재산을 물려받는 사람을 상속인(相續人)이라고 한다.

2) 상속의 개시

상속은 사람(피상속인)의 사망과 동시에 개시된다(민법 제997조). 통설에 따르면, 사람의 사망 시점은 호흡·맥박이 영구적으로 종지한 시점이다. 여기의 사망에는 '실종선고'도 포함된다. 즉 실종선고를 받은 사람도 사망한 것으로 보아 상속이 개시된다. 실종선고(失踪宣告)란 부재자(不在者)의 생사가 5년간 분명하지 않은 때에 이해관계인이나 검사의 청구에 의하여 가정법원이 행하는 심판을 말한다(보통실종, 민법 제27조 제1항).[4] 상속은 피상속인의 주소지에서 개시된다(민법 제998조).

3) 상속재산과 상속비용

상속이 개시되면 상속인은 그때부터 일신전속적인 것을 제외한 피상속인의 재산에 관한 포괄적 권리·의무를 승계한다(민법 제1005조). 이때 상속되는 상속재산은 적극재산뿐 아니라, 소극재산도 포함된다. '적극재산'은 상속

---

4) 전지(戰地)에 임(臨)한 사람, 침몰한 선박 중에 있던 사람, 추락한 항공기 중에 있던 사람 그 밖에 사망의 원인이 될 위난을 당한 사람의 생사가 전쟁종지(終止) 후 또는 선박의 침몰, 항공기의 추락 그 밖에 위난이 종료한 후 1년간 분명하지 않은 때에도 이해관계인이나 검사는 법원에 실종선고를 청구할 수 있다(특별실종, 민법 제27조 제2항).

인에게 이익이 되는 물건(동산, 부동산), 물권(소유권, 점유권, 지상권, 지역권, 전세권, 유치권, 질권, 저당권), 채권(특정인에게 일정한 급부를 청구할 있는 권리), 무체재산권(특허권, 실용신안권, 의장권, 상표권, 저작물에 관한 권리) 등의 상속재산을 말하며, 소극재산은 채무를 말한다.

상속에 관한 비용은 상속재산 중에서 지급된다. '상속에 관한 비용'이란 상속의 승인·포기기간 내의 상속재산의 관리비용, 상속의 한정승인·포기 시 일정기간의 상속재산 관리비용, 단순승인 후 재산분할 전까지의 상속재산 관리비용, 장례비용, 상속세 등을 말한다. 따라서 상속재산은 사망 당시의 적극재산에서 소극재산과 상속에 관한 비용을 공제한 금액으로 한다.

상속재산의 산정

[사례] 작곡가 甲은 횡단보도를 보행하던 중 신호를 위반하여 달려오던 차에 충격하여 교통사고로 사망하였다. 甲의 재산으로는 3억원의 집과 5천만원의 자동차, 5천만의 은행예금, 그리고 앞으로 받을 2억원의 저작권료가 있다. 교통사고 손해배상금은 1억원이다. 甲은 생전에 보험수익자를 甲 자신으로 하여 생명보험에 가입하였는데, 이 보험의 사망보험금은 3억원이다. 한편 甲은 은행으로부터 8천만원을 대출하여 아직 갚지 않고 있다. 또한 최근 횡령죄로 기소되어 제1심에서 벌금 500만원을 선고받아 확정되었는데 아직 벌금을 납부하지 못했다. 甲의 장례식 비용과 묘지구입비용으로는 2천만원이 들었다. 이 경우 상속재산은 얼마인가?

[해설] 상속재산은 사망 당시의 적극재산에서 소극재산과 상속에 관한 비용을 공제한 금액으로 한다. 우선, 교통사고손해배상금의 경우를 살펴보면, 교통사고로 사망한 사람은 생명침해로 인한 손해배상청구권(민법 제750조)을 갖게 되며, 이는 상속인에게 상속된다. 따라서 상속인은 가해자에게 피상속인의 생명침해를 원인으로 손해배상금을 청구할 수 있다. 이와 별도로 상속인은 친족의 생명침해로 인한 정신적 손해배상(즉, 위자료)도 청구할 수 있다. 또한 보험금지급청구권의 경우에는, 피상속인이 피보험자이고 보험수익자가 상속인인 경우의 보험금지급청구권과 이로 인한 보험금은 「상법」 제730조에 따른 것으로 상속인의 고유한 재산이 된다. 따라서 상속인 중 한 사람이 보험금지급청구권을 갖는다 하더라도 다른 상속인은 이에 대해 상속재산분할을 청구할 수 없다(대법원 2005두5529). 반

면, 보험수익자를 피상속인으로 정한 경우에는 보험금지급청구권과 이로 이한 보험금은 피상속인의 사망으로 인하여 피상속인의 재산이 되며, 이는 상속재산이 된다. 벌금이나 과료, 추징금 등은 일신전속적인 것이어서 상속되지 않는다.

따라서 위 사례에서 상속재산을 계산하면, 3억원(집)+5천만원(자동차)+5천만원(은행예금)+2억원(저작권료)+1억원(손해배상금)+3억원(생명보험금)-8천만원(대출금)-2천만원(장례식 비용 및 묘지 구입비)=9억원이다.

2. 유언에 의한 상속

유언(遺言)이란 어떤 사람이 자신이 죽은 뒤의 법률관계를 정하려는 생전의 최종적 의사표시로서 상대방의 수락을 필요로 하지 않는 상대방 없는 단독의 의사표시이다. 사유재산제도와 법률행위자유의 원칙에 입각한 우리 민법은 유언자유의 원칙을 채택하고 있다. 따라서 원칙적으로는 유언을 통해서 상속인과 상속방법 등에 대해 자유롭게 정할 수 있다.[5)]

1) 유언의 효력

만17세에 달하지 못한 자는 유언을 하지 못한다(유언적령). 유언적령자인 한 미성년자도 법정대리인의 동의 없이 유언할 수 있다. 피성년후견인이나 피한정후견인도 성년후견인 또는 한정후견인의 동의 없이 유언할 수 있다. 유언은 유언한 때가 아니라 유언자가 사망한 때 그 효력이 생긴다. 유언자는 자신의 의사에 따라 자유롭게 유언할 수 있고, 언제든지 이를 변경 또는 철회할 수 있다.

2) 유언의 방식

"유언은 본법의 정한 방식에 의하지 아니하면 효력이 생하지 아니한다"(민법 제1060조). 유언은 유언자가 사망한 후에 그 효력이 발생하기 때문에, 유언이 있었는가의 여부, 유언자의 진의가 무엇인가의 여부를 확인하는 것

5) 물론 유언은 상속에 관한 것만을 내용으로 하는 것은 아니다. 이외에도 유언을 통해 재단법인의 설립, 인지, 친생부인, 후견인의 지정, 유증 등을 유언의 내용으로 할 수 있다.

이 곤란할 뿐만 아니라, 그 진의를 둘러싸고 분쟁이 생기기 쉬우며 또한 위조나 변조가 쉽게 이루어질 수 있기 때문에 유언은 반드시 「민법」이 정하는 엄격한 방식에 따라 이루어지도록 한 것이다. 「민법」이 정한 방식에 의하지 아니한 유언은 유언으로서의 효력이 없다.

이와 같이 「민법」이 유언에 엄격한 방식을 요하는 것은 "유언자의 진의를 명확히 하고, 그로 인한 법적 분쟁과 혼란을 예방하기 위한 것이므로, 법정된 요건과 방식에 어긋난 유언은 그것이 유언자의 진정한 의사에 합치하더라도 무효다"(대법원 2005다57899).

유언의 방식은 자필증서, 녹음, 공정증서, 비밀증서와 구수증서의 5종으로 한다(민법 제1065조).

(1) 자필증서에 의한 유언

자필증서에 의한 유언은 유언자가 그 전문과 연월일, 주소, 성명을 자서하고 날인하여야 한다. 이 증서에 문자의 삽입, 삭제 또는 변경을 함에는 유언자가 이를 자서하고 날인하여야 한다.

(2) 녹음에 의한 유언

녹음에 의한 유언은 유언자가 유언의 취지, 그 성명과 연월일을 구술하고 이에 참여한 증인이 유언의 정확함과 그 성명을 구술하여야 한다.

(3) 공정증서에 의한 유언

공정증서에 의한 유언은 유언자가 증인 2인이 참여한 공증인의 면전에서 유언의 취지를 구수하고 공증인이 이를 필기낭독하여 유언자와 증인이 그 정확함을 승인한 후 각자 서명 또는 기명날인하여야 한다.

(4) 비밀증서에 의한 유언

비밀증서에 의한 유언은 유언자가 필자의 성명을 기입한 증서를 엄봉날인하고 이를 2인 이상의 증인의 면전에 제출하여 자기의 유언서임을 표시한 후 그 봉서표면에 제출연월일을 기재하고 유언자와 증인이 각자 서명 또는 기명날인하여야 한다. 유언봉서는 그 표면에 기재된 날로부터 5일 내에 공증인 또는 법원서기에게 제출하여 그 봉인상에 확정일자인을 받아야 한다.

(5) 구수증서에 의한 유언

구수증서에 의한 유언은 질병 기타 급박한 사유로 인하여 다른 유언의 방식에 의할 수 없는 경우에 유언자가 2인 이상의 증인의 참여로 그 1인에게 유언의 취지를 구수하고 그 구수를 받은 자가 이를 필기낭독하여 유언자와 증인이 그 정확함을 승인한 후 각자 서명 또는 기명날인하여야 한다. 이 유언은 그 증인 또는 이해관계인이 급박한 사유의 종료한 날로부터 7일 내에 법원에 그 검인을 신청하여야 한다.

3. 법정상속

유언이 없거나 유언이 유효하지 않은 경우에는 「민법」이 정한 방식에 따라 상속이 이루어진다. 이를 '법정상속'이라 한다.

1) 법정상속인의 순위

법정상속인의 순위
민법 제1000조(상속의 순위) ① 상속에 있어서는 다음 순위로 상속인이 된다. 1. 피상속인의 직계비속 2. 피상속인의 직계존속 3. 피상속인의 형제자매 4. 피상속인의 4촌 이내의 방계혈족
• 공동상속: 동순위의 상속인이 수인인 때에는 최근친을 선순위로 하고 동친등의 상속인이 수인인 때에는 공동상속인이 된다(민법 제1000조 제2항).
• 태아의 상속순위: 태아는 상속순위에 관하여는 이미 출생한 것으로 본다(민법 제1000조 제3항)
• 대습상속: 상속인이 될 직계비속 또는 형제자매가 상속개시 전에 사망하거나 결격자가 된 경우에 그 직계비속이 있는 때에는 그 직계비속이 사망하거나 결격된 자의 순위에 갈음하여 상속인이 된다(민법 제1001조). 또한 상속개시 전에 사망 또는 결격된 자의 배우자는 제1001조의 규정에 의한 상속인과 동순위

로 공동상속인이 되고 그 상속인이 없는 때에는 단독상속인이 된다(민법 제1003조 제2항). 이를 대습상속(代襲相續)이라 한다.

- 배우자의 상속 순위: 피상속인의 배우자는 피상속인의 직계비속이나 직계존속이 상속인이 되는 경우에 그 상속인과 동순위로 공동상속인이 되고 그 상속인이 없는 때에는 단독상속인이 된다(민법 제1003조 제1항).

법정상속인의 순위와 실제 상속인

[사례] 작곡가 甲은 횡단보도를 보행하던 중 신호를 위반하여 달려오던 차에 충격하여 교통사고로 사망하였다. 甲은 따로 유언을 남기지 않았다. 甲의 유족으로는 甲의 어머니 A, 아내 B, 큰 아들 C, 큰며느리 K, 인지한 딸 D, 사위 E, 3년 전 사망한 작은 아들의 아내(둘째 며느리) F, 큰 아들 부부의 자식(손자) G, 사망한 작은 아들의 자식(손녀) H, 甲의 남동생 I, 그리고 갑의 사촌동생 J가 있다. 현재 딸 D는 임신 중이다.

甲의 법정상속인이 될 수 있는 자격을 가진 사람을 순위별로 나열해 보라. 그리고 아무도 상속을 포기하지 않았다고 가정할 때 실제 상속인은 누구인가?

[해설] 1순위인 직계비속에 해당하는 자는 큰 아들 C, 인지한 딸 D, 사망한 작은 아들의 대습상속인(F와 H), 손자 G, 그리고 딸 D의 태아이다. 2순위인 직계존속에 해당하는 자는 어머니 A이다. 3순위인 형제자매에 해당하는 자는 남동생 I이다. 그리고 4순위인 4촌 이내의 방계혈족에 해당하는 자는 사촌동생 J이다. 이 경우 1순위 상속인이 수인인데, 이처럼 같은 순위의 상속인이 수인인 때에는 최근친을 우선순위로 하고 동친등의 상속인이 수인인 때에는 공동상속인이 된다. 또한 배우자는 직계비속이 상속인이 되는 때에 직계비속과 공동상속인이 된다. 따라서 실제 상속인은 배우자 B, 큰 아들 C, 딸 D, 사망한 작은 아들의 대습상속인 F와 H가 된다. 며느리와 사위는 상속인이 될 수 없다.

계부모와 자녀 사이의 상속

[사례] 甲과 乙은 남매다. 친어머니는 어렸을 때 돌아가셨다. 아버지는 7년 전 재혼하셨다. 그런데 5년 전 아버님마저 병으로 돌아가셨고, 甲과 乙은 계모인 새어머니와 함께 살고 있었다. 그런데 지난달 계모마저 사망하였다. 새어머니의 명의

로 된 집과 약간의 부동산이 남아있는데 이를 甲과 乙이 상속받을 수 있는가?
[사례] 丙은 5년 전부터 남편과 혼인생활을 하여왔으나 정식으로 혼인신고는 하지 않은 상태다. 그러던 중 어느 날 남편이 교통사고로 사망하였다. 그런데 남편은 친척도 없으며 상속인도 없다. 남편명의로 된 재산을 丙이 상속받을 수 있는가?

[해설] 우리 민법은 피상속인의 배우자, 피상속인의 직계비속, 피상속인의 직계존속, 피상속인의 형제자매, 피상속인의 4촌 이내의 방계혈족을 법정상속인으로 규정하고 있다.

그런데 甲·乙과 새어머니의 관계는 '혈족의 배우자'인 인척 1촌이다. 따라서 甲과 乙은 상속인 될 수 없고, 상속을 받을 수도 없다. 다만, 새어머니에게 상속인이 없는 경우에는 甲과 乙은 특별연고자로서 상속재산의 전부 또는 일부의 분여를 법원에 청구할 수 있다.

또한 丙의 사례에 있어서 법정상속을 받을 수 있는 '배우자'에는 법률혼 배우자만 속하고, 사실혼 배우자는 여기에 속하지 않는다. 따라서 丙 역시 상속인이 될 수 없다. 다만 남편에게 상속인이 없는 경우, 특별연고자로서 상속재산의 전부 또는 일부의 분여를 법원에 청구할 수 있을 뿐이다.

2) 법정상속분

상속분이란 실제 상속인들이 상속재산 중에서 상속받을 수 있는 지분을 말한다. 공동상속인은 각자의 상속분에 응하여 피상속인의 권리·의무를 승계한다. 동순위의 상속인이 수인인 때에는 그 상속분은 균분으로 한다. 피상속인의 배우자의 상속분은 직계비속과 공동으로 상속하는 때에는 직계비속의 상속분의 5할을 가산하고, 직계존속과 공동으로 상속하는 때에는 직계존속의 상속분의 5할을 가산한다. 사망 또는 결격된 자에 갈음하여 상속인이 된 자의 상속분은 사망 또는 결격된 자의 상속분에 의한다.

실제 상속액의 계산

[사례] 甲은 9억원의 상속재산을 남기고 유언 없이 사망하였다. 甲의 상속인으로는 배우자 B, 큰 아들 C, 딸 D, 사망한 작은 아들의 대습상속인 F(며느리)와 H(손녀)가 있다. 각자의 상속액은 얼마인가?

[해설] 상속액은 상속재산에 각자의 상속분을 곱하여 산정한다. 따라서 배우자 B의 실제 상속액은 9억원×1.5/4.5=3억원이고, 큰 아들 C의 상속액은 9억원×1/4.5=2억원이며, 딸 D의 상속액 또한 9억원×1/4.5=2억원이다. 대습상속인의 상속분은 사망 또는 결격된 자의 상속분에 의하므로 F의 상속분은 9억원×1/4.5×1.5/2.5=1억2천만원이고, H의 상속액은 9억원×1/4.5×1/2.5=8천만원이다.

3) 상속분의 조정

① 공동상속인 중에 피상속인으로부터 재산의 증여 또는 유증을 받은 자(특별수익자)가 있거나, ② 공동상속인 중에 상당한 기간 동거·간호 그 밖의 방법으로 피상속인을 특별히 부양하거나 피상속인의 재산의 유지 또는 증가에 특별히 기여한 자(특별기여자)가 있는 경우 균분상속은 오히려 정의나 형평의 이념에 반하는 결과를 가져올 수 있다. 그리하여 우리 「민법」은 제1008조와 제1008조의2에서 특별수익자나 기여자가 있는 경우에 상속분의 조정에 관한 특례를 규정하고 있다.

(1) 특별수익자의 상속분

공동상속인 중에 피상속인으로부터 재산의 증여 또는 유증을 받은 자가 있는 경우에 그 수증재산이 자기의 상속분에 달하지 못한 때에는 그 부족한 부분의 한도에서 상속분이 있다(민법 제1008조). 따라서 공동상속인 중에 특별수익자가 있는 경우에는 상속개시 당시의 피상속인의 재산가액에 그 특별수익금을 가산한 금액을 상속재산으로 보고 산정한 상속분에서 이미 받은 특별수익금을 공제한 금액을 특별수익자의 상속분으로 한다.

(2) 특별기여자의 상속분

공동상속인 중에 상당한 기간 동거·간호 그 밖의 방법으로 피상속인을 특별히 부양하거나 피상속인의 재산의 유지 또는 증가에 특별히 기여한 자가 있을 때에는 상속개시 당시의 피상속인의 재산가액에서 공동상속인의 협의로 정한 그 특별기여자의 기여분을 공제한 것을 상속재산으로 보고 산정한 상속분에 기여분을 가산한 액으로써 그 특별기여자의 상속분으로 한다.

기여분에 대한 협의가 되지 아니하거나 협의할 수 없는 때에는 가정법원은 특별기여자의 청구에 의하여 기여의 시기·방법 및 정도와 상속재산의 액 기타의 사정을 참작하여 기여분을 정한다. 기여분은 상속이 개시된 때의 피상속인의 재산가액에서 유증의 가액을 공제한 액을 넘지 못한다.

4. 유류분제도

1) 유류분의 의의

유류분(遺留分)이란 상속재산 중에서 상속인 등의 일정한 사람에게 돌아가도록 되어있는 몫을 말한다. 우리 「민법」은 피상속인이 재산을 임의로 증여하거나, 유증 또는 유언을 통해 일부상속인에게만 상속을 함으로써, 법정상속인이 자신의 유류분에 부족분이 생긴 경우에 그 부족분을 돌려받을 수 있게 하는 유류분제도를 두고 있다.

이러한 유류분제도는 한편으로는 피상속인의 처분의 자유나 유언의 자유를 침해하는 것이지만, 상속재산처분의 자유를 무제한적으로 인정하게 되면 오히려 피상속인의 사망 후 피상속인과 근친관계에 있는 법정상속인들의 가족생활의 안정을 해칠 염려가 있고, 또 한편으로는 피상속인의 재산을 형성·유지·증대하는 데 기여한 법정상속인의 노력을 고려해야 한다는 취지에서 인정된 제도다.

2) 유류분 권리자와 유류분

유류분을 가지는 사람은 피상속인의 배우자, 직계비속, 직계존속, 형제자매인 상속인이다(민법 제1112조). 따라서 피상속인의 방계혈족인 상속인은 유류분을 가지지 못한다. 태아는 물론 대습상속인도 유류분권이 있다.

피상속의 배우자와 직계비속의 유류분은 법정상속분의 1/2이며, 피상속인의 직계존속과 형제자매의 유류분은 법정상속분의 1/3이다.

3) 유류분의 산정

유류분은 피상속인의 상속개시 시에 있어서 가진 재산의 가액에 증여재산의 가액을 가산하고 채무의 전액을 공제하여 이를 산정한다(민법 제1113조). 증여는 상속개시 전의 1년간에 행한 것에 한하여 그 가액을 산정한다. 다만, 당사자 쌍방이 유류분권리자에 손해를 가할 것을 알고 증여를 한 때에는 1년 전에 한 것도 같다(민법 제1114조). 또한 상속인의 특별수익분에 있어서는 1년 전에 증여받은 것이라도 모두 산입대상이 된다(민법 제1118조).

4) 유류분의 보전

유류분권리자가 피상속인의 증여 및 유증으로 인하여 그 유류분에 부족이 생긴 때에는 부족한 한도에서 그 재산의 반환을 청구할 수 있다. 이 경우에 증여 및 유증을 받은 자가 수인인 때에는 각자가 얻은 유증가액의 비례로 반환하여야 한다. 증여에 대하여는 유증을 반환받은 후가 아니면 이것을 청구할 수 없다.

유류분반환의 청구권은 유류분권리자가 상속의 개시와 반환하여야 할 증여 또는 유증을 한 사실을 안 때로부터 1년 내에 하지 아니하면 시효에 의하여 소멸한다. 상속이 개시한 때로부터 10년을 경과한 때도 같다.

유류분의 반환청구
[사례] 甲은 결혼 직후부터 아내 A와 사이가 좋지 않아 벌써 5년째 별거 중이었다. 甲과 A 사이에는 6살 된 딸 B가 있다. 甲은 내연녀 C를 만나고 있었는데, 자기를 아주 잘 이해해 주고, 또 잘 보살펴 주는 C가 항상 고맙기만 했다. 그러던 중 C가 경제적으로 큰 어려움을 겪으면서 살 집이 없게 되자, 甲은 자신이 소유하고 있던 시가 3억원의 오피스텔을 C에게 증여하였다. 그 증여행위가 있고 5개월 후 甲은 교통사고로 사망하였다. 사망당시 갑의 재산으로는 1억5천만원의 아파트 1채와 5천만원의 은행예금이 있었다. 이 경우 甲의 아내 A와 딸 B는 C를 상대로 유류분반환을 청구할 수 있는가? 청구가 가능하다면 얼마를 청구할 수 있는가?
[해설] A와 B의 유류분을 산정함에 있어서 상속재산은 피상속인의 상속개시 시에 있어서 가진 재산의 가액에 증여재산의 가액을 가산하고 채무의 전액을 공제하여 이를 산정한다.

> 따라서 1억5천만원(아파트)+5천만원(은행예금)+3억원(상속개시 전 1년간에 행한 증여)=5억원이다. 이를 기초로 A와 B의 유류분을 산정해 보면, A의 유류분은 5억원×1.5/2.5×1/2=1억5천만원이고, B의 유류분은 5억원×1/2.5×1/2=1억원이다.
>
> 그런데 실제 상속액은 A의 경우 2억원×1.5/2.5=1억 2천만원이고, B의 경우에는 2억원×1/2.5=8천만원이다.
>
> 따라서 A는 자신의 상속분이 유류분에 미치지 못하므로 그 부족분인 3천만원의 반환을 C에게 청구할 수 있고, B 역시 C에게 유류분의 부족분인 2천만원의 반환을 청구할 수 있다.

5. 상속의 포기와 한정승인

피상속인이 사망을 하게 되면 상속인은 피상속인의 재산을 포괄적으로 승계한다. 따라서 적극재산뿐만 아니라 소극재산도 승계하게 된다. 그런데 피상속인의 소극재산이 적극재산보다 많은 경우에는 문제가 발생할 수 있다. 이 경우에 상속을 강제하는 것은 상속인으로 하여금 경제적으로 매우 곤란한 상태에 처하게 할 수 있기 때문이다. 이런 경우에 민법은 상속인이 상속을 포기할 수 있게 하거나, 제한적으로 승인할 수 있게 하는 제도를 마련하고 있다.

1) 상속의 단순승인

상속인은 상속개시 있음을 안 날로부터 3월 내에 단순승인할 수 있다. 상속인이 단순승인을 한 때에는 제한 없이 피상속인의 권리·의무를 승계한다. ① 상속인이 상속재산에 대한 처분행위를 한 때, ② 상속인이 상속개시 있음을 안 날로부터 3월 내에 한정승인 또는 포기를 하지 아니한 때, ③ 상속인이 한정승인 또는 포기를 한 후에 상속재산을 은닉하거나 부정소비하거나 고의로 재산목록에 기입하지 아니한 때에는 상속인이 단순승인을 한 것으로 본다. 이를 '법정단순승인'이라고 한다.

단순승인과 채무의 상속

[사례] 甲은 회사동료에게 7천만원을 빌려주었다. 그리고 다음 달 20일에 그 돈을 받기로 하였는데 지난달에 그 회사동료가 교통사고로 사망하였다. 유족으로는 처와 남매가 있다. 그러나 유족들은 자기들과는 상관없는 돈이므로 돈을 갚지 않겠다고 한다. 甲이 돈을 받아낼 수 있는 법적 방법이 있는가?

[해설] 원칙적으로 금전소비대차의 경우에는 채권채무관계가 돈을 빌린 자와 빌려준 자 사이에만 성립하며 만약 돈을 빌린 사람이 권리능력을 상실한 경우거나 경제적 능력이 없을 경우 현실적으로 청구가 불가능하며 그 가족에게 대신 갚으라는 것은 인정되지 않는다. 그러나 만약 돈을 빌린 사람이 경제적 능력이 아닌 사망으로 권리능력이 상실된 경우에는 별도의 유언이 없었을 경우 그 상속인이 포괄승계인으로서 피상속인의 채권·채무를 상속받는 것이 원칙이다.

그런데 만약 상속인들이 상속을 포기 또는 한정승인의 신고를 한 경우에는 상속인들에게 채권을 청구할 수 없고, 향후 법원에 채권신고를 하고 배당을 기다려야 한다.

상속개시 있음을 안 날로부터 3월 내에 상속인들이 상속을 포기 또는 한정승인의 신고를 하지 않았거나, 단순승인을 했다면, 상속인은 포괄승계인으로서 甲의 채무까지 모두 상속된다.

이 경우 그 회사동료가 교통사고로 사망하였으므로 특별한 유언이 없다고 가정할 때 상속인은 처와 남매이며 그 채무의 상속지분은 처의 경우 1.5/3.5이며 남매의 경우 각각 1/3.5이므로, 금전채무도 그 지분에 따라 처의 경우 3,000만원(7,000만원×1.5/3.5=3,000만원)의 채무가, 남매의 경우 각각 2,000만원(7,000만원×1/3.5=2,000만원)의 채무가 상속되므로 甲은 처와 남매들에게 각각 그 금액을 청구할 수 있다. 물론 각각 청구할 수도 있지만 처와 남매를 모두 공동피고로 하여 각각 그 지분을 지급하라는 소송을 제기할 수도 있다.

2) 상속의 포기

상속인은 상속개시 있음을 안 날로부터 3월 내에 상속을 포기할 수 있다. 그러나 그 기간은 이해관계인 또는 검사의 청구에 의하여 가정법원이 이를 연장할 수 있다. 상속인은 상속 포기를 하기 전에 상속재산을 조사할 수 있다. 상속의 포기는 이를 취소하지 못한다.

상속인이 상속을 포기할 때에는 상속개시 있음을 안 날로부터 3월 내에 가정법원에 포기의 신고를 하여야 한다. 상속의 포기는 상속개시된 때에 소급하여 그 효력이 있다. 상속인이 수인인 경우에 어느 상속인이 상속을 포기한 때에는 그 상속분은 다른 상속인의 상속분의 비율로 그 상속인에게 귀속된다. 상속을 포기한 자는 그 포기로 인하여 상속인이 된 자가 상속재산을 관리할 수 있을 때까지 그 재산의 관리를 계속하여야 한다.

3) 상속의 한정승인

상속인은 상속으로 인하여 취득할 재산의 한도에서 피상속인의 채무와 유증을 변제할 것을 조건으로 상속을 승인할 수 있다(민법 제1028조). 상속인이 한정승인을 함에는 상속개시 있음을 안 날로부터 3월내에 상속재산의 목록을 첨부하여 법원에 한정승인의 신고를 하여야 한다.

상속인은 상속채무가 상속재산을 초과하는 사실을 중대한 과실 없이 상속개시 있음을 안 날로부터 3월 내에 알지 못하고 단순승인하거나 '법정단순승인'을 한 경우에는 그 사실을 안 날부터 3월 내에 상속재산의 목록을 첨부하여 법원에 한정승인의 신고를 할 수 있다. 이를 '특별한정승인'이라고 한다. 이 경우 상속재산 중 이미 처분한 재산이 있는 때에는 그 목록과 가액을 함께 제출하여야 한다.

미성년 상속인의 한정승인

미성년자 상속인의 경우 스스로 법률행위를 할 수 없기 때문에 법정대리인이 상속을 단순승인하거나 특별한정승인을 하지 않으면 상속채무가 상속재산을 초과하더라도 미성년 상속인 본인의 의사와 관계없이 피상속인의 상속채무를 전부 승계하여 상속채무에서 벗어날 수 없고 성년이 된 후에도 정상적인 경제생활을 영위하기 어렵게 되는 문제가 있었다. 그래서 2022년 12월 13일부터 상속개시 당시 미성년자인 상속인의 법정대리인이 상속을 단순승인을 하였더라도 이와 관계없이 미성년자인 상속인이 성년이 된 후 한정승인을 할 수 있는 특별절차를 마련하였다.

개정 민법에 따르면, 미성년 상속인은 상속채무가 상속재산을 초과하는 상속을 성년이 되기 전에 법정대리인이 단순승인(의제)한 경우 미성년 시기의 법정대리인의 인식 여부와 관계없이 성년이 된 후 본인이 상속의 상속채무 초과사실을 안 날부터 3개월 내에 한정승인을 할 수 있다(제1019조제4항 전단 신설).

한정승인자는 한정승인을 한 날로부터 5일 내에 일반상속채권자와 유증 받은 자에 대하여 한정승인의 사실과 일정한 기간 내에 그 채권 또는 수증을 신고할 것을 공고하여야 한다. 그 기간은 2월 이상이어야 한다(민법 제1032조). 이 공고에는 채권자가 기간 내에 신고하지 아니하면 청산으로부터 제외될 것을 표시하여야 한다(민법 제88조 제2항). 다만, 한정승인자가 알고 있는 채권자에게 대하여는 각각 그 채권신고를 최고하여야 한다. 알고 있는 채권자는 청산으로부터 제외하지 못한다(민법 제89조). 한정승인자는 공고기간만료 전에는 상속채권의 변제를 거절할 수 있다. 한정승인자는 공고기간만료 후에 상속재산으로서 그 기간 내에 신고한 채권자와 한정승인자가 알고 있는 채권자에 대하여 각 채권액의 비율로 변제하여야 한다. 그러나 우선권 있는 채권자의 권리를 해하지 못한다. 한정승인자는 상속채권자에 대한 변제를 완료한 후가 아니면 유증 받은 자에게 변제하지 못한다.

소극재산이 많은 경우의 상속의 포기와 한정승인

[사례] 甲의 부친은 사업을 하다가 실패하여 많은 채무를 지고 채권자들로부터 독촉을 받아 오던 중 얼마 전 사망하였다. 甲의 능력으로는 부친이 남긴 채무를 갚을 길이 없는데, 어떻게 하면 되는가?

[해설] 상속인은 상속이 개시된 때로부터 일신전속적인 권리를 제외하고 피상속인의 재산을 '포괄적으로' 승계한다(민법 제1005조). 그러므로 일반적으로 부모의 사망과 동시에 자식들은 상속인이 되어 부모명의의 토지나 집과 같은 부동산이나 은행예금 등의 적극재산은 물론, 부모가 다른 사람에 대하여 부담하고 있는 차용금채무, 보증채무 등의 소극재산도 상속받게 된다.

사례와 같이 상속재산 중에 적극적 재산은 없고 채무만 존재하는 경우에도 그 채무가 상속되므로, 부모가 남긴 상속재산 중 적극적 재산보다 소극적 재산이 더 많아 자식들이 상속을 받지 않으려면, 상속개시 있음을 안 날로부터 3월 내에 피상속인의 최후 주소지 관할 법원에 상속포기신고를 하여야 한다(민법 제1019조

1항). 그 밖에 부모가 남겨놓은 적극적 재산의 한도 내에서 부모의 채무를 변제할 것을 조건으로 상속을 승인하는 한정승인의 신고도 할 수 있다. 이 역시 상속개시 있음을 안 날로부터 3월내에 상속재산의 목록을 첨부하여 법원에 한정승인의 신고를 하여야 효력이 발생한다(민법 제1028조, 제1030조). 만일 상속인이 상속채무가 상속재산을 초과하는 사실을 중대한 과실 없이 피상속인의 사망일로부터 3월 내에 알지 못하고 단순승인을 한 경우에, 그 사실을 안 날부터 3월 내에 특별한 정승인을 할 수 있다(민법 제1019조 3항).

6. 상속인의 부존재와 상속재산의 처리

1) 상속인 없는 상속재산관리인의 선임

상속인의 존부가 분명하지 아니한 때에는 법원은 피상속인의 친족 기타 이해관계인 또는 검사의 청구에 의하여 상속재산관리인을 선임하고 지체 없이 이를 공고하여야 한다.

2) 상속인 없는 재산의 청산

상속재산관리인의 선임의 공고가 있은 날로부터 3월 내에 상속인의 존부를 알 수 없는 때에는 관리인은 지체 없이 일반상속채권자와 유증 받은 자에 대하여 일정한 기간 내에 그 채권 또는 수증을 신고할 것을 공고하여야 한다. 그 기간은 2월 이상이어야 한다(민법 제1056조 제1항). 채권자나 수증자가 기간 내에 신고하지 아니하면 청산으로부터 제외될 것을 표시하여야 한다.

3) 상속인의 수색공고

「민법」 제1056조 제1항의 기간이 경과하여도 상속인의 존부를 알 수 없는 때에는 법원은 관리인의 청구에 의하여 상속인이 있으면 일정한 기간 내에 그 권리를 주장할 것을 공고하여야 한다. 그 기간은 1년 이상이어야 한다(민법 제1057조).

4) 특별연고자에 대한 분여

「민법」 제1057조의 기간 내에 상속권을 주장하는 자가 없는 때에는 가정법원은 피상속인과 생계를 같이 하고 있던 자, 피상속인의 요양간호를 한 자 기타 피상속인과 특별한 연고가 있던 자의 청구에 의하여 상속재산의 전부 또는 일부를 분여(分與)할 수 있다. 특별연고자의 상속재산분여청구는「민법」 제1057조의 기간의 만료 후 2월 이내에 하여야 한다.

5) 상속재산의 국가귀속

특별연고자에게 분여되지 아니하거나 분여 후 남은 상속재산은 국가에 귀속한다.

제 2 장

재산과 법률

제 1 절 계약 일반

1. 계약의 의의 및 종류

1) 계약의 의의

계약이란 서로 대립하는 두 개 이상의 의사표시의 합치로서 성립하는 법률행위이며 채권발생을 그 목적으로 한다. 여기서 서로 대립하는 의사표시라 함은 청약과 승낙을 말한다.

이와 같은 계약은 서로 평등한 당사자 각자의 자유의사에 의하여 행하여지며 부당한 간섭을 받지 않는 것이 원칙이다.

근대 국가에서는 소유권절대의 원칙의 사법적 표현인 계약자유의 원칙[1)]을 기본으로 형식적 평등을 구현하였지만, 현대 복지국가에서는 계약내용을 간섭하고 계약자유의 원칙을 제한함으로써 약자를 보호하고 실질적 평등을 이루고자 한다.[2)]

2) 계약의 종류

계약은 여러 가지 표준에 의하여 분류될 수 있다.

---

1) 근대 시민법에서는 계약자유의 원칙으로서 계약체결의 자유, 상대방선택의 자유, 계약내용결정의 자유, 계약방식의 자유를 들고 있다.

2) 근대 민법의 기본원칙으로는 소유권존중의 원칙, 계약자유의 원칙, 과실책임의 원칙을 들 수 있다. 그러나 현대 민법은 경제적 영역에서의 실질적 평등의 실현을 위하여 소유권공공의 원칙, 계약공정의 원칙, 무과실책임 등의 원리를 도입하였다.

가) 전형계약(典型契約)과 비전형계약(非典型契約): 민법전에 규정되어 있는 계약을 전형계약 또는 유명계약(有名契約)이라고 하고, 그 외의 계약을 비전형계약 또는 무명계약(無名契約)이라고 한다. 우리 「민법」은 증여, 매매, 교환, 소비대차(消費貸借), 사용대차(使用貸借), 임대차(賃貸借), 고용, 도급(都給), 여행계약, 현상광고(縣賞廣告), 위임(委任), 임치(任置), 조합(組合), 종신정기금(終身定期金), 화해(和解)의 15종의 전형계약을 규정하고 있다.

나) 유상계약(有償契約)과 무상계약(無償契約): 계약 당사자가 서로 대가적 의미를 가지는 출연 내지 출재를 하는 계약을 유상계약이라고 하고, 그렇지 아니한 계약을 무상계약이라고 한다. 유상계약에 관하여는 매매에 관한 규정이 준용된다(민법 제567조).

다) 낙성계약(諾成契約)과 요물계약(要物契約): 낙성계약은 계약 당사자 사이의 의사표시가 합치하기만 하면 성립하는 계약을 말하고, 요물계약은 현상광고와 같이 당사자 사이의 의사의 합치 외에 물건의 인도 기타 급부의 완료가 있어야 성립하는 계약을 말한다.

라) 편무계약(片務契約)과 쌍무계약(雙務契約): 편무계약은 매매, 교환 등의 계약과 같이 계약 당사자가 서로 대가적 의미를 갖는 채무를 부담하는 계약을 말하고, 편무계약은 증여와 같이 계약의 일방 당사자만 채무를 부담하거나 또는 쌍방당사자가 서로 채무를 부담하더라도 그 채무가 대가적 의미를 갖지 않는 계약을 말한다.

2. 계약의 성립과 효력

1) 계약의 일반적인 성립조건

계약이 유효하게 성립하기 위해서는 계약 당사자에게 의사능력과 행위능력이 있어야 한다. 미성년자와 제한능력자는 단독으로 계약을 체결할 수 없고 반드시 법정대리인의 동의나 대리가 있어야 한다.

또한 계약의 목적과 내용이 실현가능한 것이어야 하고, 적법하고 사회적으로 타당한 것이어야 한다. 따라서 선량한 풍속 기타 사회질서에 위반한 사항을 내용으로 하는 계약은 무효이며, 또한 당사자의 궁박, 경솔 또는 무경험으로 인하여 현저하게 공정을 잃은 계약도 무효이다.

2) 청약과 승낙

통상의 계약은 서로 대립하는 의사표시인 청약과 승낙에 의하여 성립한다(낙성계약). 청약이라 함은 일정한 내용의 계약을 성립시킬 것을 목적으로 상대방의 승낙을 요구하는 것이며, 승낙은 청약에 의하여 계약을 성립시키기 위하여 행하는 피청약자의 의사표시이다.

승낙의 내용은 청약의 내용과 합치되어야 하므로 청약의 내용과 합치되지 않는 승낙은 승낙으로서의 효과를 발생시키지 못한다. 그러나 청약에 대하여 조건을 붙이거나 변경을 가한 승낙은 그 청약의 거절과 동시에 새로운 청약을 한 것으로 본다.

청약과 승낙에 관한 「민법」의 규정

제111조(의사표시의 효력발생시기) ① 상대방이 있는 의사표시는 상대방에게 도달한 때에 그 효력이 생긴다.

② 의사표시자가 그 통지를 발송한 후 사망하거나 제한능력자가 되어도 의사표시의 효력에 영향을 미치지 아니한다.

제527조(계약의 청약의 구속력) 계약의 청약은 이를 철회하지 못한다.

제528조(승낙기간을 정한 계약의 청약) ① 승낙의 기간을 정한 계약의 청약은 청약자가 그 기간 내에 승낙의 통지를 받지 못한 때에는 그 효력을 잃는다.

② 승낙의 통지가 전항의 기간 후에 도달한 경우에 보통 그 기간 내에 도달할 수 있는 발송인 때에는 청약자는 지체 없이 상대방에게 그 연착의 통지를 하여야 한다. 그러나 그 도달 전에 지연의 통지를 발송한 때에는 그러하지 아니하다.

③ 청약자가 전항의 통지를 하지 아니한 때에는 승낙의 통지는 연착되지 아니한 것으로 본다.

제529조(승낙기간을 정하지 아니한 계약의 청약) 승낙의 기간을 정하지 아니한 계약의 청약은 청약자가 상당한 기간내에 승낙의 통지를 받지 못한 때에는 그 효력을 잃는다.

제530조(연착된 승낙의 효력) 전2조의 경우에 연착된 승낙은 청약자가 이를 새 청약

> 으로 볼 수 있다.
>
> 第531조(격지자간의 계약성립시기) 격지자간의 계약은 승낙의 통지를 발송한 때에 성립한다.
>
> 第532조(의사실현에 의한 계약성립) 청약자의 의사표시나 관습에 의하여 승낙의 통지가 필요하지 아니한 경우에는 계약은 승낙의 의사표시로 인정되는 사실이 있는 때에 성립한다.
>
> 第533조(교차청약) 당사자간에 동일한 내용의 청약이 상호교차된 경우에는 양청약이 상대방에게 도달한 때에 계약이 성립한다.
>
> 第534조(변경을 가한 승낙) 승낙자가 청약에 대하여 조건을 붙이거나 변경을 가하여 승낙한 때에는 그 청약의 거절과 동시에 새로 청약한 것으로 본다.

3) 계약의 효력

계약이 성립되면 급부를 받을 권리인 채권과 급부를 이행할 의무인 채무가 발생한다. 이 경우 상대방이 채무이행을 제공할 때까지 자기의 채무이행을 거절할 수 있는 동시이행의 항변권이 인정되고 있다.

3. 계약의 무효와 취소

1) 계약의 무효

의사무능력자가 계약을 체결하거나 계약의 내용이 선량한 풍속이나 기타 사회질서에 반한다면 그 계약은 무효가 된다. 계약의 일부분이 무효인 때에는 원칙적으로 그 전부가 무효이다. 다만, 그 무효부분이 없었더라도 계약을 하였을 것이라고 인정되는 경우에는 나머지 부분은 유효로 할 수 있다. 무효인 계약이 다른 계약의 요건을 구비하고 당사자가 그 무효를 알았더라면 다른 계약을 하는 것을 의욕하였으리라고 인정될 때에는 다른 계약으로서 효력을 가진다. 이를 '무효행위의 전환'이라고 한다.

무효인 계약에 대해서는 당연히 계약의 효력이 발생하지 아니한다. 따라서 무효인 계약에 기한 채무는 이행하지 아니하여도 되며, 만약 이를 이행하였다면 상대방은 원칙적으로 부당이득반환의무를 진다.

무효인 계약은 원칙적으로 추인(追認)할 수 없다. 그러나 「민법」은 무효임을 알고도 당사자가 그 계약을 유효로 하려는 의사를 표시하는 것을 허용하고 있다. 이를 '무효행위의 추인'이라고 한다.

법률행위의 무효 등에 관한 「민법」의 규정

제103조(반사회질서의 법률행위) 선량한 풍속 기타 사회질서에 위반한 사항을 내용으로 하는 법률행위는 무효로 한다.

제104조(불공정한 법률행위) 당사자의 궁박, 경솔 또는 무경험으로 인하여 현저하게 공정을 잃은 법률행위는 무효로 한다.

제107조(진의 아닌 의사표시) ① 의사표시는 표의자가 진의 아님을 알고 한 것이라도 그 효력이 있다. 그러나 상대방이 표의자의 진의 아님을 알았거나 이를 알 수 있었을 경우에는 무효로 한다.

②전항의 의사표시의 무효는 선의의 제3자에게 대항하지 못한다.

제108조(통정한 허위의 의사표시) ① 상대방과 통정한 허위의 의사표시는 무효로 한다.

제130조(무권대리) 대리권 없는 자가 타인의 대리인으로 한 계약은 본인이 이를 추인하지 아니하면 본인에 대하여 효력이 없다.

제137조(법률행위의 일부무효) 법률행위의 일부분이 무효인 때에는 그 전부를 무효로 한다. 그러나 그 무효부분이 없더라도 법률행위를 하였을 것이라고 인정될 때에는 나머지 부분은 무효가 되지 아니한다.

제138조(무효행위의 전환) 무효인 법률행위가 다른 법률행위의 요건을 구비하고 당사자가 그 무효를 알았더라면 다른 법률행위를 하는 것을 의욕하였으리라고 인정될 때에는 다른 법률행위로서 효력을 가진다.

제139조(무효행위의 추인) 무효인 법률행위는 추인하여도 그 효력이 생기지 아니한다. 그러나 당사자가 그 무효임을 알고 추인한 때에는 새로운 법률행위로 본다.

2) 계약의 취소

계약의 취소란 일단 유효하게 성립된 계약의 효력을 「민법」이 규정한 일정한 사유가 있는 경우에 취소권자가 계약의 효력을 소급적으로 무효로 하는 것을 말한다. 「민법」은 법정대리인의 동의 없이 이루어진 미성년자의 계약이나 피성년후견인의 일정한 계약, 계약의 중요한 부분에 착오가 있는 경우, 사기나 강박에 의한 계약의 경우에 취소할 수 있도록 하고 있다.

취소할 수 있는 계약은 제한능력자, 착오로 인하거나 사기·강박에 의하여 의사표시를 한 자, 그의 대리인 또는 승계인만이 취소할 수 있다. 취소된 계약은 처음부터 무효인 것으로 본다. 다만, 제한능력자는 그 행위로 인하여 받은 이익이 현존하는 한도에서 상환(償還)할 책임이 있다.

'계약의 추인'은 취소권자가 취소사유가 있음에도 계약을 유효로 확정하는 의사표시를 말한다. 추인은 취소의 원인이 소멸된 후에 하여야만 효력이 있다. 추인 후에는 취소하지 못한다. 다만, 계약의 전부나 일부의 이행, 이행의 청구, 경개, 담보의 제공, 취소할 수 있는 행위로 취득한 권리의 전부나 일부의 양도, 강제집행 등의 사유가 있으면 추인한 것으로 본다(법정추인).

취소권은 추인할 수 있는 날로부터 3년 내에 법률행위를 한날로부터 10년 내에 행사하여야 한다.

법률행위의 취소 등에 관한 「민법」의 규정

제5조(미성년자의 능력) ① 미성년자가 법률행위를 함에는 법정대리인의 동의를 얻어야 한다. 그러나 권리만을 얻거나 의무만을 면하는 행위는 그러하지 아니하다.

② 전항의 규정에 위반한 행위는 취소할 수 있다.

제10조(피성년후견인의 행위와 취소) ① 피성년후견인의 법률행위는 취소할 수 있다.

② 제1항에도 불구하고 가정법원은 취소할 수 없는 피성년후견인의 법률행위의 범위를 정할 수 있다.

③ 가정법원은 본인, 배우자, 4촌 이내의 친족, 성년후견인, 성년후견감독인, 검사 또는 지방자치단체의 장의 청구에 의하여 제2항의 범위를 변경할 수 있다.

④ 제1항에도 불구하고 일용품의 구입 등 일상생활에 필요하고 그 대가가 과도하지 아니한 법률행위는 성년후견인이 취소할 수 없다.

제13조(피한정후견인의 행위와 동의) ① 가정법원은 피한정후견인이 한정후견인의 동의를 받아야 하는 행위의 범위를 정할 수 있다.

② 가정법원은 본인, 배우자, 4촌 이내의 친족, 한정후견인, 한정후견감독인, 검사 또는 지방자치단체의 장의 청구에 의하여 제1항에 따른 한정후견인의

동의를 받아야만 할 수 있는 행위의 범위를 변경할 수 있다.

③ 한정후견인의 동의를 필요로 하는 행위에 대하여 한정후견인이 피한정후견인의 이익이 침해될 염려가 있음에도 그 동의를 하지 아니하는 때에는 가정법원은 피한정후견인의 청구에 의하여 한정후견인의 동의를 갈음하는 허가를 할 수 있다.

④ 한정후견인의 동의가 필요한 법률행위를 피한정후견인이 한정후견인의 동의 없이 하였을 때에는 그 법률행위를 취소할 수 있다. 다만, 일용품의 구입 등 일상생활에 필요하고 그 대가가 과도하지 아니한 법률행위에 대하여는 그러하지 아니하다.

第109조(착오로 인한 의사표시) ① 의사표시는 법률행위의 내용의 중요부분에 착오가 있는 때에는 취소할 수 있다. 그러나 그 착오가 표의자의 중대한 과실로 인한 때에는 취소하지 못한다.

② 전항의 의사표시의 취소는 선의의 제3자에게 대항하지 못한다.

第110조(사기, 강박에 의한 의사표시) ① 사기나 강박에 의한 의사표시는 취소할 수 있다.

② 상대방있는 의사표시에 관하여 제3자가 사기나 강박을 행한 경우에는 상대방이 그 사실을 알았거나 알 수 있었을 경우에 한하여 그 의사표시를 취소할 수 있다.

③ 전2항의 의사표시의 취소는 선의의 제3자에게 대항하지 못한다.

第140조(법률행위의 취소권자) 취소할 수 있는 법률행위는 제한능력자, 착오로 인하거나 사기·강박에 의하여 의사표시를 한 자, 그의 대리인 또는 승계인만이 취소할 수 있다.

第141조(취소의 효과) 취소된 법률행위는 처음부터 무효인 것으로 본다. 다만, 제한능력자는 그 행위로 인하여 받은 이익이 현존하는 한도에서 상환(償還)할 책임이 있다.

第142조(취소의 상대방) 취소할 수 있는 법률행위의 상대방이 확정한 경우에는 그 취소는 그 상대방에 대한 의사표시로 하여야 한다.

第143조(추인의 방법, 효과) ① 취소할 수 있는 법률행위는 제140조에 규정한 자가 추인할 수 있고 추인후에는 취소하지 못한다.

② 전조의 규정은 전항의 경우에 준용한다.

第144조(추인의 요건) ① 추인은 취소의 원인이 소멸된 후에 하여야만 효력이 있다.

② 제1항은 법정대리인 또는 후견인이 추인하는 경우에는 적용하지 아니한다.

제145조(법정추인) 취소할 수 있는 법률행위에 관하여 전조의 규정에 의하여 추인할 수 있는 후에 다음 각호의 사유가 있으면 추인한 것으로 본다. 그러나 이의를 보류한 때에는 그러하지 아니하다.

1. 전부나 일부의 이행
2. 이행의 청구
3. 경개
4. 담보의 제공
5. 취소할 수 있는 행위로 취득한 권리의 전부나 일부의 양도
6. 강제집행

제146조(취소권의 소멸) 취소권은 추인할 수 있는 날로부터 3년내에 법률행위를 한 날로부터 10년내에 행사하여야 한다.

4. 계약의 소멸

계약의 소멸이란 발생된 채권의 소멸로서 각자 그 계약내용에 따라 자기의 채무를 이행함으로써 소멸되는 것이 원칙이다. 이와 같이 채권소멸(계약의 소멸)의 원인으로서 이행이라는 변제 이외에 대물변제, 공탁, 상계, 경개, 면제, 혼동, 소멸시효 등을 들 수 있다.

1) 변 제

채무의 내용을 실현하는 채무자의 행위로서 변제가 있으면 채권은 그 목적을 달성하여 소멸한다.

2) 대물변제

채무자가 채권자의 승낙을 얻어 본래 부담하였던 급부 대신에 다른 급부를 함으로써 채권을 소멸시키는 것을 말한다. 100만원의 채무대신에 컴퓨터 1대를 급부함으로서 채무는 소멸된다.

3) 공 탁

채권자가 변제를 받지 아니하거나 받을 수 없을 때 또는 변제자의 과실이 없이 채권자를 알 수 없을 때 변제자가 변제의 목적물을 채권자에 의하여 공탁소에 임치하여 채무를 면하는 것을 말한다. 그 효력은 변제와 동일하며, 채권자는 공탁소로부터 공탁된 물건을 받아 가게 된다.

4) 상 계

동일 당사자 간의 서로 대립하는 채권, 채무를 서로 같은 액수에서 소멸시키는 것으로서, 甲이 乙에게 100만원의 채무를 지고 있는데 乙도 甲에게 90만원의 채무를 지고 있을 경우 상계의 의사표시를 하면 甲의 乙에 대한 10만원의 채무만 남게 된다.

5) 경 개

구채무를 소멸시키고 신채무를 성립시키는 계약이다. 예를 들면 40만원의 채무를 금 2돈의 채무로 바꾸는 경우이다.

6) 면 제

채권자가 채무자에 대하여 무상으로 채무를 소멸시키는 행위로서 채권자 단독으로 할 수 있다.

7) 혼 동

채권자의 지위와 채무자의 지위가 동일인에게 귀속하는 것으로서 예를 들면, 甲이 아버지인 乙로부터 100만원을 빌린 후 乙이 사망하여 乙의 甲에 대한 채권이 甲에게 상속된 경우로서 이때에는 채권·채무가 더 이상 존재할 필요가 없게 되는 것이다.

8) 소멸시효

채권자가 일정기간 동안 채권을 행사하지 아니하고 방치해두면 채권이 소멸되는데 그 기간을 소멸시효라고 한다. 채권의 소멸시효는 보통 10년이다.

5. 계약의 해제와 해지

계약의 해제란 계약이 성립되어 효력이 생긴 후에 당사자 일방의 의사표시로 그 계약의 효력을 소급적으로 소멸시키는 것을 말한다. 계약의 해제는 계약을 해제할 수 있는 권리를 갖는 자만이 할 수 있다. 해제권은 계약에서 정한 해제사유가 발생하거나 법이 정한 사유가 발생한 경우에만 행사할 수 있다(민법 제543조 제1항). 계약이 해제되면 원상회복의무와 손해배상의무가 발생한다.

한편 계약의 해제와 유사한 것으로 계약의 해지가 있다. 계약의 해지란 고용계약이나 임대차계약과 같은 계속적 계약관계에서 당사자 일방이 유효하게 성립한 계약의 효력을 장래에 대하여 소멸시키는 것을 말한다. 계약의 해지는 계약관계를 소멸시킨다는 점에 있어서는 계약의 해제와 같으나 소급효가 없다는 점에서는 차이가 있다.

계약의 해제나 해지의 의사표시는 철회하지 못한다(민법 제543조 제2항). 당사자의 일방 또는 쌍방이 수인인 경우에는 계약의 해지나 해제는 그 전원으로부터 또는 전원에 대하여 하여야 한다(민법 제547조).

제 2 절 금전거래와 법률관계

1. 금전소비대차의 의의

'금전거래'란 당사자가 돈을 빌리거나 빌려주는 것을 내용으로 하는 계약을 말하며, 「민법」에서는 이를 '금전소비대차'라고 한다. 금전소비대차는 당사자 일방(貸主)이 금전의 소유권을 상대방에게 이전할 것을 약정하고 상대방(借主)은 같은 금액으로 반환할 것을 약정함으로써 그 효력이 생긴다(민법 제598조). 금전소비대차계약은 당사자 사이의 합의만으로 성립하는 낙성계약이므로 대주가 차주에게 금전을 교부하지 않아도 계약이 성립한다.

2. 금전거래계약의 체결

1) 금전거래시 주의사항

금전거래시에는 분쟁예방을 위해서 반드시 상세한 문서를 작성하여 교환하는 것이 중요하다. 계약을 할 때에는 계약증서나 차용증서를, 돈을 주고 받을 때에는 영수증을 반드시 작성하고 즉시 확인하는 것이 필요하다.

그리고 돈을 빌려 줄 때에는 상대방의 신상, 인격, 재력, 신용을 잘 조사하여야 하며, 미성년자에게 돈을 빌려 줄 때에는 보호자의 동의가 있는지 확인하고 동의가 없을 경우에는 취소할 수 있으므로 손해를 볼 수 있다. 그리고 법인 등 회사와 거래할 때에는 상대방이 정당한 권한이 있는지 확인하여야 하며, 단지 그 회사의 임직원과 개인적으로 거래하는 형식으로 계약서를 만들면 손해를 보는 경우도 있다.

또한 돈을 빌려 줄 때에는 상대방의 재력과 신용이 의심스러울 경우에는 인적 담보나 물적 담보를 확보하는 것이 중요하고 채무자가 변제기일에 돈을 갚지 않을 때는 법절차에 따른 재판과 강제집행의 방법으로 변제를 받을 수 있다.

그리고 돈을 빌릴 때에는 다급하기 때문에 가혹한 조건을 강요당하는 경우가 많으므로 계약서의 내용을 상세히 확인해야 하고 돈을 갚을 때에는 반드시 영수증과 미리 교부했던 차용증서나 어음 또는 수표를 회수하여 이중으로 갚는 일이 없도록 방지해야 한다. 그리고 악덕사채업자 중에는 값비싼 담보물을 헐값에 취득할 목적으로 변제기일에 일부러 만나 주지 않거나 변제기일을 연기시켜 주겠다고 속여 변제기일 후에 담보를 처분하는 경우가 있으므로 이 경우에는 지체 없이 공탁절차를 밟으면 된다.

금전소비대차 계약에 있어서의 변제의 담보방법
[사례] 甲은 乙에게 1,000만원을 빌려주려고 하는데, 어떤 방법을 취해 놓으면 변제기에 확실하게 받을 수 있겠는가?
[해설] 금전거래에 있어서 채무자가 갚을 날짜에 갚지 않을 경우 채권자는 돈을

받기 위하여 법원에 소송을 제기하여 판결을 받아 강제집행을 하여야 하는데, 이것은 많은 시간과 비용이 들고, 나아가 이런 절차를 밟고서도 돈을 받지 못하는 경우가 많다.

그러나 사회생활상 금전거래를 하지 않을 수 없으니 이러한 경우 ① 채무자 乙의 부동산에 저당권을 설정하는 방법, ② 乙의 동산이나 부동산에 양도담보를 설정하는 방법, ③ 乙의 부동산에 대하여 대물변제예약을 하는 방법, ④ 금전소비대차계약공정증서 또는 약속어음공정증서를 작성하는 방법 등이 있으니, 이 방법들 중에서 당사자의 사정에 따라 선택하면 될 것이다.

위의 방법들 중에서 저당권설정, 부동산양도담보, 대물변제예약의 경우에는 당사자 사이에 설정계약을 한 후 등기를 하여야 하고, 동산양도담보 및 금전소비대차계약공증, 약속어음공증의 경우에는 공증인사무소에 공증의뢰를 하면 된다.

2) 차용증서와 계약증서

금전소비대차 계약은 당사자 사이에 합의만 있으면 성립하기 때문에 꼭 계약서를 작성해야만 계약이 성립하는 것은 아니다. 구두로도 얼마든지 계약이 성립할 수 있다. 그러나 계약서를 작성하지 않으면 차주가 돈을 갚지 않거나 대주가 기한보다 일찍 돈을 요구하는 경우 등의 법률분쟁이 발생했을 때 이를 해결하기 어려울 수 있다.

따라서 금전소비대차계약을 체결할 때에는 반드시 금전소비대차계약서나 차용증을 작성하는 것이 바람직하다. 계약서를 통해 금전소비대차계약의 기본사항인 원금, 이자, 변제기일, 변제장소, 기한이익의 상실 등의 내용을 정확하게 작성하고 서로 확인함으로써 향후 분쟁의 발생을 줄일 수 있다.

'차용증서'는 누가 누구에게 언제 얼마를 빌려 주었는데 언제 갚겠다는 내용이 기재되어 있고 채무자의 서명과 날인이 있으면 성립한다. 이 증서는 채무자가 1통을 작성시켜 채권자에게 주는 증서이다.

'계약증서'는 계약의 형식을 취하여 채권자와 채무자가 서로 서명, 날인하여 각자 동일 증서를 1통씩 보관하는 것이다. 이는 나중에 금전거래에 관하여 시비가 발생해도 상호 증서의 대조가 가능하므로 채무자가 증서의 내용을 수정·삭제를 하여 거짓을 주장하는 것을 방지할 수 있다.

차용증서이든 계약증서이든 증거력을 확보하고 보관을 확실하게 하기 위해서는 공증하는 것이 좋다. 공증은 공증인가를 받은 공증사무소에서 할 수 있다. 공증의 방식으로는 이미 작성한 차용증이나 계약서를 인증하는 방식(사서인증)과 공정증서의 방식으로 차용증을 작성하는 방식이 있다.

3) 이 자

(1) 이자의 약정

우리 「민법」에 따르면 금전소비대차는 원칙적으로 무이자이다. 따라서 이자를 받으려면 반드시 이자약정을 해야 한다. 당사자는 금전소비대차계약을 체결할 때 이자를 약정할 수 있다.

당사자 사이에 이자 있음은 약정하였으나 이율은 약정하지 않은 경우에는 연 5%의 민사상 법정이율이 적용된다. 다만, 금전소비대차 계약이 상행위로 인한 경우는 당사자 사이에 이율에 관한 약정이 없으면, 연 6%의 상사상 법정이율이 적용된다.

(2) 이자율의 제한

당사자가 이자를 약정하는 경우 그 이율은 합의로 정할 수 있으나, 「이자제한법」이 정하는 법정이자율을 초과할 수는 없다. 금전대차에 관한 계약상의 최고이자율은 연 20퍼센트로 한다(이자제한법 제2조 및 이자제한법 제2조 제1항의 최고이자율에 관한 규정). 계약상의 이자로서 최고 이자율을 초과하는 부분은 무효로 한다. 채무자가 최고이자율을 초과하는 이자를 임의로 지급한 경우에는 초과 지급된 이자 상당금액은 원본에 충당되고, 원본이 소멸한 때에는 그 반환을 청구할 수 있다. 선이자를 사전공제한 경우에는 그 공제액이 채무자가 실제 수령한 금액을 원본으로 하여 최고이자율에 따라 계산한 금액을 초과하는 때에는 그 초과부분은 원본에 충당한 것으로 본다(이자제한법 제3조). 예금(禮金), 할인금, 수수료, 공제금, 체당금(替當金), 그 밖의 명칭에도 불구하고 금전의 대차와 관련하여 채권자가 받은 것은 이를 이자로 본다. 채무자가 금전대차와 관련하여 금전지급의무를 부담하기로 약정하는 경우 의무 발생의 원인 및 근거법령, 의무의 내용, 거래상 일반원칙 등에 비추어 그 의무가 원래 채권자가 부담하여야 할 성질인 때에는 이를 이자로 본다(동법 제4조). 최고이자율을 초과하여 이자를 받은 자는 1년 이하의 징역 또는 1천만원 이하의 벌금에 처한다(동법 제8조).

한편 대부업자가 개인이나 중소기업에 돈을 빌려주는 경우에는 「대부업 등의 등록 및 금융이용자 보호에 관한 법률」(약칭 대부업법)의 적용을 받는다. 대부업자가 개인이나 「중소기업기본법」 제2조 제2항에 따른 소기업에 해당하는 법인에 대부를 하는 경우 그 이자율은 연 100분의 20(율을 월 또는 일 기준으로 적용하는 경우에는 연 100분의 20을 단리로 환산)을 초과할 수 없다(대부업법 제8조). 이자율을 초과해 이자를 받은 자는 3년 이하의 징역 또는 3천만원 이하의 벌금에 처해진다(대부업법 제19조 제2항 제3호).

4) 금전거래와 담보

돈을 빌려 줄 때에는 채무자의 재력이라든가 신용도 그리고 변제의 전망에 따라 융자하는 것이 일반적인 상식이다. 그러나 가장 확실하게 채권을 확보할 수 있는 것이 바로 담보인 것이다. 민법에서 인정하는 담보의 종류에는 '물적담보'와 '인적담보'가 있다.

(1) 물적담보

만약 금전거래에서 채무자가 변제를 행하지 않을 경우에 채무자의 일반재산에 대해서 강제집행을 하여 변제를 받을 수 있다. 그러나 채무자가 다른 사람들에게도 많은 돈을 빌려 갚지 못하고 있다면 강제집행을 해도 그 사람들과 똑같이 채권액에 비례하여 받기 때문에 충분한 변제를 받지 못하게 된다. 그러므로 자기가 받을 돈을 우선하여 변제받기 위해서는 채무자의 물건 혹은 권리 또는 제3자가 제공한 물건을 보류하고 있다가 채무자가 변제하지 않을 경우 처분 또는 보유함으로서 우선변제를 받을 수 있는 것을 물적담보라고 하며 오늘날 시장경제에서 중요한 역할을 하고 있다.

물적담보에는 유치권,[3] 질권,[4] 저당권,[5] 등이 있으며 판례에 의하여 인

3) 유치권이란 예컨대, 시계점 주인이 시계수선대금을 받기 전에는 그 시계를 내주지 않을 수 있는 권리를 말한다.

4) 질권은 채권의 담보로 채무자 또는 제3자가 제공한 동산 또는 재산권을 점유하고 그에 대하여 다른 채권자 보다 우선하여 변제를 받는 담보물권이다. 예를 들면 금반지를 담보로 잡고 돈 만원을 빌려 주는 것을 말한다.

5) 저당권은 채무자 또는 제3자가 점유를 이전하지 아니하고 채권의 담보로 제공한 부동산

정된 양도담보[6]가 있다.

(2) 인적담보

인적담보에는 채무자 외의 제3자의 일반재산을 가지고 주채무의 채무를 담보하는 것을 의미하는 보증채무와 보증인이 주채무자와 연대하여 채무를 부담하여 주채무의 이행을 담보하는 특수한 보증채무인 연대채무가 있다. 이러한 보증은 제3자의 변제능력에 착안하고 있다.

여기서 甲을 채권자, 乙을 채무자, 丙을 보증인이라 했을 때 乙의 채무를 주채무라 하고, 주채무자인 乙이 채무를 이행하지 못할 경우 丙이 책임지는 채무를 보증채무라 한다(보증계약).

그리고 연대채무는 여러 사람의 채무자가 채권자에 대하여 연대하여 채무를 부담하는 것으로서 乙, 丙, 丁 세 사람이 연대하여 甲으로부터 100만원을 빌렸다면 乙, 丙, 丁 세 사람은 각각 甲에 대하여 100만원의 독립된 채무를 부담하게 된다(연대계약). 따라서 甲은 합계 300만원의 채권을 갖고 있는 것이 된다. 그중 누군가가 甲에게 100만원을 지급한다면 다른 자의 채무도 면제되는 것이다.

3. 금전채권의 추심

1) 채권추심의 의의

변제기가 도래하여도 빌려준 돈을 받지 못한 채권자는 채권을 청구할 수 있다. 그럼에도 불구하고 채무자가 계속 이행을 하지 않는 경우 채권자는 채권을 '추심'(推尋)하는 절차를 밟을 수 있다. '채권의 추심'이란 채무자에 대한 소재파악 및 재산조사, 채권에 대한 변제 요구, 채무자로부터 변제 수령 등 채권의 만족을 얻기 위한 일체의 행위를 말한다(채권의 공정한 추심에

에 대하여 다른 채권자 보다 우선하여 자기 채권의 변제를 받는 담보물권이다. 저당권은 목적물의 점유를 저당권 설정자에게 남겨 두고 그 목적물을 계속하여 사용, 수익할 수 있다는 점이 질권과 다르다.

6) 양도담보란 채권자에게 권리자체를 양도하고 일정 기간 내에 변제하면 그것을 다시 반환할 수 있게 하는 담보이다. 이는 금융경제에 많이 이용되어 판례에 의하여 인정되었으며, '매도담보' 또는 '매도저당'이라고도 한다.

관한 법률 제2조 제4호).[7)]

채권을 추심하는 방법에는 채무자에게 직접 대여금을 청구하는 것뿐 아니라, 작성된 계약증서나 차용증서를 가지고 독촉절차로 지급명령을 신청하거나, 통상절차로 민사재판을 하는 방법이 있다. 또한 이러한 절차를 통해 집행권원을 얻게 되면, 민사집행제도를 통하여 이를 추심할 수 있다.

2) 채무불이행

채무자가 변제기일에 변제하지 않는 경우에는 민사상 채무불이행책임이 성립한다. 채무자가 고의 또는 과실로 변제기에 대여금을 갚지 못하면 채권자는 계약상 채무인 원리금(원금과 이자를 포함한 금액)과 별도로 손해배상을 청구할 수 있다. 그러나 채무자가 고의 없이 이행할 수 없게 된 때에는 손해배상은 청구할 수 없다(민법 제390조). 금전채무불이행에 대한 손해배상에 관해서는 채권자는 손해의 증명을 요하지 않고 채무자는 과실 없음을 항변하지 못한다(민법 제397조 제2항).

3) 금전채권의 소멸시효

일반적인 금전채권의 소멸시효는 10년이다. 따라서 금전소비대차계약의 채권자는 변제기가 있으면 변제기 이후 10년 이내에, 변제기가 없으면 변제를 할 수 있을 때부터 10년 내에 채권을 청구해야 한다. 재판상의 청구, 파산절차의 참가, 지급명령의 신청, 화해를 위한 소환, 소액사건심판에의 임의출석, 최고, 압류·가압류·가처분, 채무자의 채무승인 등이 있는 경우에는 소멸시효가 중단된다. 시효가 중단된 때에는 중단까지에 경과한 시효기간은 이를 산입하지 않고 중단사유가 종료한 때로부터 새로이 진행한다(민법 제178조 제1항). 재판상의 청구로 인하여 중단한 시효는 재판이 확정된 때로부터 새로이 진행한다(민법 제178조 제2항).

---

7) 채권추심자는 채권추심과 관련해 채무자 또는 관계인을 폭행·협박·체포 또는 감금하거나 그에게 위계나 위력을 사용하는 행위를 해서는 아니된다. 만약 이를 위반한 경우에는 5년 이하의 징역 또는 5천만원 이하의 벌금에 처한다(동법 제9조 및 제15조).

4) 내용증명과 배달증명

변제기가 도래하여도 빌려준 돈을 받지 못한 채권자는 채권을 청구할 수 있는데, 이때 구두로 청구할 수도 있지만, 일반적으로는 채권청구사실을 증명하기 위하여 내용증명제도를 이용한다. 경우에 따라서는 배달증명제도를 함께 이용한다.

'내용증명'이란 등기취급을 전제로 우체국창구 또는 정보통신망을 통하여 발송인이 수취인에게 어떤 내용의 문서를 언제 발송하였다는 사실을 우체국이 증명하는 특수취급제도를 말하고, '배달증명'이란 등기취급을 전제로 우편물의 배달일자 및 수취인을 배달우체국에서 증명하여 발송인에게 통지하는 특수취급제도를 말한다(우편법 시행규칙 제25조 제1항 제4호).

내용증명우편물을 발송하려는 자는 내용문서 원본 및 그 등본 2통을 제출해야 한다. 제출받은 등본 중 한통은 우체국에서 발송한 다음 날부터 3년간 보관하고 나머지 한통은 발송인에게 이를 환부한다. 내용증명우편물의 접수는 접수우체국에서 내용문서 원본과 등본을 대조하여 서로 부합함을 확인한 후 내용문서 원본과 등본의 각통에 발송 연월일 및 그 우편물을 내용증명우편물로 발송한다는 뜻과 우체국명을 기재하고 통신일부인을 찍는 방법으로 이루어진다. 절차를 갖추어 접수·증명된 내용문서의 원본은 우체국의 취급직원이 보는 곳에서 발송인이 수취인 및 발송인의 성명·주소를 적은 봉투에 넣고 이를 봉함한다. 배달증명우편물에는 발송인이 그 표면의 보기 쉬운 곳에 '배달증명'의 표시를 하여야 한다. 배달증명우편물을 배달한 때에는 발송인에게 배달증명서를 우편으로 송부한다. 다만, 발송인이 원하는 경우에는 정보통신망을 통한 전자적 방법으로 송부할 수 있다. 등기우편물의 발송인 또는 수취인은 우편물을 발송한 다음날부터 1년까지는 우체국에 당해 특수우편물수령증·주민등록증등의 관계자료를 내보여 동 우편물의 발송인 또는 수취인임을 입증하고 그 배달증명을 청구할 수 있다. 다만, 내용증명우편물에 대한 배달증명의 청구기간은 우편물을 발송한 다음날부터 3년까지로 한다.

5) 채권보전을 위한 가압류와 가처분

만약 채무자가 돈을 갚지 않으려고 가지고 있던 전재산을 처분하거나,

집을 살려고 잔금까지 지불했는데 집을 판 사람이 다시 다른 사람에게 그 집을 넘기고 도망하려 할 때에는 재판에서 승소하여 강제집행을 할 수밖에 없다. 그러나 소송을 하면 시간이 많이 걸리고 채권자라고 하여 함부로 채무자의 물건을 가져오거나 강제로 채무자의 집에 입주하면 오히려 절도죄나 주거침입죄로 처벌받게 된다. 이럴 경우 채무자가 자기 재산을 처분하지 못하도록 임시로 채무자의 재산을 묶어 두는 절차가 가압류 또는 가처분인 것이다.

가압류란 금전채권이나 금전으로 환산할 수 있는 채권의 채권자가 장래의 집행을 보전하기 위해 채무자의 책임재산을 잠정적으로 압류하고 그 처분권을 박탈하는 보전처분을 의미하고(민사집행법 제276조), 가처분이란 분쟁의 표적이 되고 있는 물건에 대하여 후일의 강제집행을 보전하기 위하여 임시로 행하는 처분을 말한다. 가압류와 가처분은 채권자의 신청만 가지고 법원이 단시일 내에 결정을 내리므로 상대방 모르게 기습적으로 할 수 있다.[8)]

가압류 또는 가처분된 것을 침해하는 것은 형사상 처벌을 받는다. 예를 들면 집달관이 가압류한 냉장고를 처분한 경우 또는 냉장고에 붙여놓은 가압류표지가 기재된 종이를 찢어버린 경우, 출입이 금지된 압류표지를 무시하고 토지에 들어가서 경작을 했을 경우에는 형사상의 처벌을 받게 된다.

6) 독촉절차

금전의 지급을 목적으로 하는 청구권에 관해서 채무자가 다투지 않을 것으로 예상될 경우, 즉 채무자가 채무있음을 인정하는 경우에는 통상의 소송절차에 비해 간이하고 신속한 절차인 '독촉절차'를 이용하여 집행권원을 얻을 수 있다.

독촉절차는 채권자가 '지급명령'을 신청함으로써 진행된다. 금전, 그 밖에 대체물(代替物)이나 유가증권의 일정한 수량의 지급을 목적으로 하는 청구

8) 가압류와 가처분의 예를 들면, 부동산 가압류란 채무자의 특정부동산(건물, 토지)을 함부로 처분할 수 없도록 하는 것을 말하고, 유체동산 가압류란 채무자가 유체동산(냉장고, T.V)을 함부로 처분할 수 없도록 하는 것을 말하며, 채권가압류란 채무자가 다른 사람으로부터 받을 돈을 받지 못하도록 하는 것을 말한다. 그리고 부동산 점유이전금지 가처분은 채무자가 분쟁의 대상이 된 부동산의 점유를 다른 사람에게 이전하지 못하도록 하는 조치이며, 부동산 처분금지가처분이란 채무자가 분쟁의 대상이 된 부동산을 매매, 양도하는 등의 처분을 못하도록 하는 조치를 말한다.

에 대하여 법원은 채권자의 신청에 따라 지급명령을 할 수 있다(민사소송법 제462조). 지급명령은 채무자를 심문하지 아니하고 한다(동법 제467조). 지급명령에는 당사자, 법정대리인, 청구의 취지와 원인을 적고, 채무자가 지급명령이 송달된 날부터 2주 이내에 이의신청을 할 수 있다는 것을 덧붙여야 한다(동법 제468조). 지급명령은 당사자에게 송달해야 한다(동법 제469조 제1항). 채무자는 지급명령에 대하여 이의신청을 할 수 있고(동법 제469조 제2항), 채무자가 지급명령을 송달받은 날부터 2주 이내에 이의신청을 한 때에는 지급명령은 그 범위 안에서 효력을 잃는다(동법 제470조 제1항). 지급명령에 대하여 이의신청이 없거나, 이의신청을 취하하거나, 각하결정이 확정된 때에는 지급명령은 확정판결과 같은 효력이 있다(동법 제474조).

7) 민사소송

채무자가 채무 있음을 부인하는 경우에는 채무자에게 대여금반환에 관한 청구의 소를 제기하여야 한다. 채권자의 지급명령신청에 대해 채무자가 이의를 제기한 경우에도 민사소송으로 이행된다(동법 제472조). 한편 금전소비대차를 원인으로 금전지급청구의 소가 제기된 때에는 그 소가(訴價)가 3,000만원 이하인 경우에는 신속을 도모하기 위하여 소액사건심판절차를 따른다(소액사건심판법 제2조 제1항).

8) 금전채권에 대한 강제집행절차

(1) 강제집행절차의 의의

강제집행절차란 사법상의 청구권을 국가가 강제적으로 실현시키는 절차를 말한다. 돈을 빌린 채무자가 임의로 변제를 행하지 않을 때 국가가 정해진 법절차에 따라 채권자를 대신하여 강제로 돈을 받아 주는 절차를 그 예로 들 수 있다.

(2) 집행권원

강제집행절차에 들어가기 위해서는 '집행권원'이 필요하다. 집행권원이란 공적인 기관이 일정한 사법상의 이행청구권의 존재와 범위를 표시하고 집행력을 부여한 공정증서를 말하는데, 예를 들면 '피고는 원고에게 1000만 원을 지급하라'는 이행명령이 기재된 판결문이 이러한 집행권원에 속한다. 대여금 청구에 관한 집행권원으로는 ① 대여금 지급 청구의 소의 확정된 종국판결, ② 대여금 지급 청구의 소의 가집행선고 있는 종국판결, ③ 확정된 지급명령, ④ 공증인이 일정한 금액의 지급이나 대체물 또는 유가증권의 일정한 수량의 급여를 목적으로 하는 청구에 관하여 작성한 공정증서로서 채무자가 강제집행을 승낙한 취지가 적혀 있는 것, ⑤ 소송상 화해, 청구의 인낙 등 그 밖에 확정판결과 같은 효력을 가지는 것, ⑥ 가압류명령 등이 있다.

(3) 집행문의 부여

강제집행을 위해서는 집행권원에 집행문이 부여되어야 한다.[9] 강제집행은 집행문이 있는 판결정본(집행력 있는 정본)이 있어야 할 수 있다.

집행문은 신청에 따라 제1심 법원의 법원서기관·법원사무관·법원주사 또는 법원주사보가 내어 주며, 소송기록이 상급심에 있는 때에는 그 법원의 법원사무관등이 내어 준다. 집행문을 내어 달라는 신청은 말로 할 수 있다(민사집행법 제28조).

집행문은 판결정본의 끝에 덧붙여 적는다. 집행문에는 "이 정본은 피고 아무개 또는 원고 아무개에 대한 강제집행을 실시하기 위하여 원고 아무개 또는 피고 아무개에게 준다"라고 적고 법원사무관등이 기명날인하여야 한다(동법 제29조).

(4) 재산명시절차

금전의 지급을 목적으로 하는 집행권원에 기초하여 강제집행을 개시할 수 있는 채권자는 채무자의 보통재판적이 있는 곳의 법원에 채무자의 재산명시를 요구하는 신청을 할 수 있다(동법 제61조). 재산명시신청에 정당한 이유가 있는 때에는 법원은 채무자에게 재산상태를 명시한 재산목록을 제출하도록 명할 수 있다(동법 제62조 제1항). 재산명시명령에 대하여 채무자의 이

---

9) 강제집행을 위해서는 모든 집행권원에 집행문이 부여되어야 함이 원칙이다. 그러나 집행의 신속·간이성을 위해 확정된 지급명령, 확정된 이행권고판결, 가압류명령이 있을 때에는 집행문을 부여받지 않아도 된다.(민사집행법 제58조 제1항, 제292조 및 소액사건심판법 제5조의8 제1항).

의신청이 없거나 이를 기각한 때에는 법원은 재산명시를 위한 기일을 정하여 채무자에게 출석하도록 요구하여야 한다. 이 기일은 채권자에게도 통지하여야 한다(동법 제64조 제1항). 채무자는 재산명시기일에 재산목록이 진실하다는 것을 선서하여야한다. 이 경우 선서서(宣誓書)에는 다음과 같이 적어야 한다: "양심에 따라 사실대로 재산목록을 작성하여 제출하였으며, 만일 숨긴 것이나 거짓 작성한 것이 있으면 처벌을 받기로 맹세합니다."

집행권원이 생긴 후 6개월 내에 채무자가 채무를 이행하지 않거나 정당한 사유 없이 명시기일에 불출석·재산목록 제출을 거부·선서거부 또는 거짓의 재산목록을 제출하는 등 재산명시절차에 비협조적인 경우, 채권자는 법원에 그 채무자를 채무불이행자명부에 올리도록 신청할 수 있다(동법 제70조 제1항).

재산명시절차의 관할 법원은 ① 재산명시명령이 채무자에게 송달불능으로 채권자가 주소보정명령을 받고도 채무자의 주소불명으로 이를 이행할 수 없었던 경우, ② 재산명시절차에서 채무자가 제출한 재산목록의 재산만으로는 집행채권의 만족을 얻기에 부족한 경우, ③ 정당한 이유 없는 채무자의 명시기일 불출석·재산목록제출거부 또는 선서거부, 또는 채무자의 허위재산목록 제출의 경우에는 그 재산명시를 신청한 채권자의 신청에 따라 개인의 재산 및 신용에 관한 전산망을 관리하는 공공기관·금융기관·단체 등에 채무자명의의 재산에 관하여 조회할 수 있다(동법 제74조).

(5) 강제집행

대여금 청구에 관한 강제집행절차는 강제집행의 대상이 되는 재산의 종류에 따라 서로 다른 절차로 진행된다. 강제집행의 대상이 되는 채무자의 재산에는 부동산, 동산, 예금 등이 있고, 채권자는 압류된 채무자의 재산을 현금화한 대금으로 순위에 따라 변제받게 된다.

부동산에 대한 강제집행은 채권자의 신청에 따라 그 부동산이 있는 지방법원의 관할로 이루어진다(동법 제78조 제1항 및 제79조). 부동산에 대한 강제집행의 신청은 서면으로 해야 하며, 채권자는 채권자·채무자와 법원, 부동산 및 경매의 이유가 된 채권액과 집행권원을 기재한 서면을 작성하여 관할

법원에 제출해야 한다(동법 제81조). 부동산의 강제집행은 강제경매와 강제관리의 방법으로 이루어진다(동법 제78조 제2항). '강제경매'란 강제집행절차를 통한 부동산의 매각절차를 말하며, '강제관리'란 채무자의 부동산을 강제적으로 관리·수익하여 그 수익으로 채권자의 금전채권을 만족시키는 부동산집행의 방법을 말한다.

유체동산에 대한 집행은 채권자의 서면신청에 기하여 집행관이 목적물을 압류함으로써 개시된다(동법 제189조 제1항). 집행관은 입찰 또는 호가경매의 방법으로 압류물을 적정한 가격에 매각하여 현금화한다(동법 제199조). 압류채권자는 압류물의 매각대금에서 배당을 받음으로써 채권의 만족을 얻는다.

채무자가 제3채무자에 대하여 갖고 있는 금전채권을 강제집행의 대상으로 하는 경우를 채권의 강제집행이라고 한다. 이 경우 채권의 만족은 법원의 '추심명령'이나 '전부명령'에 의한다. 집행법원으로부터 추심명령을 받은 압류채권자는 제3채무자로부터 피압류채권을 추심하여 채권의 만족을 얻는다(동법 제236조 제1항). 한편 압류채권자는 법원의 전부명령을 통하여 제3채무자에 대한 채무자의 채권을 양도받음으로써 채권의 만족을 얻을 수도 있다. 전부명령이 확정되면 전부명령이 제3채무자에게 송달된 때에 채무자가 채무를 변제한 것으로 본다(동법 제231조).

제 3 절 부동산과 법률

1. 부동산의 등기제도

1) 등기의 의의와 필요성

등기란 국가기관이 법에 따라 정한 등기부라는 공적장부에 부동산에 관한 일정한 권리관계를 기재하는 것 또는 그러한 기재자체를 말한다. 즉 건물과 토지 및 이에 부착된 정착물인 부동산은 그 재산적인 가치가 크고 고정화되어 있으므로 일반인이 쉽게 알 수 있도록 그에 관한 권리관계를 등기부라는 공적장부에 기재하도록 하는 것이 원칙이다. 그러나 예외적으로 동산인 자동차와 항공기 및 선박 등에도 등기를 하도록 하고 있다. 그리고 등기부는 누구나 열람하고 등본을 교부받을 수 있다.

따라서 부동산을 살 때 주의하여야 할 것은 계약시에 먼저 매도인이 가지고 있는 부동산 권리증을 보고 권리증의 소유권자와 집을 팔려고 하는 자와 동일인인가를 확인하여야 한다. 그 다음 등기소에 가서 등기부를 열람하거나 등기부등본을 교부받아 소유권자를 비롯하여 모든 것을 확인한다.

등기부를 보면 부동산의 권리관계, 즉 소유권자가 누구인지 그리고 저당권이나 전세권 등이 설정되어 있는지 또는 가등기가 되어 있는지 등을 쉽게 알 수 있다. 특히 그 부동산에 전세권이나 임대차에 의하여 사는 사람이 있는지 등의 실지 현지조사도 필요하고, 「주택임대차보호법」에 의하여 전세권과 임대차등기를 하지 않고도 주민등록신고만으로도 등기의 효과를 얻을 수 있으므로 읍·면·동사무소에 가서 이것도 확인할 필요가 있다.

2) 등기의 종류

등기의 종류는 여러 표준에 의하여 구별되지만 실제 거래면에서 가장 중요한 것은 다음과 같다.

(1) 보존등기

보존등기란 미등기의 부동산(주로 신축건물)에 처음으로 행해지는 소유권의 등기를 말한다. 어떤 부동산에 보존등기를 하게 되면 그 부동산에 등기용지가 개설되고 이후의 부동산에 관한 모든 권리변동은 이 보존등기를 기초로 하여 행하여지게 된다. 따라서 소유권이전이나 저당권 등의 설정은 언제나 소유권의 보존등기가 있은 후에만 할 수 있는 것이다.

(2) 이전등기

이전등기란 소유권이전등기와 같이 부동산을 매입하여 그 소유권을 취득하고자 할 때에 매도인으로부터 자기 앞으로 소유권을 옮겨 놓는 등기를 말한다.

(3) 말소등기

말소등기란 기존의 등기의 전부를 말소하는 등기를 말한다. 이는 등기에 대응하는 실체관계가 없는 경우에 그 등기를 법률적으로 소멸시킬 목적으로 행해지는 등기를 말한다. 예를 들면, 금전대차의 물적담보로서 저당권이 설정된 경우에 그 금전대차의 변제로서 설정되었던 저당권을 말소하는 경우, 부동산매매계약의 무효 등과 같이 등기원인의 무효로 부동산소유권의 양도가 무효임이 판명될 때 등이 있다.

(4) 회복등기

기존의 등기가 부당하게 소멸된 경우에 이를 회복시키는 등기로서 이는 실체관계와 등기를 합치되도록 하기 위하여 행하는 것이다.

(5) 예비등기

예비등기란 등기의 본래의 효력인 물권변동에는 관계가 없고 다만 물권변동에 대비하여 간접적으로 행하는 등기를 말한다. 가등기가 대표적인 예비등기이다.[10)]

가등기란 부동산물권 또는 부동산임차권의 변동을 목적으로 하는 청구권을 보존하려고 할 때와 이들 청구권의 시기부 또는 정지조건부이거나 기타 장래에 있어서 확정될 것인 때에 하는 등기이다. 이들 청구권에 기하여 장차 본등기를 하게 되면 가등기의 순위가 그 본등기의 순위로 된다. 가등기에는 청구권보존의 가등기(부동산등기법 제88조)와 담보가등기(가등기담보등에 관한법률 제2조 제3호)가 있다.

가등기는 본등기의 순위보존의 효력을 가지며, 가등기에 기하여 본등기를 하더라도 물권의 변동은 그 본등기를 하는 때에 일어나고, 다만 그 순위가 가등기를 한때를 기준으로 하여 결정될 뿐이다. 그러므로 본등기가 없는 한 가등기만으로는 아무런 실체법상의 효력은 일어나지 않는다. 따라서 가등기가 있더라도 등기의무자인 본등기명의인은 부동산을 처분할 권리를 잃지 않는다. 그러므로 가등기가 되어 있는 부동산을 구입할 때에는 가등기의 원인과 그로 인한 위험요소를 살펴보고 난 다음에 구입해야 하는 것이 안전하다고 할 수 있다.

10) 종전의 예비등기의 한 종류로 분류되었던 예고등기는 2011년 10월 13일부터 폐지되었다.

3) 등기의 효력

(1) 이전적 효력

물권행위와 그에 부합되는 등기가 있으면 부동산 물권변동의 효력이 생긴다. 이는 등기의 효력 중에서 가장 중요한 본질적인 효력이다. 이러한 효력은 등기공무원에 의해 접수되어 등기필증까지 교부되어도 실제로 등기부에 기재되어야만 효력이 생긴다.

(2) 순위확정적 효력

동일한 부동산에 관한 권리관계는 법률에 다른 규정이 없으면 등기의 전후에 의하여 효력이 생긴다. 등기의 전후는 같은 구에서는 순위번호에 의하고 구별사이에서는 접수번호에 의한다. 단 부기등기의 순위는 주등기의 순위에 의한다.

(3) 확정적 효력

등기가 있으면 그에 대응하는 실체적 법률관계의 존재가 추정된다. 단 추정에 그치기 때문에 반증에 의해 뒤집어 질 수 있다. 그리고 등기를 믿는 것은 선의에 한해 무과실로 추정된다. 부동산의 점유자는 동산의 경우와 달리 적법한 관리자로 추정되지 않는다는 것이 통설이다. 왜냐하면 동산의 공시방법은 점유이나 부동산의 공시방법은 등기이기 때문이다.

(4) 공 신 력

우리나라의 등기에는 공신력이 없다. 따라서 실체적 무권리자의 등기를 기점으로 하는 이후의 모든 등기는 무효이므로 진실한 권리자로부터 말소, 회복의 청구를 당한 때에는 이에 응해야 한다. 따라서 타인의 부동산을 임의로 자기명의로 등기한 자로부터 등기를 믿고 부동산을 양수, 이전등기를 하여도 소유권을 취득하지 못한다.

4) 등기신청의 절차

등기는 원칙적으로 등기권리자(부동산의 매수인이나 저당권자 등)와 등기의무자(부동산의 매도인이나 저당권설정자)의 공동신청에 의하여 행해진다(부동산등기법 제23조 제1항) 이를 '공동신청주의'라 한다. 이 공동신청주의는 등기에 의하여 불이익을 받게 되는 자를 참가시킴으로써 등기의 진정을 보호하기 위하여 채용되는 원칙이다. 공동신청에 의하지 않더라도 등기의 진정을 보장할 수 있는 사정이 있거나 또는 등기의 성질상 등기의무자가 있을 수 없는 경우에는 등기권리자 또는 등기명의인에 의한 단독신청이 인정된다.[11] 등기신청은 본인은 물론 대리인에 의하여서도 할 수 있다(부동산등기법 제24조 제1항). 등기신청시에는 일정한 서류(신청서, 등기원인을 증명하는 서면 즉 계약서, 인감증명서, 권리증, 위임장)를 제출하여야 한다.

2. 주택임대차와 법률관계

1) 주택의 전세와 임대차의 구별

(1) 전 세

일반적으로 부동산의 전세는 전세권자가 전세금을 주고, 전세권등기를 하여 다른 사람의 주택을 이용하는 방법을 말한다. 전세권자는 전세금을 지급하고 타인의 부동산을 점유하여 그 부동산의 용도에 좇아 사용·수익하며, 그 부동산 전부에 대하여 후순위권리자 기타 채권자보다 전세금의 우선변제를 받을 권리가 있다(민법 제303조).[12] 전세권은 물권이다. 따라서 반드시 등기를 하여야 하며, 전세권설정자의 동의 없이 전세권의 양도 및 전대가 가능하다.

(2) 임 대 차

임대차란 당사자 일방(임대인)이 상대방(임차인)에게 목적물을 사용, 수익

---

11) 공동신청주의의 예외는 다음과 같다. ① 판결에 의한 등기는 등기권리자 또는 등기의무자가 단독으로 신청할 수 있다. ② 수용으로 인한 소유권이전등기, 상속에 의한 등기, 가처분명령의 正本을 첨부하거나 또는 가등기의무자의 승낙서를 첨부하는 가등기는 등기권리자가 단독으로 신청할 수 있다. ③ 등기명의인표시변경등기, 부동산의 표시변경등기는 등기명의인이 단독으로 신청할 수 있다. ④ 부동산신탁등기는 수탁자가 단독으로 신청할 수 있다. ⑤ 미등기부동산의 소유권보존등기는 토지대장, 임야대장 또는 건축물대장에 최초의 소유자로 등록되어 있는 자 또는 그 상속인, 그 밖의 포괄승계인 등이 단독으로 신청할 수 있다. 이밖에도 ⑥ 국가 또는 지방자치단체가 등기권리자나 등기의무자인 경우에 하는 촉탁의 등기도 공동신청주의의 예외에 해당한다.

12) 농경지는 전세권의 목적으로 하지 못한다.

하게 할 것을 약정하고 상대방은 이에 대하여 차임을 지급할 것을 약정함으로서 효력이 발생하는 계약이다(민법 제618조). 임차권은 채권이다. 따라서 원칙적으로 임대인에 대하여만 주장할 수 있는 권리다.

계약의 내용	거래상 명칭	법률상 의미
전세금을 주고, 전세권 등기까지 하는 경우	전세권	전세권
전세금을 주고 차임을 주지 않으나, 등기를 하지 않은 경우	전세(미등기전세)	임대차
보증금을 주고, 차임도 매월 지급하는 경우	반전세	임대차
임차기간 동안의 차임 전부를 미리 지급하는 경우	사글세	임대차

(3) 주택임대차계약 신고제(전월세신고제)

주택임대차계약 신고제란 임대차계약 당사자(임대인과 임차인을 말함)가 임대차계약 체결일부터 30일 이내에 임대기간, 임대료 등의 계약내용을 주택 소재지 관할 신고관청에 공동으로 신고해야 하는 제도를 말한다.

임대차 신고대상은 2021년 6월 1일부터 체결되는 신규, 갱신(금액변동 없는 갱신계약은 제외함) 임대차계약으로서 다음의 신고지역 및 신고금액에 해당하는 경우에 신고대상이 된다. 임대차 신고대상 지역은 수도권(서울, 경기도, 인천) 전역, 광역시, 세종시, 제주시 및 도(道)의 시(市)지역(도 지역의 군은 제외함)이며, 신고금액은 임대차 보증금이 6천만원을 초과하거나 월 차임이 30만원을 초과하는 임대차계약(임대차계약을 갱신하는 경우로서 보증금 및 차임의 증감 없이 임대차기간만 연장하는 경우는 제외함)이다.

2) 「주택임대차보호법」의 입법취지 및 적용범위

(1) 입법취지

타인의 집을 빌릴 때 집주인과 행하는 계약인 임대차계약 일명 '미등기 전세계약'은 민법상 채권적 효력이 있으므로 그 시기와 관계없이 물권변동의 효력보다는 항상 후순위의 효력을 지니고 있다. 따라서 집주인이 집을 매매하여 소유권이전등기를 행한 경우에는 새로운 집주인에 대해서는 미등기 전세나 순수한 의미에서 채권적 성격만을 가지는 임차권만을 가지고는 새로운 집주인에게 원칙적으로 대항할 수 없게 된다. 따라서 사회적 약자인 세든 사람이나 전세든 사람은 집주인과의 관계에서 항상 불안정한 지위에 놓일 수밖에 없다. 임차인의 이러한 불안정성을 제거하고 주택임차인을 특별히 보호하기 위해서 제정된 법이 「주택임대차보호법」이다. 동법에서 주택 임차인에 대한 보호의 가장 핵심적인 내용은 대항력의 인정, 우선변제권의 부여, 임대차 존속기간의 보장이라고 할 수 있다.

(2) 적용범위

「주택임대차보호법」의 적용범위가 되는 것은 주거용건물의 전부 또는 일부이며 그 임대주택의 일부가 주거 외의 목적으로 사용되는 경우도 적용된다. 예를 들면 주택에 붙어 있는 가게에서 장사나 소규모공장을 하는 경우에도 이 법의 보호를 받게 된다.

또한 당사자 일방이 상대방에게 주거용건물의 전부 또는 일부를 사용, 수익하게 할 것을 약정하고 상대방이 이에 대해 차임을 지급할 것을 약정하는 계약인 한, 그 명칭의 여하는 불문한다. 따라서 전세권 설정등기 없이 행하는 '전세계약'이나 '월세계약,' '사글세계약'은 모두 「주택임대차보호법」의 적용을 받는다. 그러나 일시적인 사용을 위한 임대차인 경우에는 이 법의 적용을 받지 않는다.

「주택임대차보호법」은 「민법」의 특별법이다. 따라서 주택의 임대차에 대해서는 동법의 규정이 우선적으로 적용되고, 동법에 규정되지 아니한 사항에 대하여는 「민법」의 임대차규정이 적용된다.

「주택임대차보호법」은 강행규범이다. 따라서 동법에 위반한 약정으로 임차인에게 불리한 것은 그 효력이 없다(동법 제10조).

불법건축물 등에의 적용

[사례] 甲은 다가구주택의 소위 옥탑이라고 하는 곳에 보증금 1,700만원에 전세를 살고 있다. 이 옥탑은 원래 옥상에 물탱크를 설치할 자리에 지은 건물로서 건축물관리대장이나 부동산등기부상에 나타나지 않는다. 甲은 주민등록전입신고를 하고 확정일자를 받아두었는데, 현재 이 주택에 대해 경매가 진행 중이다. 어떤 사람은 옥탑은 불법건축물이므로 「주택임대차보호법」상의 보호를 받지 못한다고

하는데 사실인가?

[해설] 「주택임대차보호법」 제2조에서 "이 법은 주거용 건물의 전부 또는 일부의 임대차에 관하여 이를 적용한다"고 규정하고 있다. 판례에 의하면, "주택임차대차보호법 제2조 소정의 주거용 건물이란 공부상의 표시에 불구하고 그 실지용도에 따라서 정하여야 하고, 주택임대차보호법이 적용되려면 임대차계약체결당시 건물의 구조상 주거용으로서의 형태가 실질적으로 갖추어져 있어야 한다"(대법원 85다카1367).

따라서 위 옥탑이 불법건축물로서 행정기관에 의해 철거될 수도 있기는 하나, 옥탑은 위 건물의 일부로서 임차할 당시 주거용으로서의 형태가 실질적으로 갖추어져 있었고 甲이 주거용으로 임차하여 사용하였다면 「주택임대차보호법」에 의한 보호를 받을 수 있다.

3) 「주택임대차보호법」의 주요내용

(1) 대 항 력

임대차는 그 등기(登記)가 없는 경우에도 임차인(賃借人)이 주택의 인도(引渡)와 주민등록을 마친 때에는 그 다음 날부터 제3자에 대하여 대항력이 생긴다. 이 경우 전입신고를 한 때에 주민등록이 된 것으로 본다(동법 제3조 제1항).

여기서의 대항력이란 제3자 누구에게나, 예컨대 임차주택의 양수인, 임대할 권리를 승계한 사람, 그 밖에 임차주택에 관해 이해관계를 가지고 있는 사람 등에 대하여 임대차의 내용을 주장할 수 있는 힘을 말한다.

그러나 대항력이 생기기 전에 임차주택에 가압류, 가등기, 저당권의 등기가 되어 있는 경우에는 이들에 대하여 대항력을 주장할 수는 없다.

대항력의 시간적 기준이 되는 "그 다음 날부터"의 의미

[사례] 甲은 乙의 주택을 보증금 5,000만원에 임차하여 입주하면서 같은 날 주민등록전입신고 및 확정일자를 받았다. 그런데 乙은 그 다음날 丙은행으로부터 5,000만원을 대출받으면서 위 주택과 대지에 근저당권을 설정하였다. 그 후 乙이 丙은행의 대출금을 변제치 않아 위 주택과 대지는 경매신청 되었는 바, 이 경우 저당권자와 주택임차인의 배당순위는 어떻게 되는가?

[해설] 「주택임대차보호법」 제3조 제1항은 '대항력'에 대하여 "임대차는 그 등기가 없는 경우에도 임차인이 주택의 인도와 주민등록을 마친 때에는 그 다음 날부터 제3자에 대하여 효력이 생긴다"고 규정하고 있다. 또한 제3조의2 제2항은 "대항요건과 임대차계약증서상의 확정일자를 갖춘 임차인은 「민사집행법」에 따른 경매 또는 「국세징수법」에 따른 공매(公賣)를 할 때에 임차주택(대지를 포함한다)의 환가대금(換價代金)에서 후순위권리자(後順位權利者)나 그 밖의 채권자보다 우선하여 보증금을 변제(辨濟)받을 권리가 있다"고 규정하여 대항요건 및 확정일자를 갖추었을 경우에 배당에 있어서 순위가 보호된다고 규정하고 있다.

결국 주택임차인의 입주, 주민등록, 확정일자보다 하루 늦게 근저당권자의 근저당권설정등기가 된 경우 주택임차권과 근저당권 중 어느 것이 우선순위를 가질 것인지는 「주택임대차보호법」 제3조 제1항의 대항력이 생기는 시점인 '그 다음 날부터'의 의미에 달려있다고 할 것이다.

'그 다음날부터'의 의미를 단순히 날짜로만 파악한다면 입주, 주민등록, 확정일자를 갖춘 다음날부터 우선변제권이 주어지므로 근저당권자와 같은 순위로 배당을 받게 될 것이고, 그와 달리 시간적 개념으로 파악하여 오전 0시부터로 해석하게 되면 근저당권설정등기는 등기소가 업무를 시작하는 시간 이후에 마쳐질 것이므로 주택임차인의 배당순위가 앞서게 될 것이다.

이에 대하여 판례는 "(舊)주택임대차보호법 제3조의 임차인이 주택의 인도와 주민등록을 마친 때에는 그 '익일부터' 제3자에 대하여 효력이 생긴다고 함은 익일 오전 0시부터 대항력이 생긴다는 취지이다"라고 하여 주택임차인의 입주, 주민등록, 확정일자보다 근저당권자의 근저당권설정등기가 하루 늦은 경우 주택임차인이 우선하여 배당 받는 것으로 하고 있다(대법원 99다9981).

따라서 사례에서 임차인 甲의 배당순위는 위와 같은 요건을 갖춘 다음날 오전 0시부터 발생하고 근저당권자인 丙의 배당순위는 설정일 즉, 甲이 위 요건을 갖춘 다음날이 되므로 근저당권자인 丙보다 임차인 甲이 선순위의 배당권자가 된다 하겠다.

(2) 우선변제권

우선변제권이란 임차주택이 경매 또는 공매되는 경우에 임차주택의 환가대금에서 후순위권리자나 그 밖의 채권자보다 우선하여 보증금을 변제받을 권리를 말한다. 대항요건(對抗要件)과 임대차계약증서상의 확정일자(確定日字)를 갖춘 임차인은 「민사집행법」에 따른 경매 또는 「국세징수법」에 따른 공매(公賣)를 할 때에 임차주택(대지를 포함한다)의 환가대금(換價代金)에서 후순위권리자(後順位權利者)나 그 밖의 채권자보다 우선하여 보증금을 변제(辨濟)받을 권리가 있다(동법 제3조의2 제2항). 임차권은 채권이기 때문에 담보물권자 등이 우선 배당을 받은 후 배당금이 남으면 다른 일반채권자들과 각자의 채권금액에 비례해 배당을 받는 것이 원칙이지만, 동법은 주택임차인이 대항력을 갖추고, 임대차계약증서에 확정일자를 받으면, 확정일자일을 기준으로 하여 다른 담보물권자와 선후를 따져서 후순위의 담보권자보다 우선하여 배당을 받을 수 있도록 하고 있다.

(3) 소액임차인의 최우선변제권

임차인은 임차보증금이 소액인 경우에는 경매신청 등기 전까지 주택의 인도와 주민등록을 마치면, 확정일자를 받지 않은 경우에도 보증금 중 일정액을 다른 담보물권자보다 우선하여 변제받을 수 있다(동법 제8조 제1항). 이를 소액임차인의 '최우선변제권'이라 한다. 우선변제를 받을 임차인 및 보증금 중 일정액의 범위와 기준은 주택임대차위원회의 심의를 거쳐 대통령령으로 정하는데, 그 내용은 다음의 표와 같다. 다만, 보증금 중 일정액의 범위와 기준은 주택가액(대지의 가액을 포함한다)의 2분의 1을 넘지 못한다.

〈최우선변제를 받을 임차인의 범위와 보증금 중 일정액의 범위〉

지역	범위
서울특별시	보증금 1억6천500만원 이하면 5천500만원까지
「수도권정비계획법」에 따른 과밀억제권역(서울특별시 제외), 세종특별자치시, 용인시, 화성시 및 김포시	보증금 1억4천500만원 이하면 4천800만원까지
광역시(「수도권정비계획법」에 따른 과밀억제권역에 포함된 지역과 군지역 제외), 안산시, 광주시, 파주시, 이천시 및 평택시	보증금 8천500만원 이하면 2천800만원까지
그 밖의 지역	보증금 7천500만원 이하면 2천500만원까지

대항력을 갖춘 임차권자 앞에 선순위의 저당권자가 있는 경우

[사례] 甲은 강릉시내에 1년 전에 4,500만원의 전세를 들고 주민등록 이전까지 마쳤다. 그런데 얼마 전 법원에서 甲이 사는 집이 경매처분되었다고 집을 비우라는 통고가 왔기에 알아보았더니 2년 전에 그 집에 저당권이 설정되어 있어 그 채권실행으로 경매가 되었다고 한다. 주민등록이전이 되어 있으면 전세입주자가 보호된다고 하던데, 이 경우 전세금을 받을 방법이 있는가?

[해설] 서민의 주거생활을 안정시키고 경제적 기반을 보호하기 위하여, 「주택임대차보호법」은 전세보증금의 액수에 상관없이 임차인이 주택의 인도와 주민등록을 마치고, 그 임대차계약서상에 확정일자를 받은 경우에 경매 또는 공매시 임차주택의 환가대금에서 후순위권리자 기타 채권자보다 우선하여 보증금을 변제받을 수 있도록 하고 있다. 그런데 임차인이 대항력이 갖추기 이전에 이미 저당권이 설정되어 있는 임차주택에 임차인이 대항력 및 확정일자를 받은 경우에는 임차인은 저당권자보다 우선하여 보증금을 변제받지 못한다. 즉 앞 순위 저당권자가 배당을 받고 난 후 나머지 환가대금에서 임차인이 배당을 받을 수 있다. 물론 임차인이 대항력을 갖춘 다음에 후순위 담보권자가 있는 경우에, 임차인은 후순위담보권자보다는 먼저 배당을 받을 수 있다.

한편 「주택임대차보호법」은 일정한 소액보증금에 대해서, 임차주택에 대한 경매신청의 등기 전에 주택의 인도 및 주민등록을 마친 임차인으로 하여금 다른 담보권자보다 우선하여 변제받을 수 있도록 규정하고 있다. 서울특별시의 경우에는 보증금 1억원 이하이면 3천400만원까지, 「수도권정비계획법」에 따른 과밀억제권역(서울특별시는 제외)의 경우에는 보증금 8천만원 이하이면 2천700만원까지, 광역시(「수도권정비계획법」에 따른 과밀억제권역에 포함된 지역과 군지역은 제외), 세종특별자치시, 안산시, 용인시, 김포시 및 광주시의 경우에는 보증금 6천만원 이하이면 2천만원까지, 그 밖의 지역은 보증금 5천만원 이하이면 1천700만원까지 임차인은 담보물권보다 우선하여 변제받을 수 있다.

따라서 甲은 비록 대항력을 갖추기 전에 임차주택에 저당권이 설정되어 있지만, 경매신청의 등기 전에 임차주택에 현재 거주하고 또한 주민등록이전을 마쳤을 뿐만 아니라 전세보증금이 4천 5백만원에 불과하므로, 1천 7백만원까지 저당권자보다 우선하여 변제를 받을 수 있다.

그러므로 임차보증금을 전액 변제를 받기 위해서는 임대차계약을 체결하기 전에 건물등기부에 저당권·근저당권 등 담보물권이 설정되어 있는가를 반드시 확인하고, 임차주택이 경매 또는 공매될 경우에 환가대금(일반적으로 시가의 50%)으로 충분히 변제받을 수 있을 경우에 임대차계약을 체결하여야 하고, 대항력을 갖추는 것이 바람직하다.

(4) 임대차기간

「주택임대차보호법」은 주택임대차의 존속기간을 보장한다. 주택임대차의 존속기간은 최저 2년이다. 기간의 정함이 없거나, 기간을 2년 미만으로 정한 임대차는 그 기간을 2년으로 본다. 단, 임차인은 2년 미만으로 정한 기간의 유효함을 주장할 수 있다. 임대차가 종료한 경우에도 임차인이 보증금을 반환 받을 때까지는 임대차관계는 존속하는 것으로 본다(동법 제6조).

(5) 계약의 갱신

① 당사자 합의에 의한 임대차계약의 갱신

임대인과 임차인은 임대차계약의 계약조건을 변경하여 합의 갱신하거나, 기존의 임대차와 동일한 계약조건으로 합의 갱신할 수 있다. 합의 갱신은 임대차관계가 완전히 소멸한 후에 동일한 임대인과 임차인 간에 새로운 임대차관계를 설정하는 임대차의 재설정과 구별되고, 임대차기간 중에 미리 일정기간의 연장을 합의하는 기간연장의 합의와도 구별된다.

임대차계약의 조건을 변경하는 합의 갱신의 경우에는 변경내용에 대하여 전 임대차와 이해관계가 있는 제3자에게 대항할 수 없다. 또한 임차보증금을 증액하는 경우에는 이에 대한 확정일자를 받아야 후순위권리자에게 우선변제권을 취득할 수 있다.

② 「주택임대차보호법」에 따른 묵시의 갱신

임대인이 임대차기간이 끝나기 6개월 전부터 2개월(2020년 12월 10일 이후 최초로 체결되거나 갱신된 임대차부터 적용됨) 전까지의 기간에 임차인에게 갱신거절의 통지를 하지 않거나, 계약조건을 변경하지 않으면 갱신하지 않는다는 뜻의 통지를 하지 않은 경우에는 그 기간이 끝난 때에 전 임대차와 동일한 조건으로 다시 임대차한 것으로 본다. 임차인이 임대차기간이 끝나기 2개월 전까지 통지하지 않은 경우에도 또한 같다(「주택임대차보호법」 제6

조제1항 및 부칙 제2조).

따라서 임대인이나 임차인 중 한쪽이라도 갱신을 거절하거나 계약조건을 변경하겠다는 통지를 한 경우에는 그 임대차계약은 묵시적으로 갱신되지 않는다. 갱신거절의 통지는 임대차기간이 끝나면 더 이상 임대차관계를 존속시키지 않겠다는 통지를 말한다. 계약조건 변경의 통지는 임대차기간이 끝나면 임대차계약 내용을 변경하겠으며, 만일 상대방이 응하지 않으면 더 이상 임대차관계를 존속시키지 않겠다는 통지를 말하고, 이러한 통지에는 변경하려는 계약조건을 구체적으로 밝혀야 한다.

임차인이 2기(期)의 차임액(借賃額)에 달하도록 연체하거나 그 밖에 임차인으로서의 의무를 현저히 위반한 경우에는 묵시의 갱신을 할 수 없다(「주택임대차보호법」 제6조 제3항). 따라서 임대인이 이러한 사유로 임대차계약을 해지하지 않더라도, 임차인에게 이러한 사유가 있으면 묵시의 갱신이 인정되지 않기 때문에 임대차는 그 기간의 만료로 종료된다.

주택임대차계약이 묵시적으로 갱신된 경우, 임차인은 언제든지 갱신된 임대차계약을 해지할 수 있고, 2년의 임대차기간을 주장할 수도 있다(「주택임대차보호법」 제4조 제1항 및 제6조의2제1항). 임차인이 임대차계약을 해지하는 경우에는 임대인이 통지를 받은 날부터 3개월이 지나면 그 효력이 발생한다(「주택임대차보호법」 제6조의2 제2항).

③ 「주택임대차보호법」에 따른 계약갱신 요구

가) 임차인의 계약갱신요구권

「주택임대차보호법」에 따른 묵시의 갱신 규정에도 불구하고 임차인은 임대차기간이 끝나기 6개월 전부터 2개월(2020년 12월 10일 이후 최초로 체결되거나 갱신된 임대차부터 적용됨) 전까지 임대인에게 계약갱신을 요구할 수 있다. 이 경우 임대인은 정당한 사유 없이 계약갱신을 거절하지 못한다. 임차인의 계약갱신요구권은 1회에 한하여 행사될 수 있고, 이 경우 갱신되는 임대차의 존속기간은 2년으로 보며, 전 임대차와 동일한 조건으로 다시 계약된 것으로 본다. 다만, 차임과 보증금은 「주택임대차보호법」 제7조(차임 등의 증감청구권)의 범위에서 증감할 수 있다.

나) 임대인의 계약갱신요구 거절권

다만, 다음의 어느 하나에 해당하는 경우에는 임대인은 임차인의 계약 갱신 요구를 거절할 수 있다(「주택임대차보호법」 제6조의3 제1항 단서).

○ 임차인이 2기의 차임액에 해당하는 금액에 이르도록 차임을 연체한 사실이 있는 경우
○ 임차인이 거짓이나 그 밖의 부정한 방법으로 임차한 경우
○ 서로 합의하여 임대인이 임차인에게 상당한 보상을 제공한 경우
○ 임차인이 임대인의 동의 없이 목적 주택의 전부 또는 일부를 전대(轉貸)한 경우
○ 임차인이 임차한 주택의 전부 또는 일부를 고의나 중대한 과실로 파손한 경우
○ 임차한 주택의 전부 또는 일부가 멸실되어 임대차의 목적을 달성하지 못할 경우
○ 임대인이 다음의 어느 하나에 해당하는 사유로 목적 주택의 전부 또는 대부분을 철거하거나 재건축하기 위하여 목적 주택의 점유를 회복할 필요가 있는 경우
  - 임대차계약 체결 당시 공사시기 및 소요기간 등을 포함한 철거 또는 재건축 계획을 임차인에게 구체적으로 고지하고 그 계획에 따르는 경우
  - 건물이 노후·훼손 또는 일부 멸실되는 등 안전사고의 우려가 있는 경우
  - 다른 법령에 따라 철거 또는 재건축이 이루어지는 경우
○ 임대인(임대인의 직계존속·직계비속을 포함함)이 목적 주택에 실제 거주하려는 경우
○ 그 밖에 임차인이 임차인으로서의 의무를 현저히 위반하거나 임대차를 계속하기 어려운 중대한 사유가 있는 경우

(6) 증감청구권

임대인이나 임차인은 임대차계약이 존속 중에 약정한 차임이나 보증금

이 임대주택에 대한 조세, 공과금, 그 밖의 부담의 증가나 경제사정의 변동으로 적절하지 않게 된 때에는 장래에 대하여 그 증액이나 감액을 청구할 수 있다.

그러나 임대차계약 또는 차임이나 보증금의 증액이 있은 후 1년 이내에는 증액청구를 할 수 없으며, 또한 약정한 차임이나 임차보증금의 20분의 1의 금액을 초과하여 증액청구를 할 수 없다. 다만, 특별시·광역시·특별자치시·도 및 특별자치도는 관할 구역 내의 지역별 임대차 시장 여건 등을 고려하여 위 20분의 1의 범위에서 증액청구의 상한을 조례로 달리 정할 수 있다.

증액청구에 따라 차임이나 보증금을 올려주었거나 재계약을 통해서 올려준 경우에는 그 증액된 부분을 위한 임대차계약서를 작성하여, 그 증액부분의 임대차계약서에 확정일자를 받아 두어야만 그 날부터 후순위권리자보다 증액부분에 대해서 우선하여 변제받을 수 있다.

(7) 월차임 전환 시 산정률의 제한

보증금의 전부 또는 일부를 월 단위의 차임으로 전환하는 경우에는 그 전환되는 금액에 다음 중 낮은 비율을 곱한 월차임(月借賃)의 범위를 초과할 수 없다(동법 제7조의2).

① 「은행법」에 따른 은행에서 적용하는 대출금리와 해당 지역의 경제 여건 등을 고려하여 대통령령으로 정하는 비율

② 한국은행에서 공시한 기준금리에 대통령령으로 정하는 이율을 더한 비율

(8) 임차권의 승계

① 사망한 임차인에게 상속인이 없는 경우

임차인이 상속인 없이 사망한 경우에는 그 임차주택에서 가정공동생활을 하던 사실상의 혼인관계에 있는 사람이 단독으로 임차인의 권리와 의무를 승계한다(「주택임대차보호법」 제9조 제1항). 다만, 임차주택에서 가정공동생활을 하던 사실상의 혼인관계에 있는 사람마저도 없는 경우에는 임차권을 포함한 임차인의 상속재산은 국가에 귀속된다.

② 사망한 임차인에게 상속인이 있는 경우

임차인이 사망할 당시에 「민법」에 따른 상속인이 임차인과 함께 임차주택에서 가정공동생활을 하고 있는 경우에는 상속인이 승계하게 되고, 사실상의 혼인관계에 있는 사람은 임차권을 승계할 수 없다. 임차인이 사망할 당시에 「민법」에 따른 상속인이 임차인과 함께 임차주택에서 가정공동생활을 하고 있지 않았던 경우에는 임차주택에서 가정공동생활을 하던 사실상의 혼인관계에 있는 사람과 2촌 이내의 친족이 공동으로 임차인의 권리와 의무를 승계하며, 만일, 2촌 이내의 친족이 없는 경우에는 임차주택에서 가정공동생활을 하던 사실상의 혼인관계에 있는 사람이 단독으로 임차권을 승계한다.

(9) 임차권등기명령

「주택임대차보호법」은 주택의 인도와 주민등록을 대항력의 취득 및 존속 요건으로 하고 있기 때문에 임차인이 임대차가 종료되었음에도 보증금을 돌려받지 못하고 이사를 가게 되면 종전에 취득하였던 대항력 및 우선변제권이 상실되므로 보증금을 돌려받기 어려워지게 된다. 이러한 문제를 해결하기 위해 만든 제도가 임차권등기명령제도다. 임차권등기명령제도는 법원의 집행명령에 따른 등기를 마치면 임차인에게 대항력 및 우선변제권을 유지하게 하면서 임차주택에서 자유롭게 이사할 수 있게 하는 제도다.

임대차가 끝난 후 보증금이 반환되지 않은 경우 임차인은 임차주택의 소재지를 관할하는 지방법원·지방법원지원 또는 시·군 법원에 임차권등기명령을 신청할 수 있다.

임차인이 임차권등기명령 이전에 이미 대항력이나 우선변제권을 취득한 경우에, 그 대항력이나 우선변제권은 그대로 유지되며, 임차권등기 이후에 대항요건을 상실하더라도 이미 취득한 대항력이나 우선변제권을 상실하지 않는다. 또한 임차인이 임차권등기명령 이전에 대항력이나 우선변제권을 취득하지 못한 경우에, 임차권등기가 마쳐지면 대항력과 우선변제권을 취득하게 된다. 임차권등기가 끝난 주택을 그 이후에 임차한 임차인은 소액보증금의 우선변제를 받을 수 없다.

임차권등기명령의 신청과 대항력 및 우선변제권

[사례] 甲은 주택을 임차하여 입주 후 주민등록전입신고와 확정일자를 갖추고 살던 중 2년의 임대차기간이 만료되었으나, 현재 집주인이 임차보증금을 반환하지 않고 있다. 그런데 甲은 갑작스러운 인사발령으로 다른 지방으로 이사를 가야만 한다. 만일 이사를 가면 이미 취득한 주택임차인으로서의 대항력과 우선변제권을 상실하여 임차주택의 경매시 우선변제를 받을 수 없다고 하는데 그것이 사실인가?

[해설] 「주택임대차보호법」이 개정되기 전에는 임차주택의 대항력을 주장하기 위하여 임차주택의 소유권이 양수인에게 이전되는 시점까지는 대항요건을 계속 갖추고 있어야 했었다. 따라서 경락인에 대항하기 위해서는 경락인에게 소유권이 이전되는 시점인 경락대금납부일까지 대항요건이 계속 존속하여야 한다. 또한 "경매절차에서 확정일자부 임차인의 우선변제권 또는 소액임차인의 최우선변제권을 행사하기 위해서는 임차권의 대항요건은 경락기일까지 구비하고 있어야 한다"(대법원 95다44597).

그리하여 종전에는 보증금의 회수 전에 이사를 가게 되면 대항력과 우선변제권을 모두 상실하였다. 그러나 현행 「주택임대차보호법」은 주택임차권등기명령제도를 신설하여 주택임차권등기를 하면 이사를 가고 주민등록을 옮기더라도 원래 가지고 있던 대항력과 우선변제권을 상실하지 않도록 규정하였다.

유의할 것은 주택임차권등기명령의 효력발생시기에 관하여 「임차권등기명령절차에관한규칙」 제4조에서 "임차권등기명령은 판결에 의한 때에는 선고를 한 때에, 결정에 의한 때에는 상당한 방법으로 임대인에게 고지를 한 때에 그 효력이 발생한다"라고 규정하고 있으므로 주택임차권등기명령을 신청한 후 바로 다른 곳으로 이사하거나 전출하여서는 안 되고, 그 이전에 반드시 주택임차권등기가 경료된 사실을 확인하여야 할 것이다.

(10) 「소액사건심판법」의 준용

소액사건심판이란 3,000만원을 초과하지 않는 금전, 그 밖의 대체물이나 유가증권의 일정한 수량 지급을 목적으로 하는 사건을 간이한 절차에 따라 신속히 재판을 받을 수 있는 제도다. 따라서 임차보증금이 3,000만원을 초과하지 않는 경우, 임차인은 소액사건심판을 통해 보증금을 돌려받을 수 있다.

3. 상가건물임대차와 법률관계

1) 「상가건물임대차보호법」의 성격 및 적용범위

(1) 법적 성격

「상가건물 임대차보호법」은 상가건물의 임대차에 대한 「민법」의 특별법이고, 임차인에게 유리한 편면적 강행규정으로서의 성격을 가지고 있다. 따라서 상가건물 임대차에 대해서는 동법의 규정이 「민법」보다 우선적으로 적용되고, 동법의 규정이 없는 사항에 대해서는 「민법」 채권편의 임대차에 관한 규정이 적용된다. 또한 당사자의 의사와 관계없이 이 법의 규정에 위반한 약정으로 임차인에게 불리한 것은 그 효력이 없게 된다(동법 제15조).

(2) 적용범위

「상가건물 임대차보호법」은 기본적으로 사업자등록의 대상이 되는 상가건물(임대차 목적물의 주된 부분을 영업용으로 사용하는 경우를 포함)의 임대차에만 적용되는 것이지만, 모든 상가건물 임대차에 적용되는 것은 아니고, 지역별로 정해진 일정 보증금을 초과하지 않는 임대차의 경우에만 적용된다.

〈「상가건물 임대차보호법」의 적용대상이 되는 보증금 기준금액〉

지역	기준금액
서울특별시	보증금 9억원 이하
「수도권정비계획법」에 따른 과밀억제권역(서울특별시 제외) 및 부산광역시	6억9천만원 이하
광역시(「수도권정비계획법」에 따른 과밀억제권역에 포함된 지역과 군지역, 부산광역시는 제외), 세종특별자치시, 파주시, 화성시, 안산시, 용인시, 김포시 및 광주시	5억4천만원 이하
그 밖의 지역	3억7천만원 이하

2) 「상가건물임대차보호법」의 주요내용

(1) 대 항 력

임차권은 채권이기 때문에 원칙적으로 제3자에 대하여 대항력이 없지만, 「상가건물 임대차보호법」이 적용되는 상가건물 임대차는 그 등기가 없는 경우에도 임차인이 상가건물의 인도와 사업자등록을 신청한 때에는 그 다음 날부터 제3자에 대해 대항력을 가진다(동법 제3조 제1항).

대항력을 갖춘 임차인의 임차건물의 양수인(그 밖에 임대할 권리를 승계한 자를 포함한다)은 임대인의 지위를 승계한 것으로 본다(동법 제3조 제2항). 즉 상가건물이 매매, 경매 등의 원인으로 소유자가 변경된 경우에도 새로운 소유자가 임대인의 지위를 승계한 것으로 되고, 임차인의 지위는 그대로 유지된다. 임차인은 임대차 기간이 만료될 때까지 계속 상가건물을 사용·수익할 수 있고, 또한 보증금을 전액 반환받을 때까지 상가건물을 비워주지 않아도 된다(동법 제9조 제2항).

(2) 임대차의 기간

「상가건물임대차보호법」은 상가건물의 임대차기간을 보장한다. 최소기간은 1년이다. 따라서 기간을 정하지 아니하거나 기간을 1년 미만으로 정한 임대차는 그 기간을 1년으로 본다. 다만, 임차인은 1년 미만으로 정한 기간이 유효함을 주장할 수 있다. 임대차가 종료한 경우에도 임차인이 보증금을 돌려받을 때까지는 임대차 관계는 존속하는 것으로 본다(동법 제9조).

(3) 계약의 갱신

① 합의 갱신

임대인과 임차인은 임대차계약의 계약조건을 변경하여 합의 갱신하거나, 기존의 임대차와 동일한 계약조건으로 합의 갱신할 수 있다.

임대차계약의 조건을 변경하는 합의 갱신의 경우에는 변경내용에 대하여 전 임대차와 이해관계가 있는 제3자에게 대항할 수 없다. 따라서 임차보증금을 증액하는 경우에는 이에 대한 확정일자를 받아야 후순위권리자에게 우선변제권을 취득할 수 있다.

② 묵시의 갱신

묵시의 갱신이란 임대차기간이 끝난 후 당사자 사이에 계약해지에 관한 특별한 의사표시가 없는 경우 임대차관계가 지속되는 것을 말한다. 「상가건물 임대차보호법」은 임대차기간이 끝나기 전에 계약을 갱신하지 않겠다는 의사표시를 하지 않는 경우 임대차계약이 갱신되도록 하는 규정을 두고 있다. 즉, 임대인이 임대차기간이 만료되기 6개월 전부터 1개월 전까지 임차인에게 갱신을 하지 않겠다는 통지를 하지 않거나 계약조건을 변경하지 않으면 갱신하지 않는다는 뜻의 통지를 하지 않는 경우 임대차기간이 끝나면 전 임대차와 동일한 조건으로 다시 임대차한 것으로 간주된다. 이 경우 종전의 임대차와 동일한 조건으로 다시 임대차한 것으로 보며, 보증금과 차임도 종전의 임대차와 동일한 조건으로 임대차한 것으로 본다. 상가건물 임대차 계약이 묵시적으로 갱신되면 임대차의 존속기간은 1년으로 본다.

③ 계약갱신 요구

가) 임차인의 계약갱신 요구권

임차인은 임대차기간 만료 전 6개월부터 1개월까지 사이에 임대인에게 계약갱신을 요구할 수 있으며, 이 경우 임대인은 정당한 사유가 없는 한 이를 거절하지 못한다. 임차인에게 계약갱신의 요구를 인정하는 이유는 임대차계약을 통해 상가건물을 영업장으로 확보하고 영업을 시작하는 상인들의 경우 영업 초기의 투자비용이나 시설비용이 과대함에도 불구하고 임대차기간의 만료로 영업장을 옮겨야 한다면 그 초기비용을 회수하지 못하는 손실을 입게 되므로, 상가건물 임차인에게 영업개시일로부터 최소한의 임차기간을 보장함으로써 위와 같은 비용회수를 용이하게 하고자 하는 데 있다.

임차인의 계약갱신 요구는 최초의 임대차기간을 포함한 전체 임대차기간이 10년을 초과하지 않는 범위 내에서만 행사할 수 있다. 따라서 임차인이 계약갱신을 요구하여 임대차계약이 갱신되면, 임차인은 최소한 10년간 상가임대차의 존속기간을 보장받을 수 있다. 최초의 임대차기간이란 임차인이 영업을 위해 최초로 그 상가건물을 임차한 계약을 의미한다.

갱신되는 임대차는 전 임대차와 동일한 조건으로 다시 계약된 것으로 본다. 다만, 차임 또는 보증금은 증감할 수 있으며, 증액의 경우에는 청구 당시 차임 또는 보증금의 5%의 금액을 초과할 수 없다.

나) 임대인의 계약갱신요구 거절권

임대인은 다음의 경우에 임차인의 계약갱신요구를 거절할 수 있다(「상가건물 임대차보호법」 제10조 제1항 단서).

○ 임차인이 3번 차임을 연체한 사실이 있는 경우
○ 임차인이 거짓이나 그 밖의 부정한 방법으로 임차한 경우
○ 쌍방 합의하에 임대인이 임차인에게 상당한 보상을 제공한 경우
○ 임차인이 임대인의 동의 없이 목적 상가건물의 전부 또는 일부를 전대한 경우
○ 임차인이 임차한 상가건물의 전부 또는 일부를 고의 또는 중대한 과실로 파손한 경우
○ 임차한 상가건물의 전부 또는 일부가 멸실되어 임대차의 목적을 달성하지 못할 경우
○ 임대인이 다음의 사유로 상가건물의 전부 또는 대부분을 철거하거나 재건축하기 위해 상가건물의 점유 회복이 필요한 경우
  - 임대차계약 체결 당시 공사시기 및 소요기간 등을 포함한 철거 또는 재건축 계획을 임차인에게 구체적으로 고지하고 그 계획에 따르는 경우
  - 건물이 노후·훼손 또는 일부 멸실되는 등 안전사고의 우려가 있는 경우
  - 다른 법령에 따라 철거 또는 재건축이 이루어지는 경우
○ 그 밖에 임차인이 임차인으로서의 의무를 현저히 위반하거나 임대차를 존속하기 어려운 중대한 사유가 있는 경우

(4) 차임 및 보증금의 증감청구

임대인과 임차인은 차임이나 보증금이 임차상가건물에 대한 조세, 공과금, 그 밖의 부담의 증감이나 제1급감염병 등에 의한 경제사정의 변동으로 상당하지 않게 된 경우에는 당사자는 장래에 대하여 그 증액이나 감액을 청구할 수 있다.

다만 차임이나 보증금의 증액청구가 인정되는 경우에도 청구 기간과 금

액에 일정한 제한이 있다. 임차보증금 또는 약정한 차임 등의 증액이 있은 후 1년 이내에는 증액청구를 할 수 없으며, 증액청구 당시 차임이나 임차보증금의 5%를 초과하여 증액청구를 할 수 없다.

(5) 우선변제권

임차인이 ① 상가건물을 인도받고, ② 사업자등록 신청을 했으며, ③ 세무서장으로부터 임대차계약서에 확정일자를 받았다면, 임차건물이 경매 또는 공매되는 경우 그 건물(임대인 소유의 대지 포함)의 환가대금에서 후순위권리자나 그 밖의 채권자보다 우선하여 보증금을 변제받을 수 있다(「상가건물 임대차보호법」 제5조 제2항).

(6) 소액임차인의 최우선변제권

주택임차인과 마찬가지로 상가건물의 임차인도 보증금 중 일정액을 다른 담보물권자보다 우선하여 변제받을 권리가 있다. 이 경우 임차인은 건물에 대한 경매신청의 등기 전에 대항력을 갖추어야 한다. 우선변제를 받을 임차인 및 보증금 중 일정액의 범위와 기준은 임대건물가액(임대인 소유의 대지가액을 포함한다)의 2분의 1 범위에서 해당 지역의 경제 여건, 보증금 및 차임 등을 고려하여 대통령령으로 정하게 되는데 그 내용은 다음의 표와 같다. 임차인의 보증금중 일정액이 상가건물의 가액의 2분의 1을 초과하는 경우에는 상가건물의 가액의 2분의 1에 해당하는 금액에 한하여 우선변제권이 있다.

〈최우선변제를 받을 임차인의 범위와 보증금 중 일정액의 범위〉

지역	범위
서울특별시	보증금 6천500만원 이하면 2천200만원까지
「수도권정비계획법」에 따른 과밀억제권역(서울특별시 제외)	보증금 5천500만원 이하면 1천900만원까지
광역시(「수도권정비계획법」에 따른 과밀억제권역에 포함된 지역과 군지역은 제외), 안산시, 용인시, 김포시 및 광주시	보증금 3천800만원 이하면 1천300만원까지
그 밖의 지역	보증금 3천만원 이하면 1천만원까지

(7) 임차권등기명령제도

상가건물 임대차가 종료되었음에도 보증금을 돌려받지 못한 임차인은 임차건물의 소재지를 관할하는 지방법원, 지방법원지원 또는 시·군법원에 임차권등기명령을 신청할 수 있다(동법 제6조 제1항). 임차권등기를 마치면 대항력과 우선변제권을 갖는다. 다만, 임차인이 임차권등기 이전에 이미 대항력 또는 우선변제권을 취득한 경우에는 그 대항력 또는 우선변제권이 그대로 유지되며, 임차권등기 이후에는 대항요건을 상실하더라도 이미 취득한 대항력 또는 우선변제권을 상실하지 아니한다(동법 제6조 제5항).

(8) 권리금 회수기회의 보호

'권리금'이란 임대차 목적물인 상가건물에서 영업을 하는 자 또는 영업을 하려는 자가 영업시설·비품, 거래처, 신용, 영업상의 노하우, 상가건물의 위치에 따른 영업상의 이점 등 유형·무형의 재산적 가치의 양도 또는 이용대가로서 임대인, 임차인에게 보증금과 차임 이외에 지급하는 금전 등의 대가를 말한다. '권리금 계약'이란 신규임차인이 되려는 자가 임차인에게 권리금을 지급하기로 하는 계약을 말한다(동법 제10조의3).

「상가건물임대차보호법」은 임대인으로 하여금 임차인이 신규임차인으로부터 권리금을 회수할 수 있는 기회를 보장해주도록 하고 있다. 그 내용은 다음의 표와 같다.

「상가건물 임대차보호법」상의 권리금 회수기회 보장
제10조의4(권리금 회수기회 보호 등) ① 임대인은 임대차기간이 끝나기 6개월 전부터 임대차 종료 시까지 다음 각 호의 어느 하나에 해당하는 행위를 함으로써 권리금 계약에 따라 임차인이 주선한 신규임차인이 되려는 자로부터 권리금을 지급받는 것을 방해하여서는 아니 된다. 다만, 제10조제1항 각 호의 어느 하나에 해당하는 사유가 있는 경우에는 그러하지 아니하다. 1. 임차인이 주선한 신규임차인이 되려는 자에게 권리금을 요구하거나 임차인이 주선한 신규임차인이 되려는 자로부터 권리금을 수수하는 행위 2. 임차인이 주선한 신규임차인이 되려는 자로 하여금 임차인에게 권리금을 지

급하지 못하게 하는 행위
3. 임차인이 주선한 신규임차인이 되려는 자에게 상가건물에 관한 조세, 공과금, 주변 상가건물의 차임 및 보증금, 그 밖의 부담에 따른 금액에 비추어 현저히 고액의 차임과 보증금을 요구하는 행위
4. 그 밖에 정당한 사유 없이 임대인이 임차인이 주선한 신규임차인이 되려는 자와 임대차계약의 체결을 거절하는 행위

② 다음 각 호의 어느 하나에 해당하는 경우에는 제1항 제4호의 정당한 사유가 있는 것으로 본다.
1. 임차인이 주선한 신규임차인이 되려는 자가 보증금 또는 차임을 지급할 자력이 없는 경우
2. 임차인이 주선한 신규임차인이 되려는 자가 임차인으로서의 의무를 위반할 우려가 있거나 그 밖에 임대차를 유지하기 어려운 상당한 사유가 있는 경우
3. 임대차 목적물인 상가건물을 1년 6개월 이상 영리목적으로 사용하지 아니한 경우
4. 임대인이 선택한 신규임차인이 임차인과 권리금 계약을 체결하고 그 권리금을 지급한 경우

③ 임대인이 제1항을 위반하여 임차인에게 손해를 발생하게 한 때에는 그 손해를 배상할 책임이 있다. 이 경우 그 손해배상액은 신규임차인이 임차인에게 지급하기로 한 권리금과 임대차 종료 당시의 권리금 중 낮은 금액을 넘지 못한다.

④ 제3항에 따라 임대인에게 손해배상을 청구할 권리는 임대차가 종료한 날부터 3년 이내에 행사하지 아니하면 시효의 완성으로 소멸한다.

⑤ 임차인은 임대인에게 임차인이 주선한 신규임차인이 되려는 자의 보증금 및 차임을 지급할 자력 또는 그 밖에 임차인으로서의 의무를 이행할 의사 및 능력에 관하여 자신이 알고 있는 정보를 제공하여야 한다.

제 4 절 소비생활과 법

1. 소비자의 보호

1) 소비자보호의 필요성

전통적인 자유방임주의 국가의 시장경제질서에서는 기업과 소비자 사이의 거래는 그 계약이 불공정하다 하더라도 '자신의 이해관계를 스스로 잘 판단할 수 있는 합리적 인간'의 자유로운 의사표시의 합치에 의하여 이루어진 것이기 때문에 계약의 자유라는 원칙에 따라 형식적으로 정당화될 수 있었다. 그러나 실질적 평등을 지향하고 있는 현대국가의 사회적 시장경제질서에서는 이러한 계약의 자유의 원칙이 수정되지 않을 수 없고, 거래에 있어서의 상대적인 약자인 소비자를 보호하기 위한 국가의 정책적 개입과 간섭을 필요로 한다.

현대의 시장경제질서에서의 소비자문제는 기본적으로는 기업과 소비자 사이의 거래상의 지위가 대등하지 않다는 점에 기인한다. 기업은 막강한 경제력을 가지고 있고, 또한 거래의 대상이 되는 물품이나 서비스에 대하여 다양하고 막대한 정보를 가지고 있는데 비해 소비자는 전혀 그렇지 못하다. 이러한 경제력의 차이와 정보력의 비대칭으로 인해 기업과 소비자는 거래에 있어서 서로 균등한 지위에 있는 것이 아니라, 사실상 '종속적인 지위'에 놓이게 된다. 특히 이러한 종속관계는 '독과점'이나 '가격담합' 등에 의해서 상품가격을 조작하거나, 허위·과장의 광고를 통하여 소비자를 기만할 때 더욱 가중되고, 이로 인한 소비자의 피해 역시 구조적으로 증가할 수밖에 없다.

현대의 시장경제질서 하에서의 소비자의 피해는 기술과 정보를 사실상 기업이 독점하고 있고, 가격이나 거래조건을 사실상 기업이 일방적으로 정하는 '종속적인 거래구조'로부터 야기된다. 대량생산 및 대량판매로 특징지어지는 현대의 시장경제 구조 하에서 이러한 소비자피해는 그 피해범위가 광범위할 수밖에 없다. 자유무역을 통한 역외거래나 전자상거래 등 거래방식의 다양화는 이러한 피해의 광범위화를 더욱 촉진시키고 있다. 그러나 이러한 피해의 광범위화에도 불구하고 소비자 피해의 원인을 규명하거나 소비자 피해를 미리 예방하는 것은 사실상 매우 곤란한 것이 현실이다.

2) 소비자보호 법제의 개관

소비자보호 법제에 관한 헌법재판소의 입장

"우리 헌법 제124조는 '국가는 건전한 소비행위를 계도하고 생산품의 품질향상을 촉구하기 위한 소비자보호운동을 법률이 정하는 바에 의하여 보장한다.'라고 규정하고 있다. 이는 현대 자유시장경제질서 하에서 생산물품 또는 용역의 가격이나 품질의 결정, 그 유통구조 등의 결정과정이 지나치게 사업자 중심으로 왜곡되어 소비자들이 사회적 약자의 지위에 처하게 되는 결과 구조적 피해를 입을 수 있음을 인식하고, 미약한 소비자들의 역량을 사회적으로 결집시키기 위하여 소비자보호운동을 최대한 보장·촉진하도록 국가에게 요구함으로써, 소비자의 권익을 옹호하고 나아가 시장의 지배와 경제력의 남용을 방지하며 경제주체간의 조화를 통해 균형있는 국민경제의 성장을 도모할 수 있도록 소비자의 권익에 관한 헌법적 보호를 창설한 것이다.

위 헌법 제124조에 의거하여 소비자의 권리를 마련하고 구체적으로 보장하기 위해 제정된 법률은 소비자기본법을 비롯하여, 독점규제 및 공정거래에 관한 법률, 식품위생법, 제조물책임법, 약관의 규제에 관한 법률, 증권거래법, 물가안정에 관한 법률, 농수산물유통 및 가격안정에 관한 법률, 농산물품질관리법 등이 있다.

그중 소비자기본법은, 소비자의 기본적 권리 실현을 위하여 국가 및 지방자치단체에 대하여 관계법령 및 조례의 제정 및 개폐의무(법 제6조 제1호), 필요한 소비자보호 시책 수립 및 실시의무(제6조 제3호), 소비자의 건전하고 자주적인 조직활동의 지원·육성의무(제6조 제4호)를 부과하고 있고, 사업자에게 소비자보호협력의무(제18조)를 부과하고 있다. 또한, 소비자 역시 권리를 정당하게 행사할 책무가 있다(제5조 제1항)는 전제 하에, 소비자의 기본권 권리로서 ① 물품 또는 용역(이하, '물품등'이라 한다)으로 인한 생명·신체 또는 재산에 대한 위해로부터 보호받을 권리, ② 물품등을 선택함에 있어서 필요한 지식 및 정보를 제공받을 권리, ③ 물품등을 사용함에 있어서 거래상대방·구입장소·가격 및 거래조건 등을 자유로이 선택할 권리, ④ 소비생활에 영향을 주는 국가 및 지방자치단체의 정책과 사업자의 사업활동 등에 대하여 의견을 반영시킬 권리, ⑤ 물품등의 사용으로 인하여 입은 피해에 대하여 신속·공정한 절차에 따라 적절한 보상을 받을 권리, ⑥ 합리적인 소비생활을 위하여 필요한 교육을 받을 권리, ⑦ 소비자 스스로의 권익을 증진하기 위하여 단체를 조직하고 이를 통하여 활동할 수 있는 권리, ⑧ 안전하고 쾌적한 소비생활 환경에서 소비할 권리, 8가지를 보장하고 있다.

결국 현행 헌법이 보장하는 소비자보호운동이란 '공정한 가격으로 양질의 상품 또는 용역을 적절한 유통구조를 통해 적절한 시기에 안전하게 구입하거나 사용할 소비자의 제반 권익을 증진할 목적으로 이루어지는 구체적 활동'을 의미하고, 단체를 조직하고 이를 통하여 활동하는 형태, 즉 근로자의 단결권이나 단체행동권에 유사한 활동뿐만 아니라, 하나 또는 그 이상의 소비자가 동일한 목표로 함께 의사를 합치하여 벌이는 운동이면 모두 이에 포함된다 할 것이다. 이 소비자보호운동이 보장됨으로써 비로소 소비자는 단순한 상품이나 정보의 구매자로서가 아니라 상품의 구매 및 소비과정에서 발생하는 생산자 또는 공급자로부터의 부당한 지배와 횡포를 배제하고 소비자의 이익을 수호하는 소비주체로서의 지위를 누릴 수 있게 된다"(헌법재판소 2010헌바54).

(1) 헌 법

우리 헌법은 제124조에서 "국가는 건전한 소비행위를 계도하고 생산품의 품질향상을 촉구하기 위한 소비자보호운동을 법률이 정하는 바에 의하여 보장한다"고 규정함으로써 소비자의 권익에 관한 헌법적 보호를 창설하고 있다.

(2) 소비자기본법

헌법 제124조의 규범적 요구에 의하여 소비자의 기본적인 권리를 규정하고, 이를 구체적으로 보장하기 위한 갖가지 법률들이 제정되었는데, 그러한 법률들에 대하여 기본법으로서의 위상을 가지고 있는 법률이 「소비자기본법」이다.

이 법은 소비자의 권익을 증진하기 위하여 소비자의 권리와 책무, 국가·지방자치단체 및 사업자의 책무, 소비자단체의 역할 및 자유시장경제에서 소비자와 사업자 사이의 관계를 규정함과 아울러 소비자정책의 종합적 추진을 위한 기본적인 사항을 규정함으로써 소비생활의 향상과 국민경제의 발전에 이바지함을 목적으로 한다(동법 제1조).

(3) 기타 법령

「소비자기본법」 외에도 「독점규제 및 공정거래에 관한 법률」, 「식품위생법」, 「농수산물품질관리법」, 「품질경영 및 공산품안전관리법」, 「먹는 물관리법」, 「전기용품안전관리법」, 「산업표준화법」, 「은행법」, 「자본시장과 금융투자업에 관한 법률」, 「보험업법」, 「전기통신사업법」, 「약관의 규제에 관한 법률」, 「할부거래에 관한 법률」, 「방문판매 등에 관한 법률」, 「전자상거래 등에서의 소비자보호에 관한 법률」, 「표시·광고의 공정화에 관한 법률」, 「방송법」, 「물가안정에 관한 법률」, 「농수산물유통 및 가격안정에 관한 법률」등의 많은 법률들이 기업의 독과점을 방지하고, 위해기준 및 안전기준을 마련하고, 거래에 있어서의 불균형을 개선하고, 허위표시·허위광고를 규제하고, 가격의 안정 및 소비자 피해를 구제하기 위한 조치들을 규정함으로써 소비자의 권익을 보호하고 있다.

(4) 소비자의 기본권

「소비자기본법」 제4조는 다음의 8가지의 소비자의 기본적 권리를 명시하고 있다.

① 물품 또는 용역(이하 "물품 등"이라 한다)으로 인한 생명·신체 또는 재산에 대한 위해로부터 보호받을 권리

② 물품 등을 선택함에 있어서 필요한 지식 및 정보를 제공받을 권리

③ 물품 등을 사용함에 있어서 거래상대방·구입장소·가격 및 거래조건 등을 자유로이 선택할 권리

④ 소비생활에 영향을 주는 국가 및 지방자치단체의 정책과 사업자의 사업활동 등에 대하여 의견을 반영시킬 권리

⑤ 물품 등의 사용으로 인하여 입은 피해에 대하여 신속·공정한 절차에 따라 적절한 보상을 받을 권리

⑥ 합리적인 소비생활을 위하여 필요한 교육을 받을 권리

⑦ 소비자 스스로의 권익을 증진하기 위하여 단체를 조직하고 이를 통하여 활동할 수 있는 권리

⑧ 안전하고 쾌적한 소비생활 환경에서 소비할 권리

이하에서는 소비자의 소비활동과 관련하여 빈번하게 발생하는 상품이나 서비스 구매계약의 해제, 청약의 철회, 그리고 그로 인한 손해를 입었을 경우의 손해의 배상 등에 대해서만 살펴보기로 한다.

2. 계약의 해제

1) 계약해제의 의의

만약 어떤 소비자가 상품이나 서비스를 구매하는 계약을 체결하였는데, 이 계약이 유효하게 성립한 후에 계약의 취소사유가 없어도 이 계약을 처음부터 없었던 것으로 할 수 있을까? 이것이 바로 계약의 해제에 관한 문제이다.

계약의 해제란 계약이 성립되어 효력이 생긴 후에 당사자 일방의 의사표시로 그 계약의 효력을 소급적으로 소멸시키는 것을 말한다.

2) 계약해제의 종류

계약의 해제는 계약을 해제할 수 있는 권리를 갖는 자만이 할 수 있다. 해제권은 계약에서 정한 해제사유가 발생하거나 법이 정한 사유가 발생한 경우에만 행사할 수 있다(민법 제543조 제1항). 전자를 '약정해제'라 하고, 후자를 '법정해제'라 한다.

(1) 약정해제

약정해제는 당사자 사이에서 이루어진 계약해제권 유보의 합의에 따라 행해지는 계약의 해제를 말한다. 당사자들은 계약을 체결하면서 그 일방 또는 쌍방은 이를 해제할 수 있다는 것을 자유롭게 약정할 수 있다. 이와 같이 어떠한 종류의 계약이라도 당사자가 서로 일정한 해제사유에 합의한다면 약정해제권을 행사할 수 있게 된다. 이러한 약정해제권에 따라 계약을 해제할 때에는 법정해제와는 달리 손해배상청구권이 발생하지 않는다(대법원 81다89).

계약금에 관한 대법원의 입장

"매도인이 위약시에는 계약금의 배액을 배상하고 매수인이 위약시에는 지급한 계약금을 매도인이 취득하고 계약은 자동적으로 해제된다는 조항은 위약 당사자가 상대방에 대하여 계약금을 포기하거나 그 배액을 배상하여 계약을 해제할 수 있다는 해제권 유보조항이라 할 것이고 최고나 통지없이 해제할 수 있다는 특약이라고 볼 수 없다"(대법원 80다851).

(2) 법정해제

'법정해제'란 법률에서 정한 요건을 충족한 경우에만 해제권자가 계약의 해제를 할 수 있는 경우를 말한다. 「민법」은 다음의 표에서 보듯이 채무불이행(이행지체, 이행불능)이 있는 경우에만 법정해제를 할 수 있도록 하고 있다.

「민법」상 계약의 법정해제사유

第544条(이행지체와 해제) 당사자 일방이 그 채무를 이행하지 아니하는 때에는 상대방은 상당한 기간을 정하여 그 이행을 최고하고 그 기간내에 이행하지 아니한 때에는 계약을 해제할 수 있다. 그러나 채무자가 미리 이행하지 아니할 의사를 표시한 경우에는 최고를 요하지 아니한다.

第545条(정기행위와 해제) 계약의 성질 또는 당사자의 의사표시에 의하여 일정한 시일 또는 일정한 기간내에 이행하지 아니하면 계약의 목적을 달성할 수 없을 경우에 당사자 일방이 그 시기에 이행하지 아니한 때에는 상대방은 전조의 최고를 하지 아니하고 계약을 해제할 수 있다.

第546条(이행불능과 해제) 채무자의 책임있는 사유로 이행이 불능하게 된 때에는 채권자는 계약을 해제할 수 있다.

이행지체는 채무자가 채무의 이행이 가능함에도 불구하고 정당한 사유 없이 그 이행을 하지 않는 경우를 말하고, 이행불능은 채무의 이행이 불가능한 경우를 말한다.

법정해제의 경우에는 채무자에게 채무불이행에 따른 해제권을 행사하기 위해서는 이행지체나 이행불능에 대한 채무자의 귀책사유가 존재해야 한다.

이행지체인 경우에는 최고를 한 후에만 해제할 수 있다. 최고란 상대방에게 행위의 독촉을 통지하는 것으로서 계약을 이행할 것인지에 대한 확답을 요구하는 행위이다. 다만, 계약의 성질 또는 당사자의 의사표시에 의하여 일정한 시일 또는 일정한 기간 내에 이행하지 아니하면 계약의 목적을 달성할 수 없는 '정기행위'인 경우에는 채무자가 그 일시나 기간 내에 채무를 이행하지 않으면 '최고' 없이 즉시 해제할 수 있다.

정기행위의 해제

[사례] 甲은 A가게에서 2주전에 결혼식 때 입기 위해서 웨딩드레스를 맞추었다. 그런데 그 가게에서 완성하기로 한 예정일에 완성되지 않아 결국 결혼식 때에는 다른 B가게에서 임대하여 입었다. 웨딩드레스는 결혼식 때 입기 위한 것이므로 지금은 소용이 없으니 甲은 계약을 해제하고 그로 인한 손해배상을 받을 수 있는가?

[해설] 일반적으로 계약을 할 경우 상대방이 그 계약의 내용에 따라 이행하지 않을 경우 채권자는 채무자에게 상당한 기간을 정하여 채무의 이행을 최고하고 그 기간 내에 채무를 이행하지 않으면 그때 비로소 계약을 해제할 수 있다. 이는 일반 거래에서 계약당사자의 입장을 고려하여 상대방에 대한 신뢰를 유지하기 위한 것이다.

그러나 계약의 성질과 종류에 따라서 처음 약정한 기일 또는 시일에 이행하지 않으면 계약을 체결한 목적을 달성할 수 없는 정기행위인 경우에는 채무불이행이 있으면 따로 최고기간을 인정하지 않고 곧바로 계약해제권이 발생하고 그에 따른 손해가 있을 경우 손해배상까지 받을 수 있다.

사례의 경우 웨딩드레스는 결혼식 때 입을 것이므로 그 맞춤행위는 정기행위이다. 그러므로 예정된 기일까지 완성하지 못하여 부득이 다른 가게에서 임대하여 사용하였다면 웨딩드레스 맞춤계약은 따로 최고기간을 두지 않고도 계약을 해제할 수 있다.

그리고 사례와 같이 다른 가게에서 임대하는 등의 사유로 손해가 발생한 경우에는 甲은 그 손해를 배상받을 수 있으며, 만약 선불을 지급하였다면 그 이자까지 반환받을 수 있다.

3) 계약의 해지

한편 계약의 해제와 유사한 것으로 계약의 해지가 있다. 계약의 해지란 고용계약이나 임대차계약과 같은 계속적 계약관계에서 당사자 일방이 유효하게 성립한 계약의 효력을 장래에 대하여 소멸시키는 것을 말한다. 계약의 해지는 계약관계를 소멸시킨다는 점에 있어서는 계약의 해제와 같으나 소급효가 없다는 점에서는 차이가 있다.

4) 계약의 해제방법

약정해제사유나 법정해제사유가 있다고 해서 바로 계약이 해제되는 것은 아니다. 당사자가 해제권을 행사하지 않으면 해제의 효과는 발생하지 않는다. 계약 또는 법률의 규정에 의하여 당사자의 일방이나 쌍방이 해지 또는 해제의 권리가 있는 때에는 그 해지 또는 해제는 상대방에 대한 의사표시로 한다. 계약의 해제나 해지의 의사표시는 철회하지 못한다(민법 제543조). 당사자의 일방 또는 쌍방이 수인인 경우에는 계약의 해지나 해제는 그 전원으로부터 또는 전원에 대하여 하여야 한다(민법 제547조).

5) 계약해제의 효과

해제권자가 해제권을 행사하여 계약이 해제되면 당사는 계약을 이행할 의무가 없어지고, 이미 이행한 것에 대해서는 원상회복의무가 발생한다. 원상회복의무는 계약당사자 모두가 갖는 의무이다. 따라서 해제권자도 자신이 이미 수령한 것이 있다면 이를 반환해야 한다. 반환은 수령한 원물을 반환하는 것이 원칙이지만, 불가능한 경우에는 가액을 반환하여야 한다. 금전의 경우에는 받은 날부터 반환할 때까지의 법정이자를 가산하여 반환한다. 원상회복의 의무와는 별개로 채무불이행으로 인한 손해배상책임이 발생한다.

3. 청약의 철회

1) 청약철회의 의의

만약 어떤 소비자가 상품이나 서비스를 구매하는 계약을 체결하였는데 이 계약이 유효하게 성립한 후에, 계약의 취소사유가 없어도, 또는 약정해제나 법정해제 사유가 없어도 이 계약을 없던 것으로 되돌릴 수 있을까? 이것이 바로 '청약의 철회' 내지 '계약의 철회'의 문제이다.

일반적으로 상품이나 서비스의 구매계약은 소비자가 청약이라는 의사표시를 하고 여기에 대해 사업자가 승낙함으로써 성립되는데, 「민법」 제527조는 청약의 구속력에 관하여 "계약의 청약은 이를 철회하지 못한다"고 함으로써 원칙적으로 청약의 의사가 상대방에 도달한 이후에는 이를 철회할 수 없는 것으로 하고 있다. 그러나 다양한 소비자보호 관련법들은 충동구매 등으로부터 소비자를 보호하기 위하여, 소비자에게 법이 정한 청약철회유보기간(cooling-off period) 내에 자신의 청약의 의사표시를 임의로 철회하고 계약을 없었던 것으로 되돌리는 '청약철회권'을 인정하고 있다. 이를 청약철회유보기간제도라고도 한다.[13]

소비자보호관련법의 청약철회권의 특징은 상품이나 서비스 또는 계약체결상의 문제가 있는 경우뿐만 아니라, 단순한 변심이나 충동구매의 경우에도 위약금이나 손해배상책임 등의 불이익 없이 청약을 철회할 수 있도록 하고 있다는 점이다.

2) 청약철회의 기간

소비자의 청약철회권이 인정되는 거래는 방문판매, 전화권유판매, 다단계판매,[14] 전자상거래, 통신판매[15] 등의 무점포거래와 할부거래[16]이다. 거래 종류별 청약철회의 기간은 다음의 표와 같다. 다만 거래 당사자 사이에 이보다 더 긴 기간을 철회기간으로 정한 때에는 그 기간으로 한다.

---

13) 법무부, 한국인의 법과 생활, 2015, 217면 참조.

14) 방문판매, 전화권유판매, 다단계판매에 있어서의 청약의 철회는 「방문판매 등에 관한 법률」의 적용을 받는다.

15) 전자상거래, 통신판매에 있어서의 청약의 철회는 「전자상거래 등에서의 소비자보호에 관한 법률 」의 적용을 받는다.

16) 할부거래에 있어서의 청약의 철회는 「할부거래에 관한 법률」의 적용을 받는다.

〈거래종류별 청약철회의 기간〉

구분	방문판매, 전화권유판매, 다단계판매	전자상거래, 통신판매, 할부거래
일반적인 경우	계약을 체결한 날로부터 14일 이내	계약을 체결한 날로부터 7일 이내
체약체결일보다 상품인도가 늦은 경우	상품을 인도받은 날부터 14일 이내	상품을 인도 받은 날부터 7일 이내
주소를 알 수 없는 경우	주소를 안 날 또는 알 수 있었던 날부터 14일 이내	주소를 안 날 또는 알 수 있었던 날부터 7일 이내
계약서에 청약철회에 관한 사항이 기재되지 않은 경우	청약철회 등을 할 수 있음을 안 날 또는 알 수 있었던 날부터 14일 이내	청약철회 등을 할 수 있음을 안 날 또는 알 수 있었던 날부터 7일 이내
재화 등의 내용이 표시·광고의 내용과 다르거나 계약내용과 다르게 이행된 경우	당해 재화 등을 공급 받은 날부터 3월 이내, 그 사실을 안 날 또는 알 수 있었던 날부터 30일 이내	당해 재화 등을 공급 받은 날부터 3월 이내, 그 사실을 안 날 또는 알 수 있었던 날부터 30일 이내

3) 소비자의 청약철회의 제한

「방문판매 등에 관한 법률」, 「전자상거래 등에서의 소비자보호에 관한 법률」, 「할부거래에 관한 법률」은 다음과 같은 사유가 있는 경우에는 소비자가 청약철회권을 행사할 수 없도록 하고 있다.

① 소비자에게 책임 있는 사유로 재화 등이 멸실되거나 훼손된 경우. 다만, 재화 등의 내용을 확인하기 위하여 포장 등을 훼손한 경우는 제외한다.

② 사용 또는 소비에 의하여 그 가치가 현저히 낮아질 우려가 있는 재화 등을 사용 또는 소비한 경우

③ 시간이 지남으로써 다시 판매하기 어려울 정도로 재화 등의 가치가 현저히 낮아진 경우

④ 복제할 수 있는 재화 등의 포장을 훼손한 경우

⑤ 용역 또는 「문화산업진흥 기본법」 제2조 제5호의 디지털콘텐츠의 제공이 개시된 경우. 다만, 가분적 용역 또는 가분적 디지털콘텐츠로 구성된

계약의 경우에는 제공이 개시되지 아니한 부분에 대하여는 그러하지 아니하다(전자상거래 등에서의 소비자보호에 관한 법률 제17조).

⑥ 소비자의 주문에 의하여 개별적으로 생산되는 재화 등에 대한 것으로서 청약의 철회 및 계약의 해제를 인정하면 방문판매자 또는 전화권유판매자에게 회복할 수 없는 중대한 피해가 예상되는 경우로서 사전에 해당 거래에 대하여 별도로 그 사실을 고지하고 소비자의 서면(전자문서를 포함한다) 동의를 받은 경우(방문판매 등에 관한 법률 시행령 제12조)

⑦ 소비자의 주문에 따라 개별적으로 생산되는 재화 등 또는 이와 유사한 재화 등에 대하여 청약철회 등을 인정하는 경우 통신판매업자에게 회복할 수 없는 중대한 피해가 예상되는 경우로서 사전에 해당 거래에 대하여 별도로 그 사실을 고지하고 소비자의 서면(전자문서를 포함한다)에 의한 동의를 받은 경우(전자상거래 등에서의 소비자보호에 관한 법률 시행령 제21조)

⑧ 할부가격이 10만원 미만인 할부계약. 다만, 「여신전문금융업법」에 따른 신용카드를 사용하여 할부거래를 하는 경우에는 할부가격이 20만원 미만인 할부계약과 소비자의 주문에 따라 개별적으로 제조되는 재화 등의 공급을 목적으로 하는 할부계약(할부거래에 관한 법률 시행령 제6조 제2항)

다만 판매자는 위의 ①~④에 해당하여 청약철회 등이 불가능한 재화 등의 경우에는 그 사실을 재화 등의 포장이나 그 밖에 소비자가 쉽게 알 수 있는 곳에 명확하게 표시하거나 시험 사용 상품을 제공하는 등의 방법으로 청약철회 등의 권리 행사가 방해받지 아니하도록 조치하여야 한다. 다만, 위의 ⑤의 경우와 같이 디지털콘텐츠에 대하여 소비자가 청약철회 등을 할 수 없는 경우에는 청약철회 등이 불가능하다는 사실의 표시와 함께 대통령령으로 정하는 바에 따라 시험 사용 상품을 제공하는 등의 방법으로 청약철회 등의 권리 행사가 방해받지 아니하도록 하여야 한다.

4) 청약철회의 효과

청약을 철회하면 소비자는 이미 공급받은 재화 등을 반환하여야 하며, 판매자는 대화 등을 반환받은 날부터 3영업일 이내에 이미 지급받은 재화 등의 대금을 환급하여야 한다. 대금의 환급을 지연한 때에는 법률로 정한 지연이자를 지급하여야 한다.

소비자의 단순변심으로 청약을 철회하는 경우의 반품비용은 방문판매, 전화권유판매, 다단계판매, 할부거래의 경우에는 판매자가 부담하고, 전자상거래와 통신판매의 경우에는 소비자가 이를 부담한다. 다만 판매자가 계약상의 물품과 다른 물품을 보내거나 불량품을 보낸 경우와 같이 판매자의 잘못으로 청약을 철회하는 경우에는 언제나 판매자가 반품비용을 부담한다.

5) 소비자에게 불리한 계약의 금지

「방문판매 등에 관한 법률」 제52조, 「전자상거래 등에서의 소비자보호에 관한 법률」 제35조, 「할부거래에 관한 법률」 제43조는 각각 청약철회에 관한 규정을 위반한 약정으로서 소비자에게 불리한 약정은 그 효력이 없다고 하고 있다. 따라서 소비자의 청약철회권을 행사하지 못하게 하거나, 소비자에게 철회나 취소에 따른 부당한 위약금이나 손해배상의 책임을 지우는 약정은 그것이 계약서에 기재되어 쌍방의 합의가 있었다고 해도 그 효력이 없다.

4. 손해배상책임

상품이나 서비스를 구매한 경우에 판매자가 계약으로 인한 채무를 계약에서 정한 바대로 이행하지 않거나 상품이나 서비스의 결함으로 인하여 소비자에게 피해가 발생할 수 있다. 이 경우 소비자는 그 피해를 보상 받을 수 있어야 한다.

1) 「민법」에 의한 손해배상책임

「민법」에 의한 손해배상책임은 크게 두 가지로 나누어 볼 수 있다. 하나는 계약관계에 있는 채무자가 채무를 이행하지 아니하는 경우에 발생하는 ‘채무불이행으로 인한 손해배상책임’이고, 다른 하나는 계약관계 등이 존재하지 않는 자가 고의 또는 과실로 타인에게 손해를 가한 때에 발생하는 ‘불법행위로 인한 손해배상책임’이다.

(1) 채무불이행으로 인한 손해배상책임

우리 「민법」은 제390조에서 "채무자가 채무의 내용에 좇은 이행을 하지 아니한 때에는 채권자는 손해배상을 청구할 수 있다. 그러나 채무자의 고의나 과실없이 이행할 수 없게 된 때에는 그러하지 아니하다"고 함으로써 채무불이행으로 인한 손해배상책임을 규정하고 있다.

채무불이행은 채무자의 귀책사유로 인하여 채무가 이행되고 있지 않은 상태를 말한다. 여기에는 이행지체와 이행불능의 경우가 대표적이지만, 채무자가 이행을 하였지만 그 이행에 하자가 있거나 기타 설명의무나 보호의무 등을 위반한 경우에도 채무불이행에 해당한다.

채무불이행으로 인한 손해배상청구권이 성립하기 위해서는 다음의 요건을 충족하여야 한다.

① 채무불이행에 대하여 채무자의 귀책사유가 있어야 한다. 채무자의 고의나 과실 없이 이행할 수 없게 된 때에는 채무불이행으로 인한 손해배상청구권이 성립하지 않는다.

② 채무불이행으로 인하여 손해가 발생하여야 한다.

③ 채무불이행과 손해 사이에 인과관계가 존재하여야 한다.

채무불이행으로 인한 손해배상은 통상의 손해를 그 한도로 한다. 특별한 사정으로 인한 손해는 채무자가 그 사정을 알았거나 알 수 있었을 때에 한하여 배상의 책임이 있다(민법 제393조). 통상손해는 일반적으로 인정되는 손해를 말하며, 특별손해는 채권자의 특별한 사정으로 인하여 발생하는 손해를 말한다.

다른 의사표시가 없으면 손해는 금전으로 배상한다. 계약을 이행하지 아니한 채무자는 계약이 완전히 이행된 것과 같은 경제적 이익을 배상하여야 한다. 따라서 이행불능의 경우에는 이행에 갈음하는 손해배상을 청구할 수 있으며, 이행지체의 경우에는 본래의 채무의 이행을 청구하면서 지연으로 인한 손해배상을 청구할 수도 있고, 지체 후의 이행이 채권자에게 이익이 없는 때에는 수령을 거절하고 이행에 갈음한 손해배상을 청구할 수도 있다(이행지체와 전보배상).

채무불이행에 관하여 채권자에게 과실이 있는 때에는 법원은 손해배상의 책임 및 그 금액을 정함에 이를 참작하여야 한다(과실상계).

한편 우리 「민법」은 금전채무불이행에 관하여 다음과 같은 특칙을 두고 있다: "금전채무불이행의 손해배상액은 법정이율에 의한다. 그러나 법령의 제한에 위반하지 아니한 약정이율이 있으면 그 이율에 의한다. 금전채무불이행의 손해배상에 관하여는 채권자는 손해의 증명을 요하지 아니하고 채무자는 과실 없음을 항변하지 못한다"(민법 제397조).

(2) 불법행위로 인한 손해배상책임

불법행위란 고의 또는 과실에 기한 위법한 행위로 타인에게 손해를 가하는 행위를 의미한다. 고의 또는 과실로 인한 위법행위로 타인에게 손해를 가한 자는 그 손해를 배상할 책임이 있다(민법 제750조). 따라서 불법행위로 인한 손해배상청구권이 성립하기 위해서는 다음과 같은 요건을 갖추어야 한다.

① 고의 또는 과실에 기한 행위여야 한다. 고의란 결과발생에 대한 인식과 의욕을 말하고, 과실이란 주의의무에 위반하여 결과를 발생시키는 것을 말한다. 채무불이행의 경우와 달리 불법행위로 인한 손해배상에 있어서는 피해자가 가해자의 고의 또는 과실을 증명해야 한다.

② 행위는 위법해야 한다. 위법하다는 것은 전체 법질서에 비추어 보았을 때 허용되지 않는다는 것을 의미한다. 따라서 긴급피난이나 정당방위 등의 행위는 위법성이 조각된다.

③ 손해가 발생하여야 한다.

④ 행위와 손해 사이에 인과관계가 있어야 한다.

손해배상의 범위나 방법은 채무불이행과 다르지 않다. 타인의 신체, 자유 또는 명예를 해하거나 기타 정신상고통을 가한 자는 재산 이외의 손해에 대하여도 배상할 책임이 있다. 법원은 이러한 손해배상을 정기금채무로 지급할 것을 명할 수 있고 그 이행을 확보하기 위하여 상당한 담보의 제공을 명할 수 있다(민법 제751조). 타인의 생명을 해한 자는 피해자의 직계존속, 직계비속 및 배우자에 대하여는 재산상의 손해가 없는 경우에도 손해배상의 책임이 있다.

배상의무자는 그 손해가 고의 또는 중대한 과실에 의한 것이 아니고 그 배상으로 인하여 배상자의 생계에 중대한 영향을 미치게 될 경우에는 법원에 그 배상액의 경감을 청구할 수 있다. 이 경우 법원은 채권자 및 채무자의 경제상태와 손해의 원인 등을 참작하여 배상액을 경감할 수 있다.

불법행위로 인한 손해배상의 청구권은 피해자나 그 법정대리인이 그 손해 및 가해자를 안 날로부터 3년간 이를 행사하지 아니하면 시효로 인하여 소멸한다. 불법행위를 한 날로부터 10년을 경과한 때에도 마찬가지이다.

성적(性的) 침해를 당한 미성년자의 손해배상청구권 소멸시효

구「민법」에 따르면 미성년자가 성적(性的) 침해를 당한 경우에도 일반 손해배상청구권과 동일하게 부모 등 법정대리인이 손해 및 가해자를 안 날부터 3년이 지나거나 성적 침해가 발생한 날부터 10년이 지나면 소멸시효가 완성되어 손해배상을 청구할 수 없었는데, 미성년자를 대상으로 하는 성폭력범죄 등은 주변인들이 가해자인 경우가 많아 대리인을 통한 권한 행사가 어려운 상황이라는 점을 고려해 미성년자인 피해자가 성년이 될 때까지 손해배상청구권의 소멸시효를 유예해야 한다는 주장이 제기되었다.

이에 개정 「민법」은 "미성년자가 성폭력, 성추행, 성희롱, 그 밖의 성적(性的) 침해를 당한 경우에 이로 인한 손해배상청구권의 소멸시효는 그가 성년이 될 때까지는 진행되지 아니한다."(제776조 제3항)고 규정함으로써 미성년자가 성적 침해를 당한 경우에는 해당 미성년자가 성년이 될 때까지 손해배상청구권의 소멸시효가 진행되지 아니하도록 하여 미성년자인 피해자가 성년이 된 후 스스로 가해자에게 손해배상을 청구할 수 있도록 보장함으로써 성적 침해를 당한 미성년자에 대한 보호를 강화하고 있다.

「민법」상 특수불법행위에 대한 손해배상책임

제755조(감독자의 책임) ① 다른 자에게 손해를 가한 사람이 제753조 또는 제754조에 따라 책임이 없는 경우에는 그를 감독할 법정의무가 있는 자가 그 손해를 배상할 책임이 있다. 다만, 감독의무를 게을리하지 아니한 경우에는 그러하지 아니하다.

② 감독의무자를 갈음하여 제753조 또는 제754조에 따라 책임이 없는 사람을 감독하는 자도 제1항의 책임이 있다.

제756조(사용자의 배상책임) ① 타인을 사용하여 어느 사무에 종사하게 한 자는 피용자가 그 사무집행에 관하여 제3자에게 가한 손해를 배상할 책임이 있다. 그러나 사용자가 피용자의 선임 및 그 사무감독에 상당한 주의를 한 때 또는 상당한 주의를 하여도 손해가 있을 경우에는 그러하지 아니하다.

② 사용자에 갈음하여 그 사무를 감독하는 자도 전항의 책임이 있다.

③ 전2항의 경우에 사용자 또는 감독자는 피용자에 대하여 구상권을 행사할 수 있다.

제757조(도급인의 책임) 도급인은 수급인이 그 일에 관하여 제3자에게 가한 손해를 배상할 책임이 없다. 그러나 도급 또는 지시에 관하여 도급인에게 중대한 과실이 있는 때에는 그러하지 아니하다.

제758조(공작물등의 점유자, 소유자의 책임) ① 공작물의 설치 또는 보존의 하자로 인하여 타인에게 손해를 가한 때에는 공작물점유자가 손해를 배상할 책임이 있다. 그러나 점유자가 손해의 방지에 필요한 주의를 해태하지 아니한 때에는 그 소유자가 손해를 배상할 책임이 있다.

② 전항의 규정은 수목의 재식 또는 보존에 하자있는 경우에 준용한다.

③ 전2항의 경우에 점유자 또는 소유자는 그 손해의 원인에 대한 책임있는 자에 대하여 구상권을 행사할 수 있다.

제759조(동물의 점유자의 책임) ① 동물의 점유자는 그 동물이 타인에게 가한 손해를 배상할 책임이 있다. 그러나 동물의 종류와 성질에 따라 그 보관에 상당한 주의를 해태하지 아니한 때에는 그러하지 아니하다.

② 점유자에 갈음하여 동물을 보관한 자도 전항의 책임이 있다.

제760조(공동불법행위자의 책임) ① 수인이 공동의 불법행위로 타인에게 손해를 가한 때에는 연대하여 그 손해를 배상할 책임이 있다.

② 공동 아닌 수인의 행위 중 어느 자의 행위가 그 손해를 가한 것인지를 알 수 없는 때에도 전항과 같다.

책임능력 있는 미성년자의 불법행위로 인한 손해배상책임

[사례] 甲은 사고 당시 만 16세 남짓한 고등학교 1학년 학생으로서 원동기장치자전거 운전면허도 없이 친구 아버지의 100cc 오토바이를 친구로부터 빌려 과속으로 운전하다가 乙을 충격하는 사고로 乙에게 장애가 발생되는 상해를 가하였다. 그런데 甲은 물론 오토바이의 소유자인 친구의 아버지는 乙의 치료비를 부담할

만한 재산이 없으나, 甲의 부모인 丙과 丁은 재산이 많이 있다. 이 경우 乙이 丙과 丁을 상대로 위 사고로 인한 손해배상을 청구할 수 있는가?

[해설] 판례에 따르면, 책임능력 있는 미성년자의 불법행위와 감독의무자의 손해배상의무에 관하여 "책임능력 있는 미성년자의 불법행위로 인하여 손해가 발생한 경우 그 손해가 미성년자의 감독의무자의 의무위반과 상당인과관계가 있는 경우 감독의무자는 일반불법행위자로서 손해배상의무가 있다."라고 하면서 "사고 당시 18세 남짓한 미성년자가 운전면허가 없음에도 가끔 숙부 소유의 화물차를 운전한 경우, 부모로서는 미성년의 아들이 무면허운전을 하지 못하도록 보호·감독하여야 할 주의의무가 있음에도 이를 게을리 하여 화물차를 운전하도록 방치한 과실이 있고, 부모의 보호·감독상의 과실이 사고발생의 원인이 되었으므로, 부모들이 피해자가 입은 손해를 배상할 책임이 있다."고 판단한 원심판결을 수긍한 사례가 있으며(대법원 96다15374), 또한 "만 16세 남짓한 고등학교 1학년 학생이 무면허로 오토바이를 운전하다 사고를 낸 경우, 사고 당시의 연령과 수학정도 등에 비추어 불법행위에 대한 책임을 변식할 능력은 있었으나, 경제적인 면에서 전적으로 그의 부모에게 의존하며 그들의 보호·감독을 받고 있었으므로, 부모로서는 그 자에 대하여 면허 없이 오토바이를 운전하지 못하도록 하는 등 보호·감독을 철저히 하여야 할 주의의무가 있는데도 이를 게을리 한 잘못이 있다"고 하여 그 부모에게도 교통사고에 대한 손해배상책임이 있다고 본 사례가 있다(대법원 99다19957).

그러므로 위 사안에 있어서도 乙은 丙과 丁을 상대로 甲의 위와 같은 불법행위로 인한 손해배상을 청구해볼 수 있다. 다만, 이 경우 입증책임에 관하여 감독의무위반사실 및 손해발생과의 상당인과관계의 존재는 이를 주장하는 자가 입증하여야 한다(대법원 93다13605).

2) 「제조물 책임법」에 의한 손해배상 책임

(1) 제조물 책임의 의의

'제조물 책임'은 제조물의 결함으로 인해 소비자에게 발생한 손해에 대해 제조업자가 지는 손해배상책임을 말한다.

상품의 결함으로 인한 손해는 손해의 경우 소비자와 제조사 사에는 직접적인 계약관계가 없기 때문에 채무불이행책임을 물을 수 없다. 따라서 원칙적으로 불법행위로 인한 손해배상책임을 물어야 한다. 즉 제조사는 당시의 기술수준에 비추어 안전성을 갖춘 제품을 제조·판매하여야 할 책임이 있고, 제조사의 고의 또는 과실로 이러한 안전성을 갖추지 못한 제품을 제조·판매한 결과 소비자에게 손해가 발생했다면, 당연히 제조사는 불법행위로 인한 손해배상책임을 부담해야 한다는 논리다. 그러나 제조사에게 이러한 책임을 묻기 위해서는 상품의 결함, 제조사의 과실, 결함과 손해사이의 인과관계 등에 대한 입증책임을 모두 소비자가 부담하게 된다. 전문가가 아닌 소비자 입장에서 이러한 것들을 과학적·기술적으로 모두 입증해 낸다는 것은 결코 쉬운 일이 아니다.

바로 이런 이유 때문에 우리 「제조물 책임법」은 제조물의 결함으로 생명, 신체 또는 재산에 손해를 입은 자가 발생한 경우에 제조업자의 고의 또는 과실에 관계없이 제조업자로 하여금 피해자에게 그 손해를 배상하도록 규정하고 있다.

(2) 제조물 책임의 성립요건

제조물 책임이 성립하려면 ① 제조물의 결함이 있어야 하고, ② 제조물의 결함으로 인하여 소비자가 생명·신체 또는 재산에 손해를 입어야 한다(동법 제3조 제1항).

'제조물'이란 제조되거나 가공된 동산(다른 동산이나 부동산의 일부를 구성하는 경우를 포함)을 말하고(동법 제2조 제1호), '결함'이란 제조물에 다음 도표의 어느 하나에 해당하는 제조상·설계상 또는 표시상의 결함이 있거나 그 밖에 통상적으로 기대할 수 있는 안전성이 결여되어 있는 것을 말한다(동법 제2조 제2호).

결함의 유형	결함의 내용
제조상의 결함	제조업자의 제조물에 대하여 제조상·가공상의 주의의무의 이행하였는지에 관계없이 제조물이 원래 의도한 설계와 다르게 제조·가공됨으로써 안전하지 못하게 된 경우
설계상의 결함	제조업자가 합리적인 대체설계를 채용하였더라면 피해나 위험을 줄이거나 피할 수 있었음에도 대체설계를 채용하지 않아 해당 제조물이 안전하지 못하게 된 경우
표시상의 결함	제조업자가 합리적인 설명·지시·경고 또는 그 밖에 표시를 하였더라면 해당 제조물에 의해 발생할 수 있는 피해나 위험을 줄이거나 피할 수 있었음에도 이를 하지 않은 경우

따라서 피해자는 제조물에 결함이 있다는 것, 그리고 그로 인하여 손해가 발생하였다는 것을 증명하여야 한다. 이것이 증명되면 제조업자는 고의·과실의 여부를 불문하고 제조물의 결함으로 인하여 생명·신체 또는 재산에 손해를 입은 자에게 그 손해를 배상하여야 한다.

(3) 제조물 책임의 면책사유

다만 제조업자는 제조물에 결함이 있다는 것, 그리고 그로 인하여 소비자의 생명·신체 또는 재산에 손해가 발생하였다는 것이 증명되어도 다음과 같은 사유 중 어느 하나에 해당한다는 것을 입증하는 경우에는 손해배상책임을 면한다(동법 제4조).

① 제조업자가 해당 제조물을 공급하지 아니하였다는 사실

② 제조업자가 해당 제조물을 공급한 당시의 과학·기술 수준으로는 결함의 존재를 발견할 수 없었다는 사실

③ 제조물의 결함이 제조업자가 해당 제조물을 공급한 당시의 법령에서 정하는 기준을 준수함으로써 발생하였다는 사실

④ 원재료나 부품의 경우에는 그 원재료나 부품을 사용한 제조물 제조업자의 설계 또는 제작에 관한 지시로 인하여 결함이 발생하였다는 사실

(4) 제조물 책임의 범위

제조업자의 제조물 책임의 범위는 소비자의 생명·신체 또는 재산에 손해에 대한 배상의무로 한정된다. 즉 해당 제조물 그 자체에 대해서 발생한 손해는 제외된다. 결함이 있는 제조물 그 자체에 대한 손해는 계약의 당사자인 유통업자나 판매자에게 물어야 한다. 이 경우에는 제조물 책임이 문제되는 것이 아니라, 하자담보책임이나 채무불이행책임이 문제된다.

다만, 제조물의 제조업자를 알 수 없는 경우에 그 제조물을 영리 목적으로 판매·대여 등의 방법으로 공급한 자는 제조물의 제조업자 또는 제조물을 자신에게 공급한 자를 알거나 알 수 있었음에도 불구하고 상당한 기간 내에 그 제조업자나 공급한 자를 피해자 또는 그 법정대리인에게 고지하지 아니한 경우에는 제조물 책임에 따른 손해를 배상하여야 한다(동법 제3조 제2항).

(5) 손해배상의 청구

「제조물 책임법」에 따른 손해배상의 청구권은 피해자 또는 그 법정대리인이 손해(피해사실) 및 손해배상책임을 지는 자(제조업자)를 모두 알게 된 날부터 3년간 행사하지 아니하면 시효의 완성으로 소멸한다. 또한 이 법에 따른 손해배상의 청구권은 제조업자가 손해를 발생시킨 제조물을 공급한 날부터 10년 이내에 행사하여야 한다. 다만, 신체에 누적되어 사람의 건강을 해치는 물질에 의하여 발생한 손해 또는 일정한 잠복기간이 지난 후에 증상이 나타나는 손해에 대하여는 그 손해가 발생한 날부터 기산한다(동법 제7조).

제 3 장

근로관계와 법률

제 1 절 노동법 개관

1. 노동법의 의의

자본주의적 시장경제질서 하에서 근로자는 노동시장에서 노동이라는 상품을 팔아 생존을 유지하는 자이다. 한편 자본가는 그러한 노동을 구입하여 다른 생산수단과 결부시켜 영리추구활동을 하는 자이다. 그런데 자본가와 근로자가 노동시장에서 체결하는 근로계약은 사실상의 힘의 불균형으로 인해 항상 자본가에게 유리하게 마련이고, 그 결과 근로자가 자본가에게 예속되는 결과를 초래한다.

평등한 능력을 가진 인격체를 전제로 하여 그들 간의 자유로운 의사에 따라 체결되는 계약을 가정하고 있는 「민법」상의 고용관계 규정을 가지고서는 이러한 근로관계의 종속관계와 불평등관계를 시정하는 데에 한계가 있을 수밖에 없다. 따라서 자본주의 사회에서 자본가와 근로자 사이에 힘의 불균형과 종속적인 근로관계를 사실상 인정하는 바탕 위에서 근로자의 실질적인 자유와 평등을 확보함으로써 근로자의 인간다운 생활을 보장해 줄 수 있는 규범의 체계가 필요하게 된다. 이러한 규범체계의 총체를 '노동법'이라고 할 수 있다.

2. 현행 노동법의 체계

노동법의 체계는 헌법의 노동관계 규정을 최상위규범으로 하고, 국회가 제정한 각종 노동관계법 및 국내법률과 동일한 효력을 가지는 노동관계 국제협약, 그리고 근로자와 사용자가 자치적으로 정한 노사자치규범으로 구성되어 있다.

1) 헌법의 노동관계 규정

우리 헌법은 근로권, 단결권, 단체교섭권, 단체행동권 등의 노동기본권을 규정하고 있고, 더 나아가 국가의 고용증진 및 적정임금 보장의무, 최저임금제, 근로조건의 법정주의 및 여자와 연소자의 근로에 대한 특별한 보호 등에 대해서도 규정하고 있다. 헌법이 규정하고 있는 노동기본권은 사회권 내지 생존권적인 성격은 물론이고, 근로자들이 노동조합을 만들고 활동하는데 국가의 부당한 간섭을 배제한다는 의미에서 자유권적인 성격을 함께 가지고 있다[헌법재판소 94헌바13·26, 95헌바44(병합)].

헌법의 노동관계규정

제32조 ① 모든 국민은 근로의 권리를 가진다. 국가는 사회적·경제적 방법으로 근로자의 고용의 증진과 적정임금의 보장에 노력하여야 하며, 법률이 정하는 바에 의하여 최저임금제를 시행하여야 한다.

② 모든 국민은 근로의 의무를 진다. 국가는 근로의 의무의 내용과 조건을 민주주의원칙에 따라 법률로 정한다.

③ 근로조건의 기준은 인간의 존엄성을 보장하도록 법률로 정한다.

④ 여자의 근로는 특별한 보호를 받으며, 고용·임금 및 근로조건에 있어서 부당한 차별을 받지 아니한다.

⑤ 연소자의 근로는 특별한 보호를 받는다.

⑥ 국가유공자·상이군경 및 전몰군경의 유가족은 법률이 정하는 바에 의하여 우선적으로 근로의 기회를 부여받는다.

제33조 ① 근로자는 근로조건의 향상을 위하여 자주적인 단결권·단체교섭권 및 단

> 체행동권을 가진다.
> ② 공무원인 근로자는 법률이 정하는 자에 한하여 단결권·단체교섭권 및 단체행동권을 가진다.
> ③ 법률이 정하는 주요방위산업체에 종사하는 근로자의 단체행동권은 법률이 정하는 바에 의하여 이를 제한하거나 인정하지 아니할 수 있다.

2) 노동관계법

노동관계법은 그 내용과 규율대상을 기준으로 개별적 근로관계법, 집단적 노사관계법, 고용보장법의 세 가지 유형으로 구분할 수 있다.[1)]

(1) 개별적 근로관계법

개별적 근로관계법이란 근로환경이나 근로조건 등 근로자 개인과 사용자 사이의 근로관계에 관하여 규율하는 법을 말한다. 대표적인 법률은 「근로기준법」이다. 그 외에도 「최저임금법」, 「근로자퇴직급여보장법」, 「남녀고용평등과 일·가정 양립 지원에 관한 법률」, 「산업안전보건법」, 「산업재해보상보험법」, 「기간제 및 단시간근로자 보호 등에 관한 법률」, 「파견근로자보호 등에 관한 법률」 등이 있다.

(2) 집단적 노사관계법

집단적 노사관계법은 근로자의 조직체인 노동조합이나 근로자대표와 사용자대표로 이루어진 노사협의회, 그리고 노동위원회를 통한 노사 간의 분쟁처리를 규율하는 법을 의미한다. 집단적 노사관계법으로는 「노동조합 및 노동관계조정법」, 「공무원의 노동조합 설립 및 운영 등에 관한 법률」, 「교원의 노동조합 설립 및 운영 등에 관한 법률」, 「근로자참여 및 협력증진에 관한 법률」 등을 들 수 있다.

(3) 고용보장법

고용보장법이란 국가가 노동시장에서의 적극적인 고용정책 등을 통하여

---

1) 이하에서의 노동관계법의 유형적 구분에 대한 내용은 김엘림·윤애림 공저, 근로보호법, 방송통신대학교출판부, 2014, 14면 이하 참조.

국민의 고용의 촉진, 실업의 예방, 고용의 안정 등을 달성하는 것을 목적으로 하는 법을 말한다. 「고용정책 기본법」, 「고용보험법」, 「직업안정법」, 「근로자직업능력 개발법」, 「고용상 연령차별금지 및 고령자고용촉진에 관한 법률」, 「장애인고용촉진 및 직업재활법」 등이 대표적인 고용보장법이다.

3) 노동관계 국제협약

노동관계 국제협약이란 UN과 ILO 등 국제기구가 채택한 국제협약 중 취업과 근로조건, 노사관계, 근로감독, 산업안전과 보건, 산업재해 등에 관한 국제기준을 규정한 국제노동법을 말한다. 우리나라가 비준한 노동관계 국제협약에는 UN의 「경제적·사회적·문화적 권리에 관한 국제협약」, 「시민적·정치적 권리에 관한 국제협약」과 그 선택의정서 등이 있고, 2013년 1월 현재 ILO의 183개의 협약 가운데 28개의 협약에 비준하고 있다.[2)]

4) 노사자치규범

노사자치규범은 비록 국회에서 제정한 법률은 아니지만 근로관계에 대한 분쟁이 발생했을 때 중요한 판단자료가 된다는 점에서 노동법체계의 중요한 부분을 구성하고 있다. 노사자치규범에는 근로계약, 취업규칙, 단체협약이 있다. '근로계약'이란 근로자가 사용자에게 근로를 제공하고 사용자는 이에 대하여 임금을 지급함을 목적으로 체결된 계약을 말한다. '취업규칙'은 사용자가 사업장에 있어서 근로자가 준수하여야 할 규율과 임금·근로시간, 기타 근로조건에 관한 구체적 사항을 정한 규칙이다. '단체협약'은 노동조합과 사용자가 단체교섭을 통해 근로조건 및 그 밖의 근로자의 지위 등에 관하여 문서로써 체결한 협약이다.

2) 김엘림·윤애림 공저, 앞의 책, 16면.

제 2 절 근로조건과 법률

1. 「근로기준법」 개관

1) 「근로기준법」의 의의 및 성격

「근로기준법」은 "근로조건의 기준은 인간의 존엄성을 보장하도록 법률로 정한다"(헌법 제32조 제4항)는 헌법의 형성적 법률유보 규정에 의하여 인간의 존엄성을 보장할 수 있는 임금과 근로시간 및 그 밖의 근로자에 대한 처우의 최저기준의 근로조건을 정하기 위하여 제정된 법이다. 「근로기준법」 제1조 또한 이 점을 분명히 밝히고 있다: "이 법은 헌법에 따라 근로조건의 기준을 정함으로써 근로자의 기본적 생활을 보장, 향상시키며 균형 있는 국민경제의 발전을 꾀하는 것을 목적으로 한다."

근로조건 및 근로관계에서의 근로자의 보호에 관해서, 「근로기준법」은 여타의 다른 법령에 대해 일반법 내지 기본법으로서의 성격을 가진다. 따라서 근로조건 및 근로관계에서의 근로자의 보호에 관하여 특별법을 통해 따로 규정하지 않는 이상 「근로기준법」이 적용된다.

또한 「근로기준법」에서 정하는 근로조건의 기준은 인간의 존엄성을 보장하기 위한 최저의 기준이기 때문에 근로계약, 취업규칙, 단체협약 등을 통해서 이 보다 낮은 수준의 근로조건을 정할 수는 없다. 「근로기준법」은 근로조건 등 근로자 개인과 사용자 사이의 근로관계에 관하여 규율하는 '개별적 근로관계법'에 속하며, 대부분의 규정이 강행규정으로서의 성격을 가지고 있다.

2) 「근로기준법」의 적용범위

(1) 전부 적용되는 사업 또는 사업장

「근로기준법」은 상시 5명 이상의 근로자를 사용하는 모든 사업 또는 사업장에 적용된다. 그 사업의 목적이나 영리추구 유무, 업종 등을 불문한다. 기업은 물론이고, 비영리 공법인, 사단법인, 재단법인 등이 운영하는 사업에도 적용된다. 뿐만 아니라 국가, 특별시·광역시·도, 시·군·구, 읍·면·동, 그 밖에 이에 준하는 것에 대하여도 적용된다.

'상시 5명 이상의 근로자를 사용하는 사업 또는 사업장'이란 "'상시 근무하는 근로자의 수가 5인 이상인 사업 또는 사업장'이 아니라 '사용하는 근로자의 수가 상시 5인 이상인 사업 또는 사업장'을 뜻하는 것이고, 이 경우 상시라 함은 상태라고 하는 의미로서 근로자의 수가 때때로 5인 미만이 되는 경우가 있어도 사회통념에 의하여 객관적으로 판단하여 상태적으로 5인 이상이 되는 경우에는 이에 해당하며, 여기의 근로자에는 당해 사업장에 계속 근무하는 근로자뿐만 아니라 그때그때의 필요에 의하여 사용하는 일용근로자를 포함한다"(대법원 99도1243). 따라서 기간제근로자나 단시간근로자는 포함되지만, 파견근로자는 제외된다.

상시 사용하는 근로자의 수를 산정하는 방법은 해당 사업 또는 사업장에서 법 적용 사유(휴업수당 지급, 근로시간 적용 등 법 또는 이 영의 적용 여부를 판단하여야 하는 사유를 말한다) 발생일 전 1개월(사업이 성립한 날부터 1개월 미만인 경우에는 그 사업이 성립한 날 이후의 기간을 말한다) 동안 사용한 근로자의 연인원을 같은 기간 중의 가동 일수로 나누어 산정한다(동법 제11조 제3항, 동법 시행령 제7조의2).

상시 근로자 수의 산정방식
[사례] A는 식당에서 아르바이트를 한다. 식당에는 사장과 주방장, 그리고 A를 포함한 알바생 4명이 일을 한다. 그런데 이 중에서 알바 한 명은 손님들이 많은 주말에만 일을 한다. A가 일하는 식당도 상시 근로자 수가 5인 이상인가?
[해설] 상시 사용하는 근로자 수를 산정하는 방법은 법 적용 사유 발생일전 1개월 동안 사용한 근로자의 연인원을 해당기간 동안의 식당운영일수로 나누어 산정한다. 연인원이란 식당을 운영한 날에 출근한 근로자의 수를 모두 더한 것을 말한다. 예를 들어 한 달 연인원이 136명이고, 26일을 운영한 경우에는 136명 ÷ 26일 = 5.23명이 된다.

(2) 일부 적용되는 사업 또는 사업장

상시 4명 이하의 근로자를 사용하는 사업 또는 사업장에 대하여는 「근로기준법」의 몇몇 중요한 일부 규정만이 적용된다. 상시 근로자 4인 이하의 사업 또는 사업장에 적용되는 규정은 대통령령으로 정한다. 영세사업장의 경우 동법을 준수할 여건을 갖추기가 현실적으로 어렵다는 사정이 고려된 입법정책적 결정이다.

(3) 적용제외 사업 또는 사업장

「근로기준법」은 동거친족만을 사용하는 사업에는 적용되지 않는다(동법 제11조 제1항 단서). 가까운 친족관계에 있는 사람들 사이의 근로관계까지 국가가 간섭하는 것은 부당하다는 고려에서 비롯된 규정이다. '동거친족만'을 사용하는 사업 또는 사업장에 적용되지 않는 것이므로 동거하지 않는 친족을 고용하고 있다든가, 한 명이라도 동거의 친족이 아닌 자를 고용하고 있는 사업 또는 사업장에는 당연히 「근로기준법」이 적용된다.

주당 근로시간이 15시간 미만 근로자
[사례] A는 하루 2시간씩 1주일에 14시간 일한다. A도 주휴수당을 받을 수 있는가?
[해설] 주당 근무시간이 15시간 미만인 경우에는 연차휴가, 퇴직금, 유급주휴일 등에 관한 근로기준법의 내용이 적용되지 않으며, 고용보험·건강보험·국민연금 가입 등의 규정이 적용되지 않는다.

2. 근로계약

1) 근로계약의 의미

'근로계약'이란 근로자가 사용자에게 근로를 제공하고 사용자는 이에 대하여 임금을 지급하는 것을 목적으로 체결된 계약이다. 이러한 근로계약을 통해 근로자와 사용자 사이에는 '근로관계'라는 권리의무관계가 발생한다.

2) 근로자의 개념

근로자의 개념은 개별 법령의 제정목적에 따라 조금씩 차이가 있을 수 있다. 예컨대, "국가가 고용에 관한 정책을 수립·시행하여 국민 개개인이 평생에 걸쳐 직업능력을 개발하고 더 많은 취업기회를 가질 수 있도록 하는 한편, 근로자의 고용안정, 기업의 일자리 창출과 원활한 인력 확보를 지원하고 노동시장의 효율성과 인력수급의 균형을 도모함으로써 국민의 삶의 질 향상과 지속가능한 경제성장 및 고용을 통한 사회통합에 이바지함을 목적"으로 하는 「고용정책 기본법」상의 근로자는 그 입법목적상 사업주에게 고용된 사람 외에도 '취업할 의사를 가진 사람'을 근로자에 포함시키고 있다.

본 장에서 다루고자 하는 근로자의 개념은 「근로기준법」상의 근로자의 개념이다. 「근로기준법」상의 근로자의 개념이 중요한 것은 이 법에서 말하는 '근로자'에 해당이 되어야 「근로기준법」의 보호를 받고, 그렇지 아니하면 동법에 따른 보호를 받지 못한다는 점에 있다. 즉 「근로기준법」이 정하고 있는 근로자의 개념은 근로조건의 보호를 받을 인적 범위를 정한 것과 마찬가지다.

「근로기준법」에서 말하는 '근로자'란 "직업의 종류와 관계없이 임금을 목적으로 사업이나 사업장에 근로를 제공하는 자", 즉 '현재 취업을 하고 있는 자'를 말한다. 따라서 이러한 개념에 일치하는 한 그가 정규직이든 비정규직이든, 정부사업장에서 근무하든 민간사업장에서 근무하든, 외국인이든 내국인이든, 불법체류 외국인근로자이든, 고용허가를 받아 합법적으로 근로하는 외국인이든 관계없이 「근로기준법」이 정하는 근로자로서의 지위를 가지고 있고, 따라서 「근로기준법」이 정하는 근로조건에 대한 보호를 받는다.

3) 사용자의 개념

「근로기준법」상 사용자는 근로관계의 당사자로서 법을 준수해야 할 책임주체를 말하는데, 사업주 또는 사업 경영 담당자, 그 밖에 근로자에 관한 사항에 대하여 사업주를 위하여 행위하는 자이다(동법 제2조 제1항 2호).

사업주란 회사이익의 귀속자로 개인사업의 경우는 그 대표자며, 법인의 경우 법인 자체이고, 사업경영담당자란 이사, 지배인, 부장 등 명칭에 상관없이 사업주로부터 위임을 받아 회사를 운영하는 자를 말한다.

근로자에 대해서 사업주를 위하여 행위하는 자란 사업주의 지시나 명령으로 사업을 위해서 근로자를 감독 관리하는 인사노무관리 담당자나 관리자를 말한다.

이들 경영담당자와 관리자들은 근로자들을 지휘 명령하는 면에서는 사용자이지만 한편 사업주나 그들의 상사로부터 지시를 받는다는 측면에서는 근로자의 성질을 가지고 있으므로 본인의 문제에 있어서는 근로자로 인정되어 근로기준법 등 노동법상의 보호를 받을 수 있다.

4) 근로계약의 체결과 근로계약의 성립

근로계약은 근로자가 사용자에게 근로를 제공하고, 사용자는 그 대가로 근로자에게 임금을 지급하는 것을 주된 계약의 내용으로 하고 있다. 따라서 그 계약의 형태면에서 보면, 「민법」상 고용, 도급, 위임과 같은 면이 있다. 그러나 「근로기준법」은 근로관계를 종속관계로 파악하고 근로자의 보호를 위하여 근로계약의 체결방식이나 내용 등에 관한 기준 및 제한을 설정하고 있다.

도급 등 계약의 형식이 아니라, 계약의 실질에 따라 근로계약 여부를 판단(대법원)
"근로기준법상의 근로자에 해당하는지 여부는 계약의 형식과는 관계없이 실질에 있어서 근로자가 임금을 목적으로 종속적인 관계에서 사용자에게 근로를 제공하였는지 여부에 따라 판단하여야 하고, 이를 판단함에 있어서는 업무의 내용이 사용자에 의하여 정하여지고 취업규칙·복무규정·인사규정 등의 적용을 받으며 업무 수행과정에 있어서도 사용자로부터 구체적이고 직접적인 지휘·감독을 받는지 여부, 사용자에 의하여 근무시간과 근무장소가 지정되고 이에 구속을 받는지 여부, 비품·원자재·작업도구 등의 소유관계, 보수가 근로 자체의 대상적(대상적) 성격을 가지고 있는지 여부와 기본급이나 고정급이 정하여져 있는지 여부 및 근로소득세의 원천징수 여부 등 보수에 관한 사항, 근로제공관계의 계속성과 사용자에의 전속성의 유무와 정도, 사회보장제도에 관한 법령 등 다른 법령에 의하여 근로자로서의 지위를 인정하여야 하는지 여부, 양 당사자의 경제·사회적 조건 등을 종합적으로 고려하여 판단하여야 한다. 어떤 근로자에 대하여 누가 근로기준법 제32조, 제36조 소정의 의무를 부담하는 사용자인가를 판단함에 있어서도 계약의 형식이나 관련 법규의 내용에 관계없이 실질적인 근로관계를 기준으로 하여야 하고, 이때에도 위와 같은 여러 요소들을 종합적으로 고려하여야 한다"(대법원 2006도300).

(1) 근로계약의 체결방식

근로계약은 사용자와 근로자 본인이 직접 체결한다. 근로자가 미성년자라 하더라도 사용자는 근로자 본인과 직접 근로계약을 체결하여야 한다. 친권자나 후견인이라 하더라도 미성년자의 근로계약을 대리할 수 없다.

근로계약은 서면으로 체결하는 것이 원칙이나, 그 밖의 구두 등의 방법으로도 가능하다. 다만, 「근로기준법」은 근로계약을 체결할 때 사용자로 하여금 법령이 정한 근로조건에 관한 사항을 근로자에게 서면으로 명시하도록 하고 있다(동법 제17조).

(2) 근로조건의 명시

사용자는 근로계약을 체결할 때 근로자에게 임금 등에 관한 중요한 사항을 반드시 명시해야만 한다. 특히 그중에서 임금의 구성항목·계산방법·지급방법, 소정근로시간, 주휴일, 연차유급휴가 등은 서면으로 명시해야 한다(동법 제17조).

명시된 근로조건이 사실과 다를 경우에 근로자는 근로조건 위반을 이유로 손해의 배상을 청구할 수 있으며 즉시 근로계약을 해제할 수 있다. 근로자가 손해배상을 청구할 경우에는 노동위원회에 신청할 수 있으며, 근로계약이 해제되었을 경우에는 사용자는 취업을 목적으로 거주를 변경하는 근로자에게 귀향 여비를 지급하여야 한다.

(3) 체결금지 근로계약

가) 위약예정의 금지

사용자는 근로계약 불이행에 대한 위약금 또는 손해배상액을 예정하는 계약을 체결하지 못한다(동법 제20조). 이는 “당사자는 채무불이행에 관한 손해배상액을 예정할 수 있다”는 민법 제398조와 대비되는 규정이다. 「근로기준법」의 이러한 규정은 근로자로 하여금 불리한 근로계약을 해지할 수 권리를 보호하려는 데 그 목적이 있다.

위약금을 예정하는 근로계약
[사례] A는 카페에서 6개월간 일하기로 하면서 A가 중간에 일방적으로 그만두면 계약위반에 대한 위약금을 물기로 합의했다. 2달째 일하고 있는 지금 갑자기 사정이 생긴 A는 카페 일을 그만 두려는데 합의한 위약금을 물어야 하는가?
[해설] 근로계약을 체결할 때 근로자가 계약을 지키지 않을 것을 대비해 미리 위

약금이나 손해배상액을 정하는 계약은 모두 효력이 없다. 따라서 근로자와 사용자가 위약금에 합의했다 하더라고 근로자는 위약금을 물어줄 필요가 없다.

근로기준법 제20조의 규정취지에 관한 대법원의 입장

대법원은 위탁교육훈련 후 의무재직기간 근무 불이행시 교육비용 또는 교육기간 중의 임금을 반환하도록 한 약정의 효력과 해외파견근무 후 의무재직기간 근무 불이행시 해외근무를 위하여 회사가 지출한 경비를 반환하도록 한 약정의 효력을 무효라고 하면서 舊근로기준법 제27조의 입법취지를 다음과 같이 판시하고 있다.

"근로기준법 제27조에서 '사용자는 근로계약 불이행에 대한 위약금 또는 손해배상액을 예정하는 계약을 체결하지 못한다'고 규정하고 있는 취지는, 근로자가 근로계약을 불이행한 경우 반대급부인 임금을 지급받지 못한 것에 더 나아가서 위약금이나 손해배상을 지급하여야 한다면 근로자로서는 비록 불리한 근로계약을 체결하였다 하더라도 그 근로계약의 구속에서 쉽사리 벗어날 수 없을 것이므로 위와 같은 위약금이나 손해배상액 예정의 약정을 금지함으로써 근로자가 퇴직의 자유를 제한받아 부당하게 근로의 계속을 강요당하는 것을 방지하고, 근로계약 체결시의 근로자의 직장선택의 자유를 보장하며 불리한 근로계약의 해지를 보호하려는 데 있다 할 것인바, 기업체에서 비용을 부담 지출하여 직원에 대하여 위탁교육훈련을 시키면서 일정 임금을 지급하고 이를 이수한 직원이 교육수료일자부터 일정한 의무재직기간 이상 근무하지 아니할 때에는 기업체가 지급한 임금이나 해당 교육비용의 전부 또는 일부를 상환하도록 하되 의무재직기간 동안 근무하는 경우에는 이를 면제하기로 약정한 경우, 교육비용의 전부 또는 일부를 근로자로 하여금 상환하도록 한 부분은 근로기준법 제27조에서 금지된 위약금 또는 손해배상을 예정하는 계약이 아니므로 유효하지만, 임금반환을 약정한 부분은 기업체가 근로자에게 근로의 대상으로 지급한 임금을 채무불이행을 이유로 반환하기로 하는 약정으로서 실질적으로는 위약금 또는 손해배상을 예정하는 계약이므로 근로기준법 제27조에 위반되어 무효이고(대법원 1996. 12. 6. 선고 95다24944, 24951 판결 참조), 직원의 해외파견근무의 주된 실질이 연수나 교육훈련이 아니라 기업체의 업무상 명령에 따른 근로장소의 변경에 불과한 경우, 이러한 해외근무기간 동안 임금 이외에 지급 또는 지출한 금품은 장기간 해외근무라는 특수한 근로에 대한 대가이거나 또는 업무수행에 있어서의 필요불가결하게 지출할 것이 예정되어 있는 경비에 해당하여 재직기간 의무근무 위반을 이유로 이를 반환하기로 하는 약정 또한 마찬가지로 무효(대법원 2003. 10. 23. 선고 2003다7388 판결 참조)라고 보아야 할 것이다"(대법원 2001다53875).

나) 전차금 상계의 금지

사용자는 전차금(前借金)이나 그 밖에 근로할 것을 조건으로 하는 전대(前貸)채권과 임금을 상계하지 못한다(동법 제21조). 「근로기준법」의 이와 같은 규정은 전액지급의 원칙을 규정한 동법 제43조와 그 취지를 같이한다. 즉 전차금 등과 임금의 상계를 금지함으로써 근로자가 생계곤란으로 인하여 사실상 근로를 강제당하는 것을 막기 위해서이다.

다) 강제저금의 금지

사용자는 근로계약에 덧붙여 강제 저축 또는 저축금의 관리를 규정하는 계약을 체결하지 못한다. 사용자가 근로자의 위탁으로 저축을 관리하는 경우에도, 저축의 종류·기간 및 금융기관을 근로자가 결정하고, 근로자 본인의 이름으로 저축하여야 하며, 근로자가 저축증서 등 관련 자료의 열람 또는 반환을 요구할 때에는 즉시 이에 따라야만 한다(동법 제22조).

라) 파견근로자에 대한 고용제한의 금지

한편, 「파견근로자보호 등에 관한 법률」은 파견근로자의 고용을 보장하기 위하여 파견근로자에 대한 고용제한을 금지하는 규정을 두고 있다. 이 법에 따르면, 파견사업주는 정당한 이유 없이 파견근로자 또는 파견근로자로서 고용되고자 하는 자와 그 고용관계의 종료 후 사용사업주에게 고용되는 것을 금지하는 내용의 근로계약을 체결하여서는 아니된다. 또한 파견사업주는 정당한 이유 없이 파견근로자의 고용관계의 종료 후 사용사업주가 당해 파견근로자를 고용하는 것을 금지하는 내용의 근로자파견계약을 체결하여서는 아니된다(동법 제25조).

마) 여성근로자의 혼인, 임신 등을 퇴직사유로 하는 근로계약 체결의 금지

「남녀고용평등과 일·가정 양립 지원에 관한 법률」은 근로에 있어서 남녀의 평등한 기회와 대우를 보장하고 모성 보호와 여성 고용을 촉진하기 위하

여 여성근로자의 혼인 등을 퇴직사유로 하는 근로계약의 체결을 금지하고 있다. "사업주는 여성 근로자의 혼인, 임신 또는 출산을 퇴직 사유로 예정하는 근로계약을 체결하여서는 아니된다"(동법 제11조 제2항).

(4) 근로계약 기간

「기간제 및 단시간근로자 보호 등에 관한 법률」은 근로계약을 '기간의 정함 있는 근로계약'과 '기간의 정함이 없는 근로계약'으로 구분하고, 이 중에서 기간의 정함이 있는 근로계약을 체결한 근로자를 '기간제근로자'로 정의하고 있다(동법 제2조 참조).

동법에 따르면, 사용자는 2년을 초과하지 아니하는 범위 안에서(기간제 근로계약의 반복갱신 등의 경우에는 그 계속 근로한 총기간이 2년을 초과하지 아니하는 범위 안에서) 기간제근로자를 사용할 수 있다. 다만, 사업의 완료 또는 특정한 업무의 완성에 필요한 기간을 정한 경우 등과 같이 법령이 정한 특별한 예외사유가 있는 경우에는 2년을 초과하여 기간제근로자로 사용할 수 있다. 만약 사용자가 법령이 정한 특별한 예외사유가 없거나 소멸되었음에도 불구하고 2년을 초과하여 기간제근로자로 사용하는 경우에는 그 기간제근로자는 기간의 정함이 없는 근로계약을 체결한 근로자로 본다(동법 제4조).

(5) 근로계약의 효력

「근로기준법」 제3조는 "이 법에서 정하는 근로조건은 최저기준이므로 근로관계 당사자는 이 기준을 이유로 근로조건을 낮출 수 없다"고 규정하고 있다. 즉 근로기준법은 근로자의 인간으로서의 존엄성을 보장하기 위한 최저 근로조건을 정하고 근로자와 사용자가 근로계약을 체결함에 있어서 이 기준 이상의 근로조건을 체결하도록 함으로써 계약의 자유를 일부 제한하고 있다.

따라서 「근로기준법」이 정하는 기준에 미치지 못하는 근로조건을 정한 근로계약은 그 부분에 한하여 무효로 한다. 그리고 무효로 된 부분은 「근로기준법」에서 정한 기준에 따른다(동법 제15조). 전자를 「근로기준법」의 '강행적 효력'이라고 하고, 후자를 '직률적 효력'이라고 한다.

3. 신원보증

근로계약을 체결하면서 신원보증계약이 이루어지는 경우가 있다. 이하에서는 신원보증제도에 관해 살펴본다.

1) 신원보증의 의의

신원보증이라 함은 통상 고용계약에 부수하여 체결되는 계약으로서 신원보증인과 사용자 사이의 '신원보증계약'에 의해 성립한다.[3] '신원보증계약'이란 피용자(被傭者)가 업무를 수행하는 과정에서 그에게 책임 있는 사유로 사용자(使用者)에게 손해를 입힌 경우에 그 손해를 배상할 채무를 부담할 것을 약정하는 계약을 말한다(신원보증법 제2조).

이러한 신원보증제도는 피용자와의 인간관계 때문에 신원보증인이 된 사람에게 예측할 수 광범위한 책임을 지우는 불합리한 측면을 가지고 있는 것이 사실이다. 그리하여 신원보증인을 보호하고 신원보증관계를 적절히 규율하기 위해 「신원보증법」이 제정·시행되고 있다.

2) 신원보증의 유형

신원보증의 유형은 다음과 같은 세 가지 유형이 있다. 신원보증의 구체적인 내용은 당사자의 의사에 따라 결정되지만, 통상 신원보증이라 함은 '손해담보계약'을 의미한다.

① 근로자가 장래 고용계약상의 채무불이행으로 인하여 사용자에 대해 손해배상책임을 부담하는 경우 그 이행을 담보하는 일종의 장래 채무의 보증 또는 근보증.

② 근로자가 사용자에 대하여 채무를 부담하는지 여부를 묻지 않고 근로자를 고용함에 따라 발생한 모든 손해를 담보하는 일종의 손해담보계약.

③ 근로자를 고용함에 따라 발생한 모든 재산상의 손해뿐만 아니라 근로자의 신상에 관하여 근로자 본인이 고용상의 의무를 위반하지 않을 것과

---

3) 이하 신용보증에 관해서는 법무부, 한국인의 법과 생활, 2009, 100면 이하 참조.

질병, 그 밖의 사유에 의하여 근로를 할 수 없는 경우에 사용자에게 일체의 폐를 끼치지 않을 것을 담보하는 신원인수.

3) 신용보증계약의 존속기간

기간을 정하지 아니한 신원보증계약은 그 성립일부터 2년간 효력을 가진다. 신원보증계약의 기간은 2년을 초과하지 못한다. 이보다 장기간으로 정한 경우에는 그 기간을 2년으로 단축한다. 신원보증계약은 갱신할 수 있다. 다만, 그 기간은 갱신한 날부터 2년을 초과하지 못한다(동법 제3조).

4) 사용자의 통지의무

사용자는 ① 피용자가 업무상 부적격자이거나 불성실한 행적이 있어 이로 인하여 신원보증인의 책임을 야기할 우려가 있음을 안 경우, 또는 ② 피용자의 업무 또는 업무수행의 장소를 변경함으로써 신원보증인의 책임이 가중되거나 업무 감독이 곤란하게 될 경우에는 지체 없이 신원보증인에게 통지하여야 한다. 사용자가 고의 또는 중과실로 이러한 통지의무를 게을리하여 신원보증인이 '해지권'을 행사하지 못한 경우 신원보증인은 그로 인하여 발생한 손해의 한도에서 의무를 면한다(동법 제4조).

5) 신용보증인의 계약해지권

신용보증인은 ① 피용자가 업무상 부적격자이거나 불성실한 행적이 있어 이로 인하여 신원보증인의 책임을 야기할 우려가 있음을 안 경우, ② 피용자의 업무 또는 업무수행의 장소를 변경함으로써 신원보증인의 책임이 가중되거나 업무 감독이 곤란하게 될 경우, ③ 그 밖에 계약의 기초가 되는 사정에 중대한 변경이 있는 경우에는 계약을 해지할 수 있다(동법 제5조).

6) 신용보증인의 책임

신원보증인은 피용자의 고의 또는 중과실로 인한 행위로 발생한 손해를 배상할 책임이 있다. 신원보증인이 2명 이상인 경우에는 특별한 의사표시가 없으면 각 신원보증인은 같은 비율로 의무를 부담한다. 법원은 신원보증인의 손해배상액을 산정하는 경우 피용자의 감독에 관한 사용자의 과실 유무, 신원보증을 하게 된 사유 및 이를 할 때 주의를 한 정도, 피용자의 업무 또는 신원의 변화, 그 밖의 사정을 고려하여야 한다.

7) 신원보증계약의 종료 및 불이익금지

신원보증계약은 신원보증인의 사망으로 종료된다(동법 제7조). 「신원보증법」은 강행법규이다. 따라서 이 법의 규정에 반하는 특약으로서 어떠한 명칭이나 내용으로든지 신원보증인에게 불리한 것은 효력이 없다(동법 제8조).

4. 임 금

1) 임금의 의의

(1) 「근로기준법」상 임금의 개념

근로계약은 근로자와 사용자 사이에서 근로의 제공과 그 대가로서의 임금의 지급을 내용으로 하여 체결되는 계약이고, 근로자 또한 직업의 종류에 관계없이 임금을 목적으로 사용자의 지휘·감독을 받으며 실질적 종속관계에서 근로를 제공하는 자를 의미하기 때문에 임금은 근로계약에 있어서 가장 핵심적인 내용이라고 할 수 있다.

그러나 근로자가 사용자에게 지급하는 모든 금품이 '임금'에 해당하는 것은 아니다. 「근로기준법」상 임금이란 "사용자가 근로의 대가로 근로자에게 임금, 봉급, 그 밖에 어떠한 명칭으로든지 지급하는 일체의 금품"을 말한다(동법 제2조). 임금은 '사용자'가 근로자에게 지급하는 것이어야 한다. 예컨대, 호텔 등의 접객업소 등에서 고객이 종사자에게 지급하는 금품은 임금이 될 수 없다. 또한 사용자가 '근로의 대가'로 지급하는 금품이어야 한다. 출장비, 판공비 등과 같이 실비변상적으로 지급하는 금품은 임금이 될 수 없다. 또한 경조사비와 같은 호의적 금품도 임금이 되지 않는다. 임금은 사용자가 의무적·계속적·정기적으로 지급하는 금품이어야 한다. 따라서 상여금의 경우 그것이 근로계약이나 취업규칙에 의해 정기적으로 지급되면 임금에 해당되나, 부정기적으로 지급되는 특별보너스는 임금에 해당되지 않는다.

가족수당에 대한 대법원 판례와 행정해석

"가족수당, 체력단련비, 입갱수당, 생산독려수당, 기술수당, 광산근무수당 등을 대한석탄공사가 계속적, 정기적으로 지급하여 왔고, 그 지급의무가 단체협약, 취업규칙, 근로계약 기타 관련규정에 의한 것이며, 또한 일정한 요건에 해당하는 자에게 일률적으로 지급되어 왔다면, 이는 근로의 대가인 임금의 성질을 갖는다고 봄이 타당하므로 퇴직금 산정 기초임금에 이를 포함시키는 것이 옳다"(대법원 90다카23868).

"평균임금의 산정기초인 임금 총액에는 사용자가 근로의 대상으로 근로자에게 지급하는 일체의 금품으로서 근로자에게 계속적, 정기적으로 지급되고 단체협약, 취업규칙 등에 의하여 사용자에게 그 지급의무가 지워져 있는 것이면 그 명칭이 어떠하든 모두 포함된다 할 것이므로 휴일근로수당이 이에 포함됨은 당연하고 또한 위 철도차량정비창직원규정에 의하여 피고에게 지급의무가 지워져 있는 가족수당도 이에 포함된다고 할 것이다"(대법원 91다5587).

가족 수에 관계없이 지급하는 가족수당은 평균임금에 포함되나, 가족 수에 따라 차등 지급되는 가족수당은 가족 수 자체가 근로의 양과 질에 관련이 없어 근로의 대가로 보기 어렵기 때문에 순수 복리후생적 금품이지 임금은 아니다(노동부 예규 제467호, 2002. 1.22).

(2) 통상임금과 평균임금

「근로기준법」은 임금을 통상임금과 평균임금으로 구분하여 각종 수당과 급여의 산정 기준으로 삼고 있다.

'통상임금'이란 "근로자에게 정기적이고 일률적으로 소정(所定)근로 또는 총 근로에 대하여 지급하기로 정한 시간급 금액, 일급 금액, 주급 금액, 월급 금액 또는 도급 금액"을 말한다(동법 시행령 제6조 제1항). 통상임금은 시간급으로 산정함이 원칙이다. 통상임금을 일급으로 산정할 때에는 시간급 금액에 1일의 소정근로시간 수를 곱하여 계산한다. 통상임금은 평균임금의 최저한도, 해고예고수당, 연장근로수당, 야간근로수당, 휴일근로수당, 연차유급휴가수당, 출산전후 휴가급여 등을 산정할 때 기준이 된다.

'평균임금'이란 이를 산정하여야 할 사유가 발생한 날 이전 3개월 동안에 그 근로자에게 지급된 임금의 총액을 그 기간의 총일수로 나눈 금액을 말한다. 근로자가 취업한 후 3개월 미만인 경우도 이에 준한다(동법 제2조 제1항 6호). 평균임금은 1일을 단위로 계산한다. 일용근로자의 평균임금은 고용노동부장관이 사업이나 직업에 따라 정하는 금액으로 한다(동법 시행령 제3조). 평균임금 산출방식에 따라 산출된 금액이 그 근로자의 통상임금보다 적으면 그 통상임금액을 평균임금으로 한다(동법 제2조 제2항). 평균임금은 퇴직급여, 휴업수당, 연차유급휴가수당, 재해보상 및 산업재해보상보험급여, 고용보험법상의 구직급여 등의 산정기준이 된다.

(3) 최저임금

최저임금이란 근로자의 인간다운 생활을 보장하기 위해 국가가 최저기준의 임금을 법정하고 사용자로 하여금 그 지급을 강제하는 임금을 말한다.

일반적으로 임금액의 결정은 근로자와 사용자가 자율적으로 결정하는 것이 원칙이다. 대부분 노동조합이 있는 경우에는 회사와 노동조합이 단체교섭을 통하여 결정하고, 노조가 없는 기업에서는 회사의 급여규정이나 당사자 간의 합의로 임금을 결정하게 된다. 다만 「최저임금법」은 근로자의 생활안정과 노동력의 질적 향상을 위해 사용자가 최저임금액 이상의 임금을 지급하도록 강제하고 있다(최저임금 이상의 지급원칙, 동법 제6조).

고용노동부장관은 최저임금위원회가 심의하여 의결한 최저임금안에 따라 매년 8월 5일까지 최저임금을 결정·고시하여야 한다. 고시된 최저임금은 원칙적으로 다음 연도 1월 1일부터 효력이 발생한다. 다만, 고용노동부장관은 사업의 종류별로 임금교섭시기 등을 고려하여 필요하다고 인정하면 효력 발생 시기를 따로 정할 수 있다.

최저임금은 사업의 종류별 구별 없이 모든 사업장에 동일하게 시간급으로 정한다.[4] 3개월 이내의 수습근로자에게는 최저임금의 10%를 감액하여 지급할 수 있으나, 근로계약기간이 1년 미만인 수습사용 근로자에 대하여는 최저임금을 감액할 수 없다.

최저임금법은 근로자 1인 이상인 모든 사업장에 적용되며, 근로기준법

4) 2024년 1월 1일부터 2024년 12월 31일까지 적용되는 최저임금은 사업의 종류별 구분 없이 모든 사업장에 대해 동일하게 시간급 9,860원이다. 일급으로 환산하면, 78,880원(8시간 기준), 월급으로 환산하면 2,060,740원(209시간 기준)이다.

상 근로자(정규직, 비정규직, 외국인근로자 등)이면 모두 적용된다. 다만, 가사사용인(가정부, 보모 등), 동거하는 친족만을 사용하는 사업에 종사하는 동거친족, 정신 또는 신체장애로 근로능력이 현저히 낮아 고용노동부장관의 적용제외 인가를 받은 자, 선원법의 적용을 받는 선원 등에게는 적용되지 않는다.

월급으로 지급하는 경우의 최저임금 산정 예시
[사례] A는 서점에서 1일 4시간, 주 20시간 일한다. A는 식대(10만원)를 포함하여 매월 100만원을 받는다. A의 월급은 최저임금 이상인가?(2024년 기준)
[해설] 최저임금 여부를 판단할 때 임금에 포함되는 급여와 임금에 포함되지 않는 급여가 있다. 매월 지급되지 않는 임금(상여금 등), 추가로 일을 해서 더 받는 임금(연장근로수당, 휴일근로수당, 야간근로수당 등), 복리후생적인 수당(식대, 교통비 등)은 최저임금 산정에 포함되지 않는다. 따라서 위 사례에서 식대는 최저임금 산정에 포함되지 않으니, 식대를 뺀 나머지 임금으로 최저임금 위반 여부를 판단해야 한다. 월급의 경우 최저임금 위반 여부는 월급여액을 월소정근로시간으로 나누어 시간급으로 정해진 최저임금에 위반되는지를 판단한다. 계산방식은 다음과 같다. 월급여액 ÷ 월소정근로시간 = 90만원 ÷ 104시간 = 8,654원. 따라서 최저임금법 위반 ※ [{(20시간 + 4시간) × 52주} + 4시간] ÷ 12월 = 104시간 ※ 1년 = 365일 = (7일 × 52주) +1 1개월 = (365일/7일) ÷ 12개월 = 4.345주

2) 임금지급의 방법

"임금은 통화(通貨)로 직접 근로자에게 그 전액을 지급하여야 한다. 다만, 법령 또는 단체협약에 특별한 규정이 있는 경우에는 임금의 일부를 공제하거나 통화 이외의 것으로 지급할 수 있다"(근로기준법 제43조 제1항). "임금은 매월 1회 이상 일정한 날짜를 정하여 지급하여야 한다. 다만, 임시로 지급하는 임금, 수당, 그 밖에 이에 준하는 것 또는 대통령령으로 정하는 임금에 대하여는 그러하지 아니하다"(동조 제2항).

따라서 임금은 법령 또는 단체협약에 특별한 규정이 있는 경우를 제외하고 통화로 직접 근로자에게 그 전액을 매월 1회 이상 일정한 기일을 정하여 지불하여야 한다(통화지급·직접지급·전액지급·정기일지급의 원칙). 이것은 사용자로부터 부당하게 임금이 공제되거나 지연되는 것을 방지하여 근로자의 생활안정을 도모하기 위한 것이다.

임금은 근로소득세, 연금이나 고용보험료 등 법률에서 정한 경우나 조합비등 단체협약에 의한 경우 이외에는 사용자가 임의로 공제할 수 없다. 또한 임금채권을 양도한 경우라 할지라도 양수인은 사용자에게 임금의 지급을 청구할 수 없고, 이 경우에도 사용자는 근로자에게 직접 임금을 지불하여야 한다. 급료·연금·봉급·상여금·퇴직연금, 그 밖에 이와 비슷한 성질을 가진 급여채권의 2분의 1에 해당하는 금액은 압류하지 못한다. 급여채권의 2분의 1에 해당하는 금액이 월 185만원에 미치지 못하는 경우에는 월 185만원을 압류금지 금액으로 한다(민사집행법 제246조 제1항 제4호, 동법 시행령 제3조).

임금은 사용자가 일방적으로 일반채권과 상계하거나, 삭감할 수 없으므로 근로자가 회사에 손해를 끼친 것을 이유로 한 손해배상금이나, 근로자의 채무를 사용자가 일방적으로 근로자의 임금이나 퇴직금에서 공제할 수 없다.

특히 최근 문제되는 경영상의 이유로 인한 임금삭감의 경우에 대하여는 그 임금지급이 취업규칙이나 급여규정에 의하는 경우에는 취업규칙의 변경시의 절차에 따라야 하고, 소규모회사처럼 직접적 근로계약에 의하는 경우에는 근로계약의 갱신이나 근로자의 개별적 동의를 거쳐야 유효한 임금삭감이 될 수 있다.

3) 임금규정 위반에 대한 형사제재

「근로기준법」 제43조의 규정을 위반한 자, 즉 임금을 통화로 직접 근로자에게 그 전액을 지급하지 않거나 매월 1회 이상 일정한 날짜를 정하여 지급하지 않은 경우 3년 이하의 징역 2천만원 이하의 벌금에 처해진다(동법 제109조 제1항). 다만 피해자의 명시한 의사에 반하여는 공소를 제기할 수 없다.

「최저임금법」을 위반하여 최저임금액보다 적은 임금을 지급하거나 최저임금을 이유로 종전 임금을 낮춘 자는 3년 이하의 징역 또는 2천만원 이하의 벌금에 처한다(동법 제28조 제1항).

4) 임금체불의 해결

사용자는 근로자가 재직 중에는 정기일에 임금을 지급하여야 하며 퇴직하는 경우 지급해야 할 임금, 상여금, 퇴직금 등 미지급금을 퇴직일로부터 14일 이내에 청산하여야 한다. 단, 근로자와 사전에 협의한 경우에는 그 합의기간만큼 연장할 수 있다.

기업의 도산이나 경영악화 등으로 사용자가 이 기간을 경과 하여도 금품청산을 하지 않는 경우 근로자는 사업장 관할 지방노동사무소에 진정을 하거나 지방노동사무소로부터 체불임금과 우선배당을 확인받아 법원에 배당신청을 하여, 사용자 재산이 다른 채권자에 의해 경매가 신청되면 그 경락대금에서 우선적으로 배당받을 수 있다.

이 밖에 사용자의 재산에 가압류를 하고 미지급 임금에 대하여 법원에 임금청구소송을 제기하거나 금액이 적은 경우 지급명령, 소액심판, 조정신청 등 약식재판제도를 이용하여 확정판결을 받은 후, 법원으로부터 집행력을 부여받아 사용자의 재산을 압류하여 경매처분을 함으로써 임금채권에 대한 변제를 받을 수 있다.

5) 임금채권의 우선변제 제도

(1) 임금채권의 우선변제

사업주의 경영악화, 도산 등으로 채권자들이 사업을 경매하여 채권을 확보하려고 하거나, 사업주가 총재산에서 채권자들에게 채무를 갚으려고 할 때 근로자가 임금 등을 지급받지 못하는 경우가 발생할 수도 있다. 「근로기준법」은 이와 같은 경우를 대비하여 근로자의 임금채권을 다른 채권보다 우선적으로 보장하는 제도를 시행하고 있다(동법 제38조). 또한 마찬가지 이유에서 「근로자퇴직급여 보장법」 역시 근로자의 퇴직급여를 사용자의 총재산에서 다른 채권에 우선하여 변제하도록 규정하고 있다(동법 제12조).

퇴직급여 등의 우선 변제에 관한 「근로자퇴직급여 보장법」의 규정
제12조(퇴직급여등의 우선변제) ① 사용자에게 지급의무가 있는 퇴직금, 제15조에 따른 확정급여형퇴직연금제도의 급여, 제20조 제3항에 따른 확정기여형퇴직연금제도의 부담금 중 미납입 부담금 및 미납입 부담금에 대한 지연이자, 제25조 제2항 제4호에 따른 개인형퇴직연금제도의 부담금 중 미납입 부담금 및 미납입 부담금에 대한 지연이자(이하 "퇴직급여등"이라한다)는 사용자의 총재산에 대하여 질권 또는 저당권에 의하여 담보된 채권을 제외하고는 조세·공과금 및 다른 채권에 우선하여 변제되어야 한다. 다만, 질권 또는 저당권에 우선하는 조세·공과금에 대하여는 그러하지 아니하다. ② 제1항에도 불구하고 최종 3년간의 퇴직급여 등은 사용자의 총재산에 대하여 질권 또는 저당권에 의하여 담보된 채권, 조세·공과금 및 다른 채권에 우선하여 변제되어야 한다.

임금채권의 우선변제에 관한 「근로기준법」의 규정
제38조(임금채권의 우선변제) 임금, 재해보상금, 그 밖에 근로 관계로 인한 채권은 사용자의 총재산에 대하여 질권(質權)·저당권 또는 「동산·채권 등의 담보에 관한 법률」에 따른 담보권에 따라 담보된 채권 외에는 조세·공과금 및 다른 채권에 우선하여 변제되어야 한다. 다만, 질권·저당권 또는 「동산·채권 등의 담보에 관한 법률」에 따른 담보권에 우선하는 조세·공과금에 대하여는 그러하지 아니하다. ② 제1항에도 불구하고 다음 각 호의 어느 하나에 해당하는 채권은 사용자의 총재산에 대하여 질권·저당권 또는 「동산·채권 등의 담보에 관한 법률」에 따른 담보권에 따라 담보된 채권, 조세·공과금 및 다른 채권에 우선하여 변제되어야 한다. 1. 최종 3개월분의 임금 2. 재해보상금

이들 규정에 따르면, 최종 3개월분의 임금, 재해보상금, 최종 3년간의 퇴직급여 등은 어떠한 채권보다도 사용자의 총재산에서 최우선적으로 변제된다. 이들 규정을 기초로 변제되는 채권의 순위를 따지면 다음의 표와 같다.

〈사용자의 총재산에서 변제되는 채권의 순위〉

순위	채권의 종류
1	최종 3개월분의 임금, 재해보상금, 최종 3년간의 퇴직급여 등(최우선변제분)
2	질권 또는 저당권에 우선하는 조세·공과금
3	질권 또는 저당권에 의하여 담보된 채권
4	최우선변제분을 제외한 나머지 임금, 재해보상금, 그 밖에 근로관계로 인한 채권 및 퇴직급여 등
5	일반 조세·공과금
6	일반채권

(2) 우선변제의 신청방법

임금채권의 우선변제를 받으려면 퇴직증명서와 지방고용노동관서가 발부한 체불임금확인서를 가지고 사업주의 재산을 경매처분 하는 법원에 최우선변제와 우선변제를 신청하여 배당요구를 하여야 한다. 배당요구는 배당요구 종기일까지 하여야 하며, 이 기일이 경과하도록 배당요구를 하지 아니하면 배당을 받을 수 없다.

6) 임금채권보장제도

(1) 임금채권보장제도의 의의

「근로기준법」에서 임금채권의 우선변제 제도를 규정하고는 있지만, 사업주의 총재산에서 우선변제 받는 것이기 때문에 사업주가 애당초 임금 지급능력이 없는 경우에는 근로자는 임금채권을 실현하기 어려울 뿐만 아니라, 법원의 경매신청절차도 복잡하기 때문에 근로자가 임금채권을 확보하기가 실제로는 매우 어렵다.

이에 1998년도 7월부터 퇴직한 근로자가 사업주의 파산 등으로 인하여 임금과 퇴직금 등을 받지 못한 경우에 국가(고용노동부장관)가 사업주를 대신하여 근로자에 대하여 임금채권보장기금에서 일정금액을 먼저 지급하고 이후 사업주에게 구상하는 제도를 시행하고 있다. 이를 '임금채권보장제도'라 한다. 이 제도는 근거법은 「임금채권보장법」이다.

「임금채권보장법」은 근로자를 사용하는 모든 사업 또는 사업장에 적용한다. 다만, 위험률·규모 및 장소 등을 고려하여 대통령령으로 정하는 사업에 대하여는 이 법을 적용하지 아니한다.[5)]

(2) 체당금의 지급청구

'체당금'(替當金)이란 사업주에게 파산의 선고 등의 사유가 있는 경우에 퇴직한 근로자가 지급받지 못한 임금·퇴직금·휴업수당의 지급을 청구하면, 제3자의 변제에 관한 「민법」 제469조에도 불구하고 고용노동부장관이 사업주를 대신하여 지급하는 임금·퇴직금·휴업수당을 말한다.

체당금의 지급사유는 ① 「채무자 회생 및 파산에 관한 법률」에 따른 회생절차개시의 결정이 있는 경우, ② 「채무자 회생 및 파산에 관한 법률」에 따른 파산선고의 결정이 있는 경우, ③ 고용노동부장관이 대통령령으로 정한 요건과 절차에 따라 미지급 임금 등을 지급할 능력이 없다고 인정하는 경우, ④ 사업주가 근로자에게 미지급 임금 등을 지급하라는 「민사집행법」 제24조에 따른 확정된 종국판결, 「민사집행법」 제56조 제3호에 따른 확정된 지급명령, 「민사집행법」 제56조 제5호에 따른 소송상 화해, 청구의 인낙(認諾) 등 확정판결과 같은 효력을 가지는 것, 「민사조정법」 제28조에 따라 성립된 조정, 「민사조정법」 제30조에 따른 확정된 조정을 갈음하는 결정, 「소액사건심판법」 제5조의7 제1항에 따른 확정된 이행권고결정 등이 있는 경

---

5) 「임금채권보장법」이 적용되지 아니하는 사업장은 다음과 같다.

1. 「공무원연금법」 또는 「군인연금법」에 따라 재해보상이 되는 사업
2. 「선원법」, 「어선원 및 어선 재해보상보험법」 또는 「사립학교교직원 연금법」에 따라 재해보상이 되는 사업
3. 「주택법」에 따른 주택건설사업자, 「건설산업기본법」에 따른 건설업자, 「전기공사업법」에 따른 공사업자, 「정보통신공사업법」에 따른 정보통신공사업자, 「소방시설공사업법」에 따른 소방시설업자 또는 「문화재수리 등에 관한 법률」 제2조 제5호에 따른 문화재수리업자가 아닌 자가 시공하는 다음 각 목의 어느 하나에 해당하는 공사
   가. 「고용보험 및 산업재해보상보험의 보험료징수 등에 관한 법률 시행령」 제2조 제1항 제2호에 따른 총공사금액(이하 "총공사금액"이라 한다)이 2천만원 미만인 공사
   나. 연면적이 100제곱미터 이하인 건축물의 건축 또는 연면적이 200제곱미터 이하인 건축물의 대수선에 관한 공사
4. 가구내 고용활동
5. 제1호부터 제4호까지의 사업 외의 사업으로서 상시근로자 수가 1명 미만인 사업
6. 농업, 임업(벌목업은 제외한다), 어업 및 수렵업 중 법인이 아닌 자의 사업으로서 상시근로자 수가 5명 미만인 사업

우이다.[6)]

체당금의 지급을 받고자 하는 자는 고용노동부장관(사업장의 소재지를 관할하는 지방노동관서의 장)에게 청구하여야 한다. 청구기간은 일반체당금의 경우에는 파산선고 등 또는 도산등 사실인정이 있는 날부터 2년 이내, 소액체당금의 경우에는 판결 등이 있는 날부터 1년 이내이다(임금채권보장법 시행령 제9조).

고용노동부장관이 지급하는 체당금의 범위는 최종 3개월분의 임금, 최종 3년간의 퇴직급여 등, 최종 3개월분의 휴업수당이다. 최종 3개월분의 임금이란 퇴직일 또는 사실상의 근로관계 종료일부터 소급하여 3개월간의 근로로 인하여 지급사유가 발생한 일체의 임금을 말하며, 최종 3개월분의 휴업수당이란 퇴직일 또는 사실상의 근로관계 종료일부터 소급하여 3개월간 발생한 휴업수당을 말한다. 최종 3년간의 퇴직급여 등은 퇴직일을 기준으로 소급한 3년간의 퇴직급여 등을 말한다.

체당금에는 상한액이 있다. 체당금의 상한액은 임금, 물가상승률 및 기금의 재정상황 등을 고려하여 고용노동부장관이 기획재정부장관과 협의하여 퇴직 당시 근로자의 연령에 따라 따로 정할 수 있으며 체당금이 적은 경우에는 지급하지 아니할 수 있다(동법 제7조 제1항, 동법 시행령 제6조). 현재 고시된 체당금의 상한액은 다음의 표와 같다.

〈체당금 상한액 고시(고용노동부고시 제2021-8호, 시행 2021. 1. 14.)〉

(단위 : 만원)

퇴직당시연령 / 항 목	30세 미만	30세 이상 40세 미만	40세 이상 50세 미만	50세 이상 60세 미만	60세 이상
임금	220	310	350	330	230
퇴직급여등	220	310	350	330	230
휴 업 수 당	154	217	245	231	161
출산전후휴가기간 중 급여	310				

6) 위 ①, ②, ③에 해당하는 체당금을 '일반체당금'이라 하고, ④에 해당하는 체당금을 '소액체당금'이라 한다.

일반체당금의 지급대상이 되는 근로자는 ① 회생절차개시의 결정 또는 파산선고의 결정이 있는 경우에는 그 신청일, ②「채무자 회생 및 파산에 관한 법률」에 따른 회생절차개시의 신청 후 법원이 직권으로 파산선고를 한 경우에는 그 신청일 또는 선고일, ③ 도산등 사실인정이 있는 경우에는 그 도산등 사실인정 신청일(제5조 제2항에 따른 신청기간의 말일이 공휴일이어서 공휴일 다음 날 신청한 경우에는 신청기간의 말일을 말하며, 도산등 사실인정의 기초가 된 사실이 동일한 둘 이상의 신청이 있는 경우에는 최초의 신청일을 말한다)에 해당하는 날의 1년 전이 되는 날 이후부터 3년 이내에 해당 사업 또는 사업장에서 퇴직한 근로자로 한다.

소액체당금의 지급대상이 되는 근로자는 사업에서 퇴직한 날의 다음 날부터 2년 이내에 소액체당금 지급사유에 해당하는 판결, 명령, 조정 또는 결정 등에 관한 소(訴)의 제기 또는 신청 등을 한 근로자로 한다(동법 시행령 제7조).

근로자가 일반체당금을 받을 수 있는 사업주는 동법의 적용 대상이 되어 6개월 이상 해당 사업을 한 후에 일반체당금 지급사유가 발생한 사업주로 한다. 근로자가 소액체당금을 받을 수 있는 사업주는, ① 사업주가 동법의 적용 대상이 되는 사업에 근로자를 사용하였고, ② 해당 근로자의 퇴직일까지 6개월 이상 해당 사업을 하였으며, ③ 해당 근로자에게 임금 등을 지급하지 못하여 소액체당금 지급사유에 해당하는 판결 등을 받았어야 한다(동법 시행령 제8조).

체당금을 지급받을 권리는 양도 또는 압류하거나 담보로 제공할 수 없다. 체당금의 수령은 대통령령으로 정하는 바에 따라 위임할 수 있다. 미성년자인 근로자는 독자적으로 체당금의 지급을 청구할 수 있다(동법 제11조).

5. 퇴직급여

1)「근로자퇴직급여 보장법」

2005년 1월 27일 기존의 퇴직금 제도의 문제를 개선하고 근로자의 안정적인 노후를 보장하기 위해 퇴직연금제도의 도입을 골자로 하는 새로운 내용의 근로자 퇴직급여제도를 담고 있는 「근로자퇴직급여 보장법」이 제정·공포되었다.

이 법에서 말하는 '퇴직급여제도'란 확정급여형퇴직연금제도, 확정기여형퇴직연금제도 및 퇴직금제도를 말하는데, 사용자는 퇴직하는 근로자에게 급여(퇴직급여제도나 개인형퇴직연금제도에 의하여 근로자에게 지급되는 연금 또는 일시금)를 지급하기 위하여 퇴직급여제도 중 하나 이상의 제도를 설정하여야 한다(동법 제4조 제1항).

이 법은 근로자를 사용하는 모든 사업 또는 사업장에 적용한다. 다만, 동거하는 친족만을 사용하는 사업 및 가구 내 고용활동에는 적용하지 아니한다(동법 제3조).[7] 다만, 동법은 계속근로기간이 1년 미만인 근로자, 4주간을 평균하여 1주간의 소정근로시간이 15시간 미만인 근로자에 대하여는 사용자의 퇴직급여제도 설정의무를 면제하고 있다(동법 제4조 제1항 단서).

2) 퇴직금제도

(1) 퇴직금의 의의 및 법적 성질

퇴직금이란 통상 근로자가 상당기간 계속근로하고 퇴직하는 경우에 근로관계의 종료를 사유로 하여 사용자가 근로자에게 지급하는 일시금을 의미한다. 그러나 퇴직금의 법적 성질에 관해서는 공로보상설(계속근로를 통한 기업에의 공로를 보상하기 위한 급여), 생활보장설(퇴직 후의 생활안정을 위한 급여), 임금후불설(재직 중의 전체 근로에 대하여 퇴직 시 일시에 지급하는 임금) 등 다양한 견해들이 대립되고 있다. 임금후불설이 대법원 판례와 통설의 입장이다.

퇴직금의 법적 성질에 관한 대법원의 입장

"퇴직금은 사용자가 일정기간을 계속 근로하고 퇴직하는 근로자에게 그 계속 근로에 대한 대가로서 지급하는 후불적 임금의 성질을 띤 금원이고 구체적인 퇴직금청구권은 계속근로가 끝나는 퇴직이라는 사실을 요건으로 하여 발생되는 것이

7) 다만, 상시 4인 이하의 근로자를 사용하는 사업장의 경우 2010년 12월 1일부터 「근로자퇴직급여 보장법」이 적용되어 사업장의 상시근로자 수에 따라 퇴직금이 달라질 수 있다.

므로 중간퇴직이 유효하다고 인정되는 경우에는 위 중간퇴직으로 인한 퇴직금청구권과 그 후 재입사일부터 최종퇴직시까지의 근속기간에 대한 퇴직금청구권은 당사자만 동일할 뿐 계속근로의 기간과 퇴직의 시점을 달리하는 것이어서 별개의 퇴직금청구권이라 할 것이고, 따라서 이에 대한 소멸시효는 그 각 청구권별로 진행된다 할 것이며, 나아가서 이들 청구권의 실행을 위한 소송상의 청구도 독립된 별개의 청구라고 보아야 할 것이다"(대법원 92다17754).

(2) 지급사유 및 지급액

퇴직금제도를 설정하려는 사용자는 계속근로기간 1년에 대하여 30일분 이상의 평균임금을 퇴직금으로 퇴직 근로자에게 지급할 수 있는 제도를 설정하여야 한다(동법 제8조).

여기서의 '퇴직'이란 해고, 사망, 정년의 도래 등 계속 근로기간 1년 이상인 근로자와의 근로관계가 종료되는 모든 경우를 포함한다. '1년 이상 계속근로'에 있어서 계속근로연수는 원칙적으로 근로자가 입사한 날 또는 최초의 출근근무가 있는 날부터 퇴직일까지의 기간을 말한다. 기간제 근로자의 경우 기간만료와 재계약을 반복하여 1년 이상 계속 근로한 경우에는 퇴직금의 지급대상이 된다.

지급액은 계속 근로기간 1년에 대하여 30일분 이상의 평균임금이다. 퇴직금 산정공식은 [(평균임금 × 30일) × 총계속근로기간] ÷ 365이다.

사용자는 주택구입 등 대통령령으로 정하는 사유로 근로자가 요구하는 경우에는 근로자가 퇴직하기 전에 해당 근로자의 계속근로기간에 대한 퇴직금을 미리 정산하여 지급할 수 있다. 이 경우 미리 정산하여 지급한 후의 퇴직금 산정을 위한 계속근로기간은 정산시점부터 새로 계산한다.

(3) 지급시기

사용자는 근로자가 퇴직한 경우에는 그 지급사유가 발생한 날부터 14일 이내에 퇴직금을 지급하여야 한다. 다만, 특별한 사정이 있는 경우에는 당사자 간의 합의에 따라 지급기일을 연장할 수 있다(동법 제9조). 퇴직급여의 전부 또는 일부를 그 지급 사유가 발생한 날부터 14일 이내에 지급하지 아니한 경우 그 다음 날부터 지급하는 날까지의 지연 일수에 대하여 연 100분의 20에 해당하는 이율에 따른 지연이자를 지급하여야 한다(동법 제37조).

(4) 시효 등

이 법에 따른 퇴직금을 받을 권리는 3년간 행사하지 아니하면 시효로 인하여 소멸한다. 사용자가 퇴직급여제도나 개인형퇴직연금제도를 설정하지 아니한 경우에는 퇴직금제도를 설정한 것으로 본다.

3) 퇴직연금제도

퇴직연금제도란 사용자가 근로자의 노후소득보장과 생활안정을 위해 근로자 재직기간 중 퇴직금 지급재원을 외부의 금융기관에 적립하고, 이를 사용자(기업) 또는 근로자의 지시에 따라 운용하여 근로자 퇴직할 때 연금 또는 일시금으로 지급하도록 하는 제도다.

퇴직연금제도에는 확정급여형퇴직연금제도와 확정기여형퇴직연금제도, 그리고 개인형퇴직연금제도가 있다.

(1) 확정급여형퇴직연금제도

확정급여형연금제도는 근로자가 받을 급여의 수준이 사전에 결정되어 있는 퇴직연금제도로서 사용자가 일정한 부담금을 퇴직연금사업자에 적립·운용하여 퇴직시에 퇴직금과 동일한 수준의 연금 또는 일시금을 지급하는 제도를 말한다.

이 연금제도에서는 근로자는 퇴직할 때 퇴직금과 같은 금액의 일시금을 받거나 아니면 55세 이상이고 가입기간이 10년 이상이 되면 일시금을 5년 이상 분할하여 산정된 연금을 매년 지급받는다. 일시금은 연금수급요건을 갖추지 못하거나 일시금수급을 원하는 가입자에게 지급된다(동법 제17조).

확정급여형연금제도에서는 퇴직연금의 지급에 대비하기 위한 사용자의 부담금이 확정되어 있지 않다. 사용자는 퇴직연금사업자에게 매년 1회 이상 부담금을 적립하여야 하는데, 그 부담금은 퇴직연금사업자가 적립한 적립금을 운용하는 실적 여하에 따라 변동될 수 있다.

(2) 확정기여형퇴직연금제도

확정기여형퇴직연금제도란 급여의 지급을 위하여 사용자가 부담하여야 할 부담금의 수준이 사전에 결정되어 있는 퇴직연금제도를 말한다.

확정기여형퇴직연금제도를 설정한 사용자는 가입자의 연간 임금총액의 12분의 1 이상에 해당하는 부담금을 현금으로 매년 1회 이상 가입자의 확정기여형퇴직연금제도 계정에 납입하여야 한다(동법 제20조 제1항, 제3항). 가입자는 사용자가 부담하는 부담금 외에 스스로 부담하는 추가 부담금을 가입자의 확정기여형퇴직연금 계정에 납입할 수 있다(동조 제2항).

확정기여형퇴직연금제도의 가입자는 적립금의 운용방법을 스스로 선정할 수 있고, 반기마다 1회 이상 적립금의 운용방법을 변경할 수 있다. 퇴직연금사업자는 반기마다 1회 이상 위험과 수익구조가 서로 다른 세 가지 이상의 적립금 운용방법을 제시하여야 한다(동법 제21조).

가입자는 퇴직할 때에 받을 급여를 갈음하여 그 운용 중인 자산을 가입자가 설정한 개인형퇴직연금제도의 계정으로 이전해 줄 것을 해당 퇴직연금사업자에게 요청할 수 있으며, 이러한 가입자의 요청이 있는 경우 퇴직연금사업자는 그 운용 중인 자산을 가입자의 개인형퇴직연금제도 계정으로 이전하여야 한다. 이 경우 확정기여형퇴직연금제도 운영에 따른 가입자에 대한 급여는 지급된 것으로 본다(동법 제20조 제6항, 제7항).

확정기여형퇴직연금제도에서 급여의 지급시기와 방법은 확정급여형퇴직연금제도와 같다. 다만 퇴직급여액은 퇴직연금사업자의 운용실적에 따라 변동될 수 있다.

확정기여형퇴직연금제도의 가장 큰 특징은 퇴직급여가 사용자로부터 독립되어 근로자 개인명의로 적립되므로 사용자의 도산 등으로부터 연금수급권을 안전하게 보장할 수 있다는 점에 있다. 또한 직장을 옮길 때 연결 통산이 쉽다.

(3) 개인형퇴직연금제도

개인형퇴직연금제도란 가입자의 선택에 따라 가입자가 납입한 일시금이나 사용자 또는 가입자가 납입한 부담금을 적립·운용하기 위하여 설정한 퇴직연금제도로서 급여의 수준이나 부담금의 수준이 확정되지 아니한 퇴직연금제도를 말한다.

개인형 퇴직연금제도를 설정할 수 있는 사람은, ① 퇴직급여제도의 일시금을 수령한 사람, ② 확정급여형퇴직연금제도 또는 확정기여형퇴직연금제도의 가입자로서 자기의 부담으로 개인형퇴직연금제도를 추가로 설정하려는 사람, ③ 자영업자 등 안정적인 노후소득 확보가 필요한 사람으로서 대통령령으로 정하는 사람 등이다.

개인형퇴직연금제도를 설정한 사람은 자기의 부담으로 개인형퇴직연금제도의 부담금을 납입한다. 다만, 대통령령으로 정하는 한도를 초과하여 부담금을 납입할 수 없다.

상시 10명 미만의 근로자를 사용하는 사업의 경우 사용자가 개별 근로자의 동의를 받거나 근로자의 요구에 따라 개인형퇴직연금제도를 설정하는 경우에는 해당 근로자에 대하여 퇴직급여제도를 설정한 것으로 본다. 다만 이 경우에 다음의 사항이 준수되어야 한다. ① 사용자가 퇴직연금사업자를 선정하는 경우에 개별 근로자의 동의를 받을 것(다만, 근로자가 요구하는 경우에는 스스로 퇴직연금사업자를 선정할 수 있다), ② 사용자는 가입자별로 연간 임금총액의 12분의 1 이상에 해당하는 부담금을 현금으로 가입자의 개인형퇴직연금제도 계정에 납입할 것, ③ 사용자가 부담하는 부담금 외에 가입자의 부담으로 추가 부담금을 납입할 수 있을 것, ④ 사용자는 매년 1회 이상 정기적으로 제2호에 따른 부담금을 가입자의 개인형퇴직연금제도 계정에 납입할 것, ⑤ 사용자가 납입하는 부담금에 대한 수수료는 사용자가 부담하고, 가입자가 추가로 납입하는 추가 부담금에 대한 수수료는 가입자가 부담할 것 등의 요건이다.

6. 근로시간

1) 근로시간의 개념

'근로시간'이란 유급휴일의 근무시간 및 휴게시간을 제외한 "근로자가 사용자의 지휘감독아래 근로계약상의 근로를 제공하는 시간, 즉 실근로시간을 말한다"(대법원 91다14406). 즉 근로시간은 근로의 개시시간으로부터 종료까지의 시간에서 휴게시간을 제외한 시간이다.

2) 휴게시간과 대기시간

「근로기준법」 제54조는 휴게시간에 관하여 "사용자는 근로시간이 4시간인 경우에는 30분 이상, 8시간인 경우에는 1시간 이상의 휴게시간을 근로시간 도중에 주어야 한다"(동조 제1항). "휴게시간은 근로자가 자유롭게 이용할 수 있다"(동조 제2항)고 규정하고 있다.

이러한 규정에 비추어 본다면, 휴게시간이란 근로시간 도중에 근로자가 사용자의 지휘·감독으로부터 벗어나서 자유롭게 이용할 수 있는 시간을 의미한다. 근로시간에 포함되지 않고, 따라서 이 시간에 대한 임금의 지급도 없다.

「근로기준법」 제50조는 근로시간을 규정하면서 "근로시간을 산정함에 있어 작업을 위하여 근로자가 사용자의 지휘·감독 아래에 있는 대기시간 등은 근로시간으로 본다"는 규정을 두고 있다. 이에 의하면 사용자의 요구가 있으면 언제든지 근로를 개시해야 할 상태에 있는 대기시간은 근로시간에 포함된다.

근로시간의 판단에 대한 대법원의 입장

"근로기준법상의 근로시간이라 함은 근로자가 사용자의 지휘·감독 아래 근로계약상의 근로를 제공하는 시간을 말하는바, 근로자가 작업시간의 도중에 현실로 작업에 종사하지 않은 대기시간이나 휴식·수면시간 등이라 하더라도 그것이 휴게시간으로서 근로자에게 자유로운 이용이 보장된 것이 아니고 실질적으로 사용자의 지휘·감독하에 놓여있는 시간이라면 이는 근로시간에 포함된다고 할 것이다"(대법원 2006다41990). 대법원, 92다24509 판결도 같은 취지로 판결하고 있다.

3) 법정근로시간

(1) 법정근로시간의 의의

법정근로시간이란 「근로기준법」 등의 법률에서 1일 단위 주단위로 정한 최저기준 근로시간을 의미한다. 이 규정은 강행규정이다. 따라서 사용자는 원칙적으로 법정근로시간 내에서만 근로자에게 근로를 시킬 수 있고, 그 이상 근로를 시키려면 법정요건과 절차를 갖추어야 하며, 법정근로시간을 초과한 근로에 대하여는 연장근로가산수당을 지급하여야 한다.

(2) 법정근로시간

「근로기준법」은 18세 이상의 자와 18세 미만의 자를 구분하여 법정근로시간을 정하고 있다. 한편, 「산업안전보건법」에서는 유해한 작업에서의 근로시간을 특별히 규정하고 있다.

「근로기준법」 제50조에서 1주 간의 근로시간은 휴게시간을 제외하고 40시간을 초과할 수 없으며, 1일의 근로시간은 휴게시간을 제외하고 8시간을 초과할 수 없다고 규정하고 있다. 이 규정은 18세 이상의 자의 근로시간에 관하여 규정한 것으로서 18세 이상인 한 남녀, 임산부 등을 불문한다.

한편 「근로기준법」은 제69조에서 "15세 이상 18세 미만인 자의 근로시간은 1일에 7시간, 1주에 35시간을 초과하지 못한다. 다만, 당사자 사이의 합의에 따라 1일에 1시간, 1주에 5시간을 한도로 연장할 수 있다"고 하고 있다. 이 규정은 연소자의 근로를 특별히 보호하기 위한 규정이다.

「산업안전보건법」에 의하면, 사업주는 유해하거나 위험한 작업으로서 대통령령으로 정하는 작업(잠함(潛艦) 또는 잠수작업 등 높은 기압에서 하는 작업)에 종사하는 근로자에게는 1일 6시간, 1주 34시간을 초과하여 근로하게 하여서는 아니 된다(동법 제46조).

(3) 시간외근로

「근로기준법」은 법령이 정하는 엄격한 요건과 한도 내에서만 법정근로시간을 초과해서 하는 근로를 허용하고 있는데, 이 초과근로를 '시간외근로' 또는 '연장근로'라고 한다. 시간외근로 중 특별히 오후 10시부터 다음 날 오전 6시 사이의 근로를 야간근로, 휴일에 행하는 근로를 휴일근로라 부른다.

「근로기준법」은 시간외근로를 제한적으로 허용하고 있다. 18세 이상의 경우에는 당사자 간의 합의에 의해서 근로시간을 연장할 수 있으나, 1주에 12시간 이상을 연장할 수 없다. 따라서 1주에 최대 52시간의 범위 내에서만 연장근로가 가능하다. 당사자 간에 동의 또는 희망이 있는 경우라 하더라도 이러한 법정 연장근로시간을 초과할 수 없다.[8] 다만, 상시 30명 미만의 근로자를 사용하는 사용자는 근로자대표와 서면으로 합의한 경우 연장된 근로시간에 더하여 1주간에 8시간을 초과하지 아니하는 범위에서 근로시간을 추가적으로 연장할 수 있다. 15세 이상 18세 미만의 자의 경우에는 해당근로자의 동의를 얻어야 하고, 1일에 1시간, 1주에 5시간을 초과할 수 없다.

사용자가 18세 이상의 여성을 오후 10시부터 오전 6시까지의 시간 및 휴일에 근로시키려면 그 근로자의 동의를 받아야 한다. 또한 사용자는 임산부와 18세 미만자를 오후 10시부터 오전 6시까지의 시간 및 휴일에 근로시키지 못한다. 다만, ① 18세 미만자의 동의가 있는 경우, ② 산후 1년이 지나지 아니한 여성의 동의가 있는 경우, ③ 임신 중의 여성이 명시적으로 청구하는 경우로서 고용노동부장관의 인가를 받으면 그러하지 아니하다(여성과 임산부, 18세 미만자에 대한 야간근로와 휴일근로의 제한, 동법 제70조).

사용자는 산후 1년이 지나지 아니한 여성에 대하여는 단체협약이 있는 경우라도 1일에 2시간, 1주일에 6시간, 1년에 150시간을 초과하는 시간외 근로를 시키지 못한다(동법 제71조).

사용자는 연장근로에 대하여는 통상임금의 100분의 50 이상을 가산하여 근로자에게 지급하여야 한다. 또한 사용자는 휴일근로에 대하여는 다음의 기준에 따른 금액 이상을 가산하여 근로자에게 지급하여야 한다. 8시간 이내의 휴일근로에 대하여는 통상임금의 100분의 50, 8시간을 초과한 휴일근로에 대하여는 통상임금의 100분의 100. 또한 사용자는 야간근로(오후 10시부터 다음 날 오전 6시 사이의 근로를 말한다)에 대하여는 통상임금의 100분의 50 이상을 가산하여 근로자에게 지급하여야 한다(동법 제56조). 연장근로에 대한 적절한 보상과 연장근로를 억제하기 위한 규정이다. 한편 사용자는

---

8) 종전의 고용노동부 행정지침에 의하면, 법정 근로시간 40시간, 연장근로 12시간에 해당되는 날은 주5일이고, 따라서 휴일근로 16시간까지 해서 1주일에 총 68시간 근로할 수 있다고 보았다. 그러나 개정된 근로기준법에 의하면. "1주란 휴일을 포함한 7일을 말한다"(동법 제2조 제1항 7호)라고 명시적으로 규정함으로써 법정 근로 40시간과 연장근로 12시간이 적용되는 1주일은 7일이며, 이에 따라 1주일에 52시간을 초과하여 근로할 수 없게 되었다. 다만 근로시간 단축에 대한 내용은 사업장의 사정을 고려하여 단계적으로 시행된다. 300인 이상 사업장은 2018년 7월 1일부터, 50인 이상 300인 미만 사업장은 2020년 1월 1일부터, 5인 이상 50인 미만 사업장은 2021년 7월 1일부터 각각 적용된다.

근로자대표와의 서면 합의에 따라 제56조에 따른 연장근로·야간근로 및 휴일근로에 대하여 임금을 지급하는 것을 갈음하여 휴가를 줄 수 있는데(동법 제57조), 이를 '보상휴가제'라 한다.

4) 유연근무제

유연근무제란 통상의 근무시간 · 근무일을 변경하거나 근로자와 사용자가 근로시간이나 근로장소 등을 선택·조정하여 일과 생활을 조화롭게 하고, 인력활용의 효율성을 높일 수 있는 제도를 말한다(「가족친화 사회환경의 조성 촉진에 관한 법률」 제2조).

(1) 탄력적 근로시간제

근로기준법상 법정근로시간은 1일 8시간, 1주에 40시간이 원칙이며 사용자는 근로자에 대하여 이 범위를 초과하여 근로를 시킬 수 없다. 다만 근로자와의 합의에 의하여 1주에 12시간의 범위 내에서 연장근로를 시킬 수 있으며 이 경우에는 통상임금의 50%를 가산한 연장근로수당을 지급하여야 한다.

그러나 기업이 성수기나 수출납기 등을 맞추기 위하여 일시적인 작업량의 증가 시에는 취업규칙이나 근로자와의 서면합의에 의하여 2주간 또는 3월 이내의 단위기간을 평균하여 1주간의 근로시간이 40시간을 초과하지 않는 범위 내에서 특정 주에 40시간, 특정일에 8시간의 근로시간을 연장근로수당을 지급함이 없이 초과하여 근로하게 할 수 있는 것이 탄력적 근로시간제이다.

다만 이때에도 취업규칙의 규정에 의하여 2주단위로 시행하는 경우에는 특정주의 근로시간은 48시간을 초과할 수 없으며 서면합의에 의해 3월단위로 시행하는 경우 특정주의 근로시간은 52시간, 특정일의 근로시간은 12시간을 초과할 수 없다(동법 제51조).

이러한 제한은 탄력적 근로시간제에서는 법정근로시간을 초과하여 근로하여도 가산수당을 지급받지 못할 뿐만 아니라 장시간 근로로 인한 근로자의 과로 등을 방지하여 근로자를 보호하기 위한 취지이다.

(2) 선택적 근로시간제(자유출퇴근제)

선택적 근로시간제란 1개월 이내의 일정기간(정산기간)에 걸쳐 근로해야 하는 총근로시간(계약기간)만 정해 놓고 매일의 시업 및 종업시각은 근로자 개개인의 결정에 맡기는 제도이다. 이 제도는 담당 업무사이에 상호 독립성이 있는 사무직이나 영업부문, 세일즈부문, 연구개발부문 등에서 도입이 가능하다.

사용자는 취업규칙(취업규칙에 준하는 것을 포함)에 의하여 시업 및 종업시각을 근로자의 결정에 맡기기로 한 근로자에 대하여 근로자대표와의 서면합의에 의하여 ① 대상근로자의 범위(15세 이상 18세 미만의 근로자는 제외한다), ② 정산기간(1개월 이내의 일정기간으로 정해야 한다), ③ 정산에 있어 총근로시간, ④ 반드시 근로하여야 할 시간대를 정하는 경우에는 그 개시 및 종료시각, ⑤ 근로자가 그의 결정에 의하여 근로할 수 있는 시간대를 정하는 경우에는 그 개시 및 종료시각, ⑥ 유급휴가의 계산기준이 되는 표준근로시간(유급휴가 등의 계산 기준으로 사용자와 근로자대표가 합의하여 정한 1일의 근로시간) 등을 정한 때에는 1개월의 정산기간을 평균하여 1주간의 근로시간이 40시간을 초과하지 아니하는 범위 내에서 1주간에 40시간, 1일에 8시간을 초과하여 근로할 수 있다(동법 제52조).

(3) 간주근로시간제(사업장 밖 인정근로시간제)

간주근로시간제도는 근로자가 출장이나 그 밖의 사유로 근로시간의 전부 또는 일부를 사업장 밖에서 근로하여 근로시간을 산정하기 어려운 경우에 일정한 시간을 근로한 것으로 간주하는 제도이다.

근로자가 출장이나 그 밖의 사유로 근로시간의 전부 또는 일부를 사업장 밖에서 근로하여 근로시간을 산정하기 어려운 경우에는 소정근로시간을 근로한 것으로 본다. 다만, 그 업무를 수행하기 위하여 통상적으로 소정근로시간을 초과하여 근로할 필요가 있는 경우에는 그 업무의 수행에 통상 필요한 시간을 근로한 것으로 본다(동법 제58조 제1항). 그럼에도 불구하고 그 업무에 관하여 근로자대표와의 서면 합의를 한 경우에는 그 합의에서 정하는 시간을 그 업무의 수행에 통상 필요한 시간으로 본다(동조 제2항).

이 제도의 대상은 영업사원, 신문, 잡지, TV등의 기자, 기타 사업장 밖에서 주로 근로가 이루어져 근로시간의 계산이 어려운 업무(판매상품의 AS, 마케팅조사나 시장조사, 사진이나 영화촬영)등이 적합하다.

(4) 재량근로시간제

재량근로시간제란 업무의 성질에 비추어 업무수행방법을 근로자의 재량에 위임할 필요가 있는 업무로서 다음의 업무는 사용자가 근로자대표와 서면합의로 정한 시간을 근로한 것으로 보는 제도를 말한다.

이 경우 서면합의에는 대상업무, 사용자가 업무의 수행수단 및 시간분배 등에 관하여 근로자에게 구체적인 지시를 하지 아니한다는 내용, 근로시간의 산정은 당해 서면합의에 정하는 바에 따른다는 내용을 명시하여야 한다.

이 재량근로시간제는 점차 증가하는 추세이다. 그 이유는 정보화, 기술혁신, 서비스경제화의 경향으로 양보다 질이나 성과가 중시되는 업무가 중시되기 때문이다. 구체적인 재량근로대상업무는 대통령령으로 정하게 되어 있는데, 시행령 제31조에 따르면, 재량근로대상업무는 ① 신상품 또는 신기술 연구개발이나 인문사회과학 또는 자연과학분야의 연구업무, ② 정보처리시스템의 설계 또는 분석업무, ③ 신문, 방송 또는 출판사업에 있어서 기사의 취재. 편성 또는 편집업무, ④ 의복, 실내장식, 공업제품, 광고 등의 디자인 또는 고안업무, ⑤ 방송프로, 영화 등의 제작사업에 있어서 프로듀서 또는 광고업무, ⑥ 기타 노동부 장관이 정하는 업무 등이다.

7. 휴일 및 휴가

1) 휴 일

휴일은 근로자가 근로제공의무를 면하는 날을 말한다. 휴일은 법정휴일과 약정휴일, 유급휴일과 무급휴일로 구분할 수 있다.

(1) 법정휴일과 약정휴일

법정휴일에는 「근로기준법」에서 정하고 있는 주휴일, 그리고 「근로자의 날 제정에 관한 법률」이 정하는 근로자의 날, 「관공서의 공휴일에 관한 규정」(대통령령)이 정하는 공휴일이 있다.

「근로기준법」은 제55조에서 "사용자는 근로자에게 1주일에 평균 1회 이상의 유급휴일을 주어야 한다"고 규정함으로써 주휴일을 유급휴일로 규정하고 있다. 이 규정은 반드시 일요일에 주휴일을 주어야 한다는 의미가 아니라, 단체협약이나 취업규칙 등에 의하여 미리 정해진 어느 특정일에 주휴일을 주어야 한다는 의미이다. 「근로자의 날 제정에 관한 법률」은 5월 1일을 근로자의 날로 하고, 이 날을 유급휴일로 정하고 있다.

「관공서의 공휴일에 관한 규정」은 '관공서'의 공휴일을 정하는 규정이다. 동규정의 제2조에서는 ① 일요일, ② 국경일 중 3·1절, 광복절, 개천절 및 한글날, ③ 1월 1일, ④ 설날 전날, 설날, 설날 다음날(음력 12월 말일, 1월 1일, 2일), ⑤ 석가탄신일(음력 4월 8일), ⑥ 5월 5일(어린이날), ⑦ 6월 6일(현충일), ⑧ 추석 전날, 추석, 추석 다음날(음력 8월 14일, 15일, 16일), ⑨ 12월 25일(기독탄신일), ⑩ 「공직선거법」 제34조에 따른 임기만료에 의한 선거의 선거일, ⑪ 기타 정부에서 수시 지정하는 날(임시공휴일)을 관공서의 공휴일로 지정하고 있다. 관공서의 공휴일은 원칙적으로 관공서에서 근무하는 자에게만 적용되는 법정휴일이었으나, 개정 근로기준법은 관공서의 공휴일 중 일요일을 제외한 나머지 공휴일과 대체공휴일을 단계적으로 모든 근로자에 대한 법정휴일로 확대하고 있다(동법 제55조 제2항).

약정휴일은 회사의 창립기념일 등과 같이 사용자와 근로자가 노사자치규범을 통하여 약정한 휴일이다.

주휴일의 근로한 경우 임금의 산정

[사례] 서점에서 일하는 A는 1주일에 6일을 출근하고 일요일 하루를 쉰다. 일요일은 주휴일이다. 그런데 이번 주는 서점에 일이 많아 일요일에도 출근해 10시간을 일했다. 임금 계산은 어떻게 해야 하는가?

[해설] 주휴일은 유급휴일이므로 기본수당 100%와 휴일근로수당 150%를 합산한 금액을 지급해야 한다.

> 따라서 만약 1일 8시간 일하고, 시급이 10,000원이라면, ① 유급휴일 기본수당 80,000원(8시간 × 10,000원), ② 휴일근로수당 100,000원(10시간 × 10,000원), 연장근로수당 10,000원(2시간 × 10,000원 × 50%)을 합계하여 190,000원을 지급해야 한다. 만약 임금을 월급제로 하고 있다면, ①은 월급에 포함되어 있으므로, ②+③만 추가지급하면 된다.

(2) 유급휴일과 무급휴일

사용자에게 임금 지급의무가 있는 휴일은 유급휴일이고, 그렇지 아니한 휴일은 무급휴일이다. 현행법상 유급휴일은 주휴일과 근로자의 날, 그리고 「관공서의 공휴일에 관한 규정」에서 정하는 공휴일(일요일 제외)과 대체공휴일이 있다.[9] 따라서 기타의 법정휴일이나 약정휴일을 유급휴일로 할 것인지 무급휴일로 할 것인지는 근로자와 사용자가 노사자치규범으로 정하게 된다.

2) 휴 가

휴가란 근로자가 주휴일에 비해 비교적 장시간 근로제공의무를 면제받는 것을 말한다. 「근로기준법」은 연차유급휴가, 생리휴가, 출산전후휴가, 유·사산휴가에 대해 규정하고 있다.

(1) 연차유급휴가

사용자가 근로자에게 매년 유급으로 주어야 하는 휴가가 연차유급휴가다. 사용자는 1년간 80퍼센트 이상 출근한 근로자에게 15일의 유급휴가를 주어야 한다(동법 제60조 제1항). 다만 계속하여 근로한 기간이 1년 미만인

---

9) 다만, 개정 근로기준법상 「관공서의 공휴일에 관한 규정」에서 정하는 공휴일(일요일 제외)과 대체공휴일에 대한 유급휴일 확대는 단계적으로 시행된다.

① 상시 300명 이상의 근로자를 사용하는 사업 또는 사업장, 「공공기관의 운영에 관한 법률」 제4조에 따른 공공기관, 「지방공기업법」 제49조 및 같은 법 제76조에 따른 지방공사 및 지방공단, 국가·지방자치단체 또는 정부투자기관이 자본금의 2분의 1 이상을 출자하거나 기본재산의 2분의 1 이상을 출연한 기관·단체와 그 기관·단체가 자본금의 2분의 1 이상을 출자하거나 기본재산의 2분의 1 이상을 출연한 기관·단체, 국가 및 지방자치단체의 기관: 2020년 1월 1일

② 상시 30명 이상 300명 미만의 근로자를 사용하는 사업 또는 사업장: 2021년 1월 1일

③ 상시 5인 이상 30명 미만의 근로자를 사용하는 사업 또는 사업장: 2022년 1월 1일

근로자 또는 1년간 80퍼센트 미만 출근한 근로자에게 1개월 개근 시 1일의 유급휴가를 주어야 한다(동조 제2항).

3년 이상 계속하여 근로한 근로자에게는 15일의 유급휴가에 최초 1년을 초과하는 계속 근로 연수 매 2년에 대하여 1일을 가산한 유급휴가를 주어야 한다. 이 경우 가산휴가를 포함한 총 휴가 일수는 25일을 한도로 한다(동조 제4항).

연차유급휴가는 근로자가 청구한 시기에 주어야 하고, 사용자는 그 기간에 대하여는 취업규칙 등에서 정하는 통상임금 또는 평균임금을 지급하여야 한다. 다만, 근로자가 청구한 시기에 휴가를 주는 것이 사업 운영에 막대한 지장이 있는 경우에는 그 시기를 변경할 수 있다(동조 제5항).

연차유급휴가는 사용자의 귀책사유로 사용하지 못한 경우를 제외하고는 1년간 행사하지 아니하면 소멸된다. 사용자가 유급휴가의 사용을 촉진하기 위하여 근로자에게 통보 등의 조치를 하였음에도 불구하고 근로자가 휴가를 사용하지 아니하여 연차유급휴가가 소멸된 경우에는 사용자는 그 사용하지 아니한 휴가에 대하여 보상할 의무가 없고, 또한 이 경우에는 사용자의 귀책사유에 해당하지 아니하는 것으로 본다.

(2) 모성보호휴가

여성의 모성을 보호하기 위하여 사용자는 여성근로자에게 생리휴가, 출산전후휴가, 유·사산휴가를 제공하여야 한다. 우선 사용자는 여성 근로자가 청구하면 월 1일의 생리휴가를 주어야 한다(법 제73조). 또한 사용자는 임신 중의 여성에게 출산 전과 출산 후를 통하여 90일(한 번에 둘 이상 자녀를 임신한 경우에는 120일)의 출산전후휴가를 주어야 한다. 이 경우 휴가 기간의 배정은 출산 후에 45일(한 번에 둘 이상 자녀를 임신한 경우에는 60일) 이상이 되어야 한다. 특히 사용자는 임신 중인 여성 근로자가 유산의 경험 등 대통령령으로 정하는 사유로 출산휴가를 청구하는 경우 출산 전 어느 때 라도 휴가를 나누어 사용할 수 있도록 하여야 하며, 이 경우 출산 후의 휴가 기간은 연속하여 45일(한 번에 둘 이상 자녀를 임신한 경우에는 60일) 이상이 되어야 한다. 또한 사용자는 임신 중인 여성이 유산 또는 사산한 경우로서 그 근로자가 청구하면 대통령령으로 정하는 바에 따라 유산·사산 휴가를 주어야 한다. 다만, 인공 임신중절 수술(모자보건법 제14조 제1항에 따른 경우는 제외한다)에 따른 유산의 경우는 제외한다.

한편 「남녀고용평등과 일·가정 양립 지원에 관한 법률」은 배우자의 출산휴가에 관하여 규정하고 있다. 이 법에 따르면, 사업주는 근로자가 배우자의 출산을 이유로 휴가를 청구하는 경우에 5일의 범위에서 3일 이상의 휴가를 주어야 하며, 이 경우 사용한 휴가기간 중 최초 3일은 유급으로 한다. 다만 배우자 출산휴가는 근로자의 배우자가 출산한 날부터 30일이 지나면 청구할 수 없다(동법 제18조의2).

8. 해 고

1) 해고의 의의

해고란 사용자가 근로자에 대하여 일방적으로 근로계약을 해지하는 것을 말한다. 「민법」상 고용계약은 고용기간의 약정이 없는 때에는 당사자는 언제든지 계약의 해지를 통고할 수 있다고 규정하고, 상대방이 해지의 통고를 받은 날로부터 1개월이 경과하면 해지의 효력이 발생한다고 정하고 있다.

「민법」에서는 사용자가 고용계약해지를 이와 같이 자유롭게 할 수 있으나, 「근로기준법」에서는 사용자에게 종속노동을 제공하고 그 대가로 받은 임금을 유일한 생계수단으로 하는 근로자가 일시에 사용자로부터 해고를 당하는 것은 근로자에게는 일종의 사형선고와도 같은 것이므로 사용자의 해고권을 엄격히 규제하고 있다.

사용자는 정당한 사유 없이 근로자를 해고할 수 없으며, 정당한 사유가 있는 경우에도 적어도 30일 전에 해고예고를 하거나, 예고를 하지 아니하고 즉시 해고할 때에는 30일분의 통상임금을 지급하여야 한다.

해고란 사용자가 일방적으로 근로계약을 해지하는 것이므로 근로자가 스스로 사직하거나 퇴직하는 경우에는 해당되지 않는다. 그러나 사용자의 요구나 회사의 강압적인 분위기 등으로 인하여 본인의 의사에 반하여 사직서를 제출한 경우에는 해고에 해당될 수 있다.

2) 해고의 정당한 사유

사용자는 정당한 사유 없이 근로자를 해고할 수 없으며, 여기서 정당한 사유란 근로자가 일신상의 사유나 조직질서 문란행위 등으로 인하여 더 이상 사용자와 근로관계를 유지할 수 없는 사유를 말하지만, 그 구체적인 내용에 대하여 법에서 정한 바가 없으며, 회사의 취업규칙이나 단체협약에서 정한 구체적인 해고사유에 해당하여야 한다. 판례가 인정하는 해고사유는 다음의 표와 같다.

판례에서 인정하는 해고 사유
• 근로자 일신상의 사유 전문적 자격이 필요한 업무에 자격증의 결여 등 직무능력의 결여, 업무성격상 구성원간의 긴밀한 협동정신이 요구되는 경우 성격상의 결함으로 그에 적응하지 못 할 때, 정상적인 근로를 제공하기 힘든 질병, 기업상 비밀유지가 요구되는 근로자가 경쟁기업주체와 친인척 등 긴밀한 관계에 있는 경우 등 • 근로자의 행태상의 사유 근로자가 근로할 의사 없이 사용자의 경고에도 불구하고 개인적인 용무를 이유로 무단결근 하는 경우, 근로자가 정당한 이유 없이 근로를 거부하는 경우, 근로자가 능력이 있음에도 반복하여 정상적인 작업능력을 하회하는 하자있는 노무를 제공하는 경우, 근로자가 범죄행위로 인하여 노무급부가 불가능하게 된 경우, 근로자가 사적행위이지만 회사의 신뢰나 명예를 손상시키거나 노무급부에 영향을 줄 수 있는 업무 중 음주, 사용자나 상사에 대한 모독행위, 뇌물수수, 회사 내에서의 성폭행 등 부정행위나 비윤리적행위한 경우, 입사시 경력사칭이나 학력위조를 한 경우 등 • 정리해고 근로자의 귀책사유로 해고하는 것이 아니라 회사의 경영상의 어려움이나 양수, 양도나 합병 등으로 인하여 근로자를 해고하는 정리해고의 경우

그러나 위와 같은 사유가 있다고 해서 무조건 해고사유가 되는 것은 아니다. 위의 표에 든 사유는 하나의 예시에 불과하다. 정당한 사유는 개별적·

구체적으로 판단해야 하며 반드시 취업규칙이나 단체협약에 명시된 사유에 해당하여야 한다.

또한 사용자는 해고뿐만이 아니라 정당한 사유 없이 근로자에 대해서 휴직, 정직, 전직, 감봉, 기타 징벌을 하지 못한다. 이러한 인사조치를 할 때에도 반드시 취업규칙 등에 정한 정당한 사유가 있어야 한다.

3) 해고예고와 해고수당

사용자는 정당한 사유에 의하여 근로자를 해고하는 경우에도 갑자기 해서는 안 되고 반드시 적어도 30일전에 해고사유와 일시를 명시하여 본인에게 예고를 하여야 한다. 30일전에 해고예고를 하지 않을 때는 30일분의 통상임금을 지급하고 즉시해고 할 수 있다(근로기준법 제26조 본문). 해고예고나 예고수당은 근로자의 귀책사유로 인하여 징계해고 되는 경우에도 해당된다. 해고예고나 수당의 지급 없이 근로자를 해고하면 사용자는 처벌을 받는다. 다만, 천재·사변, 그 밖의 부득이한 사유로 사업을 계속하는 것이 불가능한 경우 또는 근로자가 고의로 사업에 막대한 지장을 초래하거나 재산상 손해를 끼친 경우로서 고용노동부령으로 정하는 사유에 해당하는 경우에는 그러하지 아니하다(동법 제26조 단서).

4) 부당해고와 부당징계

사용자는 근로자를 해고하는 경우에는 반드시 취업규칙이나 단체협약에서 정한 정당한 해고사유와 해고절차에 따라야 한다.

사용자가 근로자를 해고하기 위해서는 정당한 사유가 존재하여야 하고, 취업규칙이나 단체협약 등에서 본인의 의견청취나 노조와의 협의 등 해고절차를 두고 있는 경우에는 이러한 절차를 밟아야 한다. 사용자가 이러한 사유나 절차 없이 행한 해고는 부당해고로서 형사상의 처벌을 받음은 물론 근로자를 원직복귀 시켜야 하고 해고 후 원직복귀 때까지의 임금전액을 지불하여야 한다.

사용자는 해고뿐만이 아니라 휴직, 정직, 전직, 감봉 기타 징벌의 경우에도 정당한 사유와 절차를 밟아야 하며 그렇지 않으면 부당징계로서 부당해고와 동일한 효과가 발생한다.

5) 부당해고 구제방법

사용자가 근로자를 정당한 사유 없이 해고하거나 휴직, 정직, 감봉 기타 징벌한 경우 근로자는 다음의 3가지 방법에 의하여 부당해고 등에 관한 구제를 받을 수 있다.

(1) 노동부에 진정서제출

사업장 관할 지방노동사무소에 부당해고 등에 관한 진정서를 제출하면 담당 근로감독관이 배정되어 사용자와 근로자를 노동부사무소로 출석토록 하여 사실관계를 조사·확인한 후 부당해고라고 인정되면 사용자에게 근로자를 원직복귀 시킬 것을 명하고 이에 따르지 않으면 형사처벌을 하게 된다.

(2) 노동위원회에 부당해고구제신청

부당해고 등을 당한 근로자는 부당해고 등을 당한 날로부터 3개월 이내에 사업장 관할 지방노동위원회에 부당해고구제신청을 하여 권리구제를 받을 수 있다. 지방노동위원회에 구제신청서를 제출하면 노동위원회는 담당심사관을 배정하여 사용자와 근로자를 출석시켜 조사한 후 심문회의를 거쳐 사실관계를 확인하여 부당해고가 성립되지 않으면 기각결정을 하고, 성립된다고 인정할 때에는 근로자를 즉시 원직에 복귀시키고 부당해고기간 동안의 임금을 전액지불할 것을 내용으로 하는 구제명령을 하게 된다.

관계당사자는 심문회의에 출석하여 의견을 진술하거나 증인을 출석시킬 수 있으며 변호사나 공인노무사를 대리인으로 선임하여 변론하게 할 수 있다.

지방노동위원회의 기각결정이나 구제명령에 불복하는 관계당사자는 그 명령서 또는 결정서의 송달을 받은 날부터 10일 이내에 중앙노동위원회에 재심을 청구할 수 있고(동법 제31조 제1항), 중앙노동위원회의 재심판정에 이의가 있는 자는 재심판정서의 송달을 받은 날로부터 15일 이내에 행정소송을 제기할 수 있다(동조 제1항). 이 기간 내에 재심을 신청하지 않거나 행정소송을 제기하지 아니한 때에는 그 구제명령, 기각결정, 재심판정은 확정된다. 이와 같이 구제명령이나 기각결정, 재심판정이 확정된 때에는 관계당사자는 이에 따라야 한다. 이를 위반하는 경우에는 형사상의 처벌을 받는다. 그러나 노동위원회의 구제명령, 기각결정 또는 재심판정은 제31조에 따른 중앙노동위원회에 대한 재심 신청이나 행정소송 제기에 의하여 그 효력이 정지되지 아니한다(동법 제32조).

(3) 법원에 해고무효소송제기

부당해고 등을 당한 근로자는 위와 같은 노동법상의 특별 구제절차를 밟을 수 있는 반면에 법원에 해고무효확인소송을 제기하여 권리구제를 받을 수 있다.

6) 정리해고

근로기준법상 해고란 근로자의 귀책사유로 인해 사용자가 일방적으로 근로계약을 해제하는 것이다. 그러나 근로자의 귀책사유가 없음에도 불구하고 경영상 이유라는 사용자의 귀책사유에 의해 근로자를 해고하는 것을 '경영상 이유에 의한 해고' 또는 '정리해고'라 한다. 정리해고는 기업의 구조조정의 첫 단계로 대부분 집단적으로 이루어지므로 「근로기준법」에서는 그 요건과 절차를 엄격히 정해놓고 있다. 사용자가 정리해고를 단행하기 위한 요건과 절차는 다음과 같고, 이에 위반하면 부당해고가 된다.

(1) 긴박한 경영상의 필요

여기서 긴박한 경영상 필요란 회사가 도산의 위기에 처해있거나 계속되는 경영악화, 생산성 향상을 위한 작업형태의 변경 또는 기술혁신에 따른 구조적 변화 등으로 인원삭감이 객관적으로 보아 합리성이 있는 경우를 말한다. 경영악화방지를 위한 사업의 양도, 양수, 합병은 긴박한 경영상의 필요가 있는 것으로 본다.

(2) 해고를 피하기 위한 노력

해고에 앞서 사용자는 조업단축, 신규채용금지, 무급휴직 등 해고회피노력을 다하여야 한다. 해고는 최후의 수단이어야 한다.

(3) 합리적이고 공정한 해고의 기준

합리적이고 공정한 해고의 기준을 정하고 이에 따라 그 대상자를 선정해야 한다. 합리적이고 공정한 해고인지의 여부는 당해 사업장과 구체적인 사정에 따라 개별적으로 판단할 수밖에 없다. 다만 해고대상자를 선정할 때 남녀의 성을 차별하는 것은 부당한 해고이다.

(4) 근로자 대표와의 협의

사용자는 정리해고를 피하기 위한 방법과 해고의 기준 등에 관하여 그 사업 또는 사업장에 근로자의 과반수로 조직된 노동조합이 있는 경우에는 그 노동조합(근로자의 과반수로 조직된 노동조합이 없는 경우에는 근로자의 과반수를 대표하는 자를 말한다)에 해고를 하려는 날의 50일 전까지 통보하고 성실하게 협의하여야 한다.

(5) 해고의 신고

사용자는 대통령령으로 정하는 일정한 규모 이상의 인원을 해고하려면 대통령령으로 정하는 바에 따라 고용노동부장관에게 신고하여야 한다. '대통령령으로 정하는 일정한 규모 이상의 인원을 해고하는 경우'란 ① 상시 근로자수가 99명 이하인 사업 또는 사업장에서 10명 이상을 해고하려는 경우, ② 상시 근로자수가 100명 이상 999명 이하인 사업 또는 사업장에서 상시 근로자수의 10퍼센트 이상을 해고하려는 경우, ③ 상시 근로자수가 1,000명 이상 사업 또는 사업장에서 100명 이상 해고하려는 경우를 말하며, 이 경우 해고하고자 하는 날의 30일 전까지 관할지방노동부 사무소에 신고하여야 한다.

정리해고자의 우선 재고용 등

제25조(우선 재고용 등) ① 제24조에 따라 근로자를 해고한 사용자는 근로자를 해고한 날부터 3년 이내에 해고된 근로자가 해고 당시 담당하였던 업무와 같은 업무를 할 근로자를 채용하려고 할 경우 제24조에 따라 해고된 근로자가 원하면 그 근로자를 우선적으로 고용하여야 한다.[10)]

② 정부는 제24조에 따라 해고된 근로자에 대하여 생계안정, 재취업, 직업훈련 등 필요한 조치를 우선적으로 취하여야 한다.

7) 사업의 양도와 고용승계

기업은 자본, 시설, 노동의 3가지 요소가 결합된 유기체로써 기업의 소유나 자본이 타인에게 이전되어도 시설과 노동이 자동으로 포괄승계된다. 따라서 이 경우에 근로자의 고용관계도 당연히 승계된다.

즉 기업이 인수, 합병 등에 의하여 사업을 양수, 양도할 때에는 사업의 양수인은 양도인의 근로자도 자동승계 하여야 하며 고용승계를 배제하는 경우에는 양도인의 근로자 지위는 사실상의 해고에 해당되므로 이때에는 해고의 정당한 사유가 있어야 한다.

양수인이 사업을 포괄승계하지 않고 법원의 경매나 폐업회사의 중고설비를 매입하는 등 시설이나 자산만 매입하는 경우에는 근로자의 승계의무가 없다. 그러나 포괄승계에 의하지 아니하고 시설과 자산만 매입하는 형태를 취하면서 양수회사의 기존고객이나 거래처 등 영업권이나 채권채무를 함께 인수하는 경우에는 그 계약의 내용이 자산매매계약이나 양수양도계약 등 명칭에 상관없이 양도인의 근로자에 대하여 양수인은 고용승계의무가 있다고 보아야 한다.

또한 이 과정에서 양도인의 이전근로자에 대한 고용승계를 배제한 채 근로자를 새로 모집하거나 이전근로자들을 선별적으로 채용하는 것은 사실상 정리해고로 인정되어 이때에는 정리해고의 요건을 갖추어야 할 것이다. 「근로기준법」은 경영악화를 방지하기 위한 기업의 양도, 인수, 합병의 경우를 긴박한 경영상의 이유에 의한 해고의 정당한 이유로 인정된다고 명문으로 규정하여 기업의 인수, 합병을 할 수 있도록 하였다.

그러나 경영악화와 무관하게 이루어지는 기업의 인수합병이나 인수합병이 있더라도 인원삭감의 필요성이 전혀 없는 경우, 다수의 주식취득 등을 통

---

10) 이 규정은 과거 "재고용을 위해 노력하여야 한다"라는 선언규정을 강행규정으로 개정한 것이다.

한 단순한 경영권의 이전의 경우 등에는 해고의 정당성이 인정될 수 없다.

8) 산재요양, 산전·산후 휴가 중 해고금지

사용자는 근로자가 업무상 부상 또는 질병의 요양을 위하여 휴업한 기간과 그 후 30일 동안 또는 산전(産前)·산후(産後)의 여성이 이 법에 따라 휴업한 기간과 그 후 30일 동안은 해고하지 못한다(동법 제23조 제2항). 따라서 이 경우에는 정당한 해고사유가 있더라도 이 기간이 경과하여야 해고할 수 있다. 이는 일반근로자에 비해 불리한 위치에 처해있는 산재근로자와 산모인 여자근로자를 보호하기 위한 취지이다.

한편 「남녀고용평등과 일·가정 양립 지원에 관한 법률」도 사업주로 하여금 육아휴직을 이유로 근로자에게 해고나 그 밖의 불리한 처우를 하지 못하도록 하고 있고, 육아휴직 기간에는 그 근로자에 대한 해고를 금지하고 있다(동법 제19조 제3항).

제 4 장

범죄와 형벌

제1절 서 론

1. 형법의 의의와 기능

1) 형법의 의의

형법은 어떠한 행위가 범죄이고 이에 대한 법적 효과로서 어떠한 형벌을 과할 것인가를 규정하는 법규범이다. 즉 일정한 범죄가 발생한 경우에 이에 대하여 일정한 형벌을 과할 것을 규정하는 것이므로, 형법에 있어서의 범죄와 형벌은 서로 관계없는 별개의 개념이 아니라 불가분의 관계를 갖는 개념이다. 형법이 범죄와 형벌에 관한 법이기 때문에 그 명칭에 있어서도 범죄법과 형벌법의 두 가지 표현이 쓰이고 있다. 그런데 최근의 입법례는 이미 행하여진 범죄에 대한 형벌개념 외에 장래의 범죄적 위험행위를 예방하기 위한 특별한 처분인 보안처분까지도 형법개념에 포함시킨다.

형법은 국가권력의 일부분인 형벌권을 근거로 하여 시행된다. 그러므로 법을 공법과 사법으로 구분할 경우 공법에 속하며, 재판에 적용되는 법이라는 의미에서 사법법이고, 절차법에 대응되는 실체법이다.

우리나라에는 '형식적 의미의 형법'인 '형법전' 외에도 '실질적 의미의 형법'으로서 많은 특별형법들과 단행법규들이 존재한다.

형법을 학문적으로 다룰 때 이를 '형법학'(Strafrechtswissenschaft)이라고 부른다. 형법학은 범죄와 형벌의 관계가 어떻게 이루어져야 할 것인가를 규범적으로 논하는데, 현행형법에 대한 해석학이 그 핵심적인 부분을 이룬다.

2) 형법의 기능

형법은 일정한 행위를 범죄로 하고 이에 대하여 일정한 형벌을 과할 것을 규정하는 법률규범의 총체이다. 그러면 형법은 어떠한 기능을 가지고 있는가? 형법의 기능은 형법의 본질 내지 목적을 무엇으로 이해하느냐 하는 문제와 밀접한 관계가 있기 때문에 관점에 따라 다양하게 표현된다.

(1) 보장적 기능

형법의 보장적 기능이란 형법이 국가의 형벌권행사의 한계를 정확히 함으로써 자의적 형벌로부터 국민의 자유와 인권을 보장하는 기능을 말하는데, 이는 죄형법정주의를 근본원리로 삼는 기능이기도 하다. 즉 형법은 국가적 형벌권행사의 한계를 명확히 하여 어떠한 국민에게도 형법이 규정하는 죄를 범하지 않는 한 형벌을 과할 수 없다는 의미에서 선량한 국민의 대헌장(Magna Charta des friedlichen Staatsburgers)이라고 불리며, 동시에 범죄를 범한 자라도 미리 그 범죄에 대한 법률적 효과로서 규정되어 있는 특정의 형벌 이외의 부당한 형벌을 받지 아니한다는 자유가 보장된다는 의미에서 범죄인의 대헌장(Magna Charta des Verbrechers)이라 한다.

(2) 보호적 기능

보호적 기능이란, 형법은 일정한 행위를 범죄로 하고 이에 대하여 형벌을 과함으로써 범죄로 인한 침해·위협에 대하여 법적으로 보호되는 가치와 이익을 보호한다는 기능을 말한다. 전통적으로 이러한 가치와 이익이 '법익'(Rechtsguter)으로 이해되었으나 '사회윤리적 행위가치'(die sozialethischen Handlungswerte)도 이에 포함시키는 것이 타당하다고 본다.

가) 법익의 보호

형법이 어떠한 이익을 보호할 것인가는 그 이익의 성질, 중요성에 의하여 국가가 인정하는 보호가치, 보호필요성에 따라 결정되는 것이다. 형법 이외의 법률도 또한 법익을 보호하는 점에서는 동일하나 형법은 그 법적 효과로서 형벌이라는 특수한 제재수단으로써 법익을 보호한다는 보호방법의 특수성이 있다.

나) 사회윤리적 행위가치의 보호

형법은 인간의 행위와 관련을 맺기 때문에 법익의 보호도 일정한 행위명령을 설정하고 그 침해를 제재하는 방법을 통하여 성립하며 이로써 형법의 기능은 사회적 행위가치의 보호에도 미치게 된다. 그리하여 범죄는 법익침해와 의무의 침해로 되며 불법의 구조는 필연적으로 행위불법과 결과불법으로 이루어진다.

법익의 보호와 행위가치의 보호 중 어느 쪽에 중점을 두느냐에 관해서는 논란이 있지만 양자에 동등한 지위를 인정하고 이들이 서로 대응하면서 보완, 제한하는 관계에 있다고 봄이 타당하다.

(3) 규제적 기능

규제적 기능이라는 것은 형법이 일정한 범죄에 대하여 일정한 형벌을 과할 것을 예고함으로써 당해 범죄에 대한 국가의 규범적 평가를 밝히는 작용을 의미한다. 형법은 이러한 기능을 통하여 일반국민에 대하여서는 행위규범의 준수를 명하는 작용을 함과 아울러 사법관계자들에 대하여서는 행위규범으로서 범죄의 인정 및 형벌적용의 지표로 된다. 이러한 관점에서 이 기능을 형법의 의사결정규범과 평가규범으로서의 기능이라고도 표현할 수 있을 것이다.

2. 형법의 변천

1) 복수시대

현대의 형벌제도의 기원은 복수이다. 원시시대에는 그 사회에 어떠한 침해가 있는 경우 이에 대한 반동으로서 단체의 내부적 질서유지의 방법으로 족장의 형벌적 권한에 의하여 범죄인을 단체로부터 추방하거나 또는 신의 희생에 공하여 평화적 단체로부터 범죄인을 배제하였던 것이며, 복수는 단체 상호간에 있어서 침해의 반동으로서 피의 보복의 형식으로서 행하여진 대외적 투쟁방법이었다.

이러한 복수의 방법은 부족국가성립 이전에는 무제한적 복수가 허용되었으나 부족국가가 성립한 이후에는 제한적으로서 탈리오 법칙(Talio)과 속죄형제도를 실시하여 복수의 범위를 완화하였다. 현대의 형법은 이러한 복수에서 기원한다.

2) 공형벌시대(위하시대)

각 단체가 국가(고대국가)라는 조직적 단체로 통일됨으로써 형벌이 국가화되었다. 국가적 형벌제도로 되면서 국가는 일정한 조건을 정하여 형벌권을 실행하고 복수와 배상은 국가의 평화적 질서를 파괴하는 것으로서 그 제한이 강화되고 드디어 금지되었다. 이 시대의 형벌의 특색은 준엄하고 위하적이었다. 그러나 복수시대에 비하면 형벌의 국가화로 인하여 형벌은 현저하게 질서화되었다고 할 수 있다.

3) 형벌의 법률화시대(박애시대)

근대적 법치국가가 확립되고 개인의 자유와 인격의 존중을 부르짖게 된 시대에 있어서는 형벌은 사회방위를 위한 최소한의 수단에 그쳐야 한다는 사상이 대두되었다. 따라서 형벌은 완화되고 죄형전단주의 대신에 죄형법정주의가 확립되었고 재판은 공개되고 형의 집행은 공개되지 않게 되었다.

4) 형벌의 개별화

19세기 후반기에 이르러 자연과학의 발달은 당시 범죄의 일반적 증가와 특히 누범의 격증현상이 나타남에 따라 형벌사상에 중대한 영향을 미치게 되었다. 그래서 범인과 범죄의 생물학적·사회학적 연구에 의한 범죄의 본질과 이에 대한 사회방위의 방법이 명백하게 되었고, '범죄의 예방책으로서의 형벌'이라는 관념이 그 과학적인 기초에서 마련되게 되었다. 따라서 이 시기에는 갖가지 형사정책들이 수립되었고, 형의 적용 면에 있어서는 재판관의 자유재량의 범위가 확대되어 형벌 관념의 조화를 도모하고 있는 것이 특색이다.

3. 형법의 기초이론과 관념

1) 형법학파(구파와 신파)

18세기 이후 근대 형법학의 전개과정에서 나타난 '구파(舊派)'(고전학파), '신파(新派)'(근대학파)의 형성과 논쟁은 중대한 형법사적 의미를 갖는다. 구파와 신파의 명칭은 이탈리아의 페리(Enrico Ferri, 1856~1929)에 의하여 최초로 사용되었다.

구파는 18세기의 개인주의 및 자유주의를 기반으로 하는 개인본위주의의 형법이론이며, 응보형주의와 객관주의를 기초로 하고 있다. 이 학파는 근대형법에 통일적인 체계를 명확하게 한 점에 있어 그 공적이 크다.

신파는 19세기 중엽에 이르러 발달한 자연과학과 사회과학에 의존하여 범죄 및 범죄인을 논하는 데 특징이 있으며, 목적형주의와 주관주의를 채택함으로써 사회본위주의를 기초로 하고 있다.

(1) 응보형주의와 목적형주의

응보형주의(Theorie der Vergeltungsstrafe)는 구파에 의하여 주장되는 이론으로서, 범죄는 정의에 반하는 행위이므로 범죄에 형벌을 과하는 것은 그러한 범죄사실에 대하여 응보를 하는 것이라고 한다.

목적형주의(Theorie der Zweckstrafe)는 신파에 의하여 주장되는 이론으로서, 형벌을 범죄라고 하는 침해적 사실에 대하여 사회를 방위하고 보호하려는 목적을 위한 수단으로 본다. 따라서 목적형주의를 사회방위주의라고도 하며, 결국에는 교육형론(Theorie der Erziehungsstrafe)이라는 형벌이론에 도달하게 된다.

(2) 객관주의와 주관주의

객관주의(Objektivismus)는 범죄는 자유의사에 의한 법익침해이며 자유의사는 개개인이 평등하게 구비하고 있으므로 형벌은 행위의 외부적 사실, 즉 행위 및 효과라는 객관적 요소에 중점을 두어 범죄인의 행위로 인하여 발생한 효과인 해악을 대상으로 하는 행위중심 사상이다.

주관주의(Subjektivismus)는 형벌의 근거를 범죄인의 행위에서가 아니라 성격에서 찾으려고 한다. 즉 형벌은 이미 발생한 침해 또는 위험에 대해서가 아니라 행위자인 범죄인의 반사회적인 성격을 대상으로 하여야 한다고 하며, 따라서 형벌의 경중은 범죄인의 악성 내지 사회적 위험성에 따라 정할 것이라고 하는 행위자중심 사상이다.

(3) 일반예방주의와 특별예방주의

형벌의 효과를 누구에 의하여 거두고자 하느냐에 있어서 일반예방주의와 특별예방주의가 있다.

일반예방주의(Generalpräventionstheorie)는 형벌의 작용을 범죄인 이외의 일반사회에 두는 것이다. 즉 일반인으로 하여금 범죄로 나오는 것을 억제하는 효과를 가져야 한다는 것이다. 따라서 범죄 필벌과 엄벌론을 주장하게 된다. 이는 포이에르바하(Feuerbach)의 심리강제설을 그 대표로 한다.

특별예방주의(Spezialpräventionstheorie)는 범죄인 그 자체에 중점을 두어 형벌의 작용은 범죄성에 대응하는 것이고, 형벌은 범죄인 자신으로 하여금 다시 범죄를 범하지 아니하도록 예방함을 목적으로 하는 수단이라고 한다. 이는 범죄인 개인을 교육하고 개선하는 것이며, 개인적 사상을 고려하여 개개의 범죄인에 상응하는 형벌을 과하여야 한다고 한다. 특별예방주의는 리스트(Liszt)의 "처벌되어야 하는 것은 범죄가 아니고 범죄인이다"라는 말에 잘 표현되어 있다.

4. 죄형법정주의

1) 의의 및 사상적 배경

죄형법정주의(Grundsatz nullum crimen sine lege, nulla poena sine lege, principle of legality)는 근대적 형벌제도를 지배하여 온 원칙으로서 "법률이 없으면 범죄도 없고 또한 형벌도 없다"는 것을 의미한다. 다시 말하면 어떠한 행위가 범죄가 되며 이에 대하여 어떠한 형벌을 과할 것인가를 미리 성문의 법률로서 정해 놓아야 한다는 원칙을 말한다.

죄형법정주의는 중세 전제국가의 죄형전단주의(罪刑專斷主義)에 대립되는 주의이다. 죄형전단주의 하에서는 명문으로써 미리 범죄와 형벌의 관계를 정하지 아니하고 어떠한 행위를 범죄로 하고 이에 대하여 어떠한 형벌을 과하겠는가는 오로지 관권의 자의적인 재량에 의하여 결정되었으므로 관권의 남용으로 인한 개인의 권리, 자유는 부당하게 침해될 수밖에 없었다. 그러나 근대 각국의 형법은 중세 전제국가의 죄형전단주의를 버리고 죄형법정주의를 기본원칙으로 채택하여 범죄 및 형벌을 미리 법률의 명문으로 정하여 재판의 전단을 배척함으로써 죄형법정주의는 인권보장의 철칙으로 되었다. 따라서 근대 국가의 형법전은 예외 없이 이 원칙을 규정하고 있고, 또 명문의 규정이 없더라도 죄형법정주의는 당연한 원칙으로 되어 있다.

2) 죄형법정주의의 파생적 원칙

"법률이 없으면 범죄도 없고 형벌도 없다"는 죄형법정주의의 명제는 그 당연한 결론으로서 다음과 같은 네 가지의 파생적 원칙을 필요로 한다.

(1) 관습형법금지의 원칙(성문법주의)

관습법은 사회생활에 있어서의 관습적 규율이 법으로서의 효력을 가지는 것으로 이러한 관습법을 형법에 적용한다면 존재가 불명한 법으로써 처벌될 수 있으므로 그 적용은 금지된다.

(2) 명확성의 원칙

이 원칙은 어떠한 행위를 어떠한 형벌로 처벌하는가를 누구나 사전에 알 수 있도록 형법전에 명확히 기술되어야 함을 의미한다. 예컨대 "공공질서에 반하는 자는 처벌한다"는 규정은 명확성이 결여되므로 죄형법정주의에 위배된다.

(3) 유추해석금지의 원칙

이 원칙은 형법의 해석에 있어서 유추해석의 방법을 채용할 수 없다는 것이다. 유추해석이란 어떠한 법규를 그 법규의 문헌에 명시되어 있지 아니하나 이와 유사한 사실에 적용하여 해석하는 것을 말한다. 형법의 해석에 있어 유추해석을 허용할 때에는 개인의 지위가 위태롭게 된다. 따라서 형법의 해석은 오로지 문언에 좇아서 엄격히 해석할 것으로 제한하고 해석상 불명한 때는 피고인에게 유리하도록 해석할 것을 요구한다.

(4) 소급효금지의 원칙

이 원칙은 형법의 효력을 소급하여서는 아니된다는 것이다. 즉 형법의 효력을 그 형법의 제정 이전의 행위에 소급하여 적용할 수 없다는 원칙이다. 왜냐하면 형법의 소급효를 허용한다면 행위의 당시에는 범죄로 되지 않았던 행위(적법행위)가 행위 후의 법률에 의하여 처벌되어 범죄와 형벌의 관계를 미리 법률로써 정하여야 한다는 죄형법정주의의 기초를 전복시키기 때문이다. 소급효금지의 원칙이 판례의 변경에도 적용되는가에 대해서는 논란이 있으나 다수의 학설과 판례는 이를 인정하고 있다.

제2절 범죄론

1. 서 론

1) 범죄의 실질적 의의

실질적 의의에 있어서의 범죄란 국가가 보호하는 사회생활상의 이익, 가치를 침해 내지 위협하는 반사회적 행위라고 할 수 있다. 범죄는 그것이 반사회적 행위이기 때문에 이에 대하여 형벌을 과하는 것이다. 이와 같이 실질적 의의의 범죄는 행위자가 정신병자·유아와 같이 법률상 책임무능력자로서 처벌되지 아니하는 자라도 반사회성이 인정되는 한 그 행위는 이를 범죄로 보는 것이 타당하다고 한다. 특히 형사정책에 있어서는 범죄를 하나의 사회현상으로 보아 이런 의미에서의 범죄를 대상으로 하여 그 예방의 대책을 강구하므로 범죄의 실질적 의의를 '범죄의 형사정책적 의의'라고도 말한다.

2) 범죄의 형식적 의의

범죄의 형식적 의의라 함은 범죄의 법률적 의의를 말하고, 범죄를 형식적으로 논하면 범죄는 형벌법규에 의하여 형벌을 과하는 행위라고 할 수 있다. 범죄의 형식적 의의에 관하여는 벨링(Beling) 이래 오늘에 이르기까지 “범죄는 구성요건에 해당하고 위법하고 유책한 행위이다”라는 말로 표현되고 있다. 형식적 의미의 범죄를 그 성립요소에 따라 논하는 것은 범죄이론의 핵심이 된다.

2. 행 위 론

1) 작위와 부작위

행위에는 작위(作爲)와 부작위(不作爲)가 있다. 부작위를 행위에서 제외하는 견해도 있지만 다수의 견해는 이를 행위에 포함시킨다. 작위는 외계에의 적극적인 동작을 행함을 의미하는 반면 부작위는 마땅히 행해야 할 것으로 기대되는 그 무엇인가를 행하지 아니하는 것이다. 작위가 국가의 금지규범에 반하는 범죄로 평가될 때 이를 작위범(Begehungsdelikt)이라고 하며, 부작위가 국가의 요구규범에 반하는 범죄로 나타날 때 이를 부작위범(Unterlassungsdelikt)이라고 부른다.

부작위범은 진정(순정) 부작위범과 부진정(불순정) 부작위범으로 나누어진다. 진정부작위범은 형법의 규정형식상 처음부터 부작위로 범할 것을 내용으로 하고, 법에 의하여 요구되는 작위를 단순히 행하지 아니한 사실로써 이루어진다. 부진정부작위범은 결과발생방지의 보증인적 의무자의 부작위로 인한 결과가 작위를 통한 법적 구성요건의 실현에 상응하는 경우를 말한다.

2) 행위에 관한 제이론

(1) 인과적 행위론

행위를 의사에 의하여 초래된 하나의 인과적 과정으로 해석하는 이론으로 행위자의 유의적 동작으로 인한 외계의 변동이 있을 때 비로소 행위가 있다고 한다(Beling, Liszt, M. E. Mayer). 이 이론은 종래의 우리나라 형법적 체계를 지배하여 왔다. 그러나 인과적 행위론을 통해서는 미수의 개념을 설명할 수 없으며, 하나의 동작으로부터 인과적으로 생겨나는 결과는 무한정한 것이라는 등의 비판으로 인해 오늘날 그 지지기반을 상실해 가고 있다.

(2) 목적적 행위론

벨첼(Hans Welzel)에 의해 주장된 개념으로서, 행위의 본질을 행위의 목적성으로 파악하는 이러한 행위 개념에 따르면, 인간의 행위란 인간의 지성과 의지에 의하여 조종되는 인간의 거동을 의미한다(Armin Kaufmann, Busch).

그러나 목적적 행위론에 대하여서는 여러 가지 관점에서 비판이 가해진다. 먼저 고의적 행위에 대해서는 어느 정도 타당하지만 결과에 대한 인식과 의욕이 없는 과실행위에 대해서는 설명이 곤란하다. 또한 인간의 행동이라는 것이 언제나 어떤 목적이라는 좁은 제한에서만 발생한다고 하는 것은 의심스럽다. 또한 고의와 목적성을 동일시하는 것도 타당하지 않다.

(3) 사회적 행위론

사회적 행위론(Die soziale Handlungsleher)은 슈미트(Eberhard Schmidt)에 의하여 최초로 주장된 이론으로서 어떤 철학적 바탕을 기초로 하여 발견된 것은 아니다. 이 행위론은 사회적으로 의미 있는 행위를 형법상의 행위로 본다. 즉 사회적 행위론은 인간행위의 사회적 중요성으로써 고의행위, 과실행위, 작위와 부작위 등 모든 행태에 타당한 행위개념을 정립하고자 한다. 따라서 다양하게 표현되는 사회적 행위개념은 대체로 객관적 행위성향을 강조하는 견해, 주관적 목적설정도 포용하는 견해, 인간의 인격적 구조를 강조하는 견해 등으로 분류되나 어떤 통일된 이론전개는 없다고 할 수 있다.

그러나 사회적 행위론이 현재 가장 타당한 행위개념이지만, 이론적 통일이 아직 이루어지지 않고 있다. 부작위에 있어서는 주로 법적 행위명령이 그 기초를 이루는 행위기대(Handlungserwartung)를 행위 내지 작위개념으로 받아들이기 때문에 행위개념이 전구성요건적 단계를 벗어나게 되며 따라서 전구성요건적 체계상의 상위개념으로서 과제를 충족시킬 수 없으며, 또한 불법과 책임의 개념구성을 위한 이론적 결과가 사회적 행위개념에서는 도출될 수 없기 때문에 사회적 행위개념은 처음부터 형법적 판단을 위해서는 고려의 대상이 되지 아니하는 행태를 행위에서 제거하는 소극적 기능을 하는데 그친다는 비판이 있다.

(4) 공리적 행위론

이 이론은 행위론을 부정하는 견해로서 구성요건을 실현하는 것이 범죄의 기본개념이 되며 행위라는 것은 처음부터 생각할 것이 없고 법익침해, 반가치적 침해의 행태가 있을 때 이것을 도발점으로 하면 된다는 이론으로 아직 확실한 논리를 구성하지 않고 있어 이를 인정하기가 어렵다.

3. 고의적 작위범

1) 불 법

형법상의 불법이 성립되려면 문제되는 행위가 불법구성요건에 해당하고 위법해야 한다.

(1) 불법구성요건론

가) 구성요건의 의의

일반적으로 범죄를 정의하여 "구성요건에 해당하는 위법하고 유책한 행위"라고 하는 바와 같이 구성요건해당성이 범죄성립의 제1의 요소이고, 이는 구성요건(Tatbestand)이라는 개념을 중심요소로 하고 있다.

그러나 형법상 구성요건의 개념만큼 불명확한 개념은 드물다. 왜냐하면 구성요건이라는 용어 자체가 법전상의 용어가 아니고 오로지 학문상의 개념이기 때문이다.

구성요건은 그 내용의 광협에 따라 광의의 구성요건과 협의의 구성요건으로 구분된다. 광의의 구성요건은 가벌성의 모든 전제조건을 총괄하는 개념으로서 이에는 불법구성요건(Unrechtstatbestand), 책임의 표지(Merkmale der Schuld), 가벌성의 객관적 조건(die objektiven Bedingungen der Strafbarkeit)이 모두 포함된다. 이에 반하여 협의의 구성요건은 형벌규정 중 금지된 행위의 전형적인 불법내용을 근거짓는 부분을 의미하는 것으로서 불법구성요건과 그 내용을 같이 한다.

또한 구성요건을 어떠한 목적 하에서 관찰하느냐에 따라서 총체적 구성요건, 보장구성요건, 범죄구성요건, 불법구성요건, 허용구성요건, 총체적 불법구성요건, 책임구성요건 등으로 분류될 수 있다.

나) 불법구성요건

① 개 념

불법구성요건이란 범죄유형이 불법유형이라는 관점에서 인정되는 개념으로서 금지된 행태의 전형적인 불법내용을 근거짓고 특정한 범죄유형에 그 형식과 자태를 부여해 준다. 범죄구조에 있어서의 가치단계로서의 불법구성요건은 구성요건해당적 행태를 형법적으로 중요하지 아니한 사건과 구별하는 과제를 갖는다.

② 요 소

a) 행위자의 심리에 따라 행위자의 심리 밖에 놓여 있는 행위의 외적 출현형상을 결정하는 제반정황인 객관적 요소와 행위자의 심적 요소를 기술하는 형벌규정의 내용 중에서 행위의사를 성격짓는 주관적 요소가 있다.

b) 문언에 따라 구성요건 중 즉물적·대상적으로 기술될 수 있고 사실확정을 통하여 그 의미가 정확하게 이해될 수 있는 부분인 기술적 요소와 일정한 가치판단을 전제로 하는 요소인 규범적 요소가 있다.

c) 벨첼(Welzel)을 비롯한 일부 학자들에 의하면, 구성요건을 봉쇄적 요소와 개방적 요소로 나눌 수 있다고 한다. 봉쇄적 구성요건은 금지의 실질을 남김없이 규정하는 경우이고, 개방적 구성요건은 구성요건 표지의 일부만이 기술되고 여타의 부분은 재판관이 구성요건 보충을 행하도록 위임된 경우를 말한다.

다) 불법구성요건의 객관적 요소(표지)

이는 불법구성요건 중에 나타나 있고 행위자의 심적 측면 밖에 놓여 있으면서 행위의 외적 출현현상을 결정하는 제반정황을 말하는데, 여기에는 행위주체, 행위양태, 행위객체, 행위의 외적정황, 범행의 결과, 결과범에 있어서의 인과관계가 속한다.

인과관계와 객관적 귀속에 관한 이론

범죄의 대부분이 기수로 되려면 일정한 결과의 발생을 구성요건으로 하고 있다(결과범 또는 실질범). 이러한 결과범에 있어서는 구성요건에 해당하는 행위(실행행위)로 인하여 구성요건해당의 결과가 발생하였을 때에 비로소 구성요건의 충족

(범죄의 기수)이 있다고 한다. 예컨대, 권총으로 사람을 살해하였을 경우 그 살해행위(실행행위)를 원인으로 사망이라는 결과가 발생하였을 때 살인죄의 구성요건을 충족하였다고 할 수 있고 살인죄의 기수로 된다.

이와 같이 결과범에 있어서 구성요건의 충족이 있다고 하기 위하여는 실행행위와 결과 사이에 인과관계가 존재하는 것이 필요하다. 이러한 인과관계가 없으면 당해 범죄의 미수범의 문제로 되는 데 그친다. 따라서 구성요건의 내용으로서 결과의 발생을 필요로 하지 않는 거동범(형식범, 예컨대 위증범)에 있어서는 인과관계의 문제는 생기지 아니한다.

이와 같이 형법상 인과관계는 일정한 행위와 일정한 결과와의 사이에 존재함을 필요로 하는 관계이므로 그것은 형법의 목적으로 평가된 법률상의 개념이지 순전한 사실상의 개념은 아니다. 왜냐하면 단순한 자연적 사실로서는 원인과 결과는 무한한 연쇄를 이룩하고 있으므로 법적으로는 스스로 다른 입장에서 평가되어야 하기 때문이다. 따라서 형법은 인과관계에 관하여 제17조에 "어떤 행위라도 죄의 요소되는 위험발생에 연결되지 아니한 때에는 그 결과로 인하여 벌하지 아니한다"라고 규정하여 인과관계는 단순한 사실문제가 아니고 행위의 위험성에 관한 법률상의 사실판단의 문제라는 것을 밝히고 있다.

인과관계에 있어서 문제가 되는 것은 일정한 행위가 일정한 결과에 대하여 어떠한 관계가 있는 때에 그 행위는 그 결과에 대하여 원인력(기인력)이 있다고 하겠는가, 말하자면 인과관계의 유무 및 범위를 어떠한 기준에 의하여 판정하겠는가의 문제이다. 이에 관하여는 여러 가지 학설이 대립되어 있으나 크게 나누어 조건설, 원인설, 상당인과관계설, 중요설 등으로 분류된다.

가. 조건설: 조건설은 만일 어떤 행위가 없었더라면 그러한 결과도 없었으리라고 생각되는 경우에 그 결과는 그 행위에 의하여 초래된 것이라고 주장한다. 이렇게 인과관계가 있음을 발견하는 공식을 'conditio sine qua non 공식'이라 한다. 그러나 이 설은 인과관계의 범위가 지나치게 확대될 우려가 있다는 단점이 있다.

나. 원인설: 원인설은 결과에 대한 여러 가지 조건 중에서 특히 결과의 발생에 영향을 준 조건을 '원인'이라 하고, 원인이 된 조건과 그렇지 아니한 단순한 조건을 구분하여 전자에 관하여서만 결과에 대한 인과관계를 인정하는 학설이다. '개별화설'이라고도 한다. 이 설은 어떤 기준에 의하여 원인과 조건을 구별할 것인가에 따라, 필연조건설, 최종조건설, 최유력조건설, 결정적 조건설 등으로 나누어지지만, 어떤 이론도 인관관계를 만족하게 설명하지 못한다는 비판을 받는다.

다. 상당인과관계설: 현재 우리 대법원이 취하고 있는 입장이다. 조건설의 문제점을 극복하기 위하여 고안된 이론이나, 원인설이 제조건을 개별화하여 중요한 원인을 찾으려는 것과는 달리 일반적 방법을 통하여 상당성이 있는 원인을 찾으려는 점에 그 특색이 있다. 즉 사회생활상, 일반 생활경험에 비추어 그러한 행위로부터 그러한 결과가 발생하는 것이 상당하다고 인정될 때 그 행위와 결과 사이에는 인과관계가 있다고 보는데, 상당성을 보는 입장에 따라 주관설, 객관설, 절충설로 나뉜다.

라. 합법칙적 조건설: 합법칙적 조건설은 인관관계의 문제와 객관적 귀속의 문제를 구별한다. 즉 인과관계의 문제는 사실적·자연적 인과관계를 확인하는 과정이고, 인과관계가 인정되는 결과를 행위에 귀속시킬 수 있는가의 객관적 귀속의 문제는 규범적·법적 문제로서 양자는 서로 구별된다는 것이다. 합법칙적 조건설에 의하면, 행위와 결과 사이에 합법칙적 조건관계가 인정되면 인과관계를 인정할 수 있게 된다. 여기서 합법칙적 조건관계란 행위가 시간적으로 뒤따르는 외계의 변화에 연결되고 행위와 합법칙적으로 결합되어 구성요건적 결과로 실현되었다고 인정되는 관계를 말한다. 현재의 다수설이다.

라) 불법구성요건의 주관적 표지

① **구성요건적 고의**: 고의(Vorsatz)는 행위가 불법구성요건을 실현함을 인식하고 인용하는 행위자의 심적인 태도로서, 인식적 요소와 의지적 요소가 통합되어 있다. 고의의 체계적 지위에 대해서는 전통적 인과적 행위론의 관점에서의 책임요소라는 견해와, 목적적 행위론의 관점에서 고의는 행위요소임과 동시에 주관적 구성요건요소 내지 주관적 불법요소로서 평가된다는 견해와, 사회적 행위론의 관점에서 행태의 방향 결정요인으로서는 구성요건요소가 되고, 행위자의 심정적 요소로서는 책임요소가 된다는 고의의 이중적 지위를 인정하는 견해로 나뉜다.

② **고의 이외의 주관적 구성요건 요소**: 구성요건적 고의 이외에도 행위자의 주관적·심리적 요소이지만 불법구성요건의 주관적 요소임과 동시에 주관적 불법요소로 인정되는 것이 있다. 과실범에 있어서의 '과실', 목적범에 있어서의 '목적', 경향범에 있어서의 '경향', 표현범에 있어서의 '표현' 등이 그것이다.

③ **구성요건적 착오**: 행위자가 범행에 있어서 법적 구성요건의 객관적 표지를 인식하지 못한 경우를 일반적으로 구성요건적 착오(Tatbestandsirrtum)라고 하는데, 이것은 구성요건의 객관적 특성은 정확히 인식했지만 그 행태가 법적으로 금지되어 있는 것을 오인한 경우인 금지착오(Verbotsirrtum)에 대응하는 개념으로 쓰인다.

(2) 위 법 성

가) 위법성의 개념

범죄는 구성요건에 해당하고 위법하며 유책해야 한다는 것이 벨링(Beling) 이후 오늘날에 이르기까지 일반적으로 인정되어 오는 견해다. 여기서 위법성이란 구성요건에 해당하는 행위가 법질서에 비추어볼 때 허용되지 않은 성질을 말한다. 여기서의 법질서는 '전체로서의 법질서'(Gesamtrechtsordnung)를 의미하는 것으로 이해된다.

나) 위법성과 불법의 차이

① 구 별 설

위법성과 불법을 구별해야 한다는 견해는 벨첼(Welzel)이 주장한 이래 많은 학자들의 지지를 받고 있으며 독일의 다수설이기도 하다. 이에 따르면 위법성은 행위의 법규범에 대한 모순(Widerspruch)이고, 불법은 위법하게 평가된 행위자체(die als rechtwidrig gewertete Handlung selbst)라고 한다. 따라서 위법성은 하나이고 실질적 차등이 허용되지 아니하고 개별적 위법이란 말도 있을 수 없으나, 불법은 질과 양에 따라 상이하게 나타난다.

② 구별불요설

메츠거(Mezger)에 의하면 위법성과 불법은 동의어라 한다. 구별설에 따르면 위법성과 책임 사이에 불필요한 중간개념(Zwischenbegriff)이 생기기 때문에 부당하다고 한다.

③ **형식적 위법성과 실질적 위법성**

a) 형식적 위법성

형법규범의 형식은 명령(Gebot)과 금지(Verbot)로 되어 있으며 위법의 본질도 어떤 행위가 법규범의 명령이나 금지에 반한다는 데에 있다고 볼 수 있다. 어떤 행태의 이러한 측면에 형식적 위법성(die formelle Rechtswidrigkeit)이라고 하나 이러한 형식적 위법성에도 규범의 침해를 통하여 사회질서의 근저에 놓여 있는 신뢰의 기초가 침해된다는 의미에서 그 실질적 핵심은 있는 것으로 볼 수 있다.

b) 실질적 위법성

실질적 위법성(materielle Rechtswidrigkeit)은 형식적 위법성에 대해서 사용되는 개념이지만, 양자가 서로 대립·모순되는 개념이 아니라는 데 유의해야 한다. 실질적 위법성은 위법성의 실질을 사회윤리규범의 위반이라는 점에서 찾으려는 입장인 규범위반설과 위법성의 실질을 법에 의해서 보호되는 생활이익, 즉 법익의 침해 또는 침해에 대한 위험이라고 하는 견해인 법익침해설로 대별할 수 있다.

④ 객관적 위법성론과 주관적 위법성론

a) 객관적 위법성론

객관적 위법성론은 법규범의 기능을 평가규범(Bewertungsnorm)과 의사결정규범(Bestimmungsnorm)으로 분석할 것을 전제로 하여 객관적인 평가규범으로서의 법규범에 위반하는 것이 위법이라고 하는 견해이다. 이는 법은 의사결정규범으로서의 기능을 하기 이전에 논리적 전제로서 평가규범으로서의 기능을 하게 된다는 법규범의 구성분석에서 출발한 이론이다.

b) 주관적 위법성론

주관적 위법성론은 법규범을 인간의 의사에 대한 명령·금지라고 하는 사상을 전제로 하여, 그 명령·금지에 따라서 행동하여야 하는 명령규범에 위반하여 행위를 한 경우만이 위법으로 된다는 견해이다. 이 견해의 기초인 명령설은 법을 수명자에게 어떤 특정한 행태(Verhalten)를 명령하는 입법자의 의사표현으로 이해한다. 이에 의하면 입법자의 의사인 명령·금지는 명령·금지의 의미를 이해하고 이에 따라서 의사를 결정할 수 있는 능력을 가진 자, 즉 책임능력자에 대해서만 법규범의 효과를 기대할 수 있게 된다. 따라서 위법판단은 책임능력자의 행위에 대해서만 가능하고 책임능력자가 명령규범에 따르지 않고 이에 위반한 경우만이 위법으로 되는 것이다.

⑤ **주관적 불법요소**

주관적 불법요소(subjektive Unrechtselemente)란 행위자의 주관적·심리적 요소이면서도 이것의 존재가 위법성을 근거짓는 일에 영향을 미치는 요소, 즉 목적범에 있어서의 '목적' 등을 말한다.

⑥ **행위반가치와 결과반가치**

행위반가치(Handlungsunwert)는 행위에 의하여 야기된 법익침해적 사실보다는 행위의 태양, 행위의 의도, 목적 등 객관적, 주관적 요소에 의하여 특징지어지는 행위의 전체적인 양상이 사회윤리적인 상당성을 일탈한 점에 위법의 실체가 있다고 본다. 즉, 행위반가치란 행위의 반윤리성에 대해서 부정적인 가치판단을 내리는 것을 말하는 데 대해서 결과반가치란 법익침해적 사실에 대해서 부정적인 가치판단을 내리는 것을 말한다.

⑦ **주관적 정당화요소**

구성요건에 해당하는 행위가 정당화되기 위해서는 당해 위법성조각(정당화) 사유의 객관적 전제조건이 있는 것만으로는 부족하고 더 나아가 행위자는 행위를 정당화시키는 상황이 존재함을 인식해야 하는데 이러한 인식을 일반적으로 '주관적 정당화 요소'(subjektive Rechtfertigungselemente)라 부른다. 주관적 정당화요소는 주관적 불법요소와 대조적 의미에서 사용되는 개념으로서 독일의 판례와 학설에 의하여 인정되었다.

⑧ **위법성 조각사유**

행위의 위법성은 범죄의 성립요건의 하나이므로 위법성이 없으면 범죄도 성립하지 아니한다. 그리고 현행 형법은 위법성에 관하여 적극적으로 규정하지 않고 소극적으로 위법성이 조각될 사유(제20조 내지 제24조)만을 규정하고 있다. 따라서 형법각론의 구성요건에 해당하는 행위는 위법성이 조각되는 특별한 사정이 없는 한 원칙적으로 위법이라고 추정된다(구성요건해당성의 위법성추정기능).

이와 같이 일정한 행위가 구성요건에 해당함으로써 생기는 위법성의 추정을 깨고 그 행위의 위법성을 배제하는 예외적인 특별사유를 위법성 조각사유라고 한다.

현행 형법은 위법성 조각사유로서 정당행위(제20조), 정당방위(제21조), 긴급피난(제22조), 자구행위(제23조) 및 피해자의 승낙에 의한 행위(제24조)를 규정하고 있다.

a) 정당행위

형법은 일반적 위법성 조각사유로서의 정당행위에 관하여 제20조에 "법령에 의한 행위 또는 업무로 인한 행위 기타 사회상규에 위배되지 아니하는 행위는 벌하지 아니한다"라고 규정하고 있다.

정당행위
• 법령에 의한 행위: 이는 법령의 근거에 의하여 한 행위를 말한다. 법령이 정한 바에 좇아서 권리 또는 의무로서 한 행위는 구성요건에 해당하더라고 위법성이 조각된다. 법령에 의한 행위의 예를 들면 공무원의 직무집행행위, 징계행위 등이다. • 업무로 인한 행위: 업무라 함은 사람이 사회생활에 있어서 계속·반복의 의사로써 행하는 사무를 말하며 이는 사회통념에 의해 정당시되는 것이어야 한다. 예를 들면 치료행위, 변호사의 직무수행행위와 운동선수의 운동경기 등이다. • 사회상규에 위배되지 아니하는 행위: 이는 법 전체의 정신에 비추어 초법규범으로 보아 실질적으로 위법이 아닌 정당한 행위를 의미한다. 즉, 법률이 형식적으로 위법성 조각사유로서 규정하고 있지 않더라도 일반적으로 위법성의 실질적 의미인 사회상규에 위배되지 아니하는 행위는 모두 위법성이 조각된다. 사회상규에 위배되지 아니하는 행위의 예로서는 의사 아닌 일반인의 치료행위, 징계권 없는 자의 징계행위 등을 들 수 있다.

b) 정당방위

정당방위란 자기 또는 타인의 법익에 대한 현재의 부당한 침해를 방위하기 위한 상당한 이유 있는 행위를 말한다(제21조 제1항). 정당방위는 후술하는 긴급피난, 자구행위와 함께 긴급행위로서의 위법성 조각사유의 하나이고, 긴박한 위법의 침해에 직면한 자가 그 침해자에 대하여 반격을 가하여 침해로부터의 법익을 보호하려는 것으로서 고대로부터 모든 국가에서 인정되어 온 자연발생적인 위법성 조각사유이다. 따라서 정당방위는 부정(不正) 대 정(正)의 관계에 있고 권리행위라고 한다.

정당방위의 성립요건
① 자기 또는 타인의 법익에 대한 현재의 부당한 침해가 있을 것(정당방위 상황): 여기에 '현재'라 함은 법익의 침해가 목전에 급박한 것을 말한다. 따라서 과거의 침해 또는 장차 예상되는 침해에 대해서는 정당방위를 할 수 없다. '부당'이라 함은 위법인 것을 말하고, 즉 객관적 법질서를 해치는 모든 행위를 말하고, 불가벌적, 과실에 의한, 착오에 의한 자의 행위 모두가 포함되고 방위권의 남용이 아닌 우발행위가 있다 해도 부당성이 있게 된다. 그러므로 싸움에 있어서는 정당방위가 있을 수 없으나 예상을 초월한 과격한 공격행위가 있을 때는 그 부분에 관한 한은 정당방위가 인정될 수 있다. 여기에 '침해'라 함은 법익에 대한 공격을 말하고 작위로 인한 적극적 침해이건 부작위로 인한 소극적 침해이건 불문한다. '법익'이란 법률상 보호되는 모든 이익을 말하고 사익이건 공익이건 불문한다. 또 여기에 법익은 자기 또는 타인의 법익임을 요하는데 타인은 자연인은 물론이고 법인이건 기타 단체이건 불문한다. 그런데 여기서 문제가 되는 것은 국가의 법익이 여기의 보호법익이 되는가 하는 점인데, 명백한 위해가 존재함에도 불구하고 국가가 자신의 기관을 통해서 스스로 보호조치를 할 수 없는 경우 그러한 법익을 보호하는 사인의 정당방위는 인정된다. 그러나 국가가 일반 개인 또는 타인의 법익보호를 할 수 있는가는 국가는 국법질서에 위하여 행동해야 함을 염두에 둔다면, 국법질서 이외의 정당방위는 할 수 없다고 보는 것이 타당하다. ② 방위의사에 기한 방위행위일 것(정당방위 의사): 정당방위는 주관적 요소로서 방위의사를 요구한다. 방위의사는 정당방위에 있어서 주관적 정당화요소가 된다. ③ 상당한 이유가 있을 것(상당성): '상당한 이유'란 침해에 대한 방위가 사회상규에 비추어 보아 상당한 정도를 초과하지 아니하고 당연시되는 경우를 말한다. 따라서 방위행위가 상당한 정도를 초과한 경우에는 정당방위로는 되지 아니하고 과잉방위로 된다. 다만 과잉방위는 형을 감경 또는 면제할 수 있다(제21조 제2항).

c) 긴급피난

긴급피난이란 자기 또는 타인의 법익에 대한 현재의 위난을 피하기 위한 상당한 이유 있는 행위를 말한다(제22조 제1항). 긴급피난도 정당방위와 같이 위난에 직면한 자가 이를 면하기 위한 긴급행위이다. 다만 긴급피난과 정당방위와의 차이점을 말하면, 정당방위는 법익에 대한 현재의 부당한 침해를 방위하기 위하여 침해자에게 반격을 가하는 것으로서 부정(不正) 대 정(正)의 관계에 있는 데 대하여, 긴급피난은 법익에 대한 현재의 위난을 피하기 위하여 정당한 제3자의 법익을 침해하는 것으로서 정(正) 대 정(正)의 관계에 있다.

긴급피난의 성립요건

① 자기 또는 타인의 법익에 대한 현재의 위난이 있을 것(긴급피난상황): 현재의 '위난'은 법익에 대한 위험성 있는 상태를 말하고 반드시 위법임을 요하지 않는다. 따라서 위난은 사람의 행위에 의하여 유래된 것이건 자연현상 및 동물 등에 의하여 야기된 것이건 불문한다. 유발된 위난일 경우에는 문제가 되나 긴급피난권의 남용이 아닌 한 인정된다. '현재의' 위난이어야 한다. 긴급피난의 현재성은 정당방위의 그것보다 범위가 넓다. 따라서 '예방적 긴급피난'도 인정된다.

② 위난을 피하기 위한 행위일 것(피난의사): 긴급피난 역시 행위자가 피난의사를 가지고 행위할 것을 요한다. 피난의사는 긴급피난의 주관적 정당화요소이다.

③ 상당한 이유가 있을 것(상당성): '상당한 이유'를 판단함에 있어서 정당방위는 부당한 침해에 대한 반격행위, 즉 부정(不正) 대 정(正)의 관계인 데 대하여, 긴급피난은 현재의 위난을 모면하기 위하여 정당한 제3자의 이익을 침해하는 행위, 즉 정(正) 대 정(正)의 관계이므로 긴급피난의 경우에는 특히 피해자(정당한 제3자)의 입장을 충분히 고려하여야 한다. 여기에 긴급피난의 경우에는 상당성의 요건으로서 보충의 원칙과 법익균형의 원칙이 필요하다. '보충의 원칙'이란 타인의 이익을 침해하지 않고서도 위난을 피할 수 있는 방법이 있는 때에는 그 방법에 따라야 할 것이고 위난을 피할 다른 방법이 없는 경우에 한하여 긴급피난이 허용된다는 것이다. 또 보충의 원칙에 합치한다 해도 피해자에게 가장 경미한 피해를 주는 방법을 택해야 한다(상대적 최소피난의 원칙). 다음으로 '법

익균형의 원칙'이란 피난행위로 인하여 침해되는 이익(정당한 제3자의 이익)이 보전하려는 이익보다 적거나 적어도 동등하여야 한다는 것을 말한다. 이러한 보충의 원칙 또는 법익균형의 원칙이 상실되면 긴급피난으로 되지 않고 과잉피난이 되어 형을 감경 또는 면제할 수 있는 데 그친다(제22조 제3항). 또 긴급피난은 현재의 위난을 피하기 위하여 타인의 정당한 이익을 침해하는 행위이므로 업무상 위난을 피하지 못할 책임이 있는 자(예컨대 선장, 경찰관리, 소방서장 등)에게는 긴급피난의 규정을 적용하지 아니한다(제22조 제2항).

d) 자구행위

자구행위는 법정절차에 의해서는 청구권을 보전하기 불능한 경우에 그 청구권의 실행불능 또는 현저한 실행곤란을 피하기 위한 상당한 이유 있는 행위를 말한다(제23조 1항).

이는 원시사회의 복수에서부터 내려와 국가권력에 의해 정비되어 근대에서 민법에 의해 먼저 제도화되었다. 이와 같이 자구행위는 전술한 정당방위, 긴급피난과 함께 긴급행위의 하나로서 권리가 침해되었을 때 그 권리를 보전하는 데 있어서 법률상의 절차에 의한 구제(국가의 공력구제)를 기다려서는 벌써 그 시기를 잃어 권리의 실행이 불가능하든가 또는 현저하게 곤란한 경우에 사인(권리자) 스스로 그 실력에 의하여 보전에 필요한 구제행위를 하는 것을 말한다. 그러므로 자구행위는 부정(不正) 대 정(正)의 관계로 본다. 그러므로 자구행위에 대한 정당방위는 성립할 수 없다. 그러나 청구권보전의 수단인 행위가 상당성을 초과한 경우에는 과잉자구행위로 형을 감경 또는 면제할 수 있는 데 그친다.

e) 피해자의 승낙에 의한 행위

고대 로마인은 '모든 생의 영역을 자기 자신이 처분할 수 있다'는 생각으로 승낙된 일에 대해서는 불법이 있을 수 없다고 생각하였다. 그래서 승낙에 의한 행위는 뚜렷한 명문 없이 전통적으로 학설과 판례에 의하여 인정되어 왔다. 우리 형법 제24조는 "처분할 수 있는 자의 승낙에 의하여 그 법익을 훼손한 행위는 법률에 특별한 규정이 없는 한 벌하지 아니한다"라고 함으로써 명문으로 피해자의 승낙을 위법성 조각사유의 하나로 규정하고 있다.

피해자의 승낙에 의한 행위가 위법성 조각사유로 되는 근거는 피해자의 승낙에 의한 행위는 결국 자기 자신이 자기의 법익을 침해하는 경우라고 할 수 있고, 또 그 이익의 주체가 당해 법익을 포기할 때에는 법률질서를 침해하지 않는 한 그 위법성을 결여한다는 데 있다.

승낙이 위법성을 조각시키는 근거가 무엇인가에 관해서는 법률행위설, 이익포기설, 법률정책설, 상당설 등이 있으나 그중에서 개개인의 개인적 자유의 행사를 공동체이익과 대조하여 일정한 범위 내에서는 정당한 것으로 인정하기 때문에 피해자의 승낙에 의한 침해행위는 위법성이 조각된다는 법률정책설이 가장 타당하다.

위법성 조각사유로서의 피해자의 승낙

- 승낙은 당해법익을 처분할 수 있는 자의 승낙이라야 한다. 여기에 법익은 당해 법익의 주체가 처분할 수 있는 개인적 법익을 말한다. 따라서 피해법익이 공공적(국가적 또는 사회적) 법익인 경우에는 피해자의 승낙은 위법성이 조각되지 아니한다. 여기에서 구분해야 할 것은 구성요건의 범죄기술(Deliktsbeschreibung)에 비추어 피해자의 동의가 있으면 처음부터 구성요건해당성의 문제로 되지 아니하는 경우가 있는데, 이 경우의 피해자의 동의를 '양해'라고 한다.
- 법률에 특별한 규정이 없는 때에 한한다. 피해법익이 개인적 법익인 경우에도 피해자의 승낙이 범죄의 구성요건의 내용으로 되어 있는 경우에는, 예컨대 촉탁·승낙에 의한 살인죄와 같이 위법성이 조각되지 아니하는 것은 당연하다.
- 승낙은 승낙의 내용 및 승낙이 무엇인가를 이해할 수 있는 자의 자유로운 판단에 기한 진지한 승낙이라야 한다. 따라서 유아, 정신병자, 만취자의 승낙 또는 협박에 의한 승낙 등은 여기에 말하는 승낙이라고 할 수 없다.
- 승낙에 의한 행위는 그로 인한 법익침해의 분량, 정도 및 방법이 위법의 실질적 의미인 사회상규에 위배되지 아니함을 요한다. 따라서 예컨대, 상대방의 승낙을 얻어 수혈용의 혈액을 일정한 한도 내에서 채혈하는 것은 위법으로 되지 아니하나, 그 방법·분량이 사회상규에 위배되는 경우에는 비록 상대방의 승낙이 있었더라도 위법성이 조각되지 아니한다.
- 승낙은 행위 전 또는 행위 초에 있어야 하며, 사후승낙은 허용되지 않는다. 승낙은 자유로이 철회할 수 있으나 취소할 수는 없다. 또한 승낙은 외부에 표시되어야 한다.

f) 추정적 승낙

피해자의 현실적인 승낙이 없었다 하더라도 행위 당시의 모든 객관적 사정에 비추어 피해자가 행위의 내용을 알았거나 승낙을 함이 가능했더라면 당연히 승낙했을 것으로 예견되는 경우를 추정적 승낙이라 한다.

그러나 추정적 승낙이 성립함에는 피해자에게 당해 법익을 처분할 능력이 있어야 하고 그 대상이 되는 법익도 처분이 가능한 것이어야 하며 승낙의 추정은 행위시에 있어야 하며 현실적인 승낙을 얻는 것이 불가능해야 한다. 또한 피해자의 반대의사가 미리 밝혀져 있는 경우에는 일반적으로 추정적 승낙은 불가능하다.

2) 책임론

구성요건에 해당하는 위법한 행위(불법행위)라 할지라도 이 단계에서 벌써 범죄로 되는 것은 아니고 행위자에게 그러한 행위에 대한 책임이 인정될 수 있을 때 비로소 그 행위는 범죄로 된다. 책임은 오늘날 일반적으로 행위자에게 과하여지는 행위의 '비난가능성'이라고 정의되는데, 이에는 그 행위 속에서 실증된 법적으로 비난되는 행위자의 심정이 고려되어야 한다.[1)]

(1) 자유의사론

인간에게 법과 불법을 바르게 판단할 수 있는 능력이 있느냐의 문제에 앞서, 과연 인간에게 자유의사가 있느냐가 문제된다.

가) 비결정론

이 설은 인간의 절대적 의사의 자유를 전제로 한다. 따라서 도덕적 책임론의 기초 위에서 자유의사에 의하여 적법행위를 할 수 있음에도 불구하고 위법행위를 선택하였을 경우에 도덕적·윤리적 비난을 가할 수 있다고 한다. 책임의 근거를 자유의사에 두는 견해이다.

나) 결정론

이 설은 자유의사를 전제로 한 도덕적 책임론에 반대하여, 인간의 범죄

1) 형벌은 책임을 전제로 하지만, 책임 없이도 예방적 형사제재인 보안처분을 과할 수는 있다.

는 행위자의 소질과 환경에 의해 필연적으로 결정된 사회적 위험성이 있는 성격의 소산이고, 이러한 위험한 성격을 가진 자에 대해서는 사회를 방위하기 위해서 행위자의 특성에 따라서 합리적인 처우를 내리게 되는 것이므로, 인간의 자유의사를 부정한다.

다) 결 어

오늘날 절대적인 의사의 자유는 설명될 수 없는 사실로 이해되고 있다. 오히려 인간의 의사 자유는 제한된 범위 내에서의 의사의 결단과 소질 및 환경에 지배되는 것으로 보는 것이 바람직하다.

(2) 책임의 근거(본질)

책임의 기초 내지 근거를 어떻게 이해할 것인가의 책임의 본질에 관하여도 학설의 근본적 대립이 있다.

가) 심리적 책임론

이는 리스트(Liszt)의 지도 하에 형성된 자연주의적인 체계적 책임개념으로서 1907년 프랑크(Frank)에 의하여 규범적 책임개념(Der normative Schuld - begriff)이 나올 때까지 지배적인 이론이었다. 이는 책임의 본질을 행위 당시의 행위자의 주관적인 심리적 관점에서 관찰한 것으로, 그러므로 책임을 심적 상태와 동일시하여 고의·과실이라는 심리사실에 대하여 책임을 인정하려는 주장이다.

나) 규범적 책임론

이는 책임을 행위 내지는 행위자에 대한 규범적 비난가능성으로 본다. 또한 이는 적법행위로의 가능성도 함께 고려되며 적법행위에의 기대가능성이 없으면 책임을 물을 수 없다.

다) 인격적 책임론

인격적 책임론은 소질과 환경의 영향을 받으면서 어느 정도의 상대적 자유의사를 가진 인간상을 전제로 하여 책임의 근거를 행위자의 배후에 있는 인격태도에서 찾으려는 견해이다. 즉 인간은 소질과 환경의 제약을 받고 있으나 그 제약의 범위 내에서 행동에 대한 자유를 가진 것이고 이에 따라서 주관적으로 형성된 것을 인격이라 한다. 그리고 범죄는 잠재적인 인격체계의 주관적 현실화로서 이해한다. 이 견해의 특징은 인간의 행위 외에도 인격까지 책임비난의 대상으로 삼는 데 있으므로 인격형성책임이라고도 한다. 이 책임론은 행위자를 비난할 수 있는 그의 행상에서 책임의 근거를 찾는 메츠거(Mezger)의 행상책임론에서 기원된다.

라) 도덕적 책임론과 사회적 책임론

흔히 책임의 근거와 관련하여 대립되는 도덕적 책임론과 사회적 책임론은 자유의사의 문제에 연결된 신·구학파의 논쟁의 산물이다. 도덕적 책임론의 비결정론과 사회적 책임론의 결정론의 어느 것도 일방적으로 관철되거나 증명될 수 없는 것이고, 신·구학파의 논쟁 자체가 이미 형법사의 한 부분이 되어 버린 지금에는 도덕적 책임론과 사회적 책임론의 대립문제는 단지 역사적 의미를 지니고 있는 데 불과하다.

(3) 책임능력(Schuldfähigkeit)

책임능력이란 유책으로 행위를 할 수 있는 능력, 즉 행위자가 법규범의 명령·금지를 이해하여 이에 따라서 행동할 수 있는 능력을 말한다.

현행 형법은 책임무능력자와 한정책임능력자를 규정하고 있다. 전자의 행위는 벌하지 아니하고 후자의 행위는 형을 감경하고 있다. 책임능력에 관한 문제는 형법적인 가치관념의 문제로서 학문적으로 검토되어야 하므로 심신상실, 심신미약, 농아 등의 관념은 의학적·심리학적인 판단에 의해서 일의적으로 확정되는 것은 아니다. 그러므로 책임능력은 규범적 측면의 전제하에서 법률학적 가치판단을 거쳐야 한다.

가) 형사미성년자

현행 형법은 제9조에서 “14세 되지 아니한 자의 행위는 벌하지 아니한다”고 규정함으로써 이른바 ‘형사미성년자’를 형사책임무능력자로 하고 있다. 다만 「소년법」에서는 만10세 이상 14세 미만의 소년이라 하더라도 ‘보호처분’이 가능하도록 규정하고 있다.

나) 심신상실자, 심신미약자

형법은 심신장애에 관하여 제10조 제1항에서, "심신장애로 인하여 사물을 변별할 능력이 없거나 의사를 결정할 능력이 없는 자의 행위는 벌하지 아니한다"고 하여 '심신상실자'를 형사책임무능력자로 규정하고 있고, 제2항에서는 "심신장애로 인하여 전항의 능력이 미약한 자의 행위는 형을 감경한다"고 함으로써 심신미약자의 경우에는 한정책임능력자로 규정하여 형을 필요적으로 감경하도록 하고 있다. 이러한 심신상실이나 심신미약의 상태에 대한 판단은 행위자의 심적, 생물학적 그리고 심리학적, 규범적인 모든 측면을 고려하여 이를 판단하는 것이다.

다) 농아자

형법 제11조는 "농아자의 행위는 형을 감경한다"고 하여 '농아자(聾啞者)'를 한정책임능력자로 규정하고 있다. 여기서 농아자란 농자(聾者)인 동시에 아자(啞者), 즉 청각기능과 언어기능의 쌍방이 다 결여된 자를 말한다.

(4) 원인에 있어서 자유로운 행위

'원인에 있어서 자유로운 행위'(actio libera in causa)란 행위자가 고의 또는 과실에 의하여 자기를 심신장애의 상태(심신상실이나 심신미약의 상태)에 빠지게 한 후 이 상태에서 범죄를 실현하는 행위를 의미하는 것으로서, 여기에는 작위행위뿐 아니라 부작위행위도 포함한다.

독일의 통설과 우리의 다수설에 의하면, 원인설정행위는 실행행위 또는 그 착수행위가 될 수 없지만, 책임능력 없는 상태에서의 실행행위와 불가분의 연관을 갖는 것이므로 원인설정행위에 책임비난의 근거, 즉 가벌성의 근거가 있다고 한다.

우리 형법은 제10조 제3항에서, 위험의 발생을 예견하고 자의로 심신장애를 야기한 자의 행위에는 심신상실로 인한 책임의 조각이나, 심신미약으로 인한 책임의 감경 규정을 적용하지 아니한다고 규정하고 있다. 즉 원인에 있어 자유로운 행위는 책임무능력상태에서의 행위라 하더라도 처벌되고, 한정책임능력상태에서의 행위라 하더라도 형이 감경되지 아니한다.

(5) 기대가능성

20세기 초에 발전해서 규범적 책임요소의 핵심적 개념이 된 기대가능성은 행위자에게 위법한 행위 대신에 적법한 행위로 나올 것이 기대될 수 있는 경우를 표현하는 개념이다. '적법행위의 기대가능성'이라고 한다. 이러한 적법행위에 대한 기대가능성이 있는 경우에만 행위자를 비난할 수 있다. 따라서 적법행위에 대한 기대가능성이 없는 경우에는 책임이 조각된다. 적법행위에 대한 기대가능성이 없어 책임이 조각되는 대표적인 경우로 '강요된 행위'(제12조)를 들 수 있다.

기대가능성의 판단기준에 관하여는 행위자표준설, 평균인표준설(다수설), 국가표준설이 대립하고 있다. 이 중 행위당시에 행위자가 처했던 구체적인 사정 하에서 그의 능력에 따라 적법행위로 나오는 것을 기대할 수 있었는가를 판단하는 행위자표준설의 입장이 타당하다고 생각한다.

4. 부작위범

부작위(不作爲, Unterlassen)는 작위(作爲)와 나란히 행위의 형태를 이루고 있으며 작위는 외계에의 적극적인 동작을 행함을 의미하는 반면 부작위는 마땅히 행해야 할 것으로 기대되는 그 무엇인가를 행하지 아니하는 것이다. 작위가 국가의 금지규범에 반하는 범죄로 평가될 때 이를 작위범(Begehungsdelikt)이라고 하며, 부작위가 국가의 요구규범에 반하는 범죄로 나타날 때 이를 부작위범(Unterlassungsdelikt)이라고 부른다.

부작위범은 진정부작위범과 부진정부작위범으로 나누어진다. 진정부작위범은 다중불해산죄나 퇴거불응죄와 같이 오로지 부작위에 의해서만 구성요건을 실현할 수 있는 범죄를 말한다. 이에 비해 부진정부작위범은 작위범의 형식으로 규정되어 있는 범죄구성요건을 부작위에 의해 실현하는 것을 말한다. 따라서 부진정부작위범이 성립하기 위해서는 문제의 부작위가 작위행위와 다름없이 평가될 것을 요한다. 이것을 '부작위의 동가치성'(gleichwertigkeit) 또는 동치성(同置性, Gleichstellung)이라고 한다.

부작위의 동가치성이 인정되기 위해서는, ① 구성요건에 해당하는 결과

발생을 방지하지 않은 자가 그것을 방지할 의무가 있는 자여야 하며(보증인적 지위), ② 문제의 부작위가 작위에 의한 구성요건의 실행과 같이 평가될 수 있어야 한다(행위정형의 동가성).

5. 과 실 범

1) 과 실

과실이란 부주의로 인하여 범죄사실을 인식하지 못한 경우를 말한다. 형법은 과실에 관하여 제14조에 "정상적으로 기울여야 할 주의를 게을리하여 죄의 성립요소인 사실을 인식하지 못한 행위는 법률에 특별한 규정이 있는 경우에만 처벌한다."고 규정하고 있다.

과실의 체계적 지위에 관하여 살펴보면 인과적 행위론에 있어서는 과실을 책임요소로 보며, 목적적 행위론에 있어서는 과실을 불법요소로 보나 사회적 행위론의 일반적인 경향은 이를 불법요소인 동시에 책임요소로 보는 것이 통설이다.

과실의 내용으로는 범죄사실의 불인식이라는 요소와 주의의 태만이라는 요소 두 개의 요소로 되어 있다. 그러므로 범죄사실의 불인식인 모든 경우에 과실이 성립되는 것이 아니고, 범죄사실이 불인식인 경우에 있어서 범죄사실을 인식하여야 하고 또 그 인식이 가능한 데도 불구하고 정상의 주의태만으로 인해 인식하지 못한 경우 비로소 과실로 된다.

형법상 과실은 결과발생에 대한 인식이 없는 경우가 보통이나 이른바 '인식 있는 과실'도 있다. 이는 결과발생의 가능성을 다소 인식하면서도 자기의 구체적인 경우에는 발생하지 아니할 것이라고 믿었던 경우를 말한다.

형법상 범죄의 성립은 고의범을 원칙으로 하고 과실범은 극히 예외적으로 처벌한다. 또 과실범은 그 형도 고의범에 비하여 훨씬 가볍다.

2) 결과적 가중범

일정한 고의에 기한 범죄행위가 그 고의를 초과해서 행위자가 예견하지 못했던 중한 결과가 발생한 경우에 중한 결과에 대하여 형사책임을 가중하는 범죄를 '결과적 가중범'이라 한다.

결과적 가중범은 원래 불법행위를 하는 자는 그 행위에 의해 발생되는 모든 결과에 대해 책임을 져야 한다는 중세 교회법에 그 연원을 두고 있다. 결과적 가중범에 있어서 중한 결과에 과실이 필요한가, 그렇지 않은가에 대해 현행 형법상 중한 결과에 과실이 필요하다고 보는 것이 통설이다.

6. 미수론

1) 미수의 의의

범죄실현의 의사로써 실행에 착수하여 행위를 종료하지 못했거나 결과가 발생하지 않는 경우를 미수라고 한다. 우리 형법은 원칙적으로 기수범만을 처벌한다. 따라서 미수는 특히 형법 각 본조에 처벌하는 규정이 있는 때에 한하여 처벌된다(제29조). 우리 형법은 비교적 중한 범죄의 미수를 미수범으로서 처벌하고 있다.

2) 미수범의 요건

미수범의 요건은 범죄실행의 착수와 범죄의 미완성의 두 개의 면으로 고찰할 수 있다.

(1) 범죄실행의 착수

범죄실행의 착수란 범죄사실의 개시를 말한다. 이에 관하여는 객관설과 주관설이 대립되어 있다. 객관설은 객관적인 행위를 표준으로 하여 실행의 착수를 인정하려는 견해로, 엄격한 의미에서 구성요건에 해당하는 행위가 개시되었을 때 실행의 착수가 있다고 보는 형식적 객관설과 실질적인 관점에서 실행행위의 개시 여부를 판단하는 실질적 객관설이 있다. 주관설은 행위자의 표상에 따라 실행의 착수시점을 판단하는 신파의 입장으로 범죄의사의 표현만으로 실행의 착수가 있다고 말할 수 없고 범죄의 수행적 행위를 통하여 확정적으로 표현될 때 비로소 실행의 착수가 있다고 본다. 또한 주관적 관점인 행위자의 표상과 객관적 관점인 행위객체에 대한 공격의 직접성을 함께 보아야 한다는 절충설이 있다.

(2) 범죄의 미완성(실행행위의 미종료 또는 결과의 불발생)

미수범이 성립하려면 행위를 종료하지 못하였거나 또는 결과가 발생하지 아니하여 범죄의 완성에 이르지 아니하여야 한다. 여기에 행위를 종료하지 못한 것이란 범죄의 실행에 착수하여 그 실행행위 자체를 종료하지 못한 경우(착수미수)를 말하고, 결과가 발생하지 아니한 것이라 함은 실행행위는 종료하였으나 결과가 발생하지 아니한 경우(실행미수)를 말한다. 예컨대, 권총으로 사람을 사살하려는 순간 타인에게 제지되어 발사하지 못한 경우는 전자에 속하고, 앞의 사례에 있어서 발사하였으나 명중하지 않았다든가 또는 명중은 하였으나 치명상이 아니었든가 하여 사망의 결과가 발생하지 않은 경우는 후자에 속한다.

3) 중지범(중지미수)

중지범(Rücktritt vom Versucht)이라 함은 범죄의 실행에 착수한 자가 아직 범죄의 완성에 이르기 전에 자기의 의사로써 이를 중지하거나 결과의 발생을 방지한 경우를 말하고 전술한 보통의 미수에 대하여 중지미수 또는 임의미수라고 한다.

형법은 중지범에 관하여 제26조에서 "범인이 자의로 실행에 착수한 행위를 중지하거나 그 행위로 인한 결과의 발생을 방지한 때에는 형을 감경 또는 면제한다"고 규정하고 있다(필요적 감면).

이와 같이 중지범도 범죄의 실행에 착수하여 범죄의 완성에 이르지 못한 점으로는 미수의 한 태양이지만 보통의 미수는 범죄의 실행에 착수하였으나 의외의 장애로 인하여 범죄를 완성하지 못한 경우이고, 중지범은 행위자가 자기의 의사로 범죄실행에 착수한 행위를 중지하거나(착수중지), 또는 실행행위는 종료하였으나 그 행위로 인한 결과의 발생을 방지하여(실행중지) 범죄를 완성시키지 아니한 경우이다. 예컨대, 사람을 독살시킬 의사로써 상대방에게 독물을 교부하려는 순간 마음을 바꾸어 자기 스스로 이를 중지한 경우는 전자에 속하고(착수중지), 같은 사례에서 상대방에게 음독시킨 후 자기 스스로 해독제를 주어 사망의 결과를 방지하였을 경우는 후자(실행중지)에 속한다.

따라서 범죄가 미완성으로 된 것이 범인의 자의로 인한 것인가 또는 다른 장애로 인한 것인가가 중지범과 미수범 구별의 중요한 기준으로 된다.

이에 관하여는 여러 가지 학설이 대립되어 있으나, 요컨대 중지범도 미수범과 같이 범죄의 실행에 착수하여 이를 완성하지 못한 미수범의 한 태양인데, 그 형을 필요적으로 감면하는 이유는 오직 행위자의 반사회성의 경미라는 인격태도에 기인하므로, 보통 일반인이 범죄를 완성하려면 할 수 있는데도 불구하고 행위자가 그 의사결정에 대하여 아무런 강제적 영향도 받지 않고 임의로 그 완성을 의욕하지 아니하여 중지한 경우에는 모두 중지범으로 인정하여야 한다.

4) 불능범(불능미수)

형법 제27조는 "실행의 수단 또는 대상의 착오로 인하여 결과의 발생이 불가능하더라도 위험성이 있으면 처벌한다. 단, 형을 감경 또는 면제할 수 있다"고 규정하고 있다.

불능범과 불능미수는 구별되어야 한다. 불능범은 실행의 수단 또는 대상의 착오로 인하여 애당초 결과발생이 불가능한 행위를 말한다. 미신범(迷信犯)이 대표적인 경우다. 불능범은 형사처벌의 대상이 아니다. 그러나 불능범이지만 결과발생의 위험성으로 인해 처벌되는 경우를 '불능미수'라고 한다.

불능미수의 성립요건으로서는 첫째, 실행의 착수가 있어야 한다. 둘째, 실행의 수단 또는 대상의 착오에 의해서 결과발생이 불가능해야 한다. 즉, 행위자가 범죄의 객체로서 인식했던 대상이 행위자의 표상과는 달리 당해 범죄의 객체가 될 수 없는 경우의 객체의 착오와 행위자가 선택한 수단으로서는 결과발생이 불가능하기 때문에 기수로 될 수 없는 수단의 착오로 나누어진다. 셋째, 위험성이 있어야 한다.

7. 공범론

1) 총 설

2인 이상의 자가 협력·가공하여 범죄의 구성요건을 실현하는 경우를 '다수참가 범죄형태', 즉 공범이라고 한다. 형법은 1인의 행위자에 의하여 범죄의 구성요건이 충족되는 것을 전형적인 것으로 규정하고 있으나, 실제로는 수인의 행위자에 의해 구성요건이 충족되는 경우가 있다. 이런 경우 범죄에 참여한 각인의 형사책임을 어떻게 평가할 것인지의 문제가 공범론의 과제이다.

여기에는 반드시 2인 이상의 자가 범죄에 가담하는 필요적 공범과 1인에 의해서도 완성할 수 있는 범죄를 2인 이상이 참가하는 다수참가 범죄형태가 있다. 후자에는 다시 정범의 형태인 공동정범과 간접정범, 동시범 등과 공범의 형태인 교사범과 종범을 들 수 있다.

한편 이와 같은 다수참가 범죄형태를 최광의의 공범으로 보고, 이를 다시 임의적 공범과 필요적 공범으로 나누고 임의적 공범을 공동정범, 교사범, 종범으로 구분하는 견해도 있다. 보통 공범이라 함은 교사범과 종범만을 가리킨다.

2) 다수참가 범죄형태의 종류

(1) 필요적 공범

필요적 공범이란 임의적 공범과 대응되는 개념으로서 범죄의 성질상 당연히 수인의 공동을 필요로 하는 범죄, 즉 구성요건상 당연히 수인이 공동 가공하여 실행할 것을 예정하고 있는 범죄를 말한다(도박죄, 소요죄, 내란죄 등).

(2) 다수범죄참가의 정범적 형태

정범형태란 범죄실현에 있어서 기능적 행위지배가 있는 경우를 말한다.

가) 공동정범

공동정범이란 2인 이상이 공동하여 범죄를 실행하는 것을 말하며 각자를 그 죄의 정범으로 처벌한다. 공동정범에 있어서는 1인의 행위에 의하여 결과가 발생하고 다른 자의 행위는 결과의 발생에 관계가 없어도 전원이 기수의 책임을 진다.

공동정범에는 실행공동정범, 공모공동정범, 우연적 공동정범, 승계적 공동정범, 편면적 공동정범 등이 있다.

공동정범은 2인 이상이 공동하여 죄를 범하는 것이므로 공동정범의 성립요건으로서 주관적으로는 범죄의 실행을 공동으로 한다는 의사의 존재가 필요하고(주관적 요건), 객관적으로는 실행행위의 공동이라는 사실의 존재가 필요하다(객관적 요건).

나) 간접정범

간접정범이란 처벌받지 않는 자 또는 과실범으로 처벌되는 자를 이용하여 자기의 범죄를 실현하는 자를 말한다.

(3) 다수범죄참가의 종범적 형태

가) 교 사 범

교사범이란 타인을 교사하여 죄를 범하게 하는 행위를 말한다. 우리 형법은 제31조 제1항에서 교사범에 대하여 "타인을 교사하여 죄를 범하게 한 자는 죄를 실행한 자와 동일한 형으로 처벌한다"라고 규정하고 있다.

교사범은 타인을 교사하여 죄를 범하게 하는 것이므로 자기 스스로 실행행위를 분담하지 아니한다는 점에서 전술한 공동정범과 구별되고, 또 타인의 범죄실행을 방조하지 않고 이를 유발케 하는 점에서 종범과 구별된다.

교사범은 범죄를 실행한 자와 동일한 형으로 처벌한다. 여기에 '동일한 형으로 처벌한다'는 것은 정범의 행위에 적용될 형법 각 본조의 법정형으로 처벌한다는 취지이고, 구체적으로 선고형이 동일하여야 한다는 것은 아니다.

나) 종 범

타인의 범죄를 방조하는 것을 종범이라 한다. 방조는 타인의 범죄의 실행을 도와서 그 실현을 용이하게 하는 행위이며, 그 방법은 물질적이든 정신적이든 또 작위이든 부작위이든 관계없다.

따라서 종범은 주관적으로는 자기의 행위가 정범의 행위를 방조하는 것임을 인식하고 객관적으로는 정범의 행위를 현실적으로 방조한 때에 성립한다. 종범의 형은 정범의 형보다 감경한다.

제3절 형벌론

1. 형벌의 의의

형벌이란 국가가 범죄행위에 대한 법률적 효과로서 행위자에게 과하는 법익의 침탈이다. 형법은 일정한 법익의 침탈을 '형'이라고 한다.

2. 형벌의 종류

형의 종류에는 생명형인 사형, 신체의 자유를 제한하는 자유형인 징역·금고·구류, 재산형인 벌금·과료·몰수, 명예형(자격형)인 자격상실·자격정지가 있다.

형의 종류와 형의 경중

제41조(형의 종류) 형의 종류는 다음과 같다.

1. 사형
2. 징역
3. 금고
4. 자격상실
5. 자격정지
6. 벌금
7. 구류
8. 과료
9. 몰수

제50조(형의 경중) ① 형의 경중은 제41조 기재의 순서에 의한다. 단, 무기금고와 유기징역은 금고를 중한 것으로 하고 유기금고의 장기가 유기징역의 장기를 초과하는 때에는 금고를 중한 것으로 한다.

② 동종의 형은 장기의 긴 것과 다액의 많은 것을 중한 것으로 하고 장기 또는 다액이 동일한 때에는 그 단기의 긴 것과 소액의 많은 것을 중한 것으로

한다.
③ 전 2항의 규정에 의한 외에는 죄질과 범정에 의하여 경중을 정한다.

1) 생명형(사형)

사형은 수형자의 생명을 박탈하는 생명형이다. 사형은 형무소(교도소) 내에서 교수하여 집행한다(형법 제66조). 사형은 교정시설의 사형장에서 집행한다(형의 집행 및 수용자의 처우에 관한 법률 제91조). 사형은 법무부장관의 명령에 의하여 집행한다(형소법 제463조). 사형집행의 명령은 판결이 확정된 날로부터 6월 이내에 집행하여야 한다(형소법 제465조 제1항). 법무부장관이 사형의 집행을 명한 때에는 5일 이내에 집행하여야 한다(형소법 제466조). 군형법상 사형의 집행은 국방부장관의 명령에 따라 집행하며(군사법원법 제506조), 소속 군참모총장 또는 군사법원의 관할관이 지정한 장소에서 총살로써 집행한다(군형법 제3조). 우리나라는 1997년 12월 30일, 마지막으로 사형이 집행된 후 현재까지 사형을 집행하지 않고 있어서 실질적으로 사형폐지국가로 분류되고 있다.

2) 자유형(징역·금고·구류)

징역은 교도소 내에 구치하여 정역에 복무하도록 하는 형벌이다(형법 제67조). 금고 역시 수형자를 교도소 내에 구치하여 자유를 박탈하는 형벌이지만 정역에 복무하지 않는다는 점에서 징역과 구별된다(자유형의 단일화 필요성 대두). 징역과 금고는 기간에 있어서는 차이가 없다. 징역 또는 금고는 무기 또는 유기로 하고 유기는 1개월 이상 30년 이하로 한다. 단, 유기징역 또는 유기금고에 대하여 형을 가중하는 때에는 50년까지로 한다(형법 제42조, 2010년 4월 15일 시행). 무기는 기간이 정해져 있지 않는 것을 말한다. 무기징역 또는 무기금고를 감경할 때에는 10년 이상 50년 이하의 징역 또는 금고로 한다(형법 제55조 제1항 2호). 유기징역 또는 유기금고를 감경할 때에는 그 형기의 2분의 1로 한다(형법 제55조 제1항 3호). 구류는 경찰서유치장·구치소 또는 교도소 내에 구치하여 자유를 박탈하는 단기간의 자유형이다(즉결심판에 관한 절차법 제18조 2항). 그 기간이 1일 이상 30일 미만이라는 점에서 징역이나 금고와 구별된다(형법 제46조). 구류는 경범죄처벌법이나 기타 단행 법규에 많이 볼 수 있으며, 형법각칙에는 공연음란죄(제245조), 폭행죄(제260조), 과실치상죄(제266조), 협박죄(제283조) 등과 같이 극소수의 규정이 있을 뿐이다.

3) 재산형(벌금·과료·몰수)

벌금형은 일정한 금액의 지급의무를 강제적으로 부담시키는 재산형이다. 벌금은 5만원 이상으로 한다. 다만, 감경하는 경우에는 5만원 미만으로 할 수 있다(형법 제45조). 과료도 재산형으로서 주로 경미한 범죄에 부과되는 형벌이다. 형법 각칙에서는 과실치상이나 점유이탈물횡령죄 등에 규정되어 있다. 과료는 2천원 이상 5만원 미만으로 한다(형법 제47조).

벌금과 과료는 판결확정일로부터 30일 내에 납입하여야 한다. 단, 벌금을 선고할 때에는 동시에 그 금액을 완납할 때까지 노역장에 유치할 것을 명할 수 있다(형법 제69조 제1항). 벌금을 납입하지 아니한 자는 1일 이상 3년 이하, 과료를 납입하지 아니한 자는 1일 이상 30일 미만의 기간 노역장에 유치하여 작업에 복무하게 한다(형법 제69조 제2항). 벌금 또는 과료를 선고할 때에는 납입하지 아니하는 경우의 유치기간을 정하여 동시에 선고하여야 한다(형법 제70조 제1항). 선고하는 벌금이 1억원 이상 5억원 미만인 경우에는 300일 이상, 5억원 이상 50억원 미만인 경우에는 500일 이상, 50억원 이상인 경우에는 1,000일 이상의 유치기간을 정하여야 한다(형법 제70조 제2항, 신설 2014년 5월 14일).

몰수는 범죄반복의 방지나 범죄에 의한 이득의 금지를 목적으로 범죄행위와 관련된 일정한 물건의 소유권을 국가에 강제 귀속시키는 것을 내용으로 하는 재산형이다. 몰수는 타형에 부가하여 과한다. 단, 행위자에게 유죄의 재판을 아니할 때에도 몰수의 요건이 있는 때에는 몰수만을 선고할 수 있다. 몰수에는 임의적 몰수와 필요적 몰수가 있다. 임의적 몰수가 원칙이다(형법 제48조). 따라서 몰수의 여부는 원칙적으로 법관의 자유재량에 의한다. 몰수의 대상인 물건을 몰수하기 어려운 때에는 그 가액을 추징한다.

물건의 몰수와 재산의 몰수

몰수는 원칙적으로 개개의 물건에 대하여 이루어진다. 그러나 공무원범죄에 관한 몰수 특례법, 마약류 불법거래 방지에 관한 특례법, 범죄수익은닉의 구제 및 처벌 등에 관한 법률, 부패재산의 몰수 및 회복에 관한 특례법, 불법정치자금 등의 몰수에 관한 특례법 등의 특별법에서는 범죄로 인한 불법수익과 그로 인한 파생적 이익을 전부 박탈함으로써 범죄의 동기를 근원적으로 차단하려는 목적 하에 재산 자체에 대한 몰수제도를 규정하고 있다.

4) 명예형(자격상실·자격정지)

자격상실이란 일정한 형의 선고가 있으면 그 형의 효력으로서 당연히 일정한 자격이 상실되는 것을 말하며, 자격정지는 일정한 기간 동안 일정한 자격의 전부 또는 일부를 정지시키는 것을 말한다. 자격정지에는 당연정지와 판결의 선고에 의한 자격정지가 있다.

자격상실과 자격정지

제43조(형의 선고와 자격상실, 자격정지) ① 사형, 무기징역 또는 무기금고의 판결을 받은 자는 다음에 기재한 자격을 상실한다.

1. 공무원이 되는 자격
2. 공법상의 선거권과 피선거권
3. 법률로 요건을 정한 공법상의 업무에 관한 자격
4. 법인의 이사, 감사 또는 지배인 기타 법인의 업무에 관한 검사역이나 재산관리인이 되는 자격

② 유기징역 또는 유기금고의 판결을 받은 자는 그 형의 집행이 종료하거나 면제될 때까지 전항 제1호 내지 제3호에 기재된 자격이 정지된다. 다만, 다른 법률에 특별한 규정이 있는 경우에는 그 법률에 따른다.

제44조(자격정지) ① 전조에 기재한 자격의 전부 또는 일부에 대한 정지는 1년 이상 15년 이하로 한다.

② 유기징역 또는 유기금고에 자격정지를 병과한 때에는 징역 또는 금고의 집행을 종료하거나 면제된 날로부터 정지기간을 기산한다.

집행유예 기간 중인 자와 수형자의 선거권 제한에 관한 헌법재판소의 판례와 형법 및 공직선거법의 개정

우리 헌법재판소는 집행유예기간 중인 자(유기징역 또는 유기금고의 선고를 받고 그 집행유예기간 중인 자)와 수형자(유기징역 또는 유기금고의 선고를 받고 그 집행이 종료되지 아니한 자)의 선거권을 제한하고 있는 공직선거법과 형법의 규정을 위헌이라고 판단하였다.

※ [단순위헌, 2012헌마409·510, 2013헌마167(병합), 2014.1.28.] 형법(1953. 9. 18. 법률 제293호로 제정된 것) 제43조 제2항 중 유기징역 또는 유기금고의 판결을 받아 그 형의 집행유예기간 중인 자의 '공법상의 선거권'에 관한 부분은 헌법에 위반된다.

※ [헌법불합치, 2012헌마409·510, 2013헌마167(병합), 2014.1.28.] 형법(1953. 9. 18. 법률 제293호로 제정된 것) 제43조 제2항 중 유기징역 또는 유기금고의 판결을 받아 그 형의 집행이 종료되지 아니한 자의 '공법상의 선거권'에 관한 부분은 헌법에 합치되지 아니한다. 위 법률조항 부분은 2015. 12. 31.을 시한으로 입법자가 개정할 때까지 계속 적용된다.

이에 「공직선거법」이 1년 미만의 징역 또는 금고의 집행을 선고받아 수형 중에 있는 사람과 형의 집행유예를 선고받고 유예기간 중에 있는 사람에 대하여 선거권을 부여하는 방향으로 개정되었다. 그로 인하여 유기징역 또는 유기금고의 집행이 종료하거나 면제될 때까지 당연히 자격이 정지되도록 하고 있는 제43조 제2항에 대하여 다른 법률에 특별한 규정이 있는 경우에는 그 법률에 따르도록 단서 조항을 신설하였다(2016. 1. 6).

3. 형의 양정(量定)

형의 양정(量定) 또는 양형(量刑)이란 법원이 선고할 형을 정하기 위하여 일련의 계산과정을 거쳐 형을 구체화하는 과정을 말한다. 형의 양정은 법정형, 처단형, 선고형의 단계로 이루어진다.

1) 법정형(法定刑)

형법 각칙의 각 구성요건에 입법자에 의해 미리 규정된 형의 종류와 범위를 법정형이라고 한다. 법정형을 정하는 방법에는 절대적 전단형(專斷刑), 절대적 법정형, 상대적 법정형의 세 가지가 있을 수 있다.

2) 처단형(處斷刑)

법정형에 선택 가능한 형종(刑種)이 있는 경우에는 먼저 형종을 선택하고, 그 형에 법률상의 가중, 법률상의 감경, 재판상의 감경(酌量減輕)을 하여 처단의 범위로 구체화된 형을 처단형이라 한다. 형의 가중·감경의 방법과 정도 및 순서에 관한 준칙을 가감례라고 하는데, 이에 따르면, 형을 가중·감경할 사유가 경합한 때에는, ① 각칙 본조에 의한 가중, ② 제34조 2항(특수한 교사·방조)의 가중, ③ 누범가중, ④ 법률상 감경, ⑤ 경합범 가중, ⑥ 작량감경의 순서에 의한다.

3) 선고형(宣告刑)

선고형이란 법원이 처단형의 범위 내에서 구체적으로 형을 양정하여 당해 피고인에게 선고하는 형을 말한다. 법원은 선고형을 정함에 있어서 반드시 일정한 사유를 참작하여야만 하는데, 이를 '양형조건'이라 한다. 형법 제51조는 양형조건으로, ① 범인의 연령, 성행, 지능과 환경, ② 피해자에 대한 관계, ③ 범행의 동기, 수단과 결과, ④ 범행 후의 정황 등을 규정하고 있다.

4. 유죄판결과 형의 선고

법원은 피고사건에 대한 사실관계의 존부를 확인하여 범죄성립 여부를 판단하는데, 범죄성립을 인정하는 법원의 의사표시를 유죄선고 또는 유죄판결이라고 한다.

한편, 범죄가 성립되면, 형벌이란 법적 효과가 발생한다. 따라서 법원은 범죄의 성립을 인정하는 때에는, 즉 유죄를 선고하는 때에는 원칙적으로 그 법적 효과에 대한 의사도 표시하여야 한다. 이와 같이 법원이 유죄선고에 근거하여 범죄의 법적 효과로서 형을 선언하는 의사표시를 형의 선고라고 한다.

5. 형의 면제와 형의 선고유예

법원이 유죄판결을 하는 때에는 원칙적으로 형의 선고도 행하여져야 한다. 그러나 유죄판결이면서도 예외적으로 형이 선고되지 않는 두 가지 경우가 있다. 형의 면제와 선고유예가 그것이다.

1) 형의 면제

형의 면제는 범죄의 증명이 있어 범죄가 성립하지만, 형의 선고를 면제하는 것이다. 형 면제의 경우, 법원이 피고인에 대하여 형을 선고하지 않는다는 점에서 피고인의 입장에서 보면 무죄판결에 준하는 의미를 갖는다. 그러나 형의 면제는 유죄판결의 일종이다. 다만 형의 선고만이 면제될 뿐이다. 형의 면제는 항상 법률상 면제만이 인정되며, 재판상 면제는 인정되지 않는다. 법률상 면제에는 필요적 면제와 임의적 면제가 있다.

2) 선고유예(宣告猶豫)

(1) 선고유예의 의의

선고유예란 경미한 범죄를 저지른 자에 대하여 일정기간 동안 형의 선고를 유예하고 그 유예기간이 경과한 때에 면소된 것으로 간주하는 제도다. 즉 형의 선고유예는 피고사건에 대한 범죄의 증명이 있을 때 법원이 내부적으로 선고할 형을 미리 정해두고 일정기간 그 형의 선고만을 유예하는 것이다.

(2) 선고유예의 요건

1년 이하의 징역이나 금고, 자격정지 또는 벌금의 형을 선고할 경우일 것, 개전의 정상이 현저할 것, 자격정지 이상의 형을 받은 전과가 없을 것 등의 요건을 충족하여야 한다.

(3) 선고유예의 실효

형의 선고유예를 받은 자가 유예기간 중 자격정지 이상의 형에 처한 판결이 확정되거나 자격정지 이상의 형에 처한 전과가 발견된 때에는 유예한 형을 선고한다. 또한 보호관찰을 명한 선고유예를 받은 자가 보호관찰 기간 중에 준수사항을 위반하고 그 정도가 무거운 때에도 유예한 형을 선고할 수 있다.

(4) 선고유예의 효과

형의 선고유예를 받은 날로부터 2년을 경과한 때에는 면소된 것으로 간주한다. 유예기간은 언제나 2년이다. 면소(免訴)는 무죄(無罪)와 구별된다. 무죄판결은 공소사실이 범죄로 되지 아니하거나 범죄사실의 증명이 없는 때에 선고하는 판결임에 비하여 면소판결은 소송추행의 이익이 없음을 이유로 소송을 종결시키는 형식재판을 의미한다.

선고유예의 요건, 효과, 실효에 관한 형법의 규정
제59조(선고유예의 요건) ① 1년 이하의 징역이나 금고, 자격정지 또는 벌금의 형을 선고할 경우에 제51조의 사항을 참작하여 개전의 정상이 현저한 때에는 그 선고를 유예할 수 있다. 단, 자격정지 이상의 형을 받은 전과가 있는 자에 대하여는 예외로 한다. ② 형을 병과할 경우에도 형의 전부 또는 일부에 대하여 그 선고를 유예할 수 있다. 제60조(선고유예의 효과) 형의 선고유예를 받은 날로부터 2년을 경과한 때에는 면소된 것으로 간주한다. 제61조(선고유예의 실효) ① 형의 선고유예를 받은 자가 유예기간 중 자격정지 이상의 형에 처한 판결이 확정되거나 자격정지 이상의 형에 처한 전과가 발견된 때에는 유예한 형을 선고한다. ② 제59조의2의 규정에 의하여 보호관찰을 명한 선고유예를 받은 자가 보호관찰기간 중에 준수사항을 위반하고 그 정도가 무거운 때에는 유예한 형을 선고할 수 있다.

6. 형의 집행

형 집행이란 권한 있는 국가기관이 확정판결을 통하여 선고된 형을 구체적으로 실현시키는 작용을 말한다.

1) 집행유예(執行猶豫)

법원이 형을 선고하는 유죄판결을 확정하면 국가기관은 선고된 형을 집행하여야 한다. 그러나 법원은 피고인의 조속한 사회복귀를 도모하고 경미한 형 집행과 결부된 폐해를 방지하기 위해 집행유예제도를 두고 있다.

(1) 집행유예의 의의 및 요건

형을 선고하면서 일정한 기간 동안 형의 집행을 유예하고 그 기간이 경과하면 형의 선고의 효력을 잃게 하는 제도를 집행유예라고 한다. 집행유예는 3년 이하의 징역 또는 금고의 형을 선고할 경우에 한하여 법관이 참작할 만한 사유를 검토하여 1년에서 5년까지의 기간을 정하여 형의 선고와 동시에 부과된다. 집행유예기간이 경과하면 처음부터 형의 선고의 효력이 없어지게 된다.

(2) 집행유예의 실효

집행유예의 선고를 받은 자가 유예기간 중 고의로 범한 죄로 금고 이상의 실형을 선고받아 그 판결이 확정된 때에는 집행유예의 선고는 효력을 잃는다.

(3) 집행유예의 효과

집행유예의 선고를 받은 후 그 선고의 실효 또는 취소됨이 없이 유예기간을 경과한 때에는 형의 선고는 효력을 잃는다.

집행유예의 요건, 효과, 실효에 관한 형법의 규정

제62조(집행유예의 요건) ① 3년 이하의 징역 또는 금고의 형을 선고할 경우에 제51조의 사항을 참작하여 그 정상에 참작할 만한 사유가 있는 때에는 1년 이상 5년 이하의 기간 형의 집행을 유예할 수 있다. 다만, 금고 이상의 형을 선고한 판결이 확정된 때부터 그 집행을 종료하거나 면제된 후 3년까지의 기간에 범한 죄에 대하여 형을 선고하는 경우에는 그러하지 아니하다.

② 형을 병과할 경우에는 그 형의 일부에 대하여 집행을 유예할 수 있다.

제63조(집행유예의 실효) 집행유예의 선고를 받은 자가 유예기간 중 고의로 범한 죄로 금고 이상의 실형을 선고받아 그 판결이 확정된 때에는 집행유예의 선고

> 는 효력을 잃는다.
> 제65조(집행유예의 효과) 집행유예의 선고를 받은 후 그 선고의 실효 또는 취소됨이 없이 유예기간을 경과한 때에는 형의 선고는 효력을 잃는다.

2) 형의 집행종료와 집행면제

형이 선고된 내용에 따라 현실적으로 실현되었을 때 이를 형의 집행종료라고 한다. 형의 집행이 종료되기 전에 형의 집행을 중도에 멈추는 경우가 있다. 이와 같이 집행되던 형을 도중에 중지하고 더 이상 형의 집행을 하지 않기로 하는 조치를 형의 집행면제라고 한다.

3) 형의 시효와 소멸

(1) 형의 시효

형의 시효란 형의 선고를 받은 자가 재판이 확정된 후 그 형의 집행을 받지 않고 일정한 기간이 경과한 때에 집행이 면제되는 제도이다. 즉 일정한 기간이 경과한 때에 확정된 형벌의 집행권을 소멸시키는 제도이다.

(2) 형의 소멸

형의 소멸이란 유죄판결의 확정에 의하여 발생한 형의 집행권이 소멸되는 것을 말한다. 형의 집행이 종료되거나, 가석방기간이 만료되거나, 형의 집행이 면제되거나, 시효가 완성되거나, 범인이 사망하면 형의 집행권이 소멸한다.

4) 형의 실효와 복권

형은 소멸되어도, 전과사실은 그대로 남아 있어, 형이 선고되고 집행되었다는 사실 자체 때문에 가해지는 자격제한 등의 불이익이 있을 수 있다. 누범가중, 공무원의 임용제한, 선거권 및 피선거권의 제한, 선고유예나 집행유예의 제한 등의 법적 불이익이나, 일반인의 시선이나 기업의 취업제한 등의 사실상의 불이익이 그것이다. 그런데 형이 소멸되었음에도 불구하고 계속 이런 불이익을 받게 된다면, 수형자의 사회복귀에 많은 장애가 발생할 수 있다.

형의 실효란 전과기록 중 수형인명부와 수형인명표를 삭제·폐기함으로써 형의 선고가 있었다는 사실에 따르는 위와 같은 불이익을 소멸시키는 제도이다. 형의 실효는 신청에 의하는 경우와 법률상 당연히 발생하는 경우로 나누어진다. 신청에 의한 실효에는 재판의 실효(형법 제81조)와 복권(형법 제82조)이 있으며, 당연실효는 형의 실효 등에 관한 법률에 규정되어 있다.

형의 실효와 복권에 관한 규정

형법 제81조(형의 실효) 징역 또는 금고의 집행을 종료하거나 집행이 면제된 자가 피해자의 손해를 보상하고 자격정지 이상의 형을 받음이 없이 7년을 경과한 때에는 본인 또는 검사의 신청에 의하여 그 재판의 실효를 선고할 수 있다.

형법 제82조(복권) 자격정지의 선고를 받은 자가 피해자의 손해를 보상하고 자격정지 이상의 형을 받음이 없이 정지기간의 2분의 1을 경과한 때에는 본인 또는 검사의 신청에 의하여 자격의 회복을 선고할 수 있다.

형의 실효 등에 관한 법률 제7조(형의 실효) ① 수형인이 자격정지 이상의 형을 받지 아니하고 형의 집행을 종료하거나 그 집행이 면제된 날부터 다음 각 호의 구분에 따른 기간이 경과한 때에 그 형은 실효된다. 다만, 구류(拘留)와 과료(科料)는 형의 집행을 종료하거나 그 집행이 면제된 때에 그 형이 실효된다.

1. 3년을 초과하는 징역·금고: 10년
2. 3년 이하의 징역·금고: 5년
3. 벌금: 2년

5) 전과(前科)

어느 사람에 대해 확정판결로써 유죄의 선고 또는 형의 선고가 내려졌다는 사실을 가리켜서 전과라고 한다. 전과는 「형의 실효 등에 관한 법률」을 통하여 관리되고 있다.

「형의 실효 등에 관한 법률」상의 용어의 정리

제2조(정의) 이 법에서 사용하는 용어의 뜻은 다음과 같다.

1. “수형인”이란 「형법」 제41조에 규정된 형을 받은 자를 말한다.

2. "수형인명부"란 자격정지 이상의 형을 받은 수형인을 기재한 명부로서 검찰청 및 군검찰부에서 관리하는 것을 말한다.
3. "수형인명표"란 자격정지 이상의 형을 받은 수형인을 기재한 명표로서 수형인의 등록기준지 시·구·읍·면 사무소에서 관리하는 것을 말한다.
4. "수사자료표"란 수사기관이 피의자의 지문을 채취하고 피의자의 인적사항과 죄명 등을 기재한 표(전산입력되어 관리되거나 자기테이프, 마이크로필름, 그 밖에 이와 유사한 매체에 기록·저장된 표를 포함한다)로서 경찰청에서 관리하는 것을 말한다.
5. "범죄경력자료"란 수사자료표 중 다음 각 목에 해당하는 사항에 관한 자료를 말한다.
   가. 벌금 이상의 형의 선고, 면제 및 선고유예
   나. 보호감호, 치료감호, 보호관찰
   다. 선고유예의 실효
   라. 집행유예의 취소
   마. 벌금 이상의 형과 함께 부과된 몰수, 추징(追徵), 사회봉사명령, 수강명령(受講命令) 등의 선고 또는 처분
6. "수사경력자료"란 수사자료표 중 벌금 미만의 형의 선고 및 검사의 불기소처분에 관한 자료 등 범죄경력자료를 제외한 나머지 자료를 말한다.
7. "전과기록"이란 수형인명부, 수형인명표 및 범죄경력자료를 말한다.
8. "범죄경력조회"란 수형인명부 또는 전산입력된 범죄경력자료를 열람·대조확인(정보통신망에 의한 열람·대조확인을 포함한다)하는 방법으로 신원 및 범죄경력에 관하여 조회하는 것을 말한다.
9. "수사경력조회"란 전산입력된 수사경력자료를 열람·대조확인(정보통신망에 의한 열람·대조확인을 포함한다)하는 방법으로 신원 및 수사경력에 관하여 조회하는 것을 말한다.

6) 가석방(假釋放)

(1) 가석방의 의의

가석방이란 자유형의 수형자가 개전(改悛)의 정(情)이 현저한 경우 형기만료 전에 수형자를 석방하고 일정한 기간을 경과하면 형의 집행을 종료한 것으로 간주하는 제도를 말한다.

(2) 가석방의 요건 및 기간

징역 또는 금고의 집행 중에 있는 자가 무기에 있어서는 20년, 유기에 있어서는 형기의 3분의 1을 경과한 후일 것, 행상이 양호하여 개전의 정이 현저할 것, 벌금 또는 과료의 병과가 있는 때에는 그 금액을 완납할 것 등의 요건을 충족하여야 한다. 가석방의 기간은 무기형에 있어서는 10년, 유기형에 있어서는 남은 형기로 하되 그 기간은 10년을 초과할 수 없다. 가석방된 자는 가석방기간 중 보호관찰을 받는다.

(3) 가석방의 실효와 취소

가석방 중 금고 이상의 형의 선고를 받아 그 판결이 확정된 때에는 가석방처분은 효력을 잃는다. 단 과실로 인한 죄로 형의 선고를 받았을 때에는 예외로 한다(가석방의 실효). 가석방의 처분을 받은 자가 감시에 관한 규칙을 위배하거나(형의 집행 및 수용자의 처우에 관한 법률, 가석방자관리규정), 보호관찰의 준수사항을 위반하고 그 정도가 무거운 때에는 가석방처분을 취소할 수 있다(가석방의 취소).

(4) 가석방의 효과

가석방의 처분을 받은 후 그 처분이 실효 또는 취소되지 아니하고 가석방기간을 경과한 때에는 형의 집행을 종료한 것으로 본다.

가석방의 요건, 실효, 취소, 효과 등에 관한 형법의 규정
第72조(가석방의 요건) ① 징역 또는 금고의 집행 중에 있는 자가 그 행상이 양호하여 개전의 정이 현저한 때에는 무기에 있어서는 20년, 유기에 있어서는 형기의 3분의 1을 경과한 후 행정처분으로 가석방을 할 수 있다. ② 전항의 경우에 벌금 또는 과료의 병과가 있는 때에는 그 금액을 완납하여야 한다. 第73조의2(가석방의 기간 및 보호관찰) ① 가석방의 기간은 무기형에 있어서는 10년으로 하고, 유기형에 있어서는 남은 형기로 하되, 그 기간은 10년을 초과할 수 없다. ② 가석방된 자는 가석방기간 중 보호관찰을 받는다. 다만, 가석방을 허가한

행정관청이 필요가 없다고 인정한 때에는 그러하지 아니하다.

제74조(가석방의 실효) 가석방 중 금고 이상의 형의 선고를 받어 그 판결이 확정된 때에는 가석방처분은 효력을 잃는다. 단 과실로 인한 죄로 형의 선고를 받았을 때에는 예외로 한다.

제75조(가석방의 취소) 가석방의 처분을 받은 자가 감시에 관한 규칙을 위배하거나, 보호관찰의 준수사항을 위반하고 그 정도가 무거운 때에는 가석방처분을 취소할 수 있다.

제76조(가석방의 효과) ① 가석방의 처분을 받은 후 그 처분이 실효 또는 취소되지 아니하고 가석방기간을 경과한 때에는 형의 집행을 종료한 것으로 본다.

② 전 2조의 경우에는 가석방 중의 일수는 형기에 산입하지 아니한다.

제 4 절 범죄각론

형법 제2편 각칙에는 개별적인 범죄구성요건과 이에 대한 구체적인 형벌이 규정되어 있다. 형법각론의 각종 범죄에 대한 체계적인 분류는 일반적으로 보호법익을 기준으로 하여 이루어진다. 통설적인 입장에 따르면, 보호법익을 3분하여, '국가적 법익에 관한 죄', '사회적 법익에 관한 죄', '개인적 법익에 관한 죄'로 형법각칙의 범죄를 분류한다.

1. 국가적 법익에 관한 죄

국가적 법익에 관한 죄는 국가의 존립, 국가의 권위, 국가의 외교관계, 국가의 기능 등을 보호하기 위한 범죄를 말한다.

1) 국가의 존립에 관한 죄

국가의 존립을 보호법익으로 하는 범죄에는 대표적으로 내란의 죄와 외환의 죄가 있다. ① 내란의 죄는 국토를 참절하거나 국헌을 문란할 목적으로 폭동을 하는 것을 내용으로 하는 범죄이다. 내란죄, 내란목적 살인죄, 내란

예비·음모·선동·선전죄 등이 여기에 속한다. ② 외환(外患)의 죄는 외환을 유치하거나 대한민국에 항적하거나 적국에 이익을 제공하여 대한민국의 안전을 위태롭게 하는 범죄를 말한다. 외환유치죄, 여적죄, 모병이적죄, 시설제공이적죄, 시설파괴이적죄, 물건제공이적죄, 간첩죄, 일반이적죄, 전시군수계약불이행죄 등이 여기에 속한다.

2) 국가의 권위에 관한 죄

국가의 권위를 보호하기 위한 대표적인 범죄는 국가권위의 상징인 국기에 관한 죄라고 할 수 있다. 국기·국장 모독죄, 국기·국장 비방죄가 여기에 속한다.

3) 국교(國交)에 관한 죄

국교에 관한 죄는 외국과의 평화로운 국제관계를 해함으로써 외국의 이익은 물론, 외국과의 국교관계 및 자국의 대외적 지위를 위태롭게 하는 범죄를 말한다. 외국원수에 대한 폭행 등의 죄, 외교사절에 대한 폭행 등의 죄, 외국의 국기·국장의 모독죄, 사전(私戰)죄, 중립명령위반죄, 외교상기밀누설죄 등이 여기에 속한다.

4) 국가의 기능에 관한 죄

국가의 기능을 보호법익으로 하는 범죄는 크게 공무원의 직무에 관한 죄, 공무방해에 관한 죄, 도주와 범죄은닉에 관한 죄, 위증과 증거인멸의 죄, 무고의 죄로 나눌 수 있다.

① 공무원의 직무에 관한 죄는 공무원이 공무원의 의무에 위배하거나, 직권을 남용하거나, 뇌물을 수수하는 등의 방법으로 국가기능의 공정을 해하는 공무원의 직무범죄를 말한다. 여기에는 직무유기죄, 직권남용죄, 불법체포·감금죄, 폭행·가혹행위죄, 피의사실공표죄, 공무상비밀누설죄, 선거방해죄, 수뢰·사전수뢰죄, 제3자뇌물제공죄, 수뢰후부정처사죄, 사후수뢰죄, 알선수뢰죄, 뇌물공여죄 등이 속한다.

② 공무방해에 관한 죄는 국가 또는 공공기관이 행하는 국가기능을 방

해하는 것을 내용으로 하는 범죄로서, 공무집행방해죄, 위계에 의한 공무집행방해죄, 법정 또는 국회회의장 모욕죄, 인권옹호직무방해죄, 공무상비밀표시무효죄, 부동산강제집행효용침해죄, 공용서류 등의 무효·공용물의 파괴죄, 공무상 보관물의 무효죄, 특수공무방해죄 등이 있다.

③ 도주와 범죄은닉에 관한 죄, ④ 위증과 증거인멸의 죄, ⑤ 무고의 죄는 특히 국가의 사법기능을 보호하기 위한 범죄이다. 도주죄, 집합명령위반죄, 특수도주죄, 도주원조죄, 위증죄, 모해위증죄, 무고죄 등이 여기에 속한다.

2. 사회적 법익에 관한 죄

사회적 법익에 관한 죄는 인간의 공동생활의 기초가 되는 사회생활에서의 일반적 법익을 보호하기 위한 범죄를 말한다. 사회적 법익에 관한 죄는 공공의 안전에 관한 죄, 공공의 신용에 관한 죄, 공중의 건강에 관한 죄, 사회의 도덕에 관한 죄로 나눌 수 있다.

1) 공공의 안전에 관한 죄

공공의 안전에 대한 죄는 사회일반의 안전과 평온을 보호법익으로 하는 범죄를 말한다. ① 공안을 해하는 죄(범죄단체 등의 조직죄, 소요죄, 다중불해산죄, 전시공수계약불이행죄, 공무원자격사칭죄 등), ② 폭발물에 관한 죄(폭발물사용죄, 폭발물사용 예비·음모·선동죄, 전시폭발물제조죄 등), ③ 방화와 실화의 죄(현주건조물·공용건조물·일반건조물·일반물건 등에의 방화죄, 진화방해죄, 실화죄, 업무상실화·중과실실화죄, 폭발성물건파열죄, 가스·전기등방류죄, 가스·전기등공급방해죄 등), ④ 일수와 수리에 관한 죄(일수죄, 방수방해죄, 과실일수죄, 수리방해죄 등), ⑤ 교통방해의 죄(일반교통방해죄, 기차·선박 등의 교통방해죄, 과실·업무상과실·중과실 교통방해죄 등)가 여기에 속한다.

2) 공공의 신용에 관한 죄

이는 사회일반의 신용 및 유통질서를 보호하려는 것으로 통화, 유가증권, 문서, 인장 등에 대하여 기술하고 있다. 이러한 것들은 물건의 교환매개 또는 사실증명의 수단으로서 경제적·법률적 거래에 있어서 중요한 기능을 가지고 있는 것이므로 이러한 것을 위조·변조하는 행위는 그 진정에 대한 공공의 신용을 해하는 나아가서 경제적·법률적 거래의 안전을 해하는 것이다. 그리하여 형법은 공공의 신용을 보호하기 위하여 ① 통화에 관한 죄(통화위조죄, 위조통화취득죄, 위조통화취득후지정행사죄, 통화유사물의 제조죄 등), ② 유가증권·수표와 인지에 관한 죄(유가증권위조죄, 자격모용에 의한 유가증권 작성죄, 허위유가증권작성죄, 위조유가증권 등의 행사죄, 인지·우표위조죄, 소인말소죄 등), ③ 문서에 관한 죄(공문서 등의 위조·변조죄, 허위공문서작성죄, 자격모용에 의한 공문서 등의 작성죄, 공전자기록위작·변작죄, 공정증서원본 등의 부실기재죄, 위조 등 공문서 행사죄, 공문서부정행사죄, 사문서 등의 위조·변조죄, 자격모용에 의한 사문서 작성죄, 사전자기록위작·변작죄, 허위진단서 등의 작성죄, 위조사문서 등의 행사죄, 사문서부정행사죄 등), ④ 인장에 관한 죄(공인 등의 위조·부정사용죄, 사인 등의 위조·부정사용죄 등)를 규정하고 있다.

3) 공중의 건강에 관한 죄

공중의 위생 및 건강을 보호하려는 것으로 형법은 개인의 생명이나 신체의 안전을 개인적 법익으로서 보호하고 있으나 공중위생에 대한 죄에서는 공중의 건강생활을 위태롭게 하는 행위를 처벌하여 이러한 사회적 법익을 독립하여 보호하고 있다.

형법이 공중의 건강에 관한 죄로서 규정하고 있는 것은 ① 음용수에 관한 죄(음용수사용방해죄, 수도음용수사용방해죄, 음용수혼독치사상죄, 수도불통죄 등)와 ② 아편에 관한 죄(아편·아편흡식기 등의 제조죄, 아편흡식죄, 아편흡식장소제공죄, 아편 등의 소지죄 등)이다.

4) 사회의 도덕에 관한 죄

사회의 도덕에 관한 죄는 사회의 건전한 풍속을 보호하려는 것으로 사회일반의 성생활, 경제생활, 종교생활상의 도덕적 질서에 반하는 행위를 처벌하려는 것이다.

형법은 사회도덕 위반의 구체적 행위로서 성생활에 반하는 ① 성풍속에 관한 죄(음행매개죄, 음화반포죄, 음화제조죄, 공연음란죄 등), 건전한 경제생활을 퇴폐하게 하는 ② 도박과 복표에 관한 죄(도박죄, 도박장소 등의 개설죄, 복표발매죄 등) 및 종교상의 양심에 반하는 ③ 신앙에 관한 죄(장례식 등의 방해죄, 사체 등의 오욕죄, 분묘발굴죄, 사체 등의 영득죄, 변사체검시방해죄 등)를 규정하고 있다.

3. 개인적 법익에 관한 죄

1) 생명 · 신체에 관한 죄

개인의 생명·신체에 대한 죄는 사람의 생존에 가장 중요한 생명 또는 신체적 법익을 침해하거나 위태롭게 하는 범죄이다. 형법상 개인의 생명·신체에 대한 죄로서는 살인의 죄, 상해와 폭행의 죄, 과실치사상의 죄, 낙태의 죄, 유기와 학대의 죄 등이다.

2) 자유에 관한 죄

자유에 관한 죄는 사람의 의사 및 행동의 자유를 보호하기 위한 범죄로서 체포와 감금의 죄, 협박의 죄, 약취와 유인 및 인신매매의 죄, 강간과 추행의 죄가 여기에 해당한다.

3) 명예, 신용 및 업무에 관한 죄

명예, 신용 및 업무에 관한 죄는 사람이 사회로부터 받은 사회적 평가를 보호법익으로 하는 범죄이다. 명예가 개인의 인격일반에 관한 평가인데 대하여, 신용은 개인의 경제적 지위 특히 지급능력을 보호법익으로 한다. 명예에 관한 죄, 신용·업무와 경매에 관한 죄가 여기에 해당한다.

4) 사생활의 평온에 관한 죄

개인이 사회생활을 하는 데 있어서는 그 사생활의 평온이 침해되지 않는다는 것은 극히 중요하고 또 사생활의 평온은 개인의 자유보장의 전제로서 큰 의미를 가지고 있다. 형법상으로는 비밀침해의 죄, 주거침입의 죄가 여기에 속한다.

5) 재산에 관한 죄

재산에 관한 죄는 개인의 재산권을 침해하는 범죄이고, 사유재산제도와 관련하여 이해되어야 한다. 즉 이는 헌법상 보장된 것으로서 사유재산의 안전은 단지 개인뿐만 아니라 사회공공의 질서유지, 국가의 발전에 불가피한 것이라 할 수 있다. 따라서 국가는 개인의 재산에 대한 권리를 개인의 법익으로서 그 불법한 침해로부터 보호할 필요가 있다.

형법상 재산에 관한 죄로서는 절도의 죄, 강도의 죄, 사기의 죄, 공갈의 죄, 횡령의 죄, 배임의 죄, 장물죄 및 손괴의 죄, 권리행사방해의 죄 등이 있다.

할부로 구매한 물품의 대금을 완납하지 아니하고 이를 처분한 경우 횡령죄의 성립여부

[사례] 甲은 가전업체인 K회사대리점을 경영하고 있다. 얼마 전 乙이라는 소비자가 12개월 할부로 에어컨과 TV를 구입하였다. 그런데 상품대금의 1개월분만 납입하고 乙은 에어컨과 TV를 처분하였으며 이후 상품대금을 계속 연체하고 있다. 乙의 행위는 형사상 처벌될 수 있는가?

[해설] 최근 자동차, 가전제품과 기타 생활용품을 할부로 구매하는 경우가 점점 많아지고 있다. 따라서 할부거래에 대한 정확한 법률관계를 잘 알아 두어야 할 필요가 있다. 할부거래의 법률관계를 들여다보면, 할부판매는 대금의 완납을 조건으로 상품을 미리 인도받아 소비자가 사용하는 것이나 그 상품의 소유권은 아직 매도인, 즉 판매자에게 인정되어 있다. 따라서 소비자는 이를 보관하는 자에 불과하다.

따라서 소유권이 판매자에게 있으므로 상품을 임의로 처분하고 대금완납을 행하지 않으면 형법상 횡령죄가 성립할 수 있다. 횡령죄란 타인의 재물을 보관하는 자가 그 재물을 횡령하거나 반환을 거부함으로써 성립하는 범죄다.

사례의 경우, 乙은 에어컨과 TV를 할부로 구입하였고 1개월분만 대금을 납부하였기 때문에 소유권은 아직 판매자인 甲에게 있으며 이를 乙이 임의로 처분한 행위는 형법 제355조의 횡령죄에 해당하여 형사처벌을 받을 수 있다.

강제집행면탈죄

[사례] 甲은 얼마 전 친구 乙에게 급한 일로 5,000만원을 빌려 주었다. 그런데 乙이 약속기일이 지나도 그 돈을 갚지 않고 있다. 그래서 부득이 甲은 乙을 상대로 법원에 대금반환청구소송을 제기하였다. 그런데 乙은 소송제기 이후 강제집행을 면하기 위하여 동생 앞으로 모든 재산을 이전하여 등기까지 마치고 가전제품 등 가재도구는 동생 집으로 옮겨놓았다. 이 경우 乙에 대한 형사처벌이 가능한가?

[해설] 일반적으로 돈을 빌린 채무자가 돈을 갚지 않으면 법원에 대금반환청구소송을 제기하여 법원의 판결을 얻은 후 강제집행 등의 방법으로 채권을 만족시킬 수 있다.

그런데 강제집행을 하려고 하더라도 채무자의 재산이 없으면 아무 소용이 없다. 강제집행의 기본이 되는 재산은 채무자 명의로 된 재산이어야 하기 때문이다.

그리하여 우리 형법은 강제집행을 면할 목적으로 재산을 은닉하는 등의 행위를 금지하고 있다. 채무자가 강제집행을 면할 목적으로 재산을 은닉, 손괴, 허위양도 또는 허위의 채무를 부담하여 채권자를 해하면 형법상 강제집행면탈죄가 성립된다.

강제집행면탈죄에서의 '재산의 은닉'이라 함은 재산의 소유관계를 불명케 하는 행위를 포함하는 것이다. 예컨대, 부동산의 선순위 가등기권자와 그 부동산소유자가 사전 모의하여 그 부동산에 관한 다른 채권자의 강제집행을 면할 목적으로 선순위 가등기권자 앞으로 소유권이전의 본등기를 한 경우도 재산의 은닉에 해당한다.

사례에서 강제집행을 면할 목적으로 동생 앞으로 모든 재산을 이전등기를 한다거나 가전제품 등 가재도구를 동생 집으로 옮겨놓아 강제집행을 곤란하게 하는 乙의 행위도 또한 재산은닉에 해당하므로, 乙은 형법 제327조의 강제집행면탈죄로 처벌될 수 있다.

범죄피해자구조제도

[사례] 甲은 결혼한 지 5개월된 주부다. 결혼 3개월째 남편과 함께 아파트 근처에 산책하러 갔다가 강도를 만났는데, 남편은 아내를 보호하기 위해 강도와 격투하였고, 칼에 찔려 중상을 입고 중상해 상태로 현재 병원에 입원하고 있다. 범인은 아직 검거되지 않고 있다. 甲은 현재 임신 중에 있으며, 남편의 수입만으로 생계를 유지하고 있었는데 남편이 병원에 입원하고 있어 병원비와 앞으로의 생활이 막막하다. 이 경우 甲은 국가로부터 어떤 도움을 받을 수 있는가?

[해설] '범죄피해자구조제도'란, 범죄행위로 사망하거나 장해 또는 중상해를 입었음에도 불구하고 범죄피해의 전부 또는 일부를 보상받지 못하는 등의 사유가 발생한 경우에 국가가 피해자 또는 유족에게 일정한도의 구조금을 지급하는 제도를 말한다.

범죄피해 구조금의 지급대상이 되는 범죄는 대한민국의 영역 안 또는 대한민국의 영역 밖에 있는 대한민국 선박·항공기 안에서 행해진 사람의 생명 또는 신체를 해치는 범죄이다. 형법상 처벌되지 않는 형사미성년자의 행위, 심신장애인의 행위, 강요된 행위, 긴급피난의 경우에도 범죄피해의 구조대상에 해당한다. 다만, 정당방위, 정당행위에 따른 처벌되지 않는 행위 및 과실에 따른 행위의 경우에는 구조금 지급대상에서 제외된다(범죄피해자 보호법 제3조 제1항 제4호).

범죄피해 구조금은 유족구조금, 장해구조금, 중상해구조금으로 구분되며, 모두 일시금으로 지급된다. 유족구조금은 구조피해자가 사망하였을 때 법정된 순위에 따라 선순위인 유족에게 지급한다. 다만, 순위가 같은 유족이 2명 이상이면 똑같이 나누어 지급한다. 장해구조금 및 중상해구조금은 해당 구조피해자에게 지급한다.

유족구조금, 장해구조금, 중상해구조금 등의 지급을 신청하려는 사람은 법무부령이 정하는 바에 따라 그 주소지, 거주지 또는 범죄발생지를 관할하는 지방검찰청의 지구심의회에 신청하여야 한다. 지급신청은 해당 구조대상 범죄피해의 발생을 안 날부터 3년이 지나거나 해당 구조대상 범죄피해가 발생한 날부터 10년이 지나면 할 수 없다(범죄피해자 보호법 제25조).

사례에서 甲은 남편의 상태에 따라 장해구조금이나 중상해구조금을 신청할 수 있다. 또한 구조금에 대한 결정이 늦어지는 경우에는 긴급구조금(범죄피해구조심의회가 범죄피해구조금 지급신청이 있는 경우에 피해자의 장해 또는 중상해의 정도가 명확하지 않거나 그 밖의 사유로 신속하게 결정을 할 수 없는 사정이 있는 때에는 직권 또는 신청으로 구조금 지급결정 시 예상되는 구조금액의 3분의 1의 범위에서 지급하는 구조금)을 신청할 수 있다. 甲의 신청이 있게 되면, 지구심의회는 신속하게 지급 여부를 결정하여 甲에게 그 결과를 송달한다. 그런데 구조금 지급결정통고를 받고 2년간 이를 행사하지 아니하면 시효로 소멸되어 구조금을 지급받을 수 없다. 구조금을 받을 권리는 양도 또는 담보로 제공하거나 압류할 수 없다.

교통사고에 대한 형사처벌

[사례] 甲은 야간에 시골의 한적한 도로에서 차를 운전하던 중 도로를 횡단하는 乙을 미처 발견하지 못하고 충격하였다. 이로 인해 乙은 청각기능을 완전히 상실하였다. 甲의 차는 자동차 종합보험에 가입되어있다. 이 경우 甲은 도로교통법상의 업무상과실치상죄로 처벌되는가?

[해설] '교통사고'란 차의 교통으로 인하여 사람을 사상(死傷)하거나 물건을 손괴(損壞)하는 것을 말한다(교통사고처리 특례법 제2조 제2호). 자동차 운전자가 업무상 과실 또는 중대한 과실로 이와 같이 물건 등을 손괴하거나 사람을 상해나 사망에 이르게 한 때에는 원칙적으로 형사처벌의 대상이 된다.

- 업무상과실, 중과실손괴: "차의 운전자가 업무상 필요한 주의를 게을리하거나 중대한 과실로 다른 사람의 건조물이나 그 밖의 재물을 부서지게 한 때에는 2년 이하의 금고나 500만원 이하의 벌금에 처한다"(도로교통법 제151조).
- 업무상과실, 중과실치사상: "차의 운전자가 교통사고로 인하여 「형법」 제268조의 죄(업무상과실, 중과실치사상)를 범한 경우에는 5년 이하의 금고 또는 2천만원 이하의 벌금에 처한다"(교통사고처리 특례법 제3조 제1항).

한편, 「교통사고처리 특례법」은 업무상과실 또는 중대한 과실로 교통사고를 일으킨 운전자에 관한 형사처벌의 특례를 정하고 있다.

- 반의사불벌죄: 차의 교통으로 「형법」 제268조의 죄 중 업무상과실치상죄 또는 중과실치상죄와 「도로교통법」 제151조의 죄를 범한 운전자에 대하여는 피해자의 명시적인 의사에 반하여 공소(公訴)를 제기할 수 없다(반의사불벌죄). 다만, ① 차의 운전자가 위의 죄 중 업무상과실치상죄 또는 중과실치상죄를 범하고도 피해자를 구호(救護)하는 등 「도로교통법」 제54조 제1항에 따른 조치를 하지 않고 도주하거나, ②피해자를 사고 장소로부터 옮겨 유기(遺棄)하고 도주한 경우, ③ 같은 죄를 범하고 「도로교통법」 제44조 제2항을 위반하여 음주측정 요구에 따르지 않은 경우(운전자가 채혈 측정을 요청하거나 동의한 경우는 제외함), ④ 이른바 '12대 중과실 교통사고'에 해당하는 행위로 인하여 같은 죄를 범한 경우에는 피해자의 명시적인 의사에 반하여도 공소를 제기할 수 있다(교통사고처리 특례법 제3조 제2항).
- 보험이나 공제에 가입한 경우: 교통사고를 일으킨 차가 「보험업법」 제4조, 제

126조, 제127조 및 제128조, 「여객자동차 운수사업법」 제60조, 제61조 또는 「화물자동차 운수사업법」 제51조에 따른 보험 또는 공제에 가입된 경우에는 업무상과실치상죄나 중과실치상죄를 범한 차의 운전자에 대하여 공소를 제기할 수 없다. 다만, ① 차의 운전자가 업무상과실치상죄 또는 중과실치상죄를 범하고도 피해자를 구호하는 등 「도로교통법」 제54조 제1항에 따른 조치를 하지 않고 도주하거나, ② 피해자를 사고 장소로부터 옮겨 유기하고 도주한 경우, ③ 같은 죄를 범하고 「도로교통법」 제44조 제2항(술에 취한 상태에서의 운전금지)을 위반하여 음주측정 요구에 따르지 않은 경우(운전자가 채혈 측정을 요청하거나 동의한 경우는 제외함), ④ 이른바, '12대 중과실 교통사고'에 해당하는 경우, ⑤ 피해자가 신체의 상해로 인하여 생명에 대한 위험이 발생하거나 불구가 되거나 불치 또는 난치의 질병이 생긴 경우, ⑥ 보험계약 또는 공제계약이 무효로 되거나 해지되거나 계약상의 면책규정 등으로 인하여 보험회사, 공제조합 또는 공제사업자의 보험금 또는 공제금 지급의무가 없어진 경우에는 공소를 제기할 수 있다(교통사고처리 특례법 제4조 제1항).

사례의 경우에는 甲의 업무상과실로 인한 교통사고로 말미암아 피해자가 중상해에 이른 경우이다. 이 경우 甲의 차가 자동차 종합보험에 가입되어 있기 때문에 舊「교통사고처리 특례법」상으로는 공소를 제기할 수 없었다. 그러나 헌법재판소는 2012년에 피해자가 중상해에 이른 경우에도 공소를 제기할 수 없도록 한 부분이 헌법에 위반된다고 결정하였다(헌법재판소 2005헌마764 참조). 따라서 현행 「교통사고처리 특례법」에 의하면, 피해자가 중상해에 이른 경우에는 종합보험에 가입된 차의 운전자라 하더라도, 동법 제3조 제2항에 따라 피해자와 합의가 이루어지지 않는다면, 공소가 제기되어 형사처벌을 받을 수 있다.

12대 중과실 교통사고 유형

① 신호위반 및 지시위반

② 중앙선 침범 및 고속도로 유턴·횡단·후진 위반

③ 과속

④ 끼어들기·앞지르기 규정 위반

⑤ 철길건널목 통과방법 위반

⑥ 보행자보호의무 위반

⑦ 무면허운전
⑧ 음주운전
⑨ 보도 침범
⑩ 승객추락방지의무 위반
⑪ 어린이보호구역 안전운전의무 위반
⑫ 화물고정조치 위반

제5절 부정청탁 및 금품등 수수의 금지에 관한 법률

1. 제정목적

「부정청탁 및 금품등 수수의 금지에 관한 법률」(일명 '김영란법')은 "공직자 등에 대한 부정청탁 및 공직자 등의 금품 등의 수수를 금지함으로써 공직자 등의 공정한 직무수행을 보장하고 공공기관에 대한 국민의 신뢰를 확보하는 것"(동법 제1조)을 목적으로 2015년 3월 27일에 제정되어 2016년 9월 28일부터 시행되고 있는 법이다.

공직사회의 부정과 부패는 국가의 공적 작용에 대한 국민의 불신을 가져올 뿐만 아니라, 그 자체로 국가 및 공공기관의 기능적 공정성과 효율성을 침해하는 커다란 해악이다. 동법은 공직사회의 부패를 청산하고 청렴한 대한민국 사회를 만들기 위해 그동안 우리 사회에 만연해 있던 고질적인 적폐인 부정청탁과 금품수수의 관행을 뿌리 뽑는 것을 그 목적으로 한다.

그리하여 동법은 위의 표에서 보듯이, 형법상의 뇌물죄 등 기존 법체계의 한계를 보완하여 공직자 등의 공정한 직무수행을 저해하는 부정청탁을 금지하고, 공직자 등의 금품 등의 수수행위를 직무관련성 또는 대가성이 없는 경우에도 제재가 가능하도록 하는 것을 그 핵심내용으로 하고 있다.

---

2) 국민권익위원회, 「부정청탁 및 금품등 수수의 금지에 관한 법률」 해설집, 2019, 21면에서 재인용.

〈청탁금지법의 기존 법체계의 한계 보완〉[2)]

구분	기존 법체계의 한계점	청탁금지법의 보완사항
형법	• 직무관련성, 대가성 입증 곤란시 뇌물죄로 처벌 불가능 • 공직유관단체 임직원은 개별 법률에서 공무원으로 의제 시에만 처벌 • 수뢰죄 등 전통적 부패만 규제하고 새로운 부패 규제 곤란	• 대가성, 직무관련성이 없어도 형벌, 과태료 등으로 제재 • 공직유관단체 임직원, 사립학교 교직원, 사립학교 법인·언론사 임직원까지 적용 • 금품 등과 결부되지 아니한 부정한 청탁행위 그 자체도 규제
공직자 윤리법	• 법명과 달리 재산신고, 퇴직자 취업제한만 규율 • 적용대상이 원칙상 재산등록의무자(4급 이상)로 한정	• 부정청탁 및 금품 등 수수 금지를 위한 통제장치를 법제화 • 공직유관단체 임직원, 사립학교 교직원, 언론사 임직원까지 적용
공무원 행동강령	• 대통령령으로 형벌, 과태료 등 벌칙조항 신설 불가능 • 임의적 징계로 실효성 확보 곤란 • 헌법기관은 자체규칙으로 위임	• 형벌, 과태료 규정 신설 • 필요적 징계로 강화 • 모든 공공기관 적용 의무화
부패방지 권익위법	• 권익위 설치·운영, 부패신고 등 절차적인 사항 중심으로 규정	• 금지의무 부과 및 제재를 통한 부패방지 실체법으로 기능

2. 적용대상

1) 적용 대상기관(공공기관)

① 국회, 법원, 헌법재판소, 선거관리위원회, 감사원, 국가인권위원회, 고위공직자범죄수사처, 중앙행정기관(대통령 소속 기관과 국무총리 소속 기관을 포함한다)과 그 소속 기관 및 지방자치단체

② 「공직자윤리법」 제3조의2에 따른 공직유관단체

③ 「공공기관의 운영에 관한 법률」 제4조에 따른 기관

④ 「초·중등교육법」, 「고등교육법」, 「유아교육법」 및 그 밖의 다른 법령에 따라 설치된 각급 학교 및 「사립학교법」에 따른 학교법인

⑤ 「언론중재 및 피해구제 등에 관한 법률」 제2조 제12호에 따른 언론사(방송사업자, 신문사업자, 잡지 등 정기간행물사업자, 뉴스통신사업자, 인터넷신문 사업자)

2) 적용 대상자

(1) 공직자등(공직자 또는 공적 업무 종사자)

① 공무원: 「국가공무원법」 또는 「지방공무원법」에 따른 공무원과 그 밖에 다른 법률에 따라 그 자격·임용·교육훈련·복무·보수·신분보장 등에 있어서 공무원으로 인정된 사람

② 공직 유관단체의 장과 임직원: 「공직자윤리법」 제3조의2에 따른 공직유관단체, 「공공기관의 운영에 관한 법률」 제4조에 따른 기관의 장과 그 임직원

③ 공적 업무 종사자: 「초·중등교육법」, 「고등교육법」, 「유아교육법」 및 그 밖의 다른 법령에 따라 설치된 각급 학교의 장과 교직원 및 「사립학교법」에 따른 학교법인의 임직원, 「언론중재 및 피해구제 등에 관한 법률」 제2조 제12호에 따른 언론사(방송사업자, 신문사업자, 잡지 등 정기간행물사업자, 뉴스통신사업자, 인터넷신문 사업자)의 대표자와 임직원

(2) 공직자등의 배우자

동법은 공직자등의 배우자에게도 적용된다. 동법에 따르면 공직자등의 배우자는 공직자등의 직무와 관련하여 금품 등을 수수하는 것이 금지된다.

(3) 공무수행사인

동법은 ① 법령에 따라 설치된 각종 위원회의 위원 중 공직자가 아닌 위원, ② 법령에 따라 공공기관의 권한을 위임·위탁받은 법인·단체 또는 그 기관이나 개인, ③ 공무를 수행하기 위하여 민간부분에서 공공기관에 파견 나온 사람, ④ 법령에 따라 공무상 심의·평가 등을 하는 개인 또는 법인·단체 등과 같은 공무수행사인에게도 적용된다. 다만 공무수행사인인 경우에는 공무수행과 관련하여서만 부정청탁 금지 및 금품 등의 수수 금지 규정이 적용된다.

(4) 일반인

동법은 공직자등에게 부정청탁을 하거나, 수수 금지 금품 등을 제공하거나, 제공의 약속을 하거나, 제공의 의사를 표시한 일반인에게도 적용된다.

3. 부정청탁의 금지

1) 부정청탁행위

부정청탁이란 '직무를 수행하는 공직자등'에게 동법에서 규정하고 있는 14가지 대상 직무를 '법령을 위반하여' 또는 '지위·권한을 남용하여' 처리하도록 하는 행위를 말한다.

14가지 부정청탁 대상 직무
1. 인가·허가·면허·특허·승인·검사·검정·시험·인증·확인 등 법령에서 일정한 요건을 정하여 놓고 직무관련자로부터 신청을 받아 처리하는 직무
2. 인가 또는 허가의 취소, 조세, 부담금, 과태료, 과징금, 이행강제금, 범칙금, 징계 등 각종 행정처분 또는 형벌부과의 감경·면제에 관한 직무
3. 채용·승진·전보 등 공직자등의 인사에 관한 직무
4. 각종 심의·의결·조정 위원회의 위원, 공공기관이 주관하는 시험·선발 위원 등 공공기관의 의사결정에 관여하는 직위의 선정 또는 탈락에 관한 직무
5. 공공기관이 주관하는 각종 수상, 포상, 우수기관 선정 또는 우수자 선발과 관련하여 특정 개인·단체·법인의 선정·탈락에 관한 직무
6. 입찰·경매·개발·시험·특허·군사·과세 등에 관한 직무상 비밀에 관한 직무
7. 특정 개인·단체·법인의 계약 당사자 선정·탈락에 관한 직무
8. 보조금·장려금·출연금·출자금·교부금·기금 등과 관계된 배정·지원, 투자·예치·대여·출연·출자 등에 관한 직무
9. 공공기관이 생산·공급·관리하는 재화 및 용역의 거래관련 직무
10. 각급 학교의 입학·성적·수행평가 등의 직무
11. 병역판정검사, 부대 배속, 보직 부여 등 병역 관련 직무
12. 공공기관이 실시하는 각종 평가·판정 직무
13. 행정지도·단속·감사·조사 관련 직무
14. 사건의 수사·재판·심판·결정·조정·중재·화해 또는 이에 준하는 직무

2) 부정청탁의 금지

누구든지 직접 또는 제3자를 통하여 직무를 수행하는 공직자등에게 부정청탁을 해서는 아니된다(동법 제5조 제1항). 동법은 부정청탁 내용의 실현

여부와 무관하게 부정청탁 행위 그 자체를 금지하고 있다. 따라서 부정청탁을 받은 공직자등이 부정청탁에 따라 직무를 수행한 경우는 물론 직무를 수행하지 않은 경우에도 부정청탁을 한 자는 제재대상이 된다.

3) 부정청탁에 따른 직무수행의 금지 및 부정청탁의 신고

부정청탁을 받은 공직자등은 그에 따라 직무를 수행해서는 아니된다(동법 제6조). 공직자등은 부정청탁을 받았을 때에는 부정청탁을 한 자에게 부정청탁임을 알리고 이를 거절하는 의사를 명확히 표시하여야 한다(동법 제7조 제1항). 이러한 조치를 하였음에도 불구하고 동일한 부정청탁을 다시 받은 경우에는 공직자등은 이를 소속기관장에게 서면으로 신고하여야 한다(동법 제7조 제2항).

4) 부정청탁 금지 위반행위에 대한 제재

부정청탁 금지 규정을 위반한 자에게는 그 신분 및 행위유형에 따라 징계, 과태료부과, 형사처벌 등의 제재가 가해진다. 이 중 과태료부과는 소속기관장이 과태료 재판 관할법원에 위반사실을 통보함에 따라 과태료 관할법원이 재판(결정)을 통해 이루어진다. 행위유형에 따른 구체적인 제재는 다음 표와 같다.

<table>
<tr><th>행위 유형</th><th>제 재</th><th>비 고</th></tr>
<tr><td>직접 공직자등에게 부정청탁을 한 자</td><td>제재 없음</td><td rowspan="5">•공공기관의 장 등은 공직자 등이 동법에 위반한 경우에는 필요적으로 징계처분을 하여야 함. 징계처분은 벌칙과 병과함.
•「형법」 등 다른 법률에 따라 형사처벌을 받은 경우에는 과태료를 부과하지 않으며, 과태료를 부과한 후 형사처벌을 받은 경우에는 그 과태료 부과를 취소함.</td></tr>
<tr><td>제3자를 통해 공직자등에게 부정청탁을 한 자</td><td>1천만원 이하의 과태료
(제23조 제3항 본문)</td></tr>
<tr><td>제3자를 위해 공직자등에게 부정청탁을 한 자</td><td>2천만원 이하의 과태료
(제23조 제2항 본문)</td></tr>
<tr><td>제3자를 위해 다른 공직자등에게 부정청탁을 한 공직자등</td><td>3천만원 이하의 과태료
(제23조 제1항 제1호 본문)</td></tr>
<tr><td>부정청탁을 받고 그에 따라 직무를 수행한 공직자등</td><td>2년 이하의 징역 또는 2천만원 이하의 벌금
(제22조 제2항 제1호)</td></tr>
</table>

직접 자신을 위하여 하는 부정청탁

직접 공직자등에게 부정청탁을 한 자에게는 과태료가 부과되지 않는다. 동법은 직무를 수행하는 공직자등에게 하는 부정청탁의 방법을 '직접청탁'과 '제3자를 통한 청탁'으로 구분하여, 제3자를 통한 청탁에 대해서만 과태료를 부과하고 있다. 즉 직접 자신을 위하여 하는 부정청탁의 경우에는 금지행위이기는 하지만 과태료 부과대상 행위는 아니다. 여기서 말하는 '직접 자신을 위하여 하는 부정청탁'이란 부정청탁행위에 따른 법적 효과(이익·불이익)가 직접 청탁행위자 자신에게 귀속되는 경우를 의미한다.[3)]

4. 금품 등의 수수 금지

1) 금품 등의 수수 금지 행위

① 공직자등은 직무 관련 여부 및 기부·후원·증여 등 그 명목에 관계없이 동일인으로부터 1회에 100만원 또는 매 회계연도에 300만원을 초과하는 금품 등을 받거나 요구 또는 약속해서는 아니된다(동법 제8조 제1항).

② 공직자등은 직무와 관련하여 대가성 여부를 불문하고 1회에 100만원 또는 매 회계연도에 300만원 이하의 금품 등을 받거나 요구 또는 약속해서는 아니된다(동법 제8조 제2항).

③ 공직자등의 배우자는 공직자등의 직무와 관련하여 공직자등이 받는 것이 금지되는 금품 등을 받거나 요구하거나 제공받기로 약속해서는 아니된다(동법 제8조 제4항).

④ 누구든지 공직자등에게 또는 그 공직자등의 배우자에게 수수 금지 금품 등을 제공하거나 그 제공의 약속 또는 의사표시를 해서는 아니된다(동법 제8조 제5항).

2) 예외적으로 수수가 허용되는 금품

① 외부강의 등에 관한 사례금(대통령으로 정하는 금액을 초과하지 아니하는 사례금)

3) 국민권익위원회, 앞의 해설집, 48면.

② 공공기관이 소속 공직자등이나 파견 공직자등에게 지급하거나 상급 공직자등이 위로·격려·포상 등의 목적으로 하급 공직자등에게 제공하는 금품 등

③ 원활한 직무수행 또는 사교·의례 또는 부조의 목적으로 제공되는 음식물·경조사비·선물 등으로서 대통령령으로 정하는 가액 범위 안의 금품 등

④ 사적 거래(증여는 제외한다)로 인한 채무의 이행 등 정당한 권원(權原)에 의하여 제공되는 금품 등

⑤ 공직자등의 친족(「민법」 제777조에 따른 친족을 말한다)이 제공하는 금품 등

⑥ 공직자등과 관련된 직원상조회·동호인회·동창회·향우회·친목회·종교단체·사회단체 등이 정하는 기준에 따라 구성원에게 제공하는 금품 등 및 그 소속 구성원 등 공직자등과 특별히 장기적·지속적인 친분관계를 맺고 있는 자가 질병·재난 등으로 어려운 처지에 있는 공직자등에게 제공하는 금품 등

⑦ 공직자등의 직무와 관련된 공식적인 행사에서 주최자가 참석자에게 통상적인 범위에서 일률적으로 제공하는 교통, 숙박, 음식물 등의 금품 등

⑧ 불특정 다수인에게 배포하기 위한 기념품 또는 홍보용품 등이나 경연·추첨을 통하여 받는 보상 또는 상품 등

⑨ 그 밖에 다른 법령·기준 또는 사회상규에 따라 허용되는 금품 등

이른바 3·5·10 예외규정(음식물, 선물, 경조사비 등의 가액 범위)	
1회에 100만원 또는 매 회계연도에 300만원 이하의 금품 등이라 하더라도 직무 관련성이 있는 경우에는 공직자등은 그 대가성 여부를 불문하고 이를 받거나 요구 또는 약속해서는 아니된다. 다만, 동법은 원활한 직무수행, 사교·의례, 부조 차원에서 음식물·선물·경조사비 등에 대해 우리사회가 허용할 만한 최소한의 가액 기준을 대통령으로 정하고 이 범위 내에서는 금품 등의 수수를 허용하고 있다(동법 시행령 제17조).	
구 분	가액범위
음식물: 제공자와 공직자등이 함께 하는 식사, 다과, 주류, 음료, 그 밖에 이에 준하는 것	3만원
선물: 금전, 유가증권, 음식물, 경조사비를 제외한 일체의 금	5만원

품, 그 밖에 이에 준하는 것	(농수산물 및 농수산 가공품은 10만원)
경조사비: 축의금·조의금	5만원 (축의금·조의금을 대신하는 화환·조화는 10만원)

3) 금품 등의 수수 금지 위반행위에 대한 제재

금품 등의 수수 금지 규정을 위반한 자에게는 과태료부과, 형사처벌 등의 제재가 가해지며, 징계가 필요적으로 병과된다. 행위유형에 따른 구체적인 제재는 다음 표와 같다.

행위 유형	제 재
1회 100만원 또는 매 회계연도 300만원 이하의 금품 등을 받거나 요구 또는 약속한 공직자등	그 위반행위와 관련된 금품 등 가액의 2배 이상 5배 이하에 상당하는 금액의 과태료 부과
자신의 배우자가 수수 금지 금품 등을 받거나 요구하거나 제공받기로 약속한 사실을 알고도 신고하지 않은 공직자등	
1회 100만원 또는 매 회계연도 300만원 이하의 금품 등을 공직자등 또는 그 배우자에게 제공하거나 그 제공의 약속 또는 의사표시를 한 자	
외부강의 등 초과사례금을 받고도 소속기관장에게 신고 및 반환조치를 하지 않은 공직자등	500만원 이하의 과태료
직무 관련 여부 및 기부·후원·증여 등 그 명목에 관계없이 동일인으로부터 1회에 100만원 또는 매 회계연도에 300만원을 초과하는 금품 등을 받거나 요구 또는 약속한 공직자등	3년 이하의 징역 또는 3천만원 이하의 벌금
자신의 배우자가 수수 금지 금품 등을 받거나 요구하거나 제공받기로 약속한 사실을 알고도 신고하지 않은 공직자등	
수수 금지 금품 등을 공직자등 또는 그 배우자에게 제공하거나 그 제공의 약속 또는 의사표시를 한 자	

과태료부과는 소속기관장이 과태료 재판 관할법원에 위반사실을 통보함에 따라 과태료 관할법원이 재판(결정)을 통해 이루어진다. 다만, 형사처벌(몰수나 추징을 당한 경우를 포함)을 받은 경우에는 과태료를 부과하지 않으며, 과태료를 부과한 후 형사처벌을 받은 경우에는 그 과태료 부과를 취소한다(동법

제23조 제5항). 「국가공무원법」, 「지방공무원법」 등 다른 법률에 따라 징계부가금 부과의 의결이 있은 후에는 과태료를 부과하지 않으며, 과태료가 부과된 후에는 징계부가금 부과의 의결을 하지 않는다(동법 제23조 제6항). 형사처벌 대상이 되는 금품 등은 몰수하되, 그 금품 등의 전부 또는 일부를 몰수하는 것이 불가능한 경우에는 그 가액을 추징한다(동법 제22조 제4항).

5. 위반행위의 신고

1) 위반행위 신고

누구든지 「부정청탁 및 금품등 수수의 금지에 관한 법률」의 위반행위가 발생하였거나 발생하고 있다는 사실을 알게 된 경우에는 ① 위반행위가 발생한 공공기관 또는 그 감독기관. ② 감사원 또는 수사기관, ③ 국민권익위원회에 신고할 수 있다(동법 제13조).

2) 신고자 등의 보호

누구든지 부정청탁의 신고, 수수금지 금품 등의 신고 등을 하지 못하도록 방해하거나 신고 등을 한 자에게 이를 취소하도록 강요해서는 안 되며, 누구든지 신고자 등에게 신고 등을 이유로 불이익조치를 해서는 안 된다(동법 제15조 제1, 2항).

3) 신고에 대한 보상

① 국민권익위원회는 위반행위에 대한 신고로 인해 공공기관에 재산상 이익을 가져오거나 손실을 방지한 경우 또는 공익의 증진을 가져온 경우에는 그 신고자에게 포상금을 지급할 수 있다(동법 제15조 제5항).

② 국민권익위원회는 위반행위에 대한 신고로 인해 공공기관에 직접적인 수입의 회복·증대 또는 비용의 절감을 가져온 경우에는 그 신고자의 신청에 의하여 보상금을 지급해야 한다(동법 제15조 제6항).

제 5 장

헌법과 기본권

제1절 헌 법

1. 헌법의 개념

1) 본래적 의미의 헌법

본래적 의미의 헌법(Verfassung)이란 국가의 통치구조 그 자체를 가리키는 개념이다. 따라서 이런 의미의 헌법을 가지지 아니한 국가는 없다. 국가라고 불리어지는 이상 모든 국가는 이와 같은 의미의 헌법을 가지고 있다.

2) 입헌주의적 헌법

근대에 들어 새로운 헌법의 개념이 등장하였다. 그것은 국가라는 것도 따라서 국가의 기본적인 틀을 의미하는 헌법이라는 것도 이미 주어진 소여(所與)가 아니라, 인간의 특정한 목적을 위해 인간에 의해 만들어진 인간 작품이라는 관념과 궤를 같이한다. 이러한 새로운 헌법의 개념은 국가가 국민의 자유와 권리를 최대한도로 보장하기 위해서는 '헌법'을 가져야 한다는 근대 시민혁명의 정치적 요청 속에 잘 드러나 있다. 즉 국가권력의 자의적 남용으로부터 시민의 자유와 권리를 최대한도로 보장하기 위해서는 반드시 '국가는 헌법을 가져야 한다'는 것이다. 그리고 모든 국가권력은 그 속성상 헌법에 근거하여야 하고, 헌법에 따라 행사되어야 한다는 것이다. 이러한 사상을 '입헌주의'(Constitutionalism)라고 한다. 이러한 '입헌주의적 헌법' 개념은 프랑스 인권선언에 잘 나타나 있다.

프랑스 인권선언에 나타난 입헌주의적 헌법 개념

인간과 시민의 권리선언(1789) 제16조 "기본권이 보장되지 아니하고, 권력이 분립되지 아니한 사회는 결코 헌법을 가진 것이 아니다."

인간과 시민의 권리선언을 통하여 나타난 입헌주의적 헌법 개념은 단순한 통치구조 그 자체를 의미하는 것이 아니라, 시민의 자유와 권리를 최대한도로 보장하기 위하여 권력분립의 원칙에 따라 만들어진 헌법을 의미한다. 즉 헌법은 기본권 보장수단이며, 국가권력 통제규범으로서 기능한다. 이때부터 헌법은 오늘날과 같이 '국민의 기본권과 통치구조에 관하여 규정한 국가의 최고법'을 의미하게 되었다.

2. 헌법관의 문제 - 헌법의 본질은 무엇인가?

국민의 기본권과 통치구조에 관하여 규정한 국가의 최고법인 헌법의 '본질' 내지 '실질'을 어떻게 볼 것인가라는 문제를 헌법관의 문제라고 한다. 헌'법'은 본질적으로 말 그대로 '규범'인가 아니면, 다른 어떤 것인가? 도대체 헌법이 최고의 효력을 갖는 이유는 무엇인가? 헌법이 갖는 효력은 무엇에 의해서 정당화되는가? 여기에 대해서는 크게 분류하면 세 가지 정도의 대답이 있어왔다.

1) 정태적인 관점: 한 나라의 국가법질서의 최고규범

규범주의적 헌법관, 법실증주의적 헌법관, 순수법학적 헌법관

헌법을 순수하게 규범으로 파악하려는 입장(H. Kelsen)

이러한 입장은 '법실증주의적 헌법관'이라고 할 수 있다. 대표적인 법실증주의자인 한스 켈젠(Hans Kelsen) 역시 이러한 헌법관에 입각하여 헌법의 본질을 파악한다. 그에 의하면, 국가는 정치적 통일체가 아니라 규범적 통일체이다. 즉 국가는 규범질서로서의 법질서이다. 국가의 법질서는 개별 법률의 나열이 아니라, 하나의 질서, 즉 상하의 위계질서를 이루고 있다(법단계설). 하위규범은 상위규범에 저촉되어서는 안 된다. 즉 하위규범의 효력은 상위규범의 효력에 근거한다. 이러한 국가법질서의 최고단계에 있는 '규범'이 헌법이다.

그렇다면 한 국가법질서의 최고단계 규범으로서의 헌법의 효력은 무엇에 의해서 근거지워지는가? 존재(Sein)와 당위(Sollen)를 엄격하게 구별하는 켈젠에 의하면, 당위는 당위로부터만 근거지어질 수 있다. 즉 규범은 규범으로부터만 근거지어질 수 있다. 따라서 헌법의 효력을 사실적인 어떤 것, 정치적인 어떤 것, 혹은 심리적인 어떤 것으로부터 근거지울 수는 없다. 그리하여 켈젠에 의하면, 헌법의 효력은 '근본규범'(Grundnorm), 즉 '법논리적 의미의 헌법'으로부터 나온다고 한다. 바로 이 '근본규범'이 켈젠의 순수법학의 핵심이다. 즉 법규범의 효력의 근거를 어떤 사실적인 것, 정치적인 것, 심리적인 것에서 찾는 것을 거부하고 오로지 실정법 내에서 효력근거를 찾으려는 그의 당연한 논리적 귀결이다.

그런데 이 '근본규범'은 어떤 실질적인 혹은 정당한 내용을 가진 규범을 의미하는 것이 아니라, 법논리적으로 실정헌법의 효력을 근거지우기 위한 논리적 가설규범이다. 따라서 근본규범으로부터는 헌법의 정당한 내용이 도출되는 것이 아니라, 단지 효력만이 도출된다.

그리하여 켈젠의 이러한 헌법관에 대하여는 헌법의 본질이나 헌법의 효력근거에 대해서 아무 말도 해주고 있지 않는다는 비판이 제기된다. 즉 헌법이 왜 최고'규범'이며, 왜 효력을 갖는가에 대하여, 켈젠은 헌법은 최고'규범'이기 때문에 최고'규범'이며, 효력을 갖기 때문에 효력을 갖는다는 동어반복만을 하고 있기 때문이다. 특히 법질서의 효력의 근거를 상위법과 합치, 즉 합법성에서만 찾고 있다는 비판이 제기된다.

2) 동태적 관점(미시적 관점): 한 나라 국민이 내린 정치적 결단

결단주의적 헌법관
헌법을 정치적 통일체의 결단으로 파악하려는 입장(Carl Schmitt)

칼 슈미트(Carl Schmitt)는 당시 지배적이던 법실증주의적 헌법관이 국가와 헌법을 순수하게 형식적인 것으로, 순수하게 법논리적인 것으로 보는 데에 반대하고, 국가와 헌법을 '실질적'인 것으로 파악하고자 하였다. 그리하여 칼 슈미트는 '실존적인 것', 이른바 '정치적인 것'을 '규범적인 것'보다 우위에 둔다.

슈미트에 의하면, 국가는 규범적 통일체가 아니라 '정치적 통일체'이다. 국가는 실존적인 정치적 통일체로서 이미 존재하고 있다. 그리고 정치적 통일체가 자신의 실존양식에 관하여 내린 근본적인 결단이 바로 '헌법'이다. 즉 헌법의 본질은 법실증주의가 이야기하는 바와 같은 순수한 규범의 체계가 아니라, 그 법을 관철시킬 수 있는 힘을 가진 자(주권자)의 자신의 실존에 관한 정치적 결단이라는 것이다.

따라서 슈미트에 의하면, 헌법의 본질은 주권자의 '결단'이고, 헌법의 효력의 근거는 켈젠이 주장하는 바와 같이 '규범적 정당성'이나 '합법성'(체계적 완벽성)에서 찾아질 수 있는 것이 아니라, 헌법을 제정하는 자, 즉 주권자의 실존하는 정치적 의지(Wille)에서 찾을 수 있다고 한다.

슈미트의 결단주의적 헌법관은, 헌법의 본질을 동적인 정치적 결단으로 봄으로써, 헌법을 파악하고 이해함에 있어 규범적 요소 외에도 정치적 요소를 고려하고 있다는 점이 특징이다. 그러나 헌법의 효력을 오로지 사실상의 정치적 결단에서 찾는다면, 그것은 또 다른 실증주의, 즉 '권력실증주의'에 불과하다는 비판을 받는다.

3) 동태적 관점(거시적 관점): 한 사회 공동체가 하나로 뭉쳐지기 위한 (동화, 통합) 생활형식 내지 법질서이다.

통합론적 헌법관
헌법을 동화적 통합과정의 법질서로 파악하려는 입장(R. Smend)

스멘트(R. Smend)는 존재와 당위를 엄격하게 구별하는 것에 반대한다. 즉 현실이나 규범의 어느 한 쪽의 측면에서만 국가와 헌법을 파악하는 것은 국가와 헌법에 대한 올바른 이해에 도달할 수 없다는 것이다. 그에 따르면, 어떤 규범의 효력근거나 그 효력의 성질은 생활과 거기에 덧붙여진 '의미'(Sinn)에서 찾아야 한다고 한다. 따라서 그는 국가를 이해하는 데 있어서도 규범성만을 강조하는 정태적 사고방식이나, 실존적 성격 내지 정치적 성격만을 강조하는 결단주의에 반대한다.

그에 의하면 국가는 이미 주어진 정치적 통일체가 아니라, 부단히 새롭게 형성되는 생활의 과정, 즉 동화적 통합의 '과정'이다. 그리고 부단히 계속되는 이 통일체의 형성, 즉 통합의 과정에는 항상 '공동의 가치'가 그 기초를 이룬다고 한다. 스멘트에 의하면, 헌법은 바로 이 동화적 통합의 과정의 법질서이다. 그리고 이러한 헌법의 효력근거는 공동의 가치 내지 'Konsens'에서 찾아야 한다고 한다.

또한 스멘트에 의하면 헌법은 동화적 통합과정의 법질서이기 때문에, 헌법을 해석함에 있어서도 통합의 가치가 고려되어야 한다고 한다. 즉 헌법의 해석에 있어서는 개별적 규범의 의미를 밝히는 것이 중요한 것이 아니라, 국가의 전체성, 통합과정의 전체성의 관점에서 규범의 의미를 밝히는 것이 중요하다고 한다. 따라서 헌법은 보다 큰 탄력성, 변천가능성, 보충가능성을 갖는다고 한다. 그러나 바로 그 때문에 통합의 가치만을 강조하고 법적 계기를 무시하고 있다는 비판을 받는다.[1)]

1) 계희열, 헌법관과 기본권이론 -기본권의 성격변천에 관한 고찰-, 공법연구 제11집, 한국공법학회, 1983, 43~51면 참조.

3. 헌법의 구조적 원리

오늘날 현대 국가의 헌법이 직면하고 있는 과제는 인간의 존엄과 가치에 근거한 개인의 자율성과 개인의 개성신장을 최대한도로 보장해주고, 동시에 경제적·사회적 불평등에 기인한 문제들을 해결하여 이른바 '사회적 정의'를 실현할 수 있는 국가공동체를 부단히 형성해 내는 데 있다고 할 수 있다.

우리 헌법은 대한민국이라는 국가를 인간의 존엄과 가치, 실질적 자유와 평등, 사회적 정의 등의 실현을 보장할 수 있는 국가로 형성해내기 위한 국가구조적 원리로서 민주주의 원리, 법치국가 원리, 사회국가 원리를 규정하고 있다.

1) 민주주의 원리

(1) 민주주의의 의의

본래 민주주의라는 개념은 통치형태 또는 통치의 정당성과 관련하여 등장한 개념이다. 즉 인간사회에 있어서 어떠한 지배 또는 어떠한 통치가 정당한가, 다시 말하면 지배권력 내지 통치권력의 정당성의 근거가 무엇인가에 대한 물음에 답하기 위한 개념이다.

따라서 민주주의라는 개념은 과거 법실증주의자들의 주장과 같이 가치상대주의에 입각한 이른바 '다수에 의한 지배'를 의미하는 것은 결코 아니다. 헌법의 현실에서도 다수의 의사에 따라 한 국가공동체의 정치적 의사결정이 이루어진다는 의미로 민주주의라는 용어를 사용하는 학자들은 거의 찾아보기 힘들다. 왜냐하면, 단순히 다수의 의사만을 가지고는 결코 통치권력을 정당화할 수 없기 때문이다.

그리하여 오늘날에는 민주주의라는 개념을 특정의 '가치'와 결합시켜 이해하는 입장이 일반적이다. 이에 따르면, 민주주의란 국민의 정치참여를 통해 인간의 존엄과 가치, 실질적 자유와 평등, 사회적 정의 등의 '객관적 가치'를 실현시키기 위한 국민의 통치형태를 의미한다. 따라서 민주주의 원리에 따르면, 모든 국가권력의 창설이나 모든 국가권력의 행사는 이러한 '객관적 가치'에 의해 최종적으로 정당화될 수 있어야 한다.

우리 헌법이 보장하고 있는 민주주의 원리의 구체적인 내용은 다음과 같다.

(2) 국민주권의 원리

우리 헌법은 제1조 2항에서 "대한민국의 주권은 국민에게 있고, 모든 권력은 국민으로부터 나온다"고 함으로써 민주주의의 실질적 내용을 이루고 있는 이른바 '국민주권의 원리'를 규정하고 있다.

국민주권이란 국민이 주권자라는 것, 다시 말해서 국가권력의 정당성이 국민에게 있고, 따라서 이념적으로는 모든 국가권력 행사의 정당성의 근거가 '국민의 의사' 내지 '국민의 뜻'에 귀착될 수 있어야 한다는 것을 의미한다.

(3) 민주주의 원칙의 실현조건 및 기술적 수단

민주주의란 국민의 정치참여를 통해 인간의 존엄과 가치 등의 '객관적 가치'를 실현시키기 위한 국민의 통치형태를 의미하기 때문에, 국민의 정치참여와 국민의 지배를 보장하기 위한 갖가지 조건 및 기술적 수단들에 대한 헌법적 보장을 필요로 한다.

가) 복수정당제도

정당이란 "국민의 이익을 위하여 책임 있는 정치적 주장이나 정책을 추진하고 공식선거의 후보자를 추천 또는 지지함으로써 국민의 정치적 의사의 형성에 참여함을 목적으로 하는 국민의 자발적 조직"(정당법 제2조)을 말한다.

국민의 지배는 국민의 정치활동의 참여를 전제한다. 국민의 정치활동에의 참여에 있어 빼어놓을 수 없는 가장 기본적인 정치활동은 물론 선거와 국민투표를 통한 참여이지만, 그러나 국민이 적극적·능동적으로 정치활동에 참여하는 데에 가장 효율적인 방법은 정당활동을 통한 정치활동이라고 할 수 있다.

특히 오늘날의 의회민주주의 하에서 이와 같은 정당은 정치활동의 필수불가결의 단위이면서 동시에 민주주의의 전제조건이다. 정당은 국민의 정치적 의사형성 과정에 참여하여, 정치적 의사형성을 촉진하고, 정치적 의사를 통합해 냄으로써, 애초 구체적이고 정형화되지 않았던 '국민의 의사'를 구체적이고 정형화된 국가의 정책이나 입법 등의 '국가의 의사'로 매개함으로써, 궁극적으로는 국가권력 행사의 근거를 국민의 의사에 두게 하여 국가의 통치활동을 정당화시키는 중요한 역할을 수행한다. 말하자면, 정당 없는 민주주의는 존재할 수도, 기능할 수도 없는 것이다.

그런데 현대 사회와 같이 다양한 이해관계가 대립하는 다원주의 사회에서는 국민의 정치적 의사도 다양한 형상을 가질 수밖에 없다. 이러한 다양한 국민의 정치적 의사가 국가의 의사로 매개되기 위해서는 또한 복수정당제도가 보장되지 않으면 안 된다. 복수정당제도는 그것이 형식적인 보장에 그치지 않으려면, 실질적으로 정당의 설립과 활동의 자유가 그 전제로서 보장되어야 하고, 정당간의 기회균등이라는 권리 또한 실질적으로 보장되어야만 한다.

이와 같은 이유에서 우리 헌법은 정당을 여타의 다른 단체와는 달리 헌법적 차원에서 그 법적 지위와 권리를 실질적으로 보장해주는 한편, '방어적 민주주의'를 실현하기 위해 '정당의 목적이나 활동이 민주적 기본질서에 위배될 때'에는 헌법재판소의 심판에 의하여 정당을 해산할 수 있음을 규정하고 있다.

정당에 관한 헌법규정

헌법 제8조 ① 정당의 설립은 자유이며, 복수정당제는 보장된다.

② 정당은 그 목적·조직과 활동이 민주적이어야 하며, 국민의 정치적 의사형성에 참여하는 데 필요한 조직을 가져야 한다.

③ 정당은 법률이 정하는 바에 의하여 국가의 보호를 받으며, 국가는 법률이 정하는 바에 의하여 정당운영에 필요한 자금을 보조할 수 있다.

④ 정당의 목적이나 활동이 민주적 기본질서에 위배될 때에는 정부는 헌법재판소에 그 해산을 제소할 수 있고, 정당은 헌법재판소의 심판에 의하여 해산된다.

나) 다수결의 원칙 및 소수의 보호

민주주의 국가에서 국가의 정치적 의사의 결정은 '국민의 정치적 합의'를 통하여 실현된다. 그런데 국가의 다양한 정치적 이해관계 속에서 구속력 있는 국가적 의사를 결정하기 위한 국민의 정치적 합의를 도출하는 방법은 다양할 수밖에 없다. 예컨대, 전원일치의 방법을 생각해 볼 수도 있고, 또는 심지어 몇몇 사람 혹은 특정의 기관으로 하여금 특정의 사안에 대한 의사결정을 하게 하는 방법을 생각해 볼 수도 있다. 그러나 이러한 국가의사의 결정이 최종적으로 '국민의 의사'에 의해 정당화되어질 수 있다면, 이와 같은 전원일치에 의한 의사결정방법이나, 특정 소수나 특정 기관에 의한 의사결정방법에 의해 '국민의 정치적 합의'를 도출하는 것이 비민주적이라고 할 수는 없다.

다수결의 원칙 또한 구속력 있는 국가의사를 결정하기 위한 국민의 정치적 합의를 도출하기 위한 방법의 하나에 불과하다. 즉 다수결의 원칙이 민주주의에 있어서 절대적인 의사결정방법은 아닌 것이다. 따라서 다수결에 따른 의사결정이라고 해서 항상 정당화되지는 않는다. 다수결에 의해 결정된 의사라 하더라도 '국민의 정치적 합의'라고 볼 수 없다거나, 궁극적으로 '국민의 의사'에 의해 정당화될 수 없다면 그와 같은 의사결정은 오히려 비민주적이라고 할 수도 있다.

따라서 다음과 같은 전제들이 충족되는 제한적인 조건하에서만 다수결에 따른 의사결정방법이 정당화되고, 그리하여 그 결정에 반대한 소수에 대해서까지도 승복을 요구할 수 있는 구속력을 가질 수 있게 된다.

① 다수결의 원칙은 그 적용영역이 '정치적 영역'에 한정된다. 따라서 진리에 관한 문제나, 기본권이나 인권 등 '객관적 가치'에 관한 문제 등은 다수결의 원칙에 따라 결정할 문제가 아니다.

② 다수결의 원칙을 적용하기 위해서는 우선 먼저 이해당사자들이 다수결의 원칙에 따라 의사를 결정하기로 하는 것에 대한 합의가 있어야 한다.

③ 다수결의 원칙은 이해당사자들이 상호 평등한 관계 내지 지위에 있을 때에만 적용 가능하다. 따라서 불평등한 관계에 있는 비정치적 생활영역에서는 다수결의 원칙의 적용이 제한될 수밖에 없다.

④ 다수결의 원칙은 그 결정에 이르는 전제조건으로 충분한 대화와 토론 및 타협을 전제로 한다. 이러한 과정을 통한 상대방에 대한 이해와 설득, 의견의 상호조정 내지 접근이 전제될 때에만 다수결에 의한 결정이 소수에게 승복의 가능성을 갖게 해준다. 따라서 이러한 절차들은 다수결의 원칙이 정당화되기 위한 필수적인 절차들이라고 할 수 있다.

⑤ 다수결의 원칙은 다수와 소수의 관계가 가변적일 수 있을 때에만 적용 가능하다. 즉 다수결의 원칙은 소수의 입장도 언젠가는 다수의 입장이 될 수 있다는 가능성을 전제하고 있는 개념이다. 따라서 어떤 문제에 대하여 항상 소수, 영원한 소수일 수밖에 없는 당사자들에게 다수결의 원칙에 따라 의사를 결정하자고 하는 것은 오히려 비민주적인 억압이나 독재가 될 수 있다.

다) 기 타

이외에도 언론·출판의 자유 등의 기본권의 보장, 국민투표 및 선거제도, 권력분립제도, 사법권의 독립, 헌법재판제도, 공무원의 정치적 중립성의 보장 등도 국민의 참여와 국민의 지배를 보장하기 위해 우리 헌법이 보장하고 있는 민주주의의 조건 및 기술적 수단들이라고 할 수 있다.

2) 법치국가 원리

(1) 법치국가의 의의

오늘날 '법치국가'(Rechtsstaat)라는 개념은 단순히 법률을 통한 지배를 의미하는 것이 아니라, 모든 국가권력을 '법'에 구속시켜 인간의 존엄과 가치 및 그에 따른 실질적 자유와 실질적 평등을 보장하기 위한 국가 구조적 원리를 말한다.

'법치국가'라는 용어는 19세기 독일의 법학자 몰(R. v. Mohl)에 의해서 국법학에 처음 등장한 것으로 알려져 있다. 그러나 국가권력이 법에 구속되어야 한다는 사상은 그보다 더 오랜 기원을 가진 것이다. 국가권력을 제한하고 통제해야 한다는 관념은 사실상 국가의 발생과 그 기원을 같이 한다고 볼 수 있기 때문이다.

한편 국가권력이 법의 지배를 받아야 한다는 사상을 영미에서는 '법치국가'라는 용어 대신에 '법의 지배'(rule of law)라고 부른다. 법의 지배에 대한 최초의 표현은 중세 영국으로 거슬러 올라갈 수 있는데, 에드워드 코크 경이 제임스 1세와의 항쟁에서 "국왕도 신(神)과 법 아래에 있다"고 말한 데에서 그 표현을 찾을 수 있다. 즉 왕(=국가권력)이라 하더라도 법의 구속을 받아야 한다는 것이다.[2)]

(2) 형식적 법치국가와 실질적 법치국가

가) 형식적 법치국가

제2차 세계대전 이전까지만 하더라도 법실증주의가 지배하던 독일에서의 법치국가 개념은 아직까지 국가 구조적 원리로는 이해되지 않았다. 즉 이미 존재하는 국가권력을 전제로 하여 국가권력의 자의적 남용으로부터 국민의 자유와 권리를 보호하기 위한 방어적 개념으로 법치국가라는 개념을 쓰고 있었다. 이른바 '법치행정의 원칙', 즉 행정작용을 법률에 구속시켜서 행정작용에 의하여 야기되는 위법한 권리침해에 대한 사법적 권리구제를 의미하는 법기술적 원리로서 법치국가 개념을 이해하고 있었다. 그리하여 법치국가는 '잘 정돈된 행정법 국가'나 '법률국가'와 동일시되었다. 이와 같은 법치국가 개념은 국가의 목적이나 국가권력의 내용과는 관련이 없고, 국가활동의 형식만을 법률로 정하는 것을 목표로 하고 있었기 때문에 '형식적 법치국가'라고 부른다.

나) 실질적 법치국가

독일에서의 형식적 법치국가의 개념은 제2차 세계대전 중 나치를 경험하면서, 이른바 '법률의 형식으로 이루어지는 불법'에 대하여 무기력할 수밖에 없었다. 즉 나치의 국가도 '법치국가'라고 할 수밖에 없었다. 그리하여 형식적 법치국가에 대한 법철학적 반성이 이루어진다.

우선 법률 그 자체의 실질, 즉 그 내용이나 정당성에 관한 문제가 제기된다. 즉 법치국가는 단순히 법률에 따른 지배(형식적 합법성)를 의미하는 것이 아니라, 법률 그 자체가 내용적으로 정당한 법률(내용적 정당성)이어야 한

2) '법의 지배'에 대한 최초의 법적 표현은 1215년 영국의 '마그나 카르타'(Magna Carta)에서 발견된다.

다는 것, 즉 인간의 존엄성이라든가 실질적인 자유와 평등과 같은 '객관적 가치'를 보장하는 '내용적으로 정당한 법률'에 국가권력이 구속되어야 함을 의미한다는 것이다. 따라서 이러한 법치국가 개념에서는 행정을 입법부의 법률에 형식적으로 기속시키는 것만큼이나 입법을 인간의 존엄과 같은 헌법적 가치에 실질적으로 구속시키는 것이 중요한 문제로 등장한다. 이러한 실질적 법치국가 개념은 제2차 세계대전 후 독일 헌법 제1조에 잘 표현되어 있다: "인간의 존엄을 존중하고 보호하는 것은 모든 국가권력의 의무다. 인간의 기본권은 직접적으로 효력을 갖는 법으로서 입법, 행정, 사법을 구속한다."

한편 이러한 실질적 법치국가의 개념에 따르면, 법치국가 원리는 이미 선재하는 국가권력으로부터 국민의 자유를 방어해 내기 위한 단순한 기술적·수단적 의미를 가지는 것이 아니라, 국가 자체를 인간의 존엄 및 실질적 자유와 평등을 실현해 낼 수 있는 국가로 형성해내기 위한 목적적·구조적 원리로 이해된다.

(3) 법치국가 원리의 구체적 내용

법치국가 원리의 가장 핵심적인 내용은 인간의 존엄성 및 실질적 자유와 평등의 보장이다. 법치국가 원리는 이러한 객관적 가치를 실현하기 위해 국가작용의 조직, 내용과 기준, 형식 및 절차를 법으로 정할 것을 요청한다. 여기에서 국가권력의 조직과 관련하여서는 '권력분립의 원칙'이, 그리고 국가권력의 행사와 관련하여서는 '법우선의 원칙'이 도출된다. 법우선의 원칙은 입법작용의 헌법에의 기속, 법치행정, 입법과 행정에 의한 권리침해에 대한 사법구제, 비례성의 원칙 및 과잉금지의 원칙을 그 내용으로 한다.

3) 사회국가 원리

(1) 사회국가의 의의

사회국가(Sozialstaat)란 모든 국민이 물질적 궁핍 내지 불합리한 물질적 불평등에서 야기되는 '종속'으로부터 벗어나 인간의 존엄성 및 그에 따른 자유와 평등을 실질적으로 누릴 수 있는 사회적 조건을 창출하기 위하여 경제적·사회적·문화적 영역에서 국가에 의한 재화의 재분배와 조정을 통하여 '사회적 정의'를 실현하는 국가로 정의할 수 있다.

사회국가의 개념에 대한 헌법재판소의 판례

"자본주의경제의 발달과정에 있어서 빈곤은 더 이상 개인적인 물질적 결핍의 문제가 아니라 사회의 안정을 위협하는 사회 전체의 문제이고, 경제의 성장에 의하여 자연적으로 해결될 수 있는 것도 아니라는 인식이 자리 잡아 가면서, 빈곤문제는 국가의 과제로 인식되었다. 이러한 인식으로부터 현대의 여러 국가는 모든 국민에게 생활의 기본적 수요를 충족시켜 줌으로써 건강하고 문화적인 생활을 보장하는 것이 국가의 책무라고 하는 사회국가원리를 헌법에 규정하게 되었고"(헌법재판소 94헌마33), "우리 헌법은 사회국가원리를 명문으로 규정하고 있지는 않지만, 헌법의 전문, 사회적 기본권의 보장(헌법 제31조 내지 제36조), 경제 영역에서 적극적으로 계획하고 유도하고 재분배하여야 할 국가의 의무를 규정하는 경제에 관한 조항(헌법 제119조 제2항 이하) 등과 같이 사회국가원리의 구체화된 여러 표현을 통하여 사회국가원리를 수용하였다. 사회국가란 한마디로, 사회정의의 이념을 헌법에 수용한 국가, 사회현상에 대하여 방관적인 국가가 아니라 경제·사회·문화의 모든 영역에서 정의로운 사회질서의 형성을 위하여 사회현상에 관여하고 간섭하고 분배하고 조정하는 국가이며, 궁극적으로는 국민 각자가 실제로 자유를 행사할 수 있는 그 실질적 조건을 마련해 줄 의무가 있는 국가이다"(헌법재판소 2002헌마52).

(2) 사회적 기본권의 의의 및 법적 성격

우리 헌법은 사회국가에 대한 직접적이고 명시적인 규정을 두고 있지는 않다. 그럼에도 불구하고 사회국가 원리를 우리 헌법의 구조적 원리로 이해하는 데 의견이 일치하고 있는데, 그것은 헌법 제31부터 제36조까지에 규정된 이른바 '사회적 기본권' 때문이다. 즉 우리 헌법은 사회적 기본권을 규정하는 방식으로 사회국가가 원리를 간접적으로 규정하고 있는 것이다. 그렇다면 사회적 기본권이란 무엇인가?

사회적 기본권의 개념을 정의하기 위해서는 먼저 사회적 기본권의 법적 성질을 어떻게 이해할 것인지의 문제가 먼저 논의되어야 한다. 그 법적 성질에 따라 사회적 기본권의 개념이 달라질 수 있기 때문이다.

사회적 기본권의 법적 성격을 어떻게 볼 것인가에 대해서는 크게 3가지 정도의 견해의 대립이 있다. 비권리설(프로그램적 규정설, 국가목적규정설), 추상적 권리설, 구체적 권리설이 그것이다.

가) 비권리설(프로그램적 규정설 내지 국가목적규정설)

이러한 학설들에 의하면, 사회적 기본권 규정은 국가의 목표 내지 입법의 방침을 정하고 있는 선언적 의미만을 갖는 프로그램적 규정에 불과하거나, 아니면 모든 국가작용, 즉 입법뿐만 아니라, 행정과 사법까지도 법적으로 구속하는 국가목적규정이라고 한다. 그 어느 설에 의하거나 사회적 기본권은 결코 개인의 주관적 권리로서의 성격을 갖지 아니한다는 공통점을 가지고 있고, 그런 의미에서 '비권리설'이라고 할 수 있다.

나) 추상적 권리설

이 설은, 사회적 기본권을 우리 헌법이 '기본권'으로 규정한 이상 단순한 프로그램이나 국가목적만을 설정하는 규범으로 보아서는 안 되고, 국민개개인이 가지는 주관적·법적 권리로 봐야 한다는 견해이다. 그러나 그 권리내용의 법적 실현을 헌법에 근거하여 직접 청구할 수는 없고, 그 권리를 구체화하는 입법에 의해 비로소 구체적인 권리가 되기 때문에 추상적 권리로 보아야 한다는 것이다.

다) 구체적 권리설

구체적 권리설은 사회적 기본권도 다른 기본권과 마찬가지로 헌법상의 기본권이고, 따라서 직접적인 효력을 갖는 주관적 권리이며, 직접 청구가 가능한 구체적 권리라고 한다.

라) 헌법재판소의 입장

헌법재판소의 판례를 검토해보면, 헌법상의 사회적 기본권으로부터는 직접적이고 구체적인 청구권을 도출할 수 없다는 추상적 권리설에 입각한 판례가 주류를 이루고 있음을 알 수 있다. 다만, 인간의 존엄에 상응하는 최소한도의 물질적 생활보장에 대해서는 사법심사의 가능성을 열어두고 있으며, 그런 의미에서 불완전하나마 구체적 권리로서의 성격을 인정하고 있다고 볼 수 있다.

사회적 기본권에 대한 헌법재판소의 판례

• "헌법 제32조 제1항은 '모든 국민은 근로의 권리를 가진다. 국가는 사회적·경제적 방법으로 근로자의 고용의 증진과 적정임금의 보장에 노력하여야 하며…'라고 규정하여 근로의 권리를 보장하고 있다. 근로의 권리의 보장은 생활의 기본적인 수요를 충족시킬 수 있는 생활수단을 확보해 주며, 나아가 인격의 자유로운 발현과 인간의 존엄성을 보장해 주는 의의를 지닌다. 근로의 권리는 사회적 기본권으로서, 국가에 대하여 직접 일자리(직장)를 청구하거나 일자리에 갈음하는 생계비의 지급청구권을 의미하는 것이 아니라, 고용증진을 위한 사회적·경제적 정책을 요구할 수 있는 권리에 그친다. 근로의 권리를 직접적인 일자리 청구권으로 이해하는 것은 사회주의적 통제경제를 배제하고, 사기업 주체의 경제상의 자유를 보장하는 우리 헌법의 경제질서 내지 기본권규정들과 조화될 수 없다"(헌법재판소 2001헌바50).
• "헌법은 제34조 제1항에서 모든 국민의 '인간다운 생활을 할 권리'를 사회적 기본권으로 규정하면서, 제2항 내지 제6항에서 특정한 사회적 약자와 관련하여 '인간다운 생활을 할 권리'의 내용을 다양한 국가의 의무를 통하여 구체화하고 있다. 헌법이 제34조에서 여자(제3항), 노인·청소년(제4항), 신체장애자(제5항) 등 특정 사회적 약자의 보호를 명시적으로 규정한 것은, '장애인과 같은 사회적 약자의 경우에는 개인 스스로가 자유행사의 실질적 조건을 갖추는 데 어려움이 많으므로, 국가가 특히 이들에 대하여 자유를 실질적으로 행사할 수 있는 조건을 형성하고 유지해야 한다'는 점을 강조하고자 하는 것이다. (중략) 장애인의 복지를 향상해야 할 국가의 의무가 다른 다양한 국가과제에 대하여 최우선적인 배려를 요청할 수 없을 뿐 아니라, 나아가 헌법의 규범으로부터는 '장애인을 위한 저상버스의 도입'과 같은 구체적인 국가의 행위의무를 도출할 수 없는 것이다. 국가에게 헌법 제34조에 의하여 장애인의 복지를 위하여 노력을 해야 할 의무가 있다는 것은, 장애인도 인간다운 생활을 누릴 수 있는 정의로운 사회질서를 형성해야 할 국가의 일반적인 의무를 뜻하는 것이지, 장애인을 위하여 저상버스를 도입해야 한다는 구체적 내용의 의무가 헌법으로부터 나오는 것은 아니다"(헌법재판소 2002헌마52).
• "헌법 제34조 제1항이 보장하는 인간다운 생활을 할 권리는 사회권적 기본권의 일종으로서 인간의 존엄에 상응하는 최소한의 물질적인 생활의 유지에 필요한 급부를 요구할 수 있는 권리를 의미하는데, 이러한 권리는 국가가 재정형편 등

여러 가지 상황들을 종합적으로 감안하여 법률을 통하여 구체화할 때에 비로소 인정되는 법률적 권리라고 할 것이다”(헌법재판소 2002헌마328).

- “국가가 행하는 국민기초생활보장법상의 ‘생활능력 없는 장애인에 대한 최저생활보장을 위한 생계급여 지급’이 헌법이 요구하는 객관적인 최소한도의 내용을 실현하고 있는지의 여부는 국가가 인간다운 생활을 보장함에 필요한 최소한도의 조치를 취하였는가의 여부에 달려있다고 할 것인바, ‘인간다운 생활’이란 그 자체가 추상적이고 상대적인 개념으로서 그 나라의 문화의 발달, 역사적·사회적·경제적 여건에 따라 어느 정도는 달라질 수 있는 것이고, ‘최소한도의 조치’ 역시 국민의 사회의식의 변화, 사회·경제적 상황의 변화에 따라 가변적인 것이므로, 국가가 인간다운 생활을 보장하기 위한 생계급여의 수준을 구체적으로 결정함에 있어서는 국민 전체의 소득수준과 생활수준, 국가의 재정규모와 정책, 국민 각 계층의 상충하는 갖가지 이해관계 등 복잡 다양한 요소를 함께 고려해야 하므로, 생활이 어려운 장애인의 최저생활보장의 구체적 수준을 결정하는 것은 입법부 또는 입법에 의하여 다시 위임을 받은 행정부 등 해당기관의 광범위한 재량에 맡겨져 있다고 보아야 한다. 그러므로 국가가 인간다운 생활을 보장하기 위한 헌법적 의무를 다하였는지의 여부가 사법적 심사의 대상이 된 경우에는, 국가가 최저생활보장에 관한 입법을 전혀 하지 아니하였다든가 그 내용이 현저히 불합리하여 헌법상 용인될 수 있는 재량의 범위를 명백히 일탈한 경우에 한하여 헌법에 위반된다고 할 수 있다”(헌법재판소 2002헌마328).

마) 사회적 기본권의 의의

위와 같은 의미에서 본다면, 사회적 기본권은 인간다운 생활을 가능하게 하는 기본적인 사실적·물질적 토대와 관련된 개념으로서 인간의 존엄성에 상응하는 인간다운 생활을 보장하기 위해 경제적·사회적·문화적 생활수준을 유지하는 데 필요한 급부를 국가에 청구할 수 있는 추상적인 권리를 말한다고 할 수 있다.

(3) 사회국가 원리의 구체적 내용

우리 헌법의 사회국가 원리에 대한 규정을 살펴보면, 전문에서 “정치·경제·사회·문화의 모든 영역에 있어서 각인의 기회를 균등히 하고, (중략) 국민생활의 균등한 향상"을 기한다고 선언하고 있고, 제10조에서는 모든 기본권의 실질적인 근본규범으로서 인간의 존엄과 가치를, 그리고 제23조 제2항에서는 재산권행사의 공공복리 적합의무를, 제31조부터 제36조에서는 사회적 기본권을 규정하고 있다. 또한 제119조에서는 "대한민국의 경제질서는 개인과 기업의 경제상의 자유와 창의를 존중함을 기본으로 한다"고 하면서도, "국가는 균형 있는 국민경제의 성장 및 안정과 적정한 소득의 분배를 유지하고, 시장의 지배와 경제력의 남용을 방지하며, 경제주체간의 조화를 통한 경제의 민주화를 위하여 경제에 관한 규제와 조정을 할 수 있다"고 함으로써 우리의 경제질서가 사회적 경제질서임을 밝히고, 제120조부터 제127조에 걸쳐 그 구체적 실현방법을 규정하고 있다.

이러한 헌법상의 규정에 따라 우리 헌법이 규정하고 있는 사회국가 원리의 구체적 내용을 보면, ① 경제적·사회적 약자의 최소한의 인간다운 삶의 보장, ② 사회적 기본권의 보장, ③ 재산권행사의 사회적 구속성, ④ 경제질서에 대한 국가의 규제와 조정을 통한 소득의 재분배 등을 들 수 있을 것이다.

제2절 기본권

1. 인권과 기본권

1) 인권과 기본권의 개념

(1) 기본적 인권사상의 발달

근대에 들어와 기본적 인권에 관한 이론이 활발히 전개되고 발전했는데, 특히 인간은 출생과 함께 남에게 양도하거나 빼앗길 수 없는 일정한 권리를 가졌다는 천부인권사상은 근대 입헌주의적 헌법국가에서 기본권의 개념에 상당한 영향을 미쳤다. 기본적 인권사상의 발달의 연혁을 보면 다음 도표와 같다.

연도	사 항
1215	(영국) 마그나카르타
1628	(영국) 권리청원(의회제정권 없이 과세권 발동 못함)
1629	(영국) 인신보호율
1689	(영국) 권리장전(청원권, 신체의 자유)
1776	(미국) 버어지니아 주헌법(자유권의 최초 규정)
1776	(미국) 독립선언서
1789	(프랑스) 인권선언(자유·평등·박애, 인간과 시민의 권리선언)
1919	(독일) 바이마르 헌법(최초로 사회적 기본권 규정)
1945	UN 헌장
1948	UN 세계인권선언

(2) 인권과 기본권의 개념 구별

인권(人權, human rights)과 기본권(基本權, the fundamental right of nation)은 서로 유사한 의미를 가지고 있어서 때로 혼용되기도 하지만 엄밀한 의미에서는 구별되어야 하는 개념이다. 인권은 태어날 때부터 인간으로서 당연히 가지는 권리로서 전(前)국가적인 자연법상의 권리를 의미하는 반면, 기본권은 한 국가의 국민이 국가에 대하여 가지는 헌법상의 권리를 의미한다.

인권과 기본권의 개념 구별	
인권	인간으로서 갖는 자연법상의 권리, 前국가적 권리
기본권	국민으로서 갖는 헌법상의 권리, 對국가적 권리

2) 우리 헌법상 인권과 기본권의 관계

우리 헌법은 제10조에서 모든 기본권의 근거규정인 인간의 존엄과 가치를 규정하면서 기본권을 '기본적 인권'이라고 표현하고, 곧바로 국가에 대하여 이러한 기본적 인권을 자연법상의 권리로서 '확인하고' 보장할 의무를 지움으로써 기본권을 인권과 동일시하고 있다. 특히 제37조 제1항에서는 "국민의 자유와 권리는 헌법에 열거되지 아니한 이유로 경시되지 아니한다"고 함으로써 기본권이 본질적으로 자연법상의 권리인 인권에서 연원하며, 따라서 비록 이러한 인권이 우리 헌법에 기본권으로 구체적으로 열거되지 아니하였다 하더라도 마땅히 기본권으로 존중되고 보호되어야 함을 규정하고 있다.

따라서 이러한 헌법규정의 취지에 비추어 본다면, 우리 헌법상 기본권과 인권은 개념상으로는 서로 구별되지만, 실질적·내용적으로는 양자가 동일함을 알 수 있다. 즉 우리 헌법이 규정하고 있는 기본권의 본질이 인권임을 알 수 있는 것이다.

기본권의 본질에 관한 헌법의 규정
제10조 모든 국민은 인간으로서의 존엄과 가치를 가지며, 행복을 추구할 권리를 가진다. 국가는 개인이 가지는 불가침의 기본적 인권을 확인하고 이를 보장할 의무를 진다. 제37조 ① 국민의 자유와 권리는 헌법에 열거되지 아니한 이유로 경시되지 아니한다.

2. 우리 헌법상의 기본권 규정

1) 헌법의 인간상

우리 헌법은 제10조에서 인간을 존엄한 존재로 규정하고 있다. 여기서 '인간의 존엄성'이란 인간의 인격성(人格性), 즉 자율성(自律性, Autonomie)을 의미한다.

칸트에 의하면, 자율성은 인간이 이성을 통하여 자기목적설정(Selbstbezweckung), 자기입법(Selbstgesetzgebung), 자기결정(Selbstbestimmung), 자기처분(Selbstverfügung) 등을 자율적으로 할 수 있는 도덕적 자유를 뜻한다. 즉 인간은 여타의 다른 존재와 같이 '이미 규정된 존재', '이미 결정된 존재'가 아니라, 이러한 도덕적 자유를 구사하여 자기 스스로를 규정하고, 자기 스스로를 완성해 나가는 존재라는 점에 그의 인간으로서의 존엄이 깃들어 있다는 것이다.

이와 같이 '인간의 본성(本性)' 내지 '인간의 자연(自然)'으로부터 자기 스스로를 자유롭게 형성할 수 있는 갖가지 자유들이 인간의 권리로서 도출되고, 이러한 권리들은 인간인 한 모두에게 평등하게 인정되는 권리들이다.

그리하여 우리 헌법은 제10조에서 인간의 존엄성을 규정하고, 이 인간의 존엄성으로부터 도출되는 갖가지 기본적 권리들을 제11조(평등권)에서부터 제36조에 이르기까지 규정하고 있다.

2) 헌법상의 구체적인 기본권과 기본적 의무에 관한 규정

(1) 기본권 규정

가) 인간으로서의 존엄과 가치, 행복추구권(제10조)

헌법 제10조의 인간의 존엄성 규정은 모든 기본권에 공통적으로 적용되는 이념에 관한 규정이다. 인간은 자율적인 존재로서 각자가 자기 행복을 추구할 수 있는 갖가지 권리들을 가진다. 국가는 이러한 기본적 권리들을 확인하고 보장할 의무를 진다. 바로 이러한 의미에서 제10조를 헌법의 근본규범 또는 국가목적설정규범이라고 부르기도 한다.

① 생명권

② 일반적 인격권

③ 알권리 등

④ 행복추구권

⑤ 기타 헌법에 열거되지 않은 권리

나) 평등권(제11조)

'자유'의 개념이나, '권리'의 개념은 언제나 평등의 이념을 전제로 하고 있다. 국가는 국민의 자유와 권리를 최대한도로 보장하여야 하는 것과 마찬가지로, 국민의 평등한 자유와 평등한 권리를 최대한도로 보장하여야 한다.

① 일반적 평등권

② 남녀평등권

③ 신분적 평등권

④ 종교적 평등권

⑤ 정치적 평등권

⑥ 사회적 평등권

⑦ 경제적 평등권

⑧ 문화적 평등권

다) 자유권적 기본권(국가권력의 침해로부터의 자유)

① **신체의 자유**(제11조~제13조)

a) 죄형법정주의: 죄형법정주의란 "법률이 없으면 형벌도 없다"는 원칙으로 우리 헌법도 "누구든지 법률에 의하지 아니하고는 체포, 구금, 압수, 수색, 심문, 처벌과 보안처분을 받지 아니하며, 형의 선고에 의하지 아니하고는 강제노역을 당하지 아니한다"고 규정하고 있다.

b) 영장제도: 체포, 구금, 압수, 수색에는 검사의 신청에 의하여 법관이 발부한 영장을 제시하여야 한다.

c) 변호인의 조력: 누구든지 체포, 구금을 당한 때에는 즉시 변호인의 조력을 받을 권리를 가진다. 다만 법률이 정한 경우에 형사피고인이 스스로 변호인을 구할 수 없을 때에는 국가가 변호인, 즉 국선변호인을 붙인다.

d) 체포·구속적부심사 청구제도: 누구든지 체포, 구금을 당한 때에는 법률이 정하는 바에 의하여 적부의 심사를 법원에 청구할 권리를 가진다.

e) 형벌불소급의 원칙: 모든 국민은 행위시의 법률에 의하여 범죄를 구성하지 아니하는 행위로 소추되지 아니한다고 하여 형벌불소급의 원칙을 규정하고 있다.

f) 일사부재리의 원칙: 모든 국민은 동일한 범죄에 대하여 거듭 처벌을 받지 아니한다(이중처벌의 금지).

g) 연좌제의 금지: 모든 국민은 자기의 행위가 아닌 친족의 행위로 인하여 불이익한 처우를 받지 아니한다.

h) 형사피고인의 자백의 증거능력 제한: 우리 헌법은 피고인의 자백이 고문, 폭행, 협박, 구속의 부당한 장기화 또는 기망 기타의 방법에 의하여 자의로 진술된 것이 아니라고 인정될 때 또는 정식 재판에 있어서 피고인의 자백이 그에게 불리한 유일한 증거일 때에는 이를 유죄의 증거로 삼거나 이를 이유로 처벌할 수 없다.

② **거주·이전의 자유**(제14조): 주소나 거소의 자유, 국외에 여행하는 자유 등이 포함된다. 바이마르 헌법에 처음 등장했다.

③ **직업선택의 자유**(제15조): 영업의 자유, 전직의 자유가 포함된다.

④ **주거의 자유**(제16조): 주거에 대한 수색이나 압수에는 영장이 필요하

다. 통신의 자유와 함께 사생활 불간섭, 즉 프라이버시의 자유의 일종이다.

⑤ **사생활의 비밀과 자유**(제17조): 사생활을 공개 당하지 않을 권리(프라이버시권), 사생활에 대한 국가의 위법한 침해를 받지 않을 권리 등을 의미한다.

⑥ **통신의 자유**(제18조): 우편, 전신, 전화, 소포 등 비밀은 보장된다.

⑦ **양심의 자유**(제19조): 양심을 형성하고, 양심에 따라 행동할 수 있는 자유를 의미한다. 민주주의의 정신적 기반이 되는 자유이다. 특히 협의의 양심의 자유, 즉 내심의 자유는 법률로써도 제한할 수 없는 절대적 자유권이다.

⑧ **종교의 자유**(제20조): 종교유무, 개종의 자유, 종교선택의 자유를 말한다. 국교는 인정하지 않고, 정치와 종교는 분리된다.

⑨ **언론·출판·집회·결사의 자유**(제21조): 일체의 사상의 발표의 자유, 즉 연설, 저작, 인쇄, 간행, 보도의 자유를 말한다. 특히 신문과 방송의 자유가 중요하다. 이는 민주정치 실현의 기초가 되는 자유이다.

⑩ **학문과 예술의 자유**(제22조): 학문의 자유는 연구의 자유, 연구 발표의 자유, 교수의 자유를 포함한다. 저작자·발명가·과학기술자와 예술가의 권리는 법률로써 보호한다.

⑪ **재산권의 보장**(헌법 제23조): 모든 국민의 재산권은 보장된다. 다만 그 내용과 한계는 법률로 정한다. 재산권의 행사는 공공복리에 적합하도록 하여야 한다. 공공필요에 의한 재산권의 수용·사용 또는 제한 및 그에 대한 보상은 법률로써 하되, 정당한 보상을 지급하여야 한다. 오늘날 사회국가에서는 재산권 행사의 절대적 자유를 인정하지 않는다.

라) 수익권(국가행위 청구권, 청구권적 기본권)

평등권, 자유권, 생존권, 참정권을 국민의 기본권으로서 충분히 누리려면 이것들을 보장하는 여러 가지 수단·방법이 있어야 하는데, 이러한 기본권을 보장하기 위하여 헌법상 특히 인정된 기본권을 말하며, 전통적 수익권 또는 기본권을 보장하기 위한 기본권이라고도 한다. 이 기본권은 그 자체가 권리의 목적이 아니라, 다른 기본권을 보장하기 위한 방법으로서의 기본권이라는 데 특색이 있다.

① **청원권**(제26조): 피해의 구제 등을 기관에 대하여 문서로서 청원할 권

리이다. 헌법에서는 청원을 심사할 의무만을 규정하고 있다.

② **재판청구권**(제27조): 모든 국민은 헌법과 법률에 정한 법관에 의하여 법률에 의한 재판을 받을 권리를 가진다. 군인 또는 군무원이 아닌 국민은 대한민국의 영역 안에서는 중대한 군사상 기밀, 초병, 초소, 유해 음식물 공급, 포로, 군용물, 군사시설에 관한 죄 중 법률에 정한 경우와 비상계엄이 선포되거나 대통령이 법원의 권한에 의하여 비상조치를 한 경우를 제외하고는 군법회의의 재판을 받지 아니한다. 모든 국민은 신속한 재판을 받을 권리를 가진다. 형사피고인은 상당한 이유가 없는 한 지체 없이 공개재판을 받을 권리를 가진다. 형사피고인은 유죄의 판결이 확정될 때까지는 무죄로 추정된다.

③ **형사보상청구권**(제28조): 형사피의자 또는 형사피고인으로서 구금되었던 자가 법률이 정하는 불기소처분을 받거나 무죄판결을 받은 때에는 법률이 정하는 바에 의하여 국가에 정당한 보상을 청구할 수 있다.

④ **국가배상청구권**(제29조): 공무원의 직무상 불법행위로 손해를 받은 국민은 법률이 정하는 바에 의하여 국가 또는 공공단체에 정당한 배상을 청구할 수 있다. 이 경우 공무원 자신의 책임은 면제되지 아니한다. 군인·군무원·경찰공무원 기타 법률이 정하는 자가 전투·훈련 등 직무집행과 관련하여 받은 손해에 대하여는 법률이 정하는 보상 외에 국가 또는 공공단체에 공무원의 직무상 불법행위로 인한 배상은 청구할 수 없다.

⑤ **범죄피해구조청구권**(제30조): 타인의 범죄행위로 인하여 생명·신체에 대한 피해를 받은 국민은 법률이 정하는 바에 의하여 국가로부터 구조를 받을 수 있다.

마) 사회적 기본권

사회적 기본권이란 '국민, 특히 경제적 약자가 인간다운 생활을 하기 위하여 국가에 대하여 어떠한 보호를 요구할 수 있는 적극적인 권리'를 말하며, 1919년 바이마르 헌법에 처음으로 등장한 기본권이다. 이런 의미에서 20세기의 헌법을 '경제헌법'이라고도 일컫는다. 이 사회적 기본권을 학자에 따라 생활권적 기본권, 생존권적 기본권, 또는 수익권이라고도 한다.

① **교육을 받을 권리**(제31조): 교육의 기회균등주의를 뜻하는 것으로서

교육의 자주성과 정치적 중립성을 보장하고 교육제도를 법률로 정한다. 국가는 평생교육을 진흥해야 한다. 교육의 자주성·전문성·정치적 중립성 및 대학의 자율성은 법률이 정하는 바에 의하여 보장된다.

② **근로의 권리**(제32조): 모든 국민은 근로의 권리를 가진다. 국가는 사회적·경제적 방법으로 근로자의 고용의 증진과 적정임금의 보장에 노력하여야 하며, 법률이 정하는 바에 의하여 최저임금제를 시행하여야 한다. 근로조건의 기준은 인간의 존엄성을 보장하도록 법률로 정한다. 여자의 근로는 특별한 보호를 받으며, 고용·임금 및 근로조건에 있어서 부당한 차별을 받지 아니한다. 연소자의 근로는 특별한 보호를 받는다. 국가유공자·상이군경 및 전몰군경의 유가족은 법률이 정하는 바에 의하여 우선적으로 근로의 기회를 부여받는다.

③ **근로자의 단결권·단체교섭권·단체행동권**(제33조): 근로자는 근로조건의 향상을 위하여 자주적인 단결권·단체교섭권 및 단체행동권을 가진다. 공무원인 근로자는 법률이 정하는 자에 한하여 단결권·단체교섭권 및 단체행동권을 가진다. 법률이 정하는 주요방위산업체에 종사하는 근로자의 단체행동권은 법률이 정하는 바에 의하여 이를 제한하거나 인정하지 아니할 수 있다.

④ **인간다운 생활을 할 권리**(제34조): 사회적 기본권의 이념적 기초를 천명하는 규정이다. 모든 국민은 인간다운 생활을 할 권리를 가진다. 국가는 사회보장·사회복지의 증진에 노력할 의무를 진다. 국가는 여자의 복지와 권익의 향상을 위하여 노력하여야 한다. 국가는 노인과 청소년의 복지향상을 위한 정책을 실시할 의무를 진다. 신체장애자 및 질병·노령 기타의 사유로 생활능력이 없는 국민은 법률이 정하는 바에 의하여 국가의 보호를 받는다. 국가는 재해를 예방하고 그 위험으로부터 국민을 보호하기 위하여 노력하여야 한다.

⑤ **환경권**(제35조): 모든 국민은 건강하고 쾌적한 환경에서 생활할 권리를 가지며, 국가와 국민은 환경보전을 위하여 노력하여야 한다. 환경권의 내용과 행사에 관하여는 법률로 정한다. 국가는 주택개발정책 등을 통하여 모든 국민이 쾌적한 주거생활을 할 수 있도록 노력하여야 한다.

⑥ **혼인·보건에 관한 권리**(제36조): 혼인과 가족생활은 개인의 존엄과 양

성의 평등을 기초로 성립되고 유지되어야 한다. 국가는 모성의 보호를 위하여 노력하여야 한다. 모든 국민은 보건에 관하여 국가의 보호를 받는다. 보건에 관한 국가의 보호란 국민의 위생, 건강한 생활을 할 수 있는 주택의 마련 등을 말한다.

바) 참정권(선거나 투표를 통하여 국가기관에 참여하는 권리)

참정권이란 민주국가에 있어서 국민이 국가의 정치에 참가할 수 있는 권리를 말하는데, 주권자인 국민은 이 권리를 통해서 주권을 행사한다. 참정권은 보다 적극적으로 '정치권'이라고도 한다. 참정권은 능동적 공권으로서 국민 개개의 이익을 위한 권리이지만, 공적 직무의 성질을 가지고 있기 때문에 국가의 이익을 위하여 적절하게 행사할 의무를 가진다고 할 수 있다. 우리 헌법상 참정권의 종류로는 다음과 같은 것이 있다.

① **공무원 선거권**(제24조): 19세 이상의 국민은 법률이 정하는 바에 따라 공무원 선거권을 가진다.

② **공무담임권**(제25조): 국민의 국가기관에 피선되거나 공무를 담당하는 권리, 즉 피선거권과 공직취임권을 의미한다. 대통령은 40세 이상, 국회의원은 25세에 달하여야 피선거권이 있다.

③ **국민투표권**(제130조 제2항): 특정한 사항에 대해서 투표로 국가의사 성립에 참여할 수 있는 권리이다. 직접민주정치의 목적 실현을 위한 국민 참정의 한 형식이다.

(2) 기본적 의무규정

가) 납세의 의무(제38조)

모든 국민은 법률이 정하는 바에 의하여 납세의 의무를 진다. 납세의 의무는 국방의 의무와 함께 그리고 전통적인 의무로서, 여기에 교육의 의무를 넣어 국민의 3대 의무라 한다.

나) 국방의 의무(제39조)

모든 국민은 법률이 정하는 바에 의하여 국토방위의 의무를 진다. 우리나라는 국토방위의 의무는 모든 국민에게 있으나, 병역의 의무는 현재 일정한 연령에 달한 대한민국의 남자에게만 있다. 누구든지 병역의무의 이행으로 불이익한 처우를 받지 아니한다.

다) 교육의 의무(제31조 제2항)

모든 국민은 그 보호하는 자녀에게 적어도 초등교육과 법률이 정하는 교육을 받게 할 의무를 진다. 의무교육은 무상으로 한다.

라) 근로의 의무(제32조 제2항)

모든 국민은 근로의 의무를 진다. 국가는 근로의 의무의 내용과 조건을 민주주의원칙에 따라 법률로 정한다.

마) 환경보전의 의무(제35조 제1항)

우리 헌법 제35조에서 "국가와 국민은 환경보전을 위하여 노력하여야 한다"고 규정하고 있다. 이는 공해에 의하여 환경이 파괴되고 있는 현실을 감안하여 국민에게 환경권을 부여하고, 국가뿐만 아니라 국민에게도 일정한 환경보전의 의무를 부과하기 위한 것이다. 환경보전의 의무에 관하여는 「자연환경보전법」이 규정하고 있는데, 의무의 내용에는 환경을 오염시키지 않을 의무, 공해방지시설을 할 의무 등이 있다.

(3) 권리와 의무의 동시성

우리 헌법 제2장에서는 국민의 권리와 더불어 의무에 관해서도 규정하고 있는데, 교육의 권리, 근로의 권리, 재산권, 환경권은 헌법상 권리임과 동시에 의무로 규정되어 있다

3) 기본권의 이중적 성격

기본권은 개인이 국가에 대하여 가지는 '주관적 공권'으로서의 성격을 가지고 있다. 그러나 단순히 개인에게 인정된 권리로서의 성격만을 가지는 것이 아니라, 동시에 국가가 적극적으로 실현시켜야 할 '객관적 가치질서'로서의 성격도 가진다. 이를 '기본권의 이중적 성격'이라고 한다. 바로 이 이중적 성격으로부터 기본권의 사인에 대한 효력, 즉 '기본권의 제3자효'가 도출된다.

3. 기본권의 제한

기본권은 원칙적으로 제한할 수 없는 권리다. 다만, 예외적으로 국가안전보장, 질서유지, 공공복리를 위하여 꼭 필요한 경우에 한하여 법률로써 제한할 수 있다. 다만 이 경우에도 기본권의 본질적인 내용은 침해할 수 없다.

1) 법률유보의 원칙

기본권에 대한 제한은 국회에서 제정한 '형식적 의미의 법률'을 통해서만 가능하다. 따라서 명령이나 자치법규에 의해서는 기본권을 제한할 수 없다. 이와 관련하여 국가긴급권에 의한 기본권 제한이 문제될 수 있는데, 우리 헌법재판소는 국가긴급권에 의한 기본권 제한 역시 그것이 '통치행위'에 속한다 하더라도 사법심사의 대상이 되며, 후술하는 비례성의 원칙과 본질적 내용의 침해금지원칙을 준수하여야 한다고 한다.

국가긴급권에 의한 기본권 제한에 대한 헌법재판소 판례

"통치행위란 고도의 정치적 결단에 의한 국가행위로서 사법적 심사의 대상으로 삼기에 적절하지 못한 행위라고 일반적으로 정의되고 있는바, 이 사건 긴급명령이 통치행위로서 헌법재판소의 심사 대상에서 제외되는지에 관하여 살피건대, 고도의 정치적 결단에 의한 행위로서 그 결단을 존중하여야 할 필요성이 있는 행위라는 의미에서 이른바 통치행위의 개념을 인정할 수 있고, 대통령의 긴급재정경제명령은 중대한 재정 경제상의 위기에 처하여 국회의 집회를 기다릴 여유가 없을 때에 국가의 안전보장 또는 공공의 안녕질서를 유지하기 위하여 필요한 경우에 발동되는 일종의 국가긴급권으로서 대통령의 고도의 정치적 결단을 요하고 가급적 그 결단이 존중되어야 할 것임은 법무부장관의 의견과 같다. 그러나 이른바 통치행위를 포함하여 모든 국가작용은 국민의 기본권적 가치를 실현하기 위한 수단이라는 한계를 반드시 지켜야 하는 것이고, 헌법재판소는 헌법의 수호와 국민의 기본권 보장을 사명으로 하는 국가기관이므로 비록 고도의 정치적 결단에 의하여 행해지는 국가작용이라고 할지라도 그것이 국민의 기본권 침해와 직접 관련되는 경우에는 당연히 헌법재판소의 심판대상이 될 수 있는 것일 뿐만 아니라, 긴급재정경제명령은 법률의 효력을 갖는 것이므로 마땅히 헌법에 기속되어야 할 것이다"(헌법재판소 93헌마186).

"입헌주의적 헌법은 국민의 기본권 보장을 그 이념으로 하고 그것을 위한 권력분립과 법치주의를 그 수단으로 하기 때문에 국가권력은 언제나 헌법의 테두리 안에서 헌법에 규정된 절차에 따라 발동되지 않으면 안된다. 그러나 입헌주의국가에서도 전쟁이나 내란, 경제공황 등과 같은 비상사태가 발발하여 국가의 존립이나 헌법질서의 유지가 위태롭게 된 때에는 정상적인 헌법체제의 유지와 헌법에 규정된 정상적인 권력행사방식을 고집할 수 없게 된다. 그와 같은 비상사태하에서는 국가적·헌법적 위기를 극복하기 위하여 비상적 조치가 강구되지 않을 수 없다. 그와 같은 비상적 수단을 발동할 수 있는 권한이 국가긴급권이다. 즉 국가긴급권은 국가의 존립이나 헌법질서를 위태롭게 하는 비상사태가 발생한 경우에 국가를 보전하고 헌법질서를 유지하기 위한 헌법보장의 한 수단이다. 그러나 국가긴급권의 인정은 국가권력에 대한 헌법상의 제약을 해제하여 주는 것이 되므로 국가긴급권의 인정은 일면 국가의 위기를 극복하여야 한다는 필요성 때문이기는 하지만 그것은 동시에 권력의 집중과 입헌주의의 일시적 정지로 말미암아 입헌주의 그 자체를 파괴할 위험을 초래하게 된다. 따라서 헌법에서 국가긴급권의 발동기준과 내용 그리고 그 한계에 관해서 상세히 규정함으로써 그 남용 또는 악용의 소지를 줄이고 심지어는 국가긴급권의 과잉행사 때는 저항권을 인정하는 등 필요한 제동장치도 함께 마련해 두는 것이 현대의 민주적인 헌법국가의 일반적인 태도이다. 우리 헌법도 국가긴급권을 대통령의 권한으로 규정하면서도 국가긴급권의 내용과 효력, 통제와 한계를 분명히 함으로써 그 남용과 악용을 막아 국가긴급권이 헌법보호의 비상수단으로서 제기능을 나타내도록 하고 있다"(헌법재판소 92헌가18).

2) 비례성의 원칙

기본권에 대한 제한은 국가안전보장, 질서유지, 공공복리를 위하여 '꼭 필요한 경우에 한하여' 제한할 수 있다. 여기서 기본권 제한의 비례성의 원칙이 도출된다. 비례성의 원칙의 내용으로는 목적의 정당성, 방법의 적정성, 최소침해성, 법익의 균형성 등을 들 수 있다.

비례성의 원칙에 관한 헌법재판소 판례

"헌법 제37조 제2항은 '국민의 모든 자유와 권리는 국가안전보장·질서유지 또는 공공복리를 위하여 필요한 경우에 한하여 법률로써 제한할 수 있으며, 제한하는 경우에도 자유와 권리의 본질적인 내용을 침해할 수 없다'고 규정하여 기본권제한에 관한 일반적 법률유보조항과 입법권의 한계를 설정하여 두고 있다. 따라서 법률에 의하여 신체의 자유를 제한하는 구속이 가능하다고 하더라도 이는 국가안전보장, 질서유지, 공공복리 등의 목적이 있는 경우에 한하며, 이때에도 신체의 자유의 본질적인 내용을 침해하면 안 될 뿐만 아니라 입법권자의 입법재량에 있어서 지켜야 할 비례의 원칙 내지는 과잉입법금지의 원칙에 위배되어서는 안 된다는 것을 명시하여 기본권의 제한입법에는 그 한계가 있다는 것을 선언하고 있다. 그러므로 법 제331조 단서규정의 위헌성 여부를 판단하기 위하여는 위 법률조항이 구속에 의한 신체의 자유의 제한에 있어서 헌법상 보장된 적법절차의 원칙이나 신체의 자유의 제한입법이 지켜야 하는 일반적인 한계로서 비례의 원칙 또는 과잉입법금지의 원칙 등에 위배되는지 여부를 다시 심사할 필요가 있다고 할 것이다. (중략) 형사소송법 제93조 등의 구속취소와 이에 대한 검사의 즉시항고절차 등을 비교하거나 상급심에서도 필요에 따라 재구속할 수 있는 형사소송법상의 관계규정 등을 아울러 검토하여 보면 형사소송법 제331조 단서 규정은 기본권제한입법의 기본원칙인 목적의 정당성, 방법의 적절성, 피해의 최소성, 법익의 균형성의 원칙에도 반하는 것이므로 헌법상의 과잉입법금지의 원칙에 위배된다"(헌법재판소 92헌가8).

3) 본질적 내용의 침해 금지의 원칙

기본권의 제한이 허용되는 경우에도 기본권의 본질적인 내용을 침해할 수 없다. 기본권의 '본질적인 내용'이란 기본권의 중핵 내지 실체로서 그것이 침해되는 경우 자칫 기본권이 형해화(形骸化)되거나 기본권을 보장하는 궁극적인 목적을 달성할 수 없게 되는 기본권의 중요한 내용을 말한다.

4. 기본권 침해에 대한 구제

1) 헌법소원

「헌법재판소법」 제68조에 의하면, 공권력의 행사 또는 불행사로 인하여 헌법상 보장된 기본권을 침해받은 자는 법원의 재판을 제외하고는 헌법소원 심판을 청구할 수 있다.

이에 따르면, 법원의 재판은 원칙적으로 헌법소원심판의 대상이 될 수 없다. 그러나 우리 헌법재판소에 의하면, "헌법재판소가 위헌으로 결정한 법령을 적용함으로써 국민의 기본권을 침해한 재판"은 예외적으로 헌법소원심판의 대상이 된다고 한다(헌법재판소 96헌마172).

헌법소원은 다른 법률에 구제절차가 있는 경우에는 그 절차를 모두 거친 후에 청구할 수 있다(동법 제68조). 헌법소원의 심판은 그 사유가 있음을 안 날부터 90일 이내에, 그 사유가 있는 날부터 1년 이내에 청구하여야 한다. 다만, 다른 법률에 따른 구제절차를 거친 헌법소원의 심판은 그 최종결정을 통지받은 날부터 30일 이내에 청구하여야 한다(동법 제69조).

헌법소원의 인용결정은 모든 국가기관과 지방자치단체를 기속한다. 헌법소원을 인용할 때에는 인용결정서의 주문에 침해된 기본권과 침해의 원인이 된 공권력의 행사 또는 불행사를 특정하여야 한다. 이 경우 헌법재판소는 기본권 침해의 원인이 된 공권력의 행사를 취소하거나 그 불행사가 위헌임을 확인할 수 있다. 헌법재판소가 공권력의 불행사에 대한 헌법소원을 인용하는 결정을 한 때에는 피청구인은 결정 취지에 따라 새로운 처분을 하여야 한다(동법 제75조).

2) 국가인권위원회의 진정 및 조정

국가인권위원회는 「국가인권위원회법」에서 정하는 인권의 보호와 향상을 위한 업무를 수행하기 위해 설립된 기관으로서 인권침해 및 차별행위에 관한 진정, 조정 등 인권에 관한 업무를 수행하는 독립된 국가기관이다.

「국가인권위원회법」은 기본권 침해의 유형을 '인권침해'와 '평등권 침해의 차별행위'로 구별하고 있다. ① '인권침해'는 국가기관, 지방자치단체, 각

급학교, 공직유관단체 또는 구금·보호시설의 업무수행(국회의 입법 및 법원·헌법재판소의 재판은 제외)과 관련하여 헌법 및 법률에서 보장하거나 대한민국이 가입·비준한 국제인권조약 및 국제관습법에서 인정하는 인간으로서의 존엄과 가치 및 자유와 권리를 침해하는 것을 말한다(동법 제2조 제1호, 제30조 제1호). ② '평등권 침해의 차별행위'는 합리적인 이유 없이 성별, 종교, 장애, 나이, 사회적 신분, 출신 지역(출생지, 등록기준지, 성년이 되기 전의 주된 거주지 등을 말한다), 출신 국가, 출신 민족, 용모 등 신체조건, 기혼·미혼·별거·이혼·사별·재혼·사실혼 등 혼인 여부, 임신 또는 출산, 가족 형태 또는 가족 상황, 인종, 피부색, 사상 또는 정치적 의견, 형의 효력이 실효된 전과(前科), 성적(性的) 지향, 학력, 병력(病歷) 등을 이유로, ⓐ 고용(모집, 채용, 교육, 배치, 승진, 임금 및 임금 외의 금품 지급, 자금의 융자, 정년, 퇴직, 해고 등을 포함)과 관련하여 특정한 사람을 우대·배제·구별하거나 불리하게 대우하는 행위, ⓑ 재화·용역·교통수단·상업시설·토지·주거시설의 공급이나 이용과 관련하여 특정한 사람을 우대·배제·구별하거나 불리하게 대우하는 행위, ⓒ 교육시설이나 직업훈련기관에서의 교육·훈련이나 그 이용과 관련하여 특정한 사람을 우대·배제·구별하거나 불리하게 대우하는 행위, ⓓ 성희롱행위 등을 말한다(동법 제2조 제3호).

인권침해나 평등권 침해의 차별행위를 당한 사람 또는 그 사실을 알고 있는 사람이나 단체는 국가인권위원회에 그 내용을 진정할 수 있다.[3] 진정이 접수되면, 국가인권위원회는 사건을 조사하여 인권침해가 있다고 판단되면 시정권고, 형사고발 등의 조치를 취하여 인권침해를 구제한다.

한편 국가인권위원회는 당사자의 신청이나 직권으로 사건을 조정에 회부할 수 있다. 조정제도는 진정접수 단계 또는 조사 과정에서 당사자의 신청이나 국가인권위원회 직권으로 조정위원회에 회부된 진정에 대해 조정을 통해 당사자간의 합의로 자발적 해결에 도달할 수 있도록 유도하는 제도다. 당사자의 합의가 완료된 조정과 조정에 갈음하는 결정에 이의신청을 하지 않는 경우 그 결정은 재판상 화해와 같은 효력이 있다(동법 제43조).

---

3) 위원회는 이러한 진정이 없는 경우에도 인권침해나 차별행위가 있다고 믿을 만한 상당한 근거가 있고 그 내용이 중대하다고 인정할 때에는 직권으로 조사할 수 있다.

3) 민사상 손해배상 및 국가배상의 청구

기본권 침해를 받은 자는 가해자에게 민사상 불법행위로 인한 손해배상 청구를 할 수 있다. 따라서 가해자와 치료비, 위자료 등에 대한 합의가 이루어지지 않을 경우 민사조정, 민사소송 등을 통해 기본권 침해를 구제받을 수 있다.

한편 「국가배상법」에 따르면, 공무원 또는 공무를 위탁받은 사인이 직무를 집행하면서 고의 또는 과실로 법령을 위반하여 기본권이 침해된 경우에는 기본권 침해를 받은 자는 국가 또는 공공단체에 대하여 국가배상을 청구를 할 수 있다(동법 제2조).

제 6 장

행정과 법률

제1절 행정법의 의의

1. 행정법이란

행정법이란 국가 또는 공공단체의 조직과 권한 및 기관 상호관계에 관한 규율, 그리고 국가 또는 공공단체라는 행정의 주체와 일반인 사이에서 생기는 공법상의 법률관계에 관한 규율의 총체를 말한다. 이러한 행정법은 '행정법'이라는 형식적인 법전이 있는 것도 아니고 행정의 조직 및 작용에 관한 일반 총칙적인 규정이 있는 것도 아니다. 따라서 행정법이라 함은 행정의 조직 및 작용에 관한 다수의 법령에 공통적인 특색에 착안한 법체계라고 할 수 있다.

2. 행정법의 기본원리

행정이라는 개념은 근대 입헌주의국가에 와서 비로소 성립된 개념이다. 즉 국가권력을 입법, 행정, 사법으로 나누는 권력분립의 원칙에 따라 국가가 조직됨과 더불어 행정의 개념도 생겨나게 된다. 현대의 행정법의 기본원리는 합헌적 법치국가주의와 사회적 법치국가주의 및 지방분권주의라고 할 수 있다.

1) 합헌적 법치국가주의

우리 헌법은 인간의 존엄과 가치를 보장하기 위하여 포괄적인 기본적 인권과 이에 대한 국가의 보장의무를 인정하며 그 제한을 위한 법률유보의 한계를 인정하고 있다. 아울러 법 앞의 평등은 입법의 내용도 구속하며, 헌법재판소는 법률의 위헌 여부에 관한 심사권을 가지고 명령·규칙·처분의 위헌 여부에 관하여 대법원에 최종적·구체적 심사권을 부여함으로써 기본권을 위시한 헌법전은 최고 법규로서 제도적 보장을 갖추었다고 할 수 있다.

또한 헌법은 기본권과 그 밖의 행정조직 기타 필요한 사항을 국회의 입법사항으로 하여 법률에 의한 행정을 보장하고 행정의 적법성과 타당성 그리고 국민의 권리보장을 위한 행정통제와 행정구제수단을 규정함으로써 기본권을 보호하는 법률에 의한 행정의 합헌적 법치국가주의를 확립하고 있다. 그러나 대통령의 긴급명령권 등에 의한 위기에 대비한 기본권의 제한과 법치주의의 제한이 인정된다.

2) 사회적 법치국가주의

우리 헌법은 19세기적 자유방임주의를 지양하고 인간의 존엄, 실질적인 자유와 평등을 보장하기 위한 여러 가지 규정을 가지고 있다. 그것은 이른바 경제적·사회적 민주주의를 실현하기 위한 것이며, 이러한 의미에서 헌법은 '사회적 국가주의'를 채택하고 있는 것이다.

3) 지방분권주의

우리 헌법은 지방자치를 보장하고 지방분권주의를 강조하고 있다. 즉 지방자치단체는 주민의 복리에 관한 사무를 처리한다고 규정함으로써 단체자치의 원칙을 확립하였으며 지방의회제도와 의원선거제도를 보장·실시함으로써 주민자치의 원리도 인정한다.

제2절 행정조직과 법률관계

1. 국가행정과 자치행정

공행정은 거의 대부분이 국가에 원천을 두는 것이지만 국가는 자기의 조직을 통해서 직접행정을 하는 이외에 일정한 범위 안에서 이것을 공공단체에 일임한다. 국가가 직접 행하는 행정을 국가행정이라고 하고, 공공단체가 행하는 행정을 자치행정이라고 한다.

2. 국가행정조직

1) 행정기관

국가의 행정을 행하는 기관을 행정기관이라 한다. 대통령은 국가최고의 행정기관이며 대통령의 통할에 따라 각종의 행정을 분장시키는 것이 국가행정이다. 그리고 그 행정기관의 설치·조직·권한에 관한 규정의 총체를 '국가행정조직법'이라고 한다.

행정기관은 그 법률상의 지위, 권한, 사무의 종류 등을 표준으로 하여 구분되는데, 그중 국가의 의사를 결정, 표시할 수 있는 기관을 '행정청'이라고 한다.

그리고 행정청을 보조하는 기관을 보조기관이라고 하고, 행정청의 자문에 응하든가 또는 자진하여 자기의견을 진술하는 기관을 자문기관이라고 한다. 또한 행정청이 국가의사를 결정함에 있어서 단독으로 결정하지 않고 다른 기관을 그에 참여시킬 때 그 기관을 참여기관이라고 한다. 그밖에 행정청의 명령을 받아 실력으로 집행하는 것을 임무로 하는 기관을 집행기관이라고 하고, 행정기관이 행하는 행정을 검사하여 그의 옳고 그름을 판단하는 것을 임무로 하는 기관을 감사기관이라고 한다. 내각이나 각부장관이나 도지사는 행정청이며 각부의 차관, 국장, 과장 등은 보조기관이고 각종의 위원회, 심의회는 자문기관이다. 그리고 경찰공무원, 세무공무원 등은 집행기관이고 감사원은 감사기관이다.

2) 행정청의 권한

(1) 권한의 의의

행정청의 조직과 직무범위에는 일정한 한계가 있다. 이를 행정청의 관할 또는 권한이라고 한다. 행정청의 설립, 조직과 그 직무범위는 반드시 법률로 정해야 한다.

(2) 권한의 효과

행정청의 관할은 일정하기 때문에 그에 관련되어 법률적 효과가 나타난다.

가) 적극적 효과

행정청이 그 권한 안에서 행한 행위는 국가의 행위로서의 효력이 발생한다. 이것을 권한의 적극적 효과라고 한다.

나) 소극적 효과

행정청의 권한 외의 행위는 무권한을 이유로 무효가 되든가 또는 취소하게 된다. 이것을 권한의 소극적 효과라고 한다.

3) 행정청의 감독권

행정청은 상명하복의 위계적 조직으로 되어 있으며 상급관청은 하급관청을 지휘·감독하는 권한을 가진다. 상급관청의 하급관청에 대한 감독권의 범위는 관청의 종류와 성질에 따라서 반드시 일정하지는 않지만 대체로 감시권, 훈령권, 취소권 및 인가권 등의 4가지 기능을 포함하고 있다.

(1) 감 시 권

이는 하급관청의 활동상황을 조사하는 기능으로서 보고의 징수와 사무의 감사의 두 가지 방법이 있다.

(2) 훈 령 권

상급관청이 하급관청의 권한행사를 지휘하는 데 있어서 상급관청이 하급관청에 대하여 발하는 명령을 훈령이라고 한다. 다만 감독관청이 자발적으로 발하지 않고 하급관청의 문의신청에 의하여 개별적으로 명령을 발하는 때에는 이것을 지시라고 한다. 대체로 훈령은 일반적 성질을 가진 행정규칙의 형식을 띠는 것이 원칙이고 지시는 개별적 성질을 가진 구체적 지휘인 것이 원칙이지만 양자는 동일한 훈령권에 속하는 것이며 그의 성질 및 효력에 있어서는 동일한 것이다.

(3) 취 소 권

취소권이란 하급관청의 명령 또는 처분이 위법 또는 부당하다고 인정되는 경우에 상급관청이 이것을 취소 또는 정지할 수 있는 권한을 말한다. 취소권은 하급관청이 이미 행한 행위를 사후에 감독한다는 의미에서 교정적 또는 소극적 감독이라고 한다. 따라서 훈령권이 인정되지 않는 자치단체의 행위에 대해서도 이러한 의미의 취소권은 인정되고 있다.

(4) 인 가 권

하급관청이 어떠한 행위를 하는 경우에 사전에 상급관청의 인가를 필요로 하는 경우가 있다. 이러한 경우를 상급관청의 인가권이라고 한다. 상급관청의 인가를 요하는 사항에 있어서 인가를 얻지 않을 때에는 그 행위는 효력이 발생하지 않는다.

3. 자치행정조직

1) 지방자치의 의의

지방자치란 일정한 지역을 기초로 하는 단체가 자기의 사무를 자기의 책임에서 자신의 기관에 의하여 처리하고 실현하는 행정이라고 할 수 있다.

2) 자치권의 종류

자치권에는 자치조직권, 자치행정권, 자치입법권 등이 포함된다.

(1) 자치행정권

지방자치단체는 주민복리에 관한 사무, 즉 고유사무처리권과 재산관리권과 국가가 위임한 위임사무처리권도 가진다. 여기서 고유사무처리권이라 함은 지방자치단체의 존립의 목적이 되는 고유사무로서 지방의 이익을 증진시키기 위하거나 국가 또는 타 지방단체에 속하지 않는 사무를 말하며, 재산관리권이라 함은 지방자치단체가 그 존립을 유지하기 위하여 재산을 취득관리하는 것으로서 이는 헌법이 보장하고 있다. 그리고 지방자치단체는 법률에 의하여 국가가 위임한 사무를 처리하는 위임사무처리권이 있다.

(2) 자치입법권

지방자치단체는 법령의 범위 안에서 자치에 관한 규정을 제정할 수 있는 권한을 가지며, 이에는 조례와 규칙이 있다.

4. 공무원제도

1) 공무원의 개념

공무원이란 국가, 지방자치단체 또는 그 외의 공권력을 담당하는 기관의 구성원을 가리키며 일반 사인과는 구별되는 신분과 지위를 가지고 있다. 그리고 공권은 국민으로부터 나온 것이라 할 수 있고 공무원에 대한 공권의 위임자가 국민이므로 공무원은 그 주권자인 국민에 대한 충성의 의무를 가지는 것이라 할 수 있다.

2) 공무원의 종류

(1) 국가공무원과 지방공무원

국가의 공무를 담당, 집행하는 자를 국가공무원이라 하고, 지방자치단체의 공무를 담당, 집행하는 자를 지방공무원이라고 한다.

(2) 경력직 공무원과 특수경력직 공무원

「국가공무원법」과 「지방공무원법」은 공무원의 직무의 내용, 임용자격 및 신분보장 등을 고려하여 공무원을 경력직과 특수경력직으로 나누는데,

경력직은 이를 다시 일반직, 특정직으로 나누고,[1] 특수경력직은 정무직, 별정직으로 나누어 규정하고 있다.[2]

경력직 공무원은 실적과 자격에 따라 임용되고 그 신분이 보장되며 평생 동안(근무기간을 정하여 임용하는 공무원의 경우에는 그 기간 동안을 말한다) 공무원으로 근무할 것이 예정되는 공무원을 말하며, 특수경력직 공무원은 경력직 공무원 이외의 공무원을 말한다. 「국가공무원법」과 「지방공무원법」 상의 공무원의 구체적인 구분은 아래의 표와 같다.

구분	국가공무원법		지방공무원법	
경력직	일반직	기술·연구 또는 행정 일반에 대한 업무를 담당하는 공무원	일반직	기술·연구 또는 행정 일반에 대한 업무를 담당하는 공무원
	특정직	법관, 검사, 외무공무원, 경찰공무원, 소방공무원, 교육공무원, 군인, 군무원, 헌법재판소 헌법연구관, 국가정보원의 직원과 특수 분야의 업무를 담당하는 공무원으로서 다른 법률에서 특정직공무원으로 지정하는 공무원	특정직	공립 대학 및 전문대학에 근무하는 교육공무원, 교육감 소속의 교육전문직원, 자치경찰공무원 및 지방소방공무원과 그 밖에 특수 분야의 업무를 담당하는 공무원으로서 다른 법률에서 특정직공무원으로 지정하는 공무원
특수 경력직	정무직	가. 선거로 취임하거나 임명할 때 국회의 동의가 필요한 공무원 나. 고도의 정책결정 업무를 담당하거나 이러한 업무를 보조하는 공무원으로서 법률이나 대통령령(대통령비서실 및 국가안보실의 조직에 관한 대통령령만 해당한다)에서 정무직으로 지정하는 공무원	정무직	가. 선거로 취임하거나 임명할 때 지방의회의 동의가 필요한 공무원 나. 고도의 정책결정 업무를 담당하거나 이러한 업무를 보조하는 공무원으로서 법령 또는 조례에서 정무직으로 지정하는 공무원
	별정직	비서관·비서 등 보좌업무 등을 수행하거나 특정한 업무 수행을 위하여 법령에서 별정직으로 지정하는 공무원	별정직	비서관·비서 등 보좌업무 등을 수행하거나 특정한 업무 수행을 위하여 법령에서 별정직으로 지정하는 공무원

1) 종래의 경력직 공무원의 한 부류였던 '기능직 공무원'은 2013년 12월 12일에 폐지되어 일반직 공무원으로 통합되었다.

2) 종래의 특수경력직 공무원의 한 부류였던 '계약직 공무원'은 2013년 12월 12일에 폐지되어 일반직 또는 별정직에 통합함.

3) 공무원의 요건

공무원이 되기 위해서는 두 가지 요건이 필요하다. 그 하나가 능력요건, 그 둘째가 자격요건이다.

(1) 능력요건

이는 공무원이 될 수 있는 권리능력을 말하며 원칙적으로 대한민국 국민이어야 한다. 다만, 국가기관의 장은 국가안보 및 보안·기밀에 관계되는 분야를 제외하고 대통령령 등으로 정하는 바에 따라 외국인을 공무원으로 임용할 수 있다. 또한 법적 결격사유가 없어야 하며, 연령적 제한이 있을 때에는 그 제한에 해당하지 않아야 한다.[3)]

「국가공무원법」상의 결격사유[4)]

제33조(결격사유) 다음 각 호의 어느 하나에 해당하는 자는 공무원으로 임용될 수 없다.

1. 피성년후견인
2. 파산선고를 받고 복권되지 아니한 자
3. 금고 이상의 실형을 선고받고 그 집행이 끝나거나(집행이 끝난 것으로 보는 경우를 포함한다) 집행이 면제된 날부터 5년이 지나지 아니한 자
4. 금고 이상의 형의 집행유예를 선고받고 그 유예기간이 끝난 날부터 2년이 지나지 아니한 자
5. 금고 이상의 형의 선고유예를 받은 경우에 그 선고유예 기간 중에 있는 자
6. 법원의 판결 또는 다른 법률에 따라 자격이 상실되거나 정지된 자

6의2. 공무원으로 재직기간 중 직무와 관련하여 「형법」 제355조 및 제356조에 규정된 죄를 범한 자로서 300만원 이상의 벌금형을 선고받고 그 형이 확정된 후 2년이 지나지 아니한 자

6의3. 다음 각 목의 어느 하나에 해당하는 죄를 범한 사람으로서 100만원 이상의 벌금형을 선고받고 그 형이 확정된 후 3년이 지나지 아니한 사람
가. 「성폭력범죄의 처벌 등에 관한 특례법」 제2조에 따른 성폭력범죄
나. 「정보통신망 이용촉진 및 정보보호 등에 관한 법률」 제74조제1항제2

3) 2009년 1월 1일부터 공무원 공개경쟁채용시험 등의 응시연령상한제는 폐지되었다.

호 및 제3호에 규정된 죄

다. 「스토킹범죄의 처벌 등에 관한 법률」 제2조제2호에 따른 스토킹범죄

6의4. 미성년자에 대한 다음 각 목의 어느 하나에 해당하는 죄를 저질러 파면 · 해임되거나 형 또는 치료감호를 선고받아 그 형 또는 치료감호가 확정된 사람(집행유예를 선고받은 후 그 집행유예기간이 경과한 사람을 포함한다)

가. 「성폭력범죄의 처벌 등에 관한 특례법」 제2조에 따른 성폭력범죄

나. 「아동 · 청소년의 성보호에 관한 법률」 제2조제2호에 따른 아동 · 청소년대상 성범죄

7. 징계로 파면처분을 받은 때부터 5년이 지나지 아니한 자

8. 징계로 해임처분을 받은 때부터 3년이 지나지 아니한 자

피한정후견인의 공무원 자격(2021. 1. 12 시행)

과거에는 피한정후견인을 공무원 결격사유로 하고 있었으나, 2012년부터는 결격사유에서 제외되었다. 종전의 피후견인 결격조항은 정신적 제약의 정도나 행위능력의 제한 범위와 상관없이 피후견인에 해당하기만 하면 각종 자격의 취득, 영업의 등록 또는 임원의 선임 등 광범위한 분야의 직무에서 피후견인을 배제시키고 있었는데, 이는 피후견인의 잔존 행위능력을 인정하여 행위능력의 획일적 · 포괄적 배제에서 개별적 · 한정적 제한으로 전환하려는 성년후견제도의 취지와 모순되고 직무수행능력이 인정되는 피후견인의 직업의 자유를 과도하게 제한하는 문제가 있었기 때문이다.

개정법은 공무원 결격사유에서 피한정후견인을 삭제함으로써 성년후견제도의 활성화를 도모하고 직무수행능력이 인정되는 피후견인의 기본권 보장을 강화하고 있다.

아동·청소년 이용 음란물임을 알면서도 이를 소지하는 행위(아동·청소년의 성보호에 관한 법률 위반)와 공무원의 자격에 대한 헌법재판소의 헌법불합치결정

국가공무원법과 지방공무원법은 아동·청소년을 강간·강제추행하거나 음란물을 제작·배포·소지하는 등 아동청소년 성범죄를 저질러 형이 확정된 사람은 공무원

4) 「지방공무원법」 제31조의 결격사유도 「국가공무원법상」의 결격사유와 같다.

으로 임용될 수 없도록 하고 있다.

그런데 2023년 6월 헌법재판소는, “아동·청소년이용음란물임을 알면서 이를 소지한 죄로 형을 선고받아 그 형이 확정된 사람은 국가공무원법 제2조 제2항 제1호의 일반직공무원으로 임용될 수 없도록 한” 국가공무원법과 지방공무원법의 규정은 헌법에 합치되지 아니한다며 헌법불합치 결정을 내렸다(헌재결 2023. 6. 29, 2022헌마1276).

헌법재판소는 “범죄의 종류, 죄질 등은 다양하므로 개별 범죄의 비난 가능성과 재범 위험성 등을 고려해 상당한 기간 동안 임용을 제한하는 덜 침해적인 방법으로도 입법 목적을 충분히 달성할 수 있다”고 하면서, 심판 대상 조항은 아동·청소년과 관련이 없는 직무를 포함해 모든 일반직공무원에 임용될 수 없도록 하므로 제한의 범위가 지나치게 넓고 포괄적이며 또한 영구적으로 임용을 제한하고 있고, 결격 사유가 해소될 어떠한 가능성도 인정하지 않기 때문에 과잉금지 원칙에 위반돼 공무담임권을 침해한다고 판단했다. 위 법률조항은 2024. 5. 31.을 시한으로 입법자가 개정할 때까지만 계속 적용된다.

아동에게 성적 수치심을 주는 성희롱 등의 성적 학대행위(아동복지법 위반)와 공무원의 자격에 대한 헌법재판소의 헌법불합치결정

2022년 11월 헌법재판소는 “아동에게 성적 수치심을 주는 성희롱 등의 성적 학대행위로 형을 선고받아 그 형이 확정된 사람은 국가공무원법 제2조 제2항 제1호의 일반직공무원으로 임용될 수 없도록 한” 국가공무원법 제33조의 나목 중 아동복지법(2017. 10. 24. 법률 제14925호로 개정된 것) 제17조 제2호에 관한 부분은 헌법에 합치되지 아니한다며 헌법불합치 결정을 내렸다(헌재결 2022. 11. 24, 2020헌마1181).

헌법재판소는 “아동에 대한 성적 학대행위로 형을 선고받은 경우라고 해도 범죄의 종류, 죄질 등은 다양하므로 개별 범죄의 비난 가능성과 재범 위험성 등을 고려해 상당한 기간 동안 임용을 제한하는 덜 침해적인 방법으로도 공직에 대한 국민의 신뢰를 확보하고 아동의 건강과 안전을 보호하기 위한 입법 목적을 충분히 달성할 수 있다”고 하면서, 이어 심판 대상 조항은 아동과 관련 없는 직무를 포함해 모든 일반직 공무원과 부사관에 임용될 수 없도록 하고 있으며. 또한 영구적으로 임용을 제한하고 있고, 아무리 오랜 시간이 경과하더라도 결격 사유가 해소될 수 있는 어떠한 가능성도 인정하지 않기 때문에 과잉금지 원칙에 위반돼 공무담임권을 침해한다고 판단했다. 위 법률조항은 2024. 5. 31.을 시한으로 입법자가 개정할 때까지만 계속 적용된다.

(2) 자격요건

공무원이 될 수 있는 자격으로서 경력직 공무원 중 일반직 공무원의 신규임용은 공개경쟁시험에 의한 고시임용이 원칙이나 특정한 경우에는 특별채용에 의한 특별임용도 있다. 그 이외에는 자유임용에 의하여 채용되는데 특수경력직 공무원의 경우에 주로 이용이 되나 법관과 교원의 경우와 같이 특별한 자격요건을 필요로 하는 경우도 있다.

4) 공무원의 권리·의무·책임

(1) 공무원의 권리

공무원은 특히 신분보장을 하지 않는 자를 제외하고는 법령에 의한 사유가 있는 경우에는 소정의 절차에 의하지 아니하고는 그 신분을 박탈당하지 아니하며 직위를 상실 당하지 아니할 권리를 가진다.

특정직 공무원 중에는 특히 강력한 신분보장을 받는 경우가 있다. 즉 법관, 검사 등은 국가공무원법에 정한 사유에 의한 휴직, 정직은 그 적용을 받지 않고 오로지 탄핵, 형벌 또는 징계처분에 의하여서만 파면, 정직 또는 감봉될 수 있다.

또한 공무원은 재산상의 권리로서 보수를 받을 권리를 가진다.

(2) 공무원의 의무

가) 성실의무: 모든 공무원은 법령을 준수하며 성실히 직무를 수행하여야 한다.

나) 복종의 의무: 공무원은 직무를 수행할 때 소속 상관의 직무상 명령에 복종하여야 한다.

다) 직장이탈 금지의무: 공무원은 소속 상관의 허가 또는 정당한 사유가 없으면 직장을 이탈하지 못한다. 수사기관이 공무원을 구속하려면 그 소속 기관의 장에게 미리 통보하여야 한다. 다만, 현행범은 그러하지 아니하다.

라) 친절·공정의 의무: 공무원은 국민 전체의 봉사자로서 친절하고 공정하게 직무를 수행하여야 한다.

마) 종교중립의 의무: 공무원은 종교에 따른 차별 없이 직무를 수행하여야 한다. 공무원은 소속 상관이 이에 위배되는 직무상 명령을 한 경우에는 이에 따르지 아니할 수 있다.

바) 비밀 엄수의 의무: 공무원은 재직 중은 물론 퇴직 후에도 직무상 알게 된 비밀을 엄수(嚴守)하여야 한다.

사) 청렴의 의무: 공무원은 직무와 관련하여 직접적이든 간접적이든 사례·증여 또는 향응을 주거나 받을 수 없다. 공무원은 직무상의 관계가 있든 없든 그 소속 상관에게 증여하거나 소속 공무원으로부터 증여를 받아서는 아니된다.

아) 외국 정부의 영예 등을 받을 경우의 의무: 공무원이 외국 정부로부터 영예나 증여를 받을 경우에는 대통령의 허가를 받아야 한다.

자) 품위 유지의 의무: 공무원은 직무의 내외를 불문하고 그 품위가 손상되는 행위를 하여서는 아니된다.

차) 영리업무 및 겸직 금지의 의무: 공무원은 공무 외에 대통령으로 정하는 영리를 목적으로 하는 업무에 종사하지 못하며 소속 기관장의 허가 없이 다른 직무를 겸할 수 없다.

카) 정치운동 금지의 의무: 공무원은 정당이나 그 밖의 정치단체의 결성에 관여하거나 이에 가입할 수 없다. 또한 공무원은 선거에서 특정 정당 또는 특정인을 지지 또는 반대하기 위한 다음의 행위를 하여서는 아니된다.

① 투표를 하거나 하지 아니하도록 권유 운동을 하는 것

② 서명 운동을 기도(企圖)·주재(主宰)하거나 권유하는 것

③ 문서나 도서를 공공시설 등에 게시하거나 게시하게 하는 것

④ 기부금을 모집 또는 모집하게 하거나, 공공자금을 이용 또는 이용하게 하는 것

⑤ 타인에게 정당이나 그 밖의 정치단체에 가입하게 하거나 가입하지 아니하도록 권유 운동을 하는 것

공무원은 다른 공무원에게 위의 의무에 위배되는 행위를 하도록 요구하

거나, 정치적 행위에 대한 보상 또는 보복으로서 이익 또는 불이익을 약속하여서는 아니된다.

교원의 정치 운동 금지와 관련된 헌법재판소의 결정

국가공무원법 제65조는 "공무원은 정당이나 그 밖의 정치단체의 결성에 관여하거나 이에 가입할 수 없다"고 규정함으로써 교원(교육공무원)을 포함한 공무원의 정치 운동을 금지하고 있다.

그런데 2020년 4월, 헌법재판소는 위의 국가공무원법 규정 중 "그 밖의 정치단체"에 관한 부분은 '정치단체'라는 불명확한 개념을 사용함으로써 공무원의 정치적 중립성 및 교육의 정치적 중립성 보장과 관련이 없는 단체의 결성에 관여하거나 이에 가입하는 행위까지 금지하고 있고, 이는 입법목적 달성에 필요한 범위를 벗어나 교원의 정치적 표현의 자유 및 결사의 자유를 과도하게 제한하는 것이므로 침해의 최소성 원칙에 위배되므로 위헌이라고 결정했다(헌재결 2020. 4. 23, 2018헌마551). 다만, 교원의 정당활동을 금지하는 것은 헌법에 위반되지 않는다고 보았다.

타) 집단행위의 금지 의무: 공무원은 노동운동이나 그 밖에 공무 외의 일을 위한 집단행위를 하여서는 아니된다. 다만, 대통령령으로 정하는 사실상 노무에 종사하는 공무원은 예외로 한다. 사실상 노무에 종사하는 공무원으로서 노동조합에 가입된 자가 조합 업무에 전임하려면 소속 장관의 허가를 받아야 한다.

(3) 공무원의 책임

공무원의 직무행위에 대한 책임은 민법상의 책임과 형법상의 책임 그리고 공무원법상의 책임으로 구별된다. 먼저 민법상의 책임으로서 공무원은 국가에 대하여 재산상의 손해를 끼쳤을 때에는 특히 지정된 공무원을 제외하고는 민법상 배상책임을 지게 되며, 공무원이 그 직무를 수행함에 있어서 고의 또는 과실로 타인의 권리를 침해했을 때에는 그 공무원은 개인의 자격으로서 피해자에 대하여 민사상의 배상책임을 져야 한다.

형사상의 책임으로서 형법이 규정한 공무원의 직무에 관한 죄로서 직무

범죄와 준직무범죄로 구별된다. 전자는 직권남용죄와 직무유기죄가 있는데, 직권남용죄의 예로서는 타인의 권리행사방해죄, 불법체포감금죄, 폭행가혹행위죄, 피의사실공표죄, 공무상비밀누설죄, 선거방해죄 등이며, 직무유기죄란 공무원이 정당한 이유 없이 그 직무의 수행을 거부 또는 유기하는 것이다. 후자는 수뢰죄를 가리키는 것으로서 사전수뢰죄, 제3자뇌물제공죄, 수뢰후 부정처리 및 사후수뢰죄, 알선수뢰죄, 증뇌물전달죄 등이 그 예이다.

공무원법상의 책임으로서, 공무원법상 공무원이 받는 제재를 징계벌이라 하는데 여기에는 국가공무원법 및 이 법에 의한 명령에 위반하였을 때와 직무상 의무에 위반하거나 직무를 태만하였을 때 그리고 직무의 내외를 불문하고 그 체면 또는 위신을 손상하는 행위를 한 때에는 징계처분을 받는다. 이러한 징계처분에는 파면, 해임, 강등, 정직, 감봉, 견책이 있다(국가공무원법 제79조).

제3절 경찰행정과 법률관계

1. 경찰행정의 의의

경찰행정은 ① 그 목적에 있어 공공질서의 유지를 위하여 위해를 사전에 방지 또는 사후에 진압하는 행정작용이며, ② 그 수단에 있어서는 명령과 강제를 사용하는 권력적 작용이며, ③ 그 권력에 있어서 경찰권은 국가의 통치권에 근거한 국가적 권력이다.

그러므로 경찰행정은 국가의 다른 작용과 구별되며 또한 경찰법은 다른 행정법과 구별된다. 다만, 오늘날의 행정법학에서는 경찰행정 및 경찰법은 질서행정 및 질서행정법이라는 개념하에 다루어지는 것이 보통이다.

경찰관 직무수행과 「경찰관 직무집행법」
제1조(목적) ① 이 법은 국민의 자유와 권리 및 모든 개인이 가지는 불가침의 기본적 인권을 보호하고 사회공공의 질서를 유지하기 위한 경찰관(경찰공무원만 해당

> 한다. 이하 같다)의 직무 수행에 필요한 사항을 규정함을 목적으로 한다.
> ② 이 법에 규정된 경찰관의 직권은 그 직무 수행에 필요한 최소한도에서 행사되어야 하며 남용되어서는 아니 된다.

2. 경찰의 조직

경찰의 조직도 행정조직의 일부이며 그 조직에도 법률의 근거를 필요로 한다. 종전에는 「경찰법」에서 국가경찰제도를 기본으로 하는 경찰의 조직을 규정하고 있었다. 그러나 진정한 지방자치를 위해 경찰권한의 분권화와 함께 지역특성에 적합한 치안서비스의 제공이 필요하다는 점에서 자치경찰제가 전면 시행될 필요가 있다는 주장이 꾸준히 제기되었고, 더욱이 수사권 조정 시행과 함께 자치경찰제의 도입을 통해 비대해진 경찰권을 효율적으로 분산하여야 한다는 의견들도 함께 제기되면서, 2021년 1월 1일, 자치경찰제의 도입을 골자로 하는 「국가경찰과 자치경찰의 조직 및 운영에 관한 법률」(약칭: 경찰법)이 시행되었다.

동법은 경찰사무를 국가경찰사무와 자치경찰사무로 나누고, 각 사무별 지휘 · 감독권자를 분산하며, 시 · 도자치경찰위원회가 자치경찰사무를 지휘 · 감독하도록 하는 등 자치경찰제 도입의 법적 근거를 마련함으로써, 경찰권 비대화의 우려를 해소하면서 지방행정과 치안행정의 연계성을 확보하여 주민 수요에 적합한 다양한 양질의 치안서비스를 제공하는 한편 국가전체의 치안역량을 효율적으로 강화할 수 있도록 하고 있다.

경찰법에 따른 국가경찰사무와 자치경찰사무
제3조(경찰의 임무) 경찰의 임무는 다음 각 호와 같다. 1. 국민의 생명·신체 및 재산의 보호 2. 범죄의 예방·진압 및 수사 3. 범죄피해자 보호 4. 경비·요인경호 및 대간첩·대테러 작전 수행 5. 공공안녕에 대한 위험의 예방과 대응을 위한 정보의 수집·작성 및 배포

6. 교통의 단속과 위해의 방지
7. 외국 정부기관 및 국제기구와의 국제협력
8. 그 밖에 공공의 안녕과 질서유지

제4조(경찰의 사무) ① 경찰의 사무는 다음 각 호와 같이 구분한다.

1. 국가경찰사무: 제3조에서 정한 경찰의 임무를 수행하기 위한 사무. 다만, 제2호의 자치경찰사무는 제외한다.
2. 자치경찰사무: 제3조에서 정한 경찰의 임무 범위에서 관할 지역의 생활안전 · 교통 · 경비 · 수사 등에 관한 다음 각 목의 사무

가. 지역 내 주민의 생활안전 활동에 관한 사무

1) 생활안전을 위한 순찰 및 시설의 운영
2) 주민참여 방범활동의 지원 및 지도
3) 안전사고 및 재해·재난 시 긴급구조지원
4) 아동·청소년·노인·여성·장애인 등 사회적 보호가 필요한 사람에 대한 보호 업무 및 가정폭력 · 학교폭력·성폭력 등의 예방
5) 주민의 일상생활과 관련된 사회질서의 유지 및 그 위반행위의 지도·단속. 다만, 지방자치단체 등 다른 행정청의 사무는 제외한다.
6) 그 밖에 지역주민의 생활안전에 관한 사무

나. 지역 내 교통활동에 관한 사무

1) 교통법규 위반에 대한 지도 · 단속
2) 교통안전시설 및 무인 교통단속용 장비의 심의·설치·관리
3) 교통안전에 대한 교육 및 홍보
4) 주민참여 지역 교통활동의 지원 및 지도
5) 통행 허가, 어린이 통학버스의 신고, 긴급자동차의 지정 신청 등 각종 허가 및 신고에 관한 사무
6) 그 밖에 지역 내의 교통안전 및 소통에 관한 사무

다. 지역 내 다중운집 행사 관련 혼잡 교통 및 안전 관리

라. 다음의 어느 하나에 해당하는 수사사무

1) 학교폭력 등 소년범죄
2) 가정폭력, 아동학대 범죄
3) 교통사고 및 교통 관련 범죄

4) 「형법」 제245조에 따른 공연음란 및 「성폭력범죄의 처벌 등에 관한 제12조에 따른 성적 목적을 위한 다중이용장소 침입행위에 관한 범죄

5) 경범죄 및 기초질서 관련 범죄

6) 가출인 및 「실종아동등의 보호 및 지원에 관한 법률」 제2조제2호에 따른 실종아동등 관련 수색 및 범죄

② 제1항 제2호가목부터 다목까지의 자치경찰사무에 관한 구체적인 사항 및 범위 등은 대통령령으로 정하는 기준에 따라 시·도조례로 정한다.

③ 제1항 제2호라목의 자치경찰사무에 관한 구체적인 사항 및 범위 등은 대통령령으로 정한다.

3. 경찰권의 한계

법치국가에 있어서 경찰권은 무한히 발동될 수는 없다. 그것은 반드시 법규의 근거가 있어야 할 뿐만 아니라 법규의 근거가 있는 때에도 경찰의 목적상 필요한 한도로 그쳐야 하는 것이다. 경찰은 헌법이 보장하는 개인의 자유 및 권리를 침해하는 권한남용이 있어서는 아니되는 것으로서 여기에 경찰권의 한계가 있다. 경찰권은 공안과 질서의 유지를 위해서만 발동되며, 경찰권의 발동에도 그로부터 방지되는 사회공공의 이익과 그것으로 인한 일반 개인의 희생과를 비교하여 경찰재량권의 행사에는 비례의 원칙이 적용되어야 한다. 또한 경찰권의 발동은 일반적으로 사회공공의 질서에 대하여 위해를 미칠 우려가 있을 때 그 상태에 대한 책임이 있는 자에 대해서만 발동되어야 한다. 이러한 책임이 없는 자에 대해서는 법규가 인정하는 경우 이외에는 경찰권의 발동은 할 수 없는 것이다.

경찰의 권한남용의 금지에 관한 「경찰법」의 규정

제5조(권한남용의 금지) 경찰은 그 직무를 수행할 때 헌법과 법률에 따라 국민의 자유와 권리 및 모든 개인이 가지는 불가침의 기본적 인권을 보호하고, 국민 전체에 대한 봉사자로서 공정·중립을 지켜야 하며, 부여된 권한을 남용하여서는 아니 된다.

제 4 절 행정구제와 법률관계

1. 행정구제제도의 의의

모든 행정작용이 법규에 어긋남이 없이 적법하고 타당하게 이루어지는 것이 법치국가의 이상이고, 이렇게 되면 국민의 권리구제의 문제는 생각할 필요조차 없다.

그러나 실제로는 행정작용도 구체적으로는 사람의 손을 빌어 이루어지는 것이므로 잘못의 가능성이 있으며 실제로 나날이 행해지는 방대한 양의 행정작용 가운데 잘못된 것도 상당수 있다. 따라서 흠이 있는 행정작용에 대해서는 그 효력을 제거함과 아울러 행정작용으로 인하여 실체적인 손실을 입은 국민에 대하여는 그 손실을 메워주는 등 행정잘못에 대하여 국민의 권리와 이익을 구제할 필요가 있는데, 이를 '행정구제'라고 한다.

위법한 행정작용에 대한 정당방위, 위법행위를 한 공무원의 징계와 형사처벌, 처분청 또는 감독청에 의한 직권시정, 행정절차, 청원 등과 같은 제도도 모두 직접 또는 간접적으로 행정구제의 기능을 한다고 할 수 있다. 그러나 효과가 확실하고 직접적인 구제수단은 행정소송과 국가보상의 제도이며, 이 두 제도가 행정구제의 핵심을 이루고 있다고 보아야 한다.

행정상의 권리구제제도로는 행정처분의 효력을 다투는 행정심판 및 행정소송제도, 공무원의 위법한 직무집행행위나 영조물의 설치 또는 관리상의 하자로 인하여 생긴 재산적 손해를 보전해 주는 국가배상제도, 그리고 최근에 중요성을 더해가고 있는 민원처리제도 등이 있다.

- 행정구제제도
  - 손해전보제도
    - 손해전보제도
    - 손실보상제도
  - 행정쟁송제도
    - 행정심판제도
    - 행정소송제도

〈행정구제제도의 종류〉

2. 행정구제제도의 유형

1) 민원처리제도

국민이 행정활동에 대해 불평불만이 있을 때, 이러한 불평불만을 행정기관에 설치된 민원창구나 담당공무원과의 상담을 통하여 해결하는 것이 행정의 민주화를 위하여 훨씬 바람직한 경우가 적지 않다. 이처럼 행정활동과 관련한 불평불만이 국민의 입에서 나오는 경우 행정기관이 이에 대하여 필요한 조치를 강구하는 것이 민원처리제도이다.

민원처리제도는 사법적 해결이 곤란한 불평불만이나 사법적 해결이 가능하더라도 시간·노력·비용 등이 많이 들기 때문에 현실적으로 사법적 해결을 기대할 수 없는 국민의 요구를 간이·신속하게 만족시켜 줄 수 있다는 점에서 행정구제제도로서의 유용성을 널리 인정받고 있다. 그러나 민원처리는 일종의 사실행위로서 법적 구속력이 없다. 바로 여기에 민원처리제도가 안고 있는 행정구제제도로서의 한계가 있다.

2) 행정쟁송제도

행정쟁송은 위법 또는 부당한 행정작용의 시정을 목적으로 하는 행정구제방법이며, 행정상의 법률관계에 관하여 이해관계인으로부터 쟁송의 제기가 있을 때에 일정한 기관이 이것을 심판하는 절차이다. 우리나라는 1998년부터 행정법원을 설치·시행하고 있다.

3) 행정심판제도

행정심판이란 행정청의 위법 또는 부당한 처분에 의하여 권리나 이익을 침해당한 국민이 행정기관을 상대로 처분의 취소 또는 변경을 청구하는 절차이다. 행정심판제도는 위법 또는 부당한 행정처분의 취소 또는 변경을 통하여 국민의 권리나 이익을 보호한다는 점에서 위법한 행정처분의 효력을 다투는 행정소송과 비슷하다. 그러나 행정기관에 대하여 심판을 청구한다는 점에서 행정심판은 사법권의 고유사무에 속하는 행정소송과 구별된다.

행정심판은 약식의 쟁송절차이기 때문에 심판의 공정성과 권리구제의 실효성에 있어서 행정소송에 비해 크게 뒤진다. 행정심판은 이 같은 단점이 있는 반면 행정소송에 비하여 여러 가지의 장점도 아울러 지니고 있다.

첫째, 절차의 간편성이다. 행정심판의 경우 시간·노력·비용 등이 덜 들기 때문에 간이·신속한 권리구제를 받을 수 있다. 둘째 행정심판은 자기반성이나 행정감독수단으로서의 기능도 가지고 있으므로 당사자는 위법한 행정처분의 효력은 물론 재량권 행사의 당·부당까지도 다툴 수 있다.

4) 행정소송제도

행정소송제도란 행정청의 위법한 처분으로 인하여 권리나 이익을 침해당한 국민이 법원을 상대로 처분의 취소 또는 변경을 청구하는 절차이다. 행정권으로부터 독립된 법원이 중립적인 제3자의 위치에서 법적 분쟁의 해결에 나서고 구두변론주의를 중심으로 하는 배심구조·공개의 원칙 그리고 법정절차에 의한 증거조사 등이 보장되고 있다는 점에서 행정심판과 구별된다. 따라서 국민의 권리나 이익을 보호하기 위하여 없어서는 안 될 가장 중요한 행정구제제도이다. 따라서 「행정소송법」 제1조는 모든 위법한 행정처분에 대하여 행정소송의 제기를 허용하는 개괄주의를 채택하고 있다. 행정소송에는 항고소송, 당사자소송, 민중소송 그리고 기관소송이 있다.

(1) 항고소송

항고소송은 행정청의 위법한 행정처분이나 부작위에 의하여 권리나 이익을 침해당한 자가 그 위법한 처분 등이나 부작위에 대하여 제기하는 소송이다. 「행정소송법」은 항고소송을 '취소소송', '무효 등 확인소송', '부작위위법확인소송'으로 구분하고 있다(행정소송법 제4조).

'취소소송'은 행정청의 위법한 처분이나 재결에 대하여 그 취소나 변경을 구하는 소송을 말한다. 행정소송의 가장 중심을 이루고 있는 것이 바로 이 취소소송이다.

'무효 등 확인소송'은 행정청의 처분이나 재결의 효력의 유무(유효, 무효, 실효 여부) 또는 존재 여부를 확인하는 소송을 말한다.

'부작위위법확인소송'은 행정청의 부작위가 위법하다는 것을 확인하는 소송을 의미한다. 부작위위법확인소송은 행정청이 일정한 처분을 내릴 의무가 존재함에도 불구하고 이를 하지 않는 것이 위법하다는 것을 소극적으로 확인하는 데에만 그칠 뿐, 적극적으로 일정한 처분을 할 것을 요구하는 이행소송은 아니다. 우리 대법원은 권력분립의 원칙에 따라 '의무이행소송'을 인정하지 않고 있다.

(2) 당사자 소송

행정청의 처분 등을 원인으로 하는 법률관계에 관한 소송 그 밖에 공법상의 법률관계에 관한 소송으로서 그 법률관계의 한쪽 당사자를 피고로 하는 소송으로서 공무원의 지위확인, 공무원의 봉급청구, 행정상의 손실보상청구, 공법상의 부당이득반환청구 등 공법상의 권리관계에 관한 소송이 여기에 속한다.

(3) 민중소송

국가 또는 공공단체의 기관이 행한 위법한 행위의 시정을 청구하는 소송이다. 이 소송은 직접 자기의 법률상 이익과 관계없이 그 시정을 구하기 위하여 제기하는 소송이다.

(4) 기관소송

국가 또는 공공단체의 기관 상호간에 있어서의 권한의 존부 또는 그 행사에 관한 다툼이 있을 때에 이에 대하여 제기하는 소송이다. 다만, 「헌법재판소법」 제2조의 규정에 의하여 헌법재판소의 관장사항으로 되는 소송은 제외한다.

「행정소송법」에 특별한 규정이 있는 이외에는 「민사소송법」을 준용한다. 법원의 종국판결에는 각하의 판결, 청구인용의 판결 등이 있는데 판결은 그 사건에 관하여 관계행정청을 구속할 뿐만 아니라 소송에 참가한 제3자에 대하여도 효력이 있다. 종전에는 행정소송을 제기하려면 반드시 먼저 행정심판을 거치도록 되어 있었다(필요적 행정심판전치주의). 그러나 1998년 개정 「행정소송법」이 시행된 이후에는 원칙적으로 당해 법률에 다른 규정이 있는 경우를 제외하고는 행정심판 제기 유·무 및 전·후에 관계없이 행정소송을 제기할 수 있게 되었다. 행정소송 1심법원은 행정법원(독립된 행정법원이 없는 경우 관할지방법원 행정부)이며, 1심 판결에 불복할 시 고등법원, 대법원에 항소 및 상고가 가능하다(3심제).

5) 행정상 손해배상제도

이미 보아온 것처럼 행정청의 처분에 의하여 국민의 권리나 이익이 침해당한 경우에 행정심판과 행정소송으로 행정구제가 불충분한 경우가 적지 않다. 예컨대, 위법하게 토지수용처분을 받은 사람이 토지수용처분의 취소를 청구하는 소송을 제기하여 인용판결을 얻으면 토지소유권자로서의 법적 지위는 회복되나 토지수용처분으로 인하여 생긴 재산적 손해는 항고소송에 의해서도 보상받지 못한다. 또한 철도건널목에 설치되어 있는 교통차단기가 작동치 않아 통과열차와 횡단버스가 충돌한 경우에 그 손해를 누가 부담하여야 할 것인가 하는 문제는 제반 이익상황을 충분히 고려한 끝에 법정책적으로 신중히 결정하여야 한다. 일체의 재산적 손해를 피해자의 부담으로 돌리는 것은 현대인의 감각에 비추어 납득하기 어려울 것이다.

재산적 손해에 대하여 공무원의 책임을 면할 수 없고, 영조물의 설치관리에 하자가 있는 한 국가나 지방자치단체 등과 같은 행정주체가 이를 바로 배상함으로써 피해자의 구제를 도모하는 제도가 필요한 것이다. 이것이 바로 행정상 손해배상제도이다. 행정상 손해배상제도는 행정소송제도와 마찬가지로 행정의 적법성을 확보하고 국민의 권리나 이익을 보호하기 위하여 반드시 갖춰져야 할 행정구제제도의 하나이다.

「국가배상법」에 따르면, 국가나 지방자치단체의 손해배상 책임유형은 공무원의 위법한 직무행위로 인한 배상책임과 영조물의 설치·관리상의 하자로 인한 배상책임으로 나누어져 있다.

〈국가배상법에 따른 행정상의 손해배상〉

구분	공무원의 위법한 직무행위로 인한 배상책임	영조물의 설치·관리상의 하자로 인한 배상책임
「국가배상법」의 관련규정	제2조(배상책임) 국가나 지방자치단체는 공무원 또는 공무를 위탁받은 사인(이하 "공무원"이라 한다)이 직무를 집행하면서 고의 또는 과실로 법령을 위반하여 타인에게 손해를 입히거나, 「자동차손해배상 보장법」에 따라 손해배상의 책임이 있을 때에는 이 법에 따라 그 손해를 배상하여야 한다.	제5조(공공시설 등의 하자로 인한 책임) 도로·하천, 그 밖의 공공의 영조물(營造物)의 설치나 관리에 하자(瑕疵)가 있기 때문에 타인에게 손해를 발생하게 하였을 때에는 국가나 지방자치단체는 그 손해를 배상하여야 한다.
성립요건	① 공무원의 직무상 행위일 것 ② 직무를 집행함에 있어서 행하여진 행위일 것 ③ 위법한 행위일 것 ④ 고의 또는 과실이 있을 것 ⑤ 타인에게 손해가 발생할 것	① 영조물의 설치·관리상의 하자가 있을 것 ② 그 하자로 인하여 타인에게 손해가 발생할 것 ※ 고의 또는 과실의 요건은 불요(무과실책임)

영조물의 설치·관리상의 하자로 인한 배상책임

[사례] 甲은 얼마 전 일을 마치고 귀가하던 중 하수도 맨홀의 뚜껑이 없어진 줄 모르고 발을 헛디뎌 다리가 부러졌다. 지금도 계속 병원을 다니면서 치료를 받고 있다. 이 경우에 甲은 국가나 지방자치단체로부터 배상을 받을 수 있는가? 그리고 그 배상심의절차는 어떠한가?

[해설] 「국가배상법」 제5조 1항은 "도로·하천 기타 공공의 영조물의 설치 또는 관리에 하자가 있기 때문에 타인에게 손해를 발생하게 하였을 때에는 국가 또는 지방자치단체는 그 손해를 배상하여야 한다"고 규정하고 있다.

동 규정에 의해 국가 또는 지방자치단체에게 배상책임이 인정되기 위해서는 1) 공공시설에 의한 손해이고 2) 그 공공시설의 설치 또는 관리에 하자가 있어야 하며 3) 그 공공시설의 하자로 인하여 손해가 발생한 경우여야 한다.

이 사례의 경우, 지방자치단체가 관리하는 공공시설인 맨홀에 의하여 손해가 발생하였으며 지방자치단체는 주의 표시를 하는 등 시설의 안전관리에 만전을 기울여야 하나 그렇지 못하였고, 그로 인하여 손해가 발생하였으므로 지방자치단체는 甲에 대하여 손해배상의 책임이 있다고 할 수 있다.

따라서 국가배상법에 따라 배상금을 받으려는 甲은 그 주소지·소재지 또는 배상원인 발생지를 관할하는 지방검찰청의 지구심의회에 배상신청을 하여야 한다. 지구심의회는 배상신청을 받으면 지체 없이 증인신문(證人訊問)·감정(鑑定)·검증(檢證) 등 증거조사를 한 후 그 심의를 거쳐 4주일 이내에 배상결정(배상금 지급결정, 기각결정 또는 각하결정)을 하여야 한다. 심의회는 배상결정을 하면 그 결정을 한 날부터 1주일 이내에 그 결정정본(決定正本)을 신청인에게 송달하여야 한다. 지구심의회에서 배상신청이 기각(일부기각된 경우를 포함한다) 또는 각하된 신청인은 결정정본이 송달된 날부터 2주일 이내에 그 심의회를 거쳐 본부심의회나 특별심의회에 재심(再審)을 신청할 수 있다.

6) 행정상 손실보상제도

행정상 손실보상이란 공공의 필요에 의한 적법한 공권력의 행사에 의하여 사인의 사유재산에 가해진 특별한 손해에 대하여 '부담의 전체적인 공평'이라는 이념에 입각하여 행해지는 재산적 보상을 의미한다.

우리 헌법은 제23조 제3항에서, "공공필요에 의한 재산권의 수용, 사용 또는 제한 및 그에 대한 보상은 법률로써 하되, 정당한 보상을 지급하여야 한다"고 하여 손실보상의 원칙을 명시하고 있다. '수용'이란 재산권을 박탈하는 것을 의미하고, '사용'은 재산권의 박탈에 이르지 아니하는 일시적 사용을 의미한다. '제한'은 재산권의 사용, 수익 등의 행사를 제한하는 것을 의미한다. 이와 같은 공공의 필요에 의한 재산권의 수용, 사용, 제한을 '공용침해'라고도 한다.

'정당한 보상'의 의미에 관하여는 침해되는 재산의 시가에 의한 객관적 가치 전부를 보상하여야 한다는 완전보상설과 공익상의 합리적인 이유가 있을 때에는 그보다 낮은 보상도 가능하다는 상당보상설이 제기되고 있다. 통설은 완전보상설의 입장에 있다.

행정상 손해배상과는 달리 행정상 손실보상에 관한 일반법은 존재하지 않는다. 다만 손실보상에 대한 위 헌법규정에 근거하여 개별 법률에서 헌법의 정신에 따라 손실보상에 관한 규정을 두고 있다.

사정재결과 사정판결

[사례] 甲은 행정청의 처분행위에 대한 취소를 구하려는 행정쟁송을 하려고 한다. 그런데 행정심판이나 행정소송에 있어서 그 취소를 구하는 처분이 위법한 경우에도 공익 등을 위하여 그 처분의 취소를 인정하지 않는 경우가 있다고 하는데 그것이 사실인가?

[해설] 「행정심판법」 제44조 제1항은 "위원회는 심판청구가 이유가 있다고 인정하는 경우에도 이를 인용(認容)하는 것이 공공복리에 크게 위배된다고 인정하면 그 심판청구를 기각하는 재결을 할 수 있다. 이 경우 위원회는 재결의 주문(主文)에서 그 처분 또는 부작위가 위법하거나 부당하다는 것을 구체적으로 밝혀야 한다"고 규정하고 있는데 이것을 '사정재결'이라고 한다.

또한「행정소송법」 제28조 제1항에도 "원고의 청구가 이유 있다고 인정하는 경우에도 처분 등을 취소하는 것이 현저히 공공복리에 적합하지 아니하다고 인정하는 때에는 법원은 원고의 청구를 기각할 수 있다. 이 경우 법원은 그 판결의 주문에서 그 처분 등이 위법함을 명시하여야 한다"고 규정되어 있는데, 이를 '사정판결'이라고 한다.

이러한 사정판결을 할 수 있는 기준에 관하여, 대법원은 "행정처분이 위법한 때에는 이를 취소함이 원칙이고 그 위법한 처분을 취소·변경함이 도리어 현저히 공공복리에 적합하지 않은 경우에 극히 예외적으로 위법한 행정처분의 취소를 허용하지 않는다는 사정판결을 할 수 있으므로 사정판결의 적용은 극히 엄격한 요건 아래 제한적으로 하여야 하고, 그 요건인 현저히 공공복리에 적합하지 아니한가의 여부를 판단함에 있어서는 위법·부당한 행정처분을 취소·변경하여야 할 필요와 그 취소·변경으로 인하여 발생할 수 있는 공공복리에 반하는 사태 등을 비교·교량하여 그 적용 여부를 판단하여야 한다"고 하여 사정판결의 예외성과 기준의 엄격성을 강조하고 있다(대법원 94누4660).

그리고 이러한 사정판결을 할 필요가 있다고 인정하는 때에는 당사자의 명백한 주장이 없는 경우에도 기록에 나타난 사실을 기초로 하여 직권으로 사정판결을 할 수 있다(대법원 95누4629; 99두9674). 그러나 당연무효의 행정처분을 소송목적물로 하는 행정소송에서는 존치시킬 효력 있는 행정행위가 없기 때문에 행정소송법 제28조 소정의 사정판결을 할 수 없다(대법원 95누5509).

제 7 장

민사소송과 법률관계

제1절 서 론

민사소송법이란 형사소송법과 행정소송법 등과 함께 이른바 절차법의 범주에 속한다. 절차법은 일정한 권리의무의 확정과 실현을 위한 절차를 규율하는 기술적인 성격을 띠고 있다. 그러나 절차법이 기술적인 성격을 가지고 있다고 하여 거기에 학문적인 맛과 철학적인 이념이 결여되어 있는 것은 아니다. 민사소송법은 개인 상호간의 생활관계에서 발생하는 법률상의 분쟁을 적정, 공평하고 신속, 경제적으로 해결하는 것을 이상으로 하고 있고 이러한 공통되고 일관된 이념에 입각하여 민사소송절차에 관한 법규를 조망해 보는 태도가 민사소송법의 연구에 필요하다고 할 수 있다.

1. 민사소송제도의 이념

법률제도는 문화적 존재이며 그 운영에 있어서 제도의 목적이나 이상에 대해서 깊이 생각하는 것이 중요하다. 민사소송제도의 목적에 대하여는 우선 법적 기준을 적용해서 사회생활에서 일어나는 분쟁을 해결하는 것이다.

이러한 분쟁의 해결방법은 사회와 국가에 따라 같을 수는 없는 것이다. 예컨대, 어느 아프리카의 작은 부락에서는 다툼이 생기면 분쟁당사자를 호수가까이에 세워 놓은 두개의 기둥에 물가에서 같은 거리만큼 떨어져 묶은 후 거리에 방치되어져 재판을 기다리게 하는 것이다. 조금 지나면 나이 많은 악어가 물속에서 나타나 그 중에 어느 한 기둥 쪽으로 다가가서 악어에게 잡

혀먹을 궁지에 빠진 쪽의 분쟁당사자가 패하게 되도록 하는 재판을 이용하였다. 이러한 재판은 원시사회에서 초자연적인 신의 힘을 재판에 도입하도록 하는 것이라고 할 수 있다. 이와 같이 원시사회에 있어서는 초자연적인 힘이 바른 재판을 보증할 수 있다고 생각하고 있었다.

그러나 오늘날의 근대국가에서는 개인 상호 간의 생활관계에서 발생하는 분쟁과 이해관계의 충돌을 국가의 사법권에 의하여 강제적으로 해결·조정하기 위한 절차인 민사소송제도를 가지고 있다. 민사소송제도의 운용은 대체로 아래에 설명되는 바와 같이 4개의 이상의 실현에 있다.

1) 적정의 이상

재판의 내용은 바르고 잘못이 없는 것이어야 하는데 그러기 위해서는 사실의 인정이 진실에 합치하고 또한 법규의 해석·적용이 적절할 것이 필요하다. 판결을 내리는 법관이 그 스스로 심리를 담당하며, 당사자는 구두로 주장하고 입증할 수 있으며, 불이익한 재판에 대해서는 불복신청을 할 수 있다는 것 등은 주로 이러한 적정의 이상을 달성하려고 하는 것이다.

2) 공평의 이상

공평의 이념이 실현되기 위해서는 공정한 법관이 심리, 판결을 담당하고, 주장과 입증의 동등한 기회를 당사자에게 주는 것이 필요하다. 따라서 편파적인 재판을 할 우려가 있는 법관을 배제하는 방안을 마련하고, 공개된 법정에서 당사자의 쌍방의 주장이나 의견을 듣고, 필요한 범위에서 제3자의 소송관여를 허용하여야 하는 것 등이 이러한 공평의 이상을 달성하기 위한 것이다.

3) 신속의 이상

상당한 심리기간 내에 소송을 매듭짓는 것으로서 법원이 직권으로 소송절차의 진행을 꾀하며 심리의 집중에 노력한다. 또한 효율적인 재판이라고 하는 것은 개개의 당사자에게 의미 있는 구제를 주기 위해서만이 아니고 권리를 침해받고 있는 다른 많은 사람의 법적 구제를 방해하지 않기 위해서도 요청되는 것이다.

4) 소송경제의 이상

한정된 국가예산을 최대한 활용하고 당사자도 필요 없는 경비의 지출을 강요당하지 않는 재판의 필요성이다. 이를 실현하기 위해서 하나의 절차 속에 복잡한 사건을 한꺼번에 심리할 길을 마련하고, 위법인 절차라 하더라도 큰 하자가 없는 한 다시 고치는 것을 제한하려는 것은 이러한 이상을 달성하기 위한 것이라 할 수 있다.

그러나 자원이 한정되어 있다고 하는 현실적 제약을 전제로 하는 한 이들의 이상을 동시에 달성한다는 것은 아주 어려운 것이라 할 수 있다. 냉엄한 현실 속에서 이러한 4개의 이상은 빈번히 상충하게 된다. 특히 적정·공평의 이상과 신속·경제의 이상의 충돌은 뚜렷하며, 적절한 조화를 꾀하는 것은 대단히 어려운 일이라 할 수 있다.

제 2 절 민사소송의 의의

1. 민사소송의 의의

민사소송이란 개인 상호간의 생활관계에서 발생한 법률상의 분쟁과 이해관계의 충돌을 국가의 재판권에 의하여 강제적으로 해결·조정하기 위한 절차이다.

이러한 민사소송은 법원의 공권적인 법률관계인 판결에 의하여 법규를 적용하여 권리관계를 확정하는 방법인 판결절차와 일반개인의 사법상의 의무가 임의로 이행되지 아니할 때에 국가의 공권력에 의하여 강제적으로 그의 이행을 실현시키는 강제집행절차의 두 가지로 구분된다. 이러한 민사소송을 규율하는 법규의 체계를 「민사소송법」이라 한다.

민사소송이외의 민사분쟁 해결제도	
조정	분쟁 당사자 사이에 제3자가 개입하여 독자적으로 분쟁해결을 위한 조정안을 마련하여 당사자의 승낙을 권고하여 화해에 이르도록 함으로써 분쟁의 해결을 도모하는 제도이다. 조정이 성립되어 조정조서가 작성되면 재판상 화해와 동일한 효력이 생긴다.
화해	당사자간의 직접적 교섭을 통하여 상호양보로 분쟁을 해결하는 제도이다. 화해는 민법상 계약의 형태로 이루어지는 화해와 재판상 화해로 구별할 수 있다. 민법상 '화해계약'은 분쟁당사자가 서로 양보하여 당사자 사이의 분쟁을 종지할 것을 약정함으로써 성립하는 계약(민법 제731조)이다. '재판상 화해'는 '소송상 화해'와 '제소전 화해'를 포함하는 개념이다. '소송상 화해'는 당사자 양쪽이 수소법원 앞에서 서로 주장을 양보하여 소송을 종료시키는 행위이다. 화해의 결과, 당사자의 진술을 조서에 기재하면 소송이 종료되며 이 화해조서는 확정판결과 동일한 효력이 생긴다. '제소전 화해'는 제소 전에 화해하고자 하는 당사자가 상대방의 보통재판적 소재지의 지방법원에 출석하여 행하는 화해로서 소송계속을 전제로 하지 않는 점에서 소송상의 화해와 다르나, 법원에서 행하여지므로 집행권원으로서의 효력이 부여된다(민사소송법 제385조 이하). 제소전 화해의 신청은, 당사자가 청구의 취지·원인과 다투는 사정을 명시하여 상대방의 보통재판적 소재지의 지방법원에 제출하고(385조 1항), 화해가 성립되면 화해조서를 작성하게 되며(386조), 이것은 확정판결과 동일한 효력이 있다(220조).
중재	분쟁 당사자가 분쟁에 관한 판단을 맡길 제3자(중재인 또는 중재기관)를 합의하여 정하고 그의 판단에 반드시 복종함으로써 분쟁을 해결하는 방식이다. 분쟁이 있는 경우에 이를 중재의 절차에 붙일 것인지의 여부는 당사자의 자유로운 의사에 달려 있지만 예외적으로 강제중재에 붙이는 경우도 있다. 다만 유효한 중재합의가 있는 사건을 법원에 제소하면 소의 이익이 없는 것으로 각하된다.

2. 민사소송절차의 종류

1) 보통소송절차

보통소송절차는 통상의 민사사건에 적용되는 절차를 말한다. 보통의 소송절차는 판결절차, 민사집행절차, 부수절차로 나눌 수 있다.

(1) 판결절차

판결절차란 사법상의 권리·의무관계를 재판에 의하여 확정하는 절차를 말한다. 판결절차는 소에 의하여 개시되고, 종국판결에 의하여 종료된다. 심급에 따라 제1심, 항소심, 상고심 절차로 세분할 수 있다.

(2) 민사집행절차

민사집행절차란 판결절차에 의하여 확정된 사법상의 의무를 채무자가 임의로 이행하지 않는 경우에 채권자의 신청에 의하여 국가가 강제력을 행사하여 사법상의 이행의무를 실현하는 절차를 말한다. 민사집행절차는 판결절차와는 다른 별개의 독립절차로서 판결절차에 필연적으로 부수되는 절차가 아니며, 따라서 그 집행기관도 판결절차와는 다르다.

(3) 부수절차

부수절차는 판결절차나 민사집행절차에 부수하는 절차이다.

가) 증거보전절차

증거보전절차라 함은 판결절차에서 정식의 증거조사의 시기까지 기다려서는 어떤 증거의 이용이 불가능하거나 곤란하게 될 염려가 있는 경우에 미리 그 증거를 조사하여 그 결과를 보전해 두기 위한 절차이다.

나) 집행보전절차

집행보전절차라 함은 장래의 채권집행이 불가능하거나 현저히 곤란하게 될 염려가 있는 경우에 현재에 채권을 보전하는 절차를 말한다. 여기에는 가압류와 가처분을 들 수가 있다. 먼저 가압류라 함은 금전채권이나 금전으로 환산할 수 있는 채권, 즉 금전상의 청구에 대하여 후일의 집행을 보전하기 위한 절차이다. 그리고 가처분이라 함은 금전채권이외의 채권에 대해서 청구권의 집행을 보전하거나 또는 가지위를 정하여 후일 법률관계가 확정될 때까지 잠정적 법률상태를 정하는 절차이다.

2) 특별소송절차

(1) 소액사건심판절차

소액사건심판절차란 2,000만원을 초과하지 아니한 민사사건에 관하여 소송의 신속과 경제적인 해결을 도모하기 위하여 인정된 절차라고 할 수 있다. 소액사건심판절차는 일반의 소송절차보다 절차가 간이하고, 비용이 저렴하며, 비교적 신속하게 재판이 진행되어 자주 이용된다. 절차의 간이화를 위해 당사자의 배우자, 직계혈족 또는 형제자매이면 변호사가 아니더라도 법원의 허가 없이 소송대리인이 될 수 있다(통상의 소송절차에서는 변호사가 소송대리를 하는 것이 원칙임). 소액사건은 구술에 의해 소를 제기할 수 있고(통상의 소송절차는 서면주의가 원칙) 1회의 변론기일로 심리가 종결되며 증거조사에서도 법원이 직권으로 증거조사를 하게 하는 등 심리 과정에도 신속하게 진행될 수 있도록 여러 가지 특례가 존재한다. 변론이 종결되면 즉시 판결이 선고(통상의 소송절차에서는 2주일 내에 판결을 선고)되며, 소액사건의 경우에는 특별한 사유가 없는 이상 대법원에 상고가 제한된다.

(2) 독촉절차

독촉절차란 금전, 기타 대체물 또는 유가증권의 일정한 수량의 지급을 목적으로 하는 청구권에 관하여 인정되는 절차이다. 채권자 일방의 신청에 따라 채무자의 지급을 명하는 지급명령을 발하고 채무자가 일정한 기일 내에 이의신청을 하지 아니하면 가집행선고를 하여 채무명의가 된다. 채무자의 이의신청이 있으면 판결절차로 옮아간다.

(3) 가사소송절차

가사소송절차란 가사에 관한 소송절차로서 가사소송절차와 가사비송절차 및 가사조정절차가 있으며, 가사소송법에 의하여 가정법원의 전속관할로 하고 있다.

(4) 파산절차

파산절차란 채무자의 자력이 불충분하여 모든 채권자에게 채권의 만족을 주지 못할 경우에 채무자들의 개별적인 소송이나 강제집행을 배척하고 국가권력으로서 강제적으로 채무자의 전 재산을 관리, 환가하여 전체채권자에게 채권비율에 따라서 공평하게 금전적 배당을 할 것을 목적으로 하는 재판상의 절차이다.

(5) 화의절차

화의절차라 함은 채무자에게 파산원인이 생겨 파산선고를 받게 될 상태에 빠진 경우 다수의 법정채권자의 의결과 법원의 인가를 얻어 채무자는 파산선고를 면하고 동시에 채권자도 파산절차에 비하여 유리하게 변제조건을 경정하는 절차이다.

(6) 회사정리절차

회사정리절차라 함은 재정적 궁핍으로 파탄에 직면한 주식회사가 회생의 가망이 있는 경우에 그 회사에 관하여 채권자, 주주, 기타 이해관계인의 이해를 조정하고 또한 회사사업의 정리재건을 도모하기 위하여 실시되는 절차이다. 통상 '법정관리'라고도 한다.

제3절 법 원

1. 민사법원의 의의

광의의 민사법원은 민사재판권을 행사하는 국가기관을 총칭하는 것으로서 협의의 법원은 물론이고 서기, 집행관 기타의 법원직원을 포함한 복합적 관서를 말한다.

협의의 민사법원이라 함은 법관으로 구성된 재판기관, 즉 합의부와 단독판사를 말하며 일반적으로 소송법상의 용어로서 법원이라고 할 때에는 이러한 협의의 법원을 가리키는 것이다.

법원에는 대법원, 고등법원, 지방법원 및 가정법원 등이 있으며 지방법원 및 가정법원의 사무의 일부를 처리하게 하기 위하여 그 관할지역내에 지원과 등기소를 둘 수 있다.

재판기관에는 합의제와 단독제가 있으며, 대법원의 재판권은 대법관 전원의 3분의 2이상의 합의체에서 행하며, 고등법원 및 지방법원의 합의부는 판사 3인으로 구성된다.

2. 민사법원의 관할

관할이라 함은 재판권을 행사하는 여러 법원들 사이의 사무의 분장을 가리키는 것으로서 구체적 사건을 표준으로 할 경우에는 그 사건이 어느 법원에서 심리를 받느냐의 문제이며, 특정한 법원을 표준으로 할 경우에는 어느 범위까지 사건을 다룰 권한이 있을 것인가의 문제가 된다.

1) 직분관할, 사물관할, 토지관할

민사법원의 관할은 재판권을 분장하는 기준이 무엇이냐에 따라 직분관할, 사물관할, 토지관할로 구분할 수 있다.

(1) 직분관할

직분관할이란 담당직분의 차이를 기준으로 해서 재판권의 분장을 정하는 것을 말한다. 판결절차담당은 수소법원, 강제집행절차는 집행법원의 직분관할에 속한다. 3심제에 따라 제1심, 항소심, 상고심과 같은 심급의 분장을 정하는 심급관할도 직분관할에 속한다.

(2) 사물관할

제1심 소송의 재판권을 지방법원의 단독판사와 지방법원 합의부 중 누구에게 분장시킬 것인가의 문제인 사물관할이라 한다. 즉 동일한 지방법원 및 그 지원의 단독판사와 합의부간의 제1심 사건에 관한 분배이다. 원칙적으로 지방법원 및 지방법원지원의 합의부는 소송목적의 값이 2억원을 초과하는 「민사사건 및 민사소송등인지법」 제2조 제4항의 규정에 해당하는 민사사건을 제1심으로 심판한다(민사 및 가사소송의 사물관할에 관한 규칙).

(3) 토지관할

지역적으로 다른 여러 법원에서 담당할 수 있는 사건을 특정 법원에게 분장시키는 관할을 토지관할이라 한다. 토지관할에는 보통재판적과 특별재판적이 있다. 소(訴)는 피고의 보통재판적이 있는 곳의 법원이 관할한다(민사소송법 제2조). 사람의 보통재판적은 그의 주소에 따라 정한다. 다만, 대한민국에 주소가 없거나 주소를 알 수 없는 경우에는 거소에 따라 정하고, 거소가 일정하지 아니하거나 거소도 알 수 없으면 마지막 주소에 따라 정한다(민사소송법 제3조). 이외에도 「민사소송법」은 제4조 이하에서 다양한 특별재판적을 규정하고 있다.

토지관할: 어떤 법원에 소송을 제기해야 하는가?
[사례] 甲은 乙로부터 부동산을 매수하였는데, 乙이 등기이전을 해주지 않자 乙을 상대로 부동산이전등기를 청구하는 소송을 하려고 한다. 전국의 많은 법원들 중에 어느 법원에 소송을 제기하여야 하는가?
[해설] 전국의 많은 법원들 중에 어느 법원에 소를 제기할 것인가를 따지는 관할을 토지관할이라고 한다. 하나의 사건에 대하여는 여러 개의 토지관할이 있을 수 있다. 따라서 원고인 甲은 자기에게 가장 유리한 관할법원을 선택하면 된다. 예컨대, 대여금반환청구에서는 피고의 주소지법원이라는 보통재판적이 있지만 경우에 따라서는 원고에게 더 유리한 의무이행지의 특별재판적이 인정될 수 있는 것과 마찬가지로, 사례와 같은 매매에 기한 부동산소유권이전등기청구에서도 피고의 주소지를 관할하는 법원에 보통재판적이 있지만, 부동산소재지의 법원도 관할권을 가질 수 있다.

2) 법정관할, 합의관할, 변론관할

(1) 법정관할

법률의 규정에 의하여 당연히 결정되는 관한을 법정관할이라고 한다. 심급관할, 사물관할, 토지관할 등 대부분의 관할은 법정관할에 속한다.

(2) 합의관할

합의관할이란 당사자의 합의에 의하여 성립하는 관할을 의미한다. 당사자는 합의로 제1심 관할법원을 정할 수 있다. 단 이러한 합의는 일정한 법률관계로 말미암은 소에 관하여 서면으로 하여야 한다(민사소송법 제29조).

(3) 변론관할

변론관할이란 원고가 관할권 없는 법원에 소를 제기하였는데 피고가 이의 없이 본안변론을 함으로써 생기는 관할을 의미한다. 응소관할이라고도 한다. 「민사소송법」 제30조는 "피고가 제1심 법원에서 관할위반이라고 항변(抗辯)하지 아니하고 본안(本案)에 대하여 변론(辯論)하거나 변론준비기일(辯論準備期日)에서 진술하면 그 법원은 관할권을 가진다"고 규정하고 있다.

제4절 민사소송의 당사자

1. 소송당사자의 의의

소송당사자라 함은 법원에 대하여 권리의 보호를 요구하는 자와 그 상대방으로서 이에 대한 재판권의 행사가 요구되는 자, 즉 원고와 피고를 가리키는 말이다. 민사소송에서는 서로 이해관계가 대립되는 양당사자를 참여시켜서 심리하는 것을 원칙으로 하며 이를 양당사자주의 또는 이당사자주의라고 한다.

판결절차에서는 제1심에서는 원고와 피고라고 하며 제2심(항소심)에서는 항소인과 피항소인, 제3심(상고심)에서는 상고인과 피상고인이라 하며 독촉절차, 강제집행절차, 가압류절차, 가처분절차에서는 신청인을 채권자, 피신청인을 채무자라고 하며, 동일 소송절차에서 대립되는 당사자의 일방 또는 쌍방에 수인의 당사자가 있는 경우에는 공동소송인이라고 한다.

2. 당사자능력

당사자능력이라 함은 자기의 명의로서 소송을 수행하고 소송상의 법률효과를 받을 자격이 있는 민사소송의 당사자가 될 수 있는 능력을 말한다. 그리고 민법상 권리능력을 갖는 자는 당사자능력을 가지지만 당사자능력을 갖는 자라도 반드시 민법상의 권리능력이 인정된 자는 아니다.

당사자능력과 구별되어야 할 개념으로 당사자적격이라는 개념이 있다. 당사자적격은 특정의 소송사건에서 정당한 당사자로서 소송을 수행하고 본안판결을 받기에 적합한 자격을 말한다.

3. 소송능력

소송능력이라 함은 당사자로서 유효한 소송행위를 하거나 소송행위를 받을 수 있는 능력으로서 소송법상의 행위능력을 말한다. 민사소송법은 소송능력의 유무를 민법상 행위능력의 유무에 의하도록 규정하고 있다(민사소송법 제51조). 따라서 민법상의 행위능력자는 원칙적으로 소송능력자라고 할 수 있다.

4. 변론능력

변론능력이라 함은 행위자 스스로 소송행위에 적법한 표현형식을 줄 수 있는 능력을 말한다. 이는 소송의 신속과 확신을 주기 위하여 인정된 제도로서 소송능력자라도 변론능력이 없는 당사자의 소송절차에의 관여를 배제하기 위하여 둔 것이라 할 수 있다.

5. 대 리 인

소송상의 대리인이라 함은 당사자를 대리하여 본인의 이름으로 자기의 의사로서 소송행위를 하거나 상대방의 소송행위를 받은 제3자를 말한다.

소송무능력자(미성년자, 피성년후견인)의 소송행위는 그 법정대리인이 대리할 수 있으며, 변호사에게 소송행위의 대리를 시킬 수 있으며, 변호사 아닌 자도 지방법원 단독판사가 심판하는 사건에서는 법원의 허가를 얻으면 소송대리인이 될 수 있다.

제5절 민사소송의 종류

민사소송은 그 청구의 성질·내용에 따라서 확인의 소, 이행의 소, 형성의 소로 나누어진다.

1. 확인의 소

확인의 소는 권리 또는 법률관계의 존부나 법률관계를 증명하는 서면의 진부확인을 요구하는 소를 말한다. 원고가 권리 등의 존재를 주장하는 경우를 적극적 확인의 소라고 하고, 그 부존재를 주장하는 경우를 소극적 확인의 소라 한다. 확인의 소에 있어서의 본안판결을 확인판결이라 하며, 기판력이 발생하여 그 권리나 법률관계의 존부가 확정된다.

2. 이행의 소

이행의 소란 원고가 사법상의 청구권에 의하여 피고에게 일정한 이행의무를 명하는 판결을 청구하는 소를 말하는 것이다. 이행의 소에 있어서 원고 승소판결은 피고의 급부의무를 확인하고 그 급부를 명령하는 판결이므로 이를 이행판결이라고 하며, 이 판결이 확정되면 당해 이행청구권의 존재에 관하여 기판력이 생기고 이에 의하여 강제집행을 할 수 있는 집행력이 생긴다.

3. 형성의 소

형성의 소는 소송물인 권리의 내용이 법률관계의 발생, 변경 또는 소멸을 가져오는 권리인 경우 그 형성권의 존재를 확정하고 이에 기인하여 법률관계의 변동을 선고하는 판결을 요구하는 소를 말한다. 이를 창설의 소 또는 권리변경의 소라고도 한다.

제6절 소송의 절차

1. 제1심 소송절차

소라 함은 원고가 피고를 상대로 한 일정한 청구에 관하여 법원에 그 심리와 판결을 요구하는 소송행위를 말한다. 이를 위해서 원고가 소장에 소정사항을 기재하고 본인과 대리인이 서명날인하여 관할지방법원에 제출하면 소가 제기된다. 이를 소의 제기라고 한다.

소장의 기재사항은 당사자, 법정대리인, 청구의 취지와 원인 등을 반드시 기재하여야 하는 필요적 기재사항과 그 외의 임의적으로 기재할 수 있는 임의적 기재사항이 있다.

소장이 제출되면 재판장은 이를 심사하여 적법한 소송으로 인정되면 그 등본을 피고에게 송달하여야 하며, 소가 제기되면 재판장은 변론 없이 판결하는 경우 외에는 바로 변론기일을 정하여 당사자를 소환해야 한다. 만약 소장에 필요적 기재사항이 빠졌을 경우에는 재판장은 상당한 기간을 정하여 그 기간 내에 그 결함을 보정하도록 명하여야 하며, 원고가 흠결을 보정하지 않을 때에는 재판장은 명령으로 소장을 각하할 수 있으며 소장에 인지를 첨부하지 않은 때에도 동일하다.

2. 변 론

당사자는 소송에 관하여 법원에서 변론하여야 한다. 변론이란 협의로는 당사자가 변론기일에 구두로서 공격·방어방법을 제출하여 심리에 협력하는 행위와 그 절차를 말하며, 광의로는 당사자의 변론과 결합된 법원의 소송지휘, 증거조사, 판결의 선고 등을 포함한다.

그래서 민사소송법은 당사자로 하여금 변론기일 전에 공격방어의 방법을 서면으로 작성하게 하여 법원에 제출하게 하고 있으며 법원은 그 서면의 등본을 상대방에게 송달하여 그 대책을 준비하게 한다. 이러한 변론준비절차를 위해서 「민사소송법」에서는 준비서면제도와 준비절차제도를 채택하고 있다.

3. 증 거

증거라 함은 법원이 판결의 기초가 되는 사실을 인정하기 위한 자료로서 이러한 증거에 의하여 사실의 진부에 대한 판단을 하게 된다. 현행 「민사소송법」은 변론주의를 채택하고 있기 때문에 원칙적으로 당사자의 신청에 의하여 증거조사를 행하고 직권에 의한 증거조사는 보충적으로만 인정하고 있다.

4. 재 판

재판이란 법원의 필요적 변론에 의하여 소송사건에 관하여 내리는 공권적 판단 또는 의사표시를 말한다. 즉 재판은 법원이 행하는 소송행위의 전형인 것이다. 이러한 재판의 종류로는 판결, 결정, 명령의 3종으로 나누어진다.

1) 판 결

판결이란 변론을 거쳐서 소송사건에 관한 종국적 또는 중간적 판단을 선고하는 재판이다. 이는 종국판결을 할 준비로서 소송의 심리 중에 문제가 된 개개의 실체상 또는 절차상의 쟁점을 해결하기 위한 확정적 성질을 가진 중간판결과 소에 기인된 소송사건의 전부 또는 일부에 관하여 해당심급을 완결시키는 종국판결로 나눌 수 있다.

또한 판결은 소송을 완결하는 범위에 따라 전부판결과 일부판결, 추가판결로 구분되고 그 판단내용에 따라 소송판결(소각하)과 본안판결로 구분되며, 본안판결은 청구기각과 확인, 이행, 형성판결의 청구인용으로 구분된다.

판결의 선고는 변론이 종결된 날부터 2주 이내에 선고하여야 하며, 복잡한 사건이나 그 밖의 특별한 사정이 있는 때에도 변론이 종결된 날부터 4주를 넘겨서는 아니 된다. 판결은 당사자가 출석하지 아니하여도 선고할 수 있다.

판결은 상소를 불허하는 경우에는 선고와 동시에 확정이 되고 상소를 허용하는 경우에는 상소기간이 경과한 때에 확정되며 당사자 쌍방이 상소권을 포기하면 상소기간 만료시에 소급하여 확정된다. 이렇게 확정된 판결은 기속력, 확정력, 집행력, 형성력이 발생한다.

2) 결 정

결정은 판결과는 달리 비교적 경미한 사항에 대해서 간이하고 신속한 절차에 의하여 하는 재판으로서 주로 소송지휘, 소송심리에 부수·파생되는 사항, 집행절차에 관한 사항에 대해서 재판하며, 결정은 엄숙한 선고의 형식을 취하는 판결과는 달리 명령과 더불어 적당한 방법에 의하여 고지하면 그 효력이 생긴다.

3) 명 령

명령이란 재판장, 수명법관, 수탁판사 등이 그 자격으로서 하는 재판이다. 즉 판결과 결정은 합의부의 재판이지만 명령은 그렇지 않으며 판결에 대해서는 항소나 상고에 의하여 불복할 수 있으나 결정, 명령은 같은 심급 내에서 이의에 의하거나, 독립된 불복방법이 인정된 때에 한하여 항고할 수 있다.

제7절 상 소

상소라 함은 소송계속 중에 당사자가 하급법원의 재판에 대해서 상급법원에 그 당부를 심사하여 사건을 다시 심판할 것을 요구하는 소송행위를 말하며 여기에는 항소, 상고, 항고가 있다.

1. 항 소

항소란 제1심 종국판결에 대한 상소이며 항소심절차를 개시하는 소송행위이다. 항소는 판결이 송달된 때로부터 2주일 이내에 항소장을 원심법원에 제출함으로서 제기한다. 그리고 항소는 항소심의 종국판결이 있을 때까지 취하할 수 있으며 항소가 취하되면 항소는 처음부터 제기되지 않은 것으로 본다.

2. 상 고

상고라 함은 고등법원이 제2심 또는 제1심으로 선고한 종국판결이나, 지방법원합의부가 제2심으로 선고한 종국판결, 또는 제1심의 종국판결에 대한 법률위반을 이유로 하여 그 취소, 변경을 상고법원에 구하는 비약상고 등을 말한다.

상고심은 원판결의 당부를 그 법률적인 면에서만 심사하는 것이기 때문에 사실심리가 없다. 따라서 상고심에서는 사실인정을 다시 하지 않으며 원심의 사실인정을 전제로 하여 법률심사만 한다.

상고법원은 상고에 이유가 없다고 인정할 경우에는 상고기각을 하며, 상고가 이유가 있다고 인정되면 그 사건을 원심법원으로 환송하는 파기환송과 원심법원과 다른 법원으로 이송하는 파기이송과 상고심에서 특별히 판결하는 파기자판을 한다.

3. 항 고

항고라 함은 결정이나 명령에 대한 상소를 말하는 것으로서 항고는 원심법원에 항고장을 제출함으로서 제기되고 원심법원은 항고가 이유 있다고 인정하면 그 재판을 경정하여야 하며, 이유 없다고 인정하는 때에는 의견서를 첨부하여 사건을 항고법원에 송부하여야 한다.

4. 재 심

재심이라 함은 확정판결에 의하여 이미 종결된 사건에 관하여 다시 새로운 변론과 재판을 하는 것을 말한다. 재심은 판결법원의 구성이 법률에 위배된 때, 법률상 그 재판에 관여하지 못할 법관이 재판에 관여한 때 등 법률에 규정되어 있는 경우에 한하여 제기할 수 있다(민사소송법 제451조).

재심의 소는 당사자가 판결확정 후 재심의 사유를 안 날로부터 30일 이내에 제기하여야 하며 판결확정 후 5년을 경과한 때에는 재심의 소를 제기하지 못한다(민사소송법 제456조).

제 8 절 민사집행

1. 민사집행의 의의

민사소송에 있어서 채무자가 판결절차에 의해 확정된 채무를 이행하지 않는 경우 채권자의 권리를 확보하기 위하여 채무자의 의무이행을 강제하는 절차가 필요한데, 이 절차가 바로 민사집행절차이다. 즉 민사집행절차는 사법이 명하는 의무의 내용을 국가공권력에 의하여 사실로서 실현하는 절차라고 할 수 있다. 민사집행은 강제집행, 담보권실행 등을 위한 경매, 보전처분으로 구성되어 있으며, 2002년부터 「민사소송법」에서 분리된 「민사집행법」에 의하여 규율된다.

2. 민사집행기관

집행기관이란 채무자 기타 제3자에 대하여 강제집행의 목적을 달성하기 위하여 구속을 가하거나 수인·복종을 요구할 수 있는 국가기관을 말한다.

1) 집 행 관

집행관이란 지방법원 및 지원에 배치되어 소송에 관한 서류를 송달하고, 재판의 집행, 기타 법령에 의한 사무를 행하는 단독제의 독립기관을 말한다(법원조직법 제55조). 법원이나 법관의 단순한 보조기관이 아니고, 법정의 직권을 자기의 판단과 책임 하에 행사하는 기관이다. 즉, 집행관은 당사자의 위임에 의하여 고지 및 최고, 동산 및 부동산의 임의경매, 거절증서의 작성 등 사무를 처리한다.

2) 집행법원

민사집행의 실시·감독에 관하여 관할권을 갖고 있는 법원을 집행법원이라 한다. 집행관이 원칙적으로 민사집행을 행하지만, 민사집행을 행함에 있어 법률적 판단이 필요한 때에는 집행법원이 집행기관이 된다. 이 경우 집행에 관한 재판사무는 지방법원 단독판사가 행한다.

3) 수소법원

수소법원이란 소의 제기를 받아 민사집행의 원인된 청구권을 확정하는 판결을 한 법원을 말한다. 원칙적인 집행기관은 집행관과 집행법원이지만, 수소법원도 예외적으로 집행기관이 되는 경우가 있다. 예컨대, 가압류의 경우 가압류를 할 물건이 있는 곳을 관할하는 지방법원이 원칙적인 집행기관이지만, 예외적으로 본안의 관할법원도 집행기관이 될 수 있다(민사집행법 제278조).

3. 강제집행

채권자의 청구에 의하여 채무자의 사법상의 급부의무를 국가권력에 의하여 강제적으로 실현하는 민사집행절차를 ‘강제집행’라고 한다.

1) 금전채권에 기초한 강제집행

금전채권은 채무자에 대하여 일정액의 금전의 지급을 청구할 수 있는 권리를 말하는데, 금전채권의 집행방법은 채무자의 금전 그 밖의 재산을 압류하고 금전 이외의 재산은 경매 등의 방법으로 다시 매각하거나 추심 또는 관리에 의하여 금전화 함으로써 채권을 만족시키는 방법으로 이루어진다.

2) 금전채권 이외의 채권에 기초한 강제집행

금전채권 이외의 채권은 물건의 인도나 명도 등을 목적으로 하는 채권과 그 이외의 작위나 부작위를 목적으로 하는 채권으로 나눌 수 있다. 이러한 채권의 집행은 금전채권처럼 다수 당사자의 경합으로 인한 이해관계의 조정이 필요 없고, 환가절차도 필요 없다는 점이 특징이다.

(1) 직접강제

직접강제는 집행기관이 유형적인 사실상의 실력을 행사하여 채권의 내용을 강제적으로 실현하는 강제집행방법이다. 동산의 인도, 부동산의 인도 또는 명도를 목적으로 하는 채권의 집행은 직접강제에 의한다.

(2) 대체집행

대체집행은 채무자로부터 비용을 추심하여 그 비용으로 채권자 또는 제3자로 하여금 채무자에 갈음하여 채권의 내용을 실현하게 하는 강제집행방법이다. 따라서 대체집행이 가능하기 위해서는 채무가 대체가능한 작위채무인 경우여야 한다.

(3) 간접강제

간접강제는 이행지체에 따른 배상명령 등의 방법으로 채무자를 압박해서 채권의 내용을 실현하는 강제집행방법이다. 채무의 성질이 간접강제를 할 수 있는 경우에 제1심 법원은 채권자의 신청에 따라 간접강제를 명하는 결정을 한다. 그 결정에는 채무의 이행의무 및 상당한 이행기간을 밝히고, 채무자가 그 기간 이내에 이행을 하지 아니하는 때에는 늦어진 기간에 따라 일정한 배상을 하도록 명하거나 즉시 손해배상을 하도록 명할 수 있다(민사집행법 제261조).

제 8 장
형사소송과 법률

제1절 서 론

1. 형사소송의 의의

구체적인 범죄가 발생한 경우에 이 사건에 형법이 적용되고 실현되기 위해서는 반드시 형법을 적용하고 실현하기 위한 절차가 있어야만 한다. 예컨대, 범죄사실을 조사하기 위한 절차, 이를 심리하여 형벌을 선고하는 절차, 그리고 선고된 형벌을 집행하기 위한 절차 등이 그것인데, 만약 이러한 절차가 없다면, 형법은 결코 실현될 수 없다. 이와 같이 구체적인 범죄에 대하여 형법을 실현하기 위한 절차, 즉 국가 형벌권을 실현하기 위한 절차를 형사절차라고 한다. 그리고 이러한 형사절차를 규정하고 있는 법이 '형사소송법'이다.

국가형벌권의 실현 절차로서의 형사절차는 필연적으로 개인이 기본권이나 인권에 대한 제한 내지 침해를 수반하게 된다. 이런 이유에서 우리 헌법은 형사절차에서 개인의 기본적 인권을 보장하기 위하여 형사절차는 반드시 법률로써 규정할 것을 요구하고 있다. 이를 형사절차법정주의(刑事節次法定主義)라고 한다.

형사절차는 ① 범죄혐의로부터 개시되어 검사의 수사종결처분에 의하여 종결되는 수사절차, ② 검사의 공소제기로부터 개시되어 판결의 확정에 의하여 종결되는 공판절차,[1] ③ 확정된 판결의 형을 집행하는 형집행절차로 크게 나누어 볼 수 있다.

2. 형사소송법의 성격

형사소송법은 공법이며 재판에 적용되는 사법법이며 실체법인 형법의 구체적 실현절차를 정한 절차법으로서 형사법이다.

3. 형사소송의 기본구조

형사절차의 성격과 구조는 시대와 국가에 따라서 다르다. 이를 역사적으로 보면 규문주의와 탄핵주의로 대별되며 탄핵주의는 다시 직권주의와 당사자주의로 구분된다. 우리의 형사소송법은 직권주의와 당사자주의의 절충을 통하여 조화를 꾀하는 탄핵주의적 소송구조를 취하고 있다.

1) 규문주의와 탄핵주의

규문주의란 재판하는 기관이 소추기관의 소추 없이 직권에 의하여 형사절차를 개시, 심리할 수 있는 입법주의를 말한다. 따라서 진실진술의무를 강제하기 위하여 고문이 성행하였으며 밀행주의와 서면주의가 전개되었다.

이는 국가절대주의를 배경으로 하는 카롤리나형법전에 의하여 대표되었으나 프랑스대혁명을 계기로 탄핵주의적 소송구조로 전환되었다.

탄핵주의란 재판기관과는 별도로 소추기관(원고)에 의한 소추에 의하여 비로소 법원이 심리를 개시하는 형사절차이다. 여기서 피고인은 소추기관인 검사와 대립하는 소송주체이며 불고불리의 원칙과 공개주의, 구두변론주의를 채택하고 있다. 탄핵주의는 누가 소추하느냐에 따라서 국가소추주의와 사인소추주의로 나눌 수 있다.

2) 직권주의와 당사자주의

직권주의란 법원에 소송의 주도권을 인정하여 법원의 직권에 의하여 심

1) '협의의 형사소송'이란 바로 이 공판절차를 의미한다. 어떤 특정한 사건에 관하여 기소자(검사)와 피기소자(피고인)가 양당사자로서 대립하여 공격과 방어를 행하고 이에 기하여 공정한 제3자인 법원이 공권적 판단(재판)을 내리는 절차를 말한다.

리를 행하는 대륙법계의 소송구조로서 양당사자는 소극적·수동적이며 법원이 소송을 주도한다.

당사자주의란 소송당사자(검사, 피고인)에게 소송의 주도적 지위를 인정하고 당사자 상호간의 공격, 방어에 의하여 소송을 진행시키는 영미법계의 소송구조로서 양당사자는 적극적·능동적이며 법원은 공정한 제3자로서 심판을 행한다.

이러한 당사자주의는 소송목적물의 처분과 입증을 당사자에게 맡기는 당사자처분주의와 검사와 피고인이 공격과 방어를 행하고 법원이 이를 근거로 재판하는 당사자소송주의와는 구별된다. 전자는 민사소송의 구조이며 후자는 형사소송의 구조이다.

제2절 형사소송의 주체

1. 소송주체의 의의

소송주체란 소송절차를 발전 진행시키는데 있어서 주체적으로 이에 관여하는 자로서 법원, 검사, 피고인을 들 수가 있다.

2. 법 원

법원이라 함은 사법행정단위로서 법원과 재판권을 행사하는 재판기관으로서 전자를 '국법상의 법원'이라 하고 후자를 '소송법상의 법원'이라고 하여 형사소송법원에서의 법원이라 함은 후자를 가리키는 말이다.

법원은 공정한 재판을 해야 한다. 이를 실현하기 위해서 법원이 담당사건에 당하여 개인적 이해관계가 있거나 선입견이 있으면 재판의 공정은 기대할 수가 없다. 이러한 취지에서 인정된 제도가 법관의 제척, 기피, 회피제도이다.

제척이라 함은 법관이 불공정한 재판을 할 염려가 현저한 경우를 법률로써 유형별로 규정하여 이에 해당하면 당해 법관은 당연히 그 직무집행에서 배제되는 제도이다.

기피란 법관이 불공정한 재판을 할 염려가 있는 경우에 당사자의 신청에 의하여 그 법관을 당해 사건의 직무집행으로부터 배제시키는 제도로서 제척의 원인은 법률로서 규정된 제척사유에 해당하여야 한다는 점에서 유형적·열거적 이지만, 기피의 원인은 비유형적이고 비제한적이라 할 수 있다.

회피란 법관 스스로 기피사유가 있다고 생각할 때에 그의 신청에 의하여 그 사건의 직무집행에서 탈피하는 제도이다.

3. 검 사

검사란 검찰권을 행사는 국가기관으로서 수사와 공소제기 그리고 재판의 집행을 담당한다. 우리나라는 국가소추주의와 기소독점주의 그리고 기소편의주의를 채택하고 있다.

4. 피고인

피고인이라 함은 공소가 제기된 자 또는 공소가 제기된 자로 취급되는 자로서 피고인은 소송제기 후의 개념이며, 소송제기 전의 피의자와 구별된다.

이러한 피고인의 관념은 탄핵주의 소송구조에서 인정되는 것으로서 소추권자인 능동적 당사자인 검사의 공격에 대립하는 소송당사자로서 검사의 공격으로부터 자기를 방어하는 수동적 당사자이다.

피고인은 약자의 입장에 있기 때문에 검사와 소송수행에 있어서 당사자 대등의 원칙을 실현하기 위하여 피고인에게 여러 가지 인권보장적 권리를 부여하고 있다. 진술거부권, 판결확정시까지의 무죄추정권, 변호인 선임권, 접견교통권, 보석청구권, 기피신청권, 증거보전청구권, 구속취소청구권, 증인심문권, 최후진술권, 재판장처분에 대한 이의신청권, 상소권, 재심청구권 등이 그것이다.

그리고 피고인은 재판의 당사자이므로 법정질서에 복종할 의무가 있으며 재판장의 허가 없이 퇴정하지 못하는 재정의무, 재판장의 소송지휘권 및 법정경찰권행사에 복종할 의무가 있다.

5. 변 호 인

변호인이라 함은 피고인 또는 피의자의 방어력을 보충하기 위하여 선임된 보조자로서, 피고인 또는 피의자 및 이와 일정한 관계에 있는 자에 의하여 선임되어 선임자와 변호인이 연명날인한 서면을 기소 전에는 검사에게, 기소 후에는 수소법원에 제출하여 선임된 사선변호인과 미성년자, 70세 이상인 자, 농아자, 심신장애자나 사형, 무기, 단기 3년 이상의 징역, 금고에 해당하는 자 또는 피고인이 무자력이고 청구가 있을 경우 또는 구속적부심사를 청구한 피의자가 위의 사유에 해당하고 사선변호인이 없을 경우에는 법원이 선임한 국선변호인으로 구별된다.

제3절 형사소송의 과정

1. 수사절차

1) 수사의 의의

수사란 수사기관이 공소제기여부, 공소유지여부를 결정하기 위하여 행하는 범죄사실의 조사, 범인의 발견 및 증거의 수집·보전 등의 활동을 의미한다.

2) 수사기관

수사권을 가진 국가기관을 수사기관이라 한다. 수사기관에는 검사와 사법경찰관리가 있다(형소법 제195조, 제197조). 과거에는 검사가 수사의 주재자이고, 사법경찰관리는 검사의 지휘·감독을 받는 수사의 보조자였으나, 2020년 개정된 형소법은 검사의 수사지휘권을 폐지하여, "검사와 사법경찰관은 수사, 공소제기 및 공소유지에 관하여 서로 협력하여야 한다"고 규정하고, 일정한 경우에 한하여 검사의 수사감독권한을 규정하고 있다. 다만, 검찰청 소속 사법경찰관리와 특별사법경찰관리에 대해서는 수사지휘권이 그대로 유지되고 있다.

(1) 검 사

검사는 수사권의 주체로서 일정한 범위의 범죄를 직접 수사한다. 또한 사법경찰관리의 수사를 감독하고, 검찰청 소속 사법경찰관리와 특별사법경찰관리의 수사를 지휘·감독한다. 수사결과를 토대로 공소제기 여부를 결정한다.

(2) 사법경찰관리

① 일반사법경찰관리

일반사법경찰관리는 수사권자인 사법경찰관과 수사보조자인 사법경찰리로 나눌 수 있다. 또한 소속기관에 따라 경찰청 소속 사법경찰관리와 검찰청 소속 사법경찰관리로 구분할 수 있다.

② 특별사법경찰관리

특별사법경찰관리는 삼림, 해사 등 특수한 분야의 수사를 담당하는 사법경찰관리를 말한다.

사법경찰관 사무취급

형사소송법의 규정과는 달리 현실적으로는 사법경찰리도 구체적 사건의 수사에 관하여 검사 또는 사법경찰관의 사무취급 지시를 받으면 사법경찰관의 사무로 규정된 사무취급권한이 있다는 것이 우리 대법원의 일관된 판례다. 이러한 사법경찰리를 '사법경찰관 사무취급'이라고 한다.

일반사법경찰관리와 특별사법경찰관리

사법경찰관리에는 일반사법경찰관리와 특별사법경찰관리가 있다. 일반사법경찰관리에는 사법경찰관과 사법경찰리가 있다. 수사관, 경무관, 총경, 경정, 경감, 경위는 사법경찰관으로서 범죄의 혐의가 있고 사료하는 때에는 범인, 범죄사실과 증거를 수사한다. 경사, 경장, 순경은 사법경찰리로서 수사의 보조를 하여야 한다. 이와 같은 일반사법경찰관리는 통상 경찰공무원 중에서 특히 범죄수사의 직무를 담당하는 사람만을 지칭한다. 한편 경찰공무원이 아니더라도 법률로써 일반사법경찰관리를 정할 수 있는데, 검찰청법 제47조에는 이러한 의미의 일반사법경찰관리가 규정되어 있다.

한편 특수분야의 수사를 담당하는 사법경찰관리를 특별사법경찰관리라고 한다. 형사소송법은 삼림, 해사, 전매, 세무, 군수사기관 기타 특별한 사항에 관하여 사법경찰관리의 직무를 행할 자와 그 직무의 범위는 법률로써 정한다고 하고 있는데, 이를 규정하고 있는 법률이 「사법경찰관리의 직무를 행할 자와 그 직무범위에 관한 법률」이다. 이 법률에 의하여 특수한 분야의 수사를 담당하는 자가 특별사법경찰관리이다.

수가기관에 대한 형사소송법 및 검찰청법의 관련규정

형사소송법 제196조(검사의 수사) ① 검사는 범죄의 혐의가 있다고 사료하는 때에는 범인, 범죄사실과 증거를 수사한다.

② 검사는 제197조의3 제6항, 제198조의2 제2항 및 제245조의7 제2항에 따라 사법경찰관으로부터 송치받은 사건에 관하여는 해당 사건과 동일성을 해치지 아니하는 범위 내에서 수사할 수 있다.

형사소송법 제197조(사법경찰관리) ① 경무관, 총경, 경정, 경감, 경위는 사법경찰관으로서 범죄의 혐의가 있다고 사료하는 때에는 범인, 범죄사실과 증거를 수사한다.

② 경사, 경장, 순경은 사법경찰리로서 수사의 보조를 하여야 한다.

형사소송법 제197조의2(보완수사요구) ① 검사는 다음 각 호의 어느 하나에 해당하는 경우에 사법경찰관에게 보완수사를 요구할 수 있다.

1. 송치사건의 공소제기 여부 결정 또는 공소의 유지에 관하여 필요한 경우
2. 사법경찰관이 신청한 영장의 청구 여부 결정에 관하여 필요한 경우

② 사법경찰관은 제1항의 요구가 있는 때에는 정당한 이유가 없는 한 지체 없이 이를 이행하고, 그 결과를 검사에게 통보하여야 한다.

③ 검찰총장 또는 각급 검찰청 검사장은 사법경찰관이 정당한 이유 없이 제1

항의 요구에 따르지 아니하는 때에는 권한 있는 사람에게 해당 사법경찰관의 직무배제 또는 징계를 요구할 수 있고, 그 징계 절차는 「공무원 징계령」 또는 「경찰공무원 징계령」에 따른다.

형사소송법 제197조의3(시정조치요구 등) ① 검사는 사법경찰관리의 수사과정에서 법령위반, 인권침해 또는 현저한 수사권 남용이 의심되는 사실의 신고가 있거나 그러한 사실을 인식하게 된 경우에는 사법경찰관에게 사건기록 등본의 송부를 요구할 수 있다.

② 제1항의 송부 요구를 받은 사법경찰관은 지체 없이 검사에게 사건기록 등본을 송부하여야 한다.

③ 제2항의 송부를 받은 검사는 필요하다고 인정되는 경우에는 사법경찰관에게 시정조치를 요구할 수 있다.

④ 사법경찰관은 제3항의 시정조치 요구가 있는 때에는 정당한 이유가 없으면 지체 없이 이를 이행하고, 그 결과를 검사에게 통보하여야 한다.

⑤ 제4항의 통보를 받은 검사는 제3항에 따른 시정조치 요구가 정당한 이유 없이 이행되지 않았다고 인정되는 경우에는 사법경찰관에게 사건을 송치할 것을 요구할 수 있다.

⑥ 제5항의 송치 요구를 받은 사법경찰관은 검사에게 사건을 송치하여야 한다.

⑦ 검찰총장 또는 각급 검찰청 검사장은 사법경찰관리의 수사과정에서 법령위반, 인권침해 또는 현저한 수사권 남용이 있었던 때에는 권한 있는 사람에게 해당 사법경찰관리의 징계를 요구할 수 있고, 그 징계 절차는 「공무원 징계령」 또는 「경찰공무원 징계령」에 따른다.

⑧ 사법경찰관은 피의자를 신문하기 전에 수사과정에서 법령위반, 인권침해 또는 현저한 수사권 남용이 있는 경우 검사에게 구제를 신청할 수 있음을 피의자에게 알려주어야 한다.

형사소송법 제197조의4(수사의 경합) ① 검사는 사법경찰관과 동일한 범죄사실을 수사하게 된 때에는 사법경찰관에게 사건을 송치할 것을 요구할 수 있다.

② 제1항의 요구를 받은 사법경찰관은 지체 없이 검사에게 사건을 송치하여야 한다. 다만, 검사가 영장을 청구하기 전에 동일한 범죄사실에 관하여 사법경찰관이 영장을 신청한 경우에는 해당 영장에 기재된 범죄사실을 계속 수사할 수 있다.

형사소송법 제245조의10(특별사법경찰관리) ① 삼림, 해사, 전매, 세무, 군수사기관,

그 밖에 특별한 사항에 관하여 사법경찰관리의 직무를 행할 특별사법경찰관리와 그 직무의 범위는 법률로 정한다.

② 특별사법경찰관은 모든 수사에 관하여 검사의 지휘를 받는다.

③ 특별사법경찰관은 범죄의 혐의가 있다고 인식하는 때에는 범인, 범죄사실과 증거에 관하여 수사를 개시·진행하여야 한다.

④ 특별사법경찰관리는 검사의 지휘가 있는 때에는 이에 따라야 한다. 검사의 지휘에 관한 구체적 사항은 법무부령으로 정한다.

⑤ 특별사법경찰관은 범죄를 수사한 때에는 지체 없이 검사에게 사건을 송치하고, 관계 서류와 증거물을 송부하여야 한다.

⑥ 특별사법경찰관리에 대하여는 제197조의2부터 제197조의4까지, 제221조의5, 제245조의5부터 제245조의8까지의 규정을 적용하지 아니한다.

검찰청법 제47조(사법경찰관리로서의 직무수행) ① 검찰주사, 마약수사주사, 검찰주사보, 마약수사주사보, 검찰서기, 마약수사서기, 검찰서기보 또는 마약수사서기보로서 검찰총장 또는 각급 검찰청 검사장의 지명을 받은 사람은 소속 검찰청 또는 지청에서 접수한 사건에 관하여 다음 각 호의 구분에 따른 직무를 수행한다.

1. 검찰주사, 마약수사주사, 검찰주사보 및 마약수사주사보: 「형사소송법」 제245조의9 제2항에 따른 사법경찰관의 직무
2. 검찰서기, 마약수사서기, 검찰서기보 및 마약수사서기보: 「형사소송법」 제245조의9 제3항에 따른 사법경찰리의 직무

고위공직자범죄수사처 소속 검사와 수사관

고위공직자 범죄 등을 척결하여 국가투명성과 공직사회에 대한 신뢰를 높이기 위해 2020. 7. 15. 「고위공직자범죄수사처의 설립과 운영에 관한 법률」(약칭:공수처법)에 의해 고위공직자범죄수사처가 설치되었다. 공수처는 수사권과 공소권 행사의 독립성을 보장하기 위해 행정부, 입법부 및 사법부에 소속되지 않는 독립 기구로 설치되었다.

공수처는 처장, 차장, 25명 이내의 수사처검사, 40명 이내의 수사처수사관, 그 밖의 20명 이내의 직원으로 구성된다. 처장과 차장은 수사처검사의 직을 겸한다. 이 법에 따른 수사처검사와 수사관도 수사기관이다.

공수처법 제23조(수사처검사의 수사) 수사처검사는 고위공직자범죄의 혐의가 있다고 사료하는 때에는 범인, 범죄사실과 증거를 수사하여야 한다.

공수처법 제21조(수사처수사관의 직무) ① 수사처수사관은 수사처검사의 지휘 · 감독을 받아 직무를 수행한다.

② 수사처수사관은 고위공직자범죄등에 대한 수사에 관하여 「형사소송법」 제197조제1항에 따른 사법경찰관의 직무를 수행한다.

3) 수사의 개시

수사는 수사기관의 주관적 혐의에 의하여 개시되며, 수사개시의 원인을 수사의 단서라고 한다. 수사의 단서는 ① 수사기관 자신의 체험에 의한 경우(현행범체포, 변사자검시, 불심검문, 자동차검문, 다른 사건 수사 중의 범죄발견, 기사, 풍설, 세평 등) ② 수사기관의 이외의 타인의 체험에 의한 경우(고소, 고발, 자수, 진정, 범죄신고 등)로 나누어 질 수 있다.

수사의 단서가 있다하여 곧바로 수사가 개시되는 것은 아니다. 현행범체포, 고소, 고발, 자수가 있는 때에는 즉시 수사가 개시되어 피고소인 등은 피의자로서의 지위를 갖게 되나, 그 외의 경우에는 수사기관이 수사단서를 바탕으로 구체적 범죄혐의를 인지(認知)한 경우에만 수사가 개시된다. 여기서 인지란 고소, 고발, 자수 이외의 수사단서에 의하여 수사기관이 범죄의 혐의가 있다고 판단하여 수사를 개시하는 것을 말하며, 실무상 입건(立件)이라고 한다.

수사단서로서의 불심검문

[사례] 甲은 21세의 학생인데 학원으로 가던 중 지하철역 입구에서 경비 중이던 경찰관이 불심검문을 하여 이를 거부하자 그 경찰관이 인근파출소로 연행하려고 하였으나, 인근시민들의 도움으로 연행되지는 않았다. 경찰관이 아무나 불심검문하여 소지품을 검사할 수 있는가? 또한 이를 거부할 권리는 없는가?

[해설] 불심검문 또는 직무질문이란 경찰관이 거동이 수상한 자를 발견한 때에 이를 정지시켜 질문하는 것을 말한다. 불심검문에 관한 근거법은 「경찰관직무집

행법」이다.

불심검문의 대상은 수상한 거동 기타 주위의 사정을 합리적으로 판단하여 죄를 범하였거나 범하려 하고 있다고 의심할만한 상당한 이유가 있는 자 또는 이미 행하여진 범죄나 행하여지려고 하는 범죄행위에 관하여 그 사실을 안다고 인정되는 자이다.

경찰관은 질문함에 있어서 답변을 강요할 수는 없으며, 질문하는 동안 수갑을 채우는 것과 같이 답변을 사실상 강요하는 결과가 되는 행위도 금지되어 있다. 동행요구는 그 장소에서 질문하는 것이 당해인에게 불리하거나 교통에 방해가 된다고 인정되는 때에 한하여 할 수 있고, 임의동행이 아닌 의사에 반하는 강제동행은 위법하다.

소지품검사에 있어서는 흉기소지여부만을 조사할 수 있으나 의복 또는 소지품의 외부를 손으로 만져서 확인하는 정도이며, 소지품의 내용을 개시할 것을 요구하는 것은 강요적이지 않는 한 허용된다고 보고 있다.

불심검문에 있어 경찰관의 질문에 대하여 거부하는 경우 또는 처음에는 응했으나 질문도중 자리를 떠나는 경우 이에 대해 원칙적으로 경찰관의 강제나 실력행사는 허용되지 않으나, 다만 사태의 긴급성, 혐의의 정도, 질문의 필요성과 수단의 상당성을 고려하여 어느 정도의 유형력의 행사(정지를 위하여 길을 막거나 몸에 손을 대는 정도)는 허용된다고 보고 있다. 따라서 甲의 경우, 임의동행을 거부할 수 있고, 소지품검사 등의 요구를 거부할 수 있다.

4) 고소 · 고발

고소란 범죄의 피해자 또는 그와 일정한 관계에 있는 고소권자가 수사기관에 대하여 범죄사실을 신고하고, 범인을 처벌해달라는 의사를 표시하는 것을 말한다.

① **고소권자**: 고소권자만이 고소를 행할 수 있다. 고소권 없는 자가 행한 고소는 고소로서의 효력이 없다(고발). 고소권자로는 범죄의 직접적인 피해자, 피해자의 법정대리인(피해자가 행위무능력자인 경우), 피해자의 배우자, 직계친족, 형제자매(피해자가 사망한 때), 친족 또는 자손(사자명예훼손죄의 경우), 지정고소권자 등이 있다.

② **고소의 방식**: 고소는 서면 또는 구술로 검사 또는 사법경찰관에게 하

여야 한다. 검사 또는 사법경찰관이 구술에 의한 고소를 받은 때에는 조서를 작성하여야 한다. 고소는 대리인으로 하여금 하게 할 수 있다.

③ **고소의 기간**: 일반적으로 고소기간에는 제한이 없다. 다만 친고죄에 대하여는 고소기간의 제한이 있다. 친고죄에 대하여는 범인을 알게 된 날로부터 6월을 경과하면 고소하지 못한다.

④ **고소불가분의 원칙**: 고소불가분의 원칙은 친고죄에 있어서 고소의 효력이 미치는 범위에 관한 원칙이다. 한 개의 범죄 일부분에 대한 고소 또는 그 취소는 그 전부에 대하여 효력이 발생하며(객관적 불가분의 원칙), 수인의 공범 중 1인 또는 수인에 대한 고소 또는 그 취소는 다른 공범자에게도 효력이 있다(주관적 불가분의 원칙).

⑤ **고소의 취소와 포기**: 고소는 제1심 판결선고 전까지 취소할 수 있다. 고소를 취소한 자는 다시 고소하지 못한다. 고소의 포기란 친고죄의 고소기간 내에 장차 고소권을 행사하지 아니한다는 의사를 표시하는 것을 말한다. 우리 대법원은 고소의 포기를 인정하지 않는다.

⑥ 고발이란 고소권자와 범인 이외의 사람이 수사기관에 대하여 범죄사실을 신고하고 그 처벌을 구하는 의사를 표시하는 것을 말한다. 고발은 일반적으로 수사의 단서에 불과하나 특정한 범죄에 대하여는 소송조건이 될 수도 있다(즉고발사건).

⑦ **고소사건의 처리**: 검사가 고소 또는 고발에 의하여 범죄를 수사할 때에는 고소 또는 고발을 수리한 날로부터 3월 이내에 수사를 완료하여 공소제기여부를 결정하여야 한다(제257조). 검사는 고소 또는 고발있는 사건에 관하여 공소를 제기하거나 제기하지 아니하는 처분, 공소의 취소 또는 타관송치를 한 때에는 그 처분한 날로부터 7일 이내에 서면으로 고소인 또는 고발인에게 그 취지를 통지하여야 한다(제258조). 검사는 고소 또는 고발있는 사건에 관하여 공소를 제기하지 아니하는 처분을 한 경우에 고소인 또는 고발인의 청구가 있는 때에는 7일 이내에 고소인 또는 고발인에게 그 이유를 서면으로 설명하여야 한다(제259조). 검사의 불기소처분에 불복이 있는 고소인은 그 검사가 속하는 지방검찰청 또는 지청을 거쳐 서면으로 고등검찰청 검사장에게 항고할 수 있다(검찰청법 제10조). 또한 고소권자로서 고소를 한

자는 검사로부터 공소를 제기하지 아니한다는 통지를 받은 때에는 그 검사 소속의 지방검찰청 소재지를 관할하는 고등법원에 그 당부에 관한 재정을 신청할 수 있다. 다만 재정신청을 하기 위해서는 항고를 거쳐야 한다(제260조).

친고죄와 반의사불벌죄

국가소추주의를 채택하고 있는 우리 형사법체계에 의하면 소추권은 국가가 독점하는 것이며, 따라서 원칙적으로 개인의 의사에 의해 국가 소추권의 행사가 좌우되는 일은 없다. 따라서 범인의 처벌에 관한 개인의 의사표시인 고소나 고발은 수사의 단서에 그칠 뿐, 특별한 소송법적 의미를 갖지 못한다. 그러나 일정한 범죄에 있어서는 이러한 의사표시가 소추권의 행사여부에 결정적인 영향을 미치는 경우가 있다. 친고죄와 반의사불벌죄가 그것이다. 친고죄는 고소가 없으면 공소를 제기할 수 없는 범죄를 말하며(모욕죄, 사자명예훼손죄 등), 반의사불벌죄는 피해자가 처벌을 원하지 않는다는 의사를 표시하면 이 명시적인 의사에 반하여는 공소를 제기할 수 없는 범죄(폭행죄, 협박죄, 명예훼손죄 등)를 말한다. 친고죄에 있어서 고소와 반의사불벌죄에 있어서 처벌불원의 의사표시의 부존재는 소송조건이다.

즉고발사건

조세범처벌법, 관세법, 출입국관리법 등과 같이 행정형법의 성격이 강하고 전문지식이 필요한 경우에는 처벌의 필요성에 대한 판단을 당해 행정청에 맡기는 경우가 있다. 이러한 경우에 권한있는 공무원의 고발이 있어야만 공소를 제기할 수 있도록 하고 있는데, 이러한 사건을 '즉고발사건'(卽告發事件)이라 한다.

고소와 무고죄

무고죄는 국가의 형사 또는 징계권의 적정한 행사를 도모하고 무고당한 사람 즉, 피무고자를 부당한 형사처분이나 징계처분을 받을 고통과 위험으로부터 구제하기 위한 것으로, 타인으로 하여금 형사처분 또는 징계처분을 받게 할 목적으로 공무소 또는 공무원에 대하여 허위의 사실을 신고함으로써 성립하는 범죄(형법 제156조)를 말한다. 고소장 등에 허위사실을 적시하거나, 고소인 진술 시 허위진술을 할 경우에는 무고죄로 처벌 받을 수 있다.

5) 수사의 방법

수사의 방법에는 상대방의 동의나 승낙을 받아서 행하는 임의수사(피의자신문, 참고인조사, 임의제출물의 압수 등)와 강제처분에 의한 수사인 강제수사(체포, 구속, 압수, 수색, 검증 등)가 있다. 수사는 원칙적으로 임의수사에 의한다. 강제수사는 예외적으로 법률의 규정이 있는 경우에 한하여 허용된다. 따라서 강제처분은 법률에 특별한 규정이 없으면 하지 못한다. 이를 강제처분법정주의 또는 강제수사법정주의라고 한다. 또한 법원 또는 법관이 발부한 적법한 영장에 의하지 않으면 강제처분을 할 수 없다. 이를 영장주의라고 한다.

피의자신문 vs. 피의자심문?

신문과 심문, 두 단어의 사전적 의미는 다음과 같다. 신문(訊問)은 "알고 있는 사실을 캐어물음"을 의미하고, 심문(審問)은 "자세히 따져서 물음"을 의미한다. 두 단어의 의미 차이를 분명하게 구별하기란 쉽지 않다. 다만 법률용어로서의 두 단어는 분명한 의미 차이를 갖는다. 신문은, 예컨대, '피의자신문', '피고인신문', '증인신문' 등과 같이, 법원이나 기타 국가기관이 어떤 사건에 관하여 증인, 당사자, 피고인 등에게 말로 캐묻는 절차를 의미한다. 이에 비하여 심문은, '구속적 피의자심문'과 같이 법원이 당사자나 이해관계인에게 진술할 기회를 주고 이를 살펴 조사하는 절차를 의미한다.

(1) 체 포

체포는 죄를 범하였다고 의심할만한 상당한 이유가 있는 피의자를 단시간 동안 수사관서 등에 인치하는 제도다. 수사초기에 피의자 신병을 확보하기 위한 구속전단계의 처분이다. 실무상 체포 후 발부된 구속영장을 사후 구속영장, 체포 없이 발부된 구속영장을 사전 구속영장이라고 한다. 형사소송법상 체포에는 통상체포(체포영장에 의한 체포), 긴급체포, 현행범체포가 있다.

① **통상체포**: 피의자가 죄를 범하였다고 의심할 만한 상당한 이유가 있고, 정당한 이유없이 제200조의 규정에 의한 출석요구에 응하지 아니하거나 응하지 아니할 우려가 있는 때에는 검사는 관할 지방법원판사에게 청구하여 체포영장을 발부받아 피의자를 체포할 수 있고, 사법경찰관은 검사에게 신

청하여 검사의 청구로 관할지방법원판사의 체포영장을 발부받아 피의자를 체포할 수 있다. 다만, 다액 50만원이하의 벌금, 구류 또는 과료에 해당하는 사건에 관하여는 피의자가 일정한 주거가 없는 경우 또는 정당한 이유없이 제200조의 규정에 의한 출석요구에 응하지 아니한 경우에 한한다.

② **긴급체포**: 검사 또는 사법경찰관은 피의자가 사형·무기 또는 장기 3년 이상의 징역이나 금고에 해당하는 죄를 범하였다고 의심할 만한 상당한 이유가 있고, 피의자가 증거를 인멸할 염려가 있거나, 도망하거나 도망할 우려가 있는 경우에 긴급을 요하여 지방법원판사의 체포영장을 받을 수 없는 때에는 그 사유를 알리고 영장 없이 피의자를 체포할 수 있다. 이 경우 긴급을 요한다 함은 피의자를 우연히 발견한 경우 등과 같이 체포영장을 받을 시간적 여유가 없는 때를 말한다.

③ **현행범체포**: 현행범인 및 현행범인으로 간주되는 준현행범인은 누구든지 영장 없이 체포할 수 있다. 현행범인이란 범죄의 실행하고 있거나 실행하고 난 직후인 사람을 말한다. 다음에 해당하는 자는 현행범인으로 간주한다(준현행범).

1. 범인으로 불리며 추적되고 있을 때
2. 장물이나 범죄에 사용되었다고 인정하기에 충분한 흉기나 그 밖의 물건을 소지하고 있을 때
3. 신체 또는 의복류에 증거가 될 만한 뚜렷한 흔적이 있을 때
4. 누구냐고 묻자 도망하려고 할 때

④ **체포 및 체포 후의 조치**: 피의자를 체포한 경우에는 수사기관은 피의자에게 피의사실의 요지, 체포를 한 이유, 변호인을 선임할 수 있음을 알려주고 변명의 기회를 주어야 한다. 또 체포사실을 변호인이나 배우자, 가족 등에게 서면으로 알려주어야 한다. 또한 검사는 48시간 내에 법원에 구속영장을 청구하거나 피의자를 석방하여야 한다.

(2) 구 속

① **의의**: 구속이란 피의자 또는 피고인을 교도소나 구치소 등에 체포에 비하여 비교적 장기간 감금하는 강제처분을 말한다. 구속에는 공소제기 전

검사가 법원으로부터 영장을 발부받아, 또는 사법경찰관이 검사에게 신청하여 검사가 법원으로부터 영장을 발부받아 피의자를 구속하는 피의자 구속과 공소제기 후 법원이 구속영장에 의하여 피고인을 구금하는 피고인 구속이 있다.

② **구속제도의 목적**: 구속은 형사소송에의 출석의 확보, 증거인멸에 의한 수사 및 심리의 방해 제거, 형벌집행확보 등을 목적으로 하는 제도이다. 수사의 편의 등을 목적으로 하는 제도가 아니며, 특히 구속에 수반되는 피의자 또는 피고인의 기본권 침해를 생각한다면 구속은 남용되어서는 안된다. 우리 형사소송법도 피의자에 대한 수사는 불구속 상태에서 함을 원칙으로 한다고 규정하고 있다.

③ **구속의 요건**: 피고인이나 피의자가 죄를 범하였다고 의심할 만한 상당한 이유가 있고, 구속사유 즉, 일정한 주거가 없을 때, 증거를 인멸할 염려가 있을 때, 도망하거나 도망할 염려가 있을 때의 어느 하나에 해당하는 사유가 있어야 한다.

④ **영장실질심사제도**(구속전피의자심문제도): 영장실질심사제도란 구속영장의 청구를 받은 판사가 수사기관이 제출한 수사기록에 대한 형식적 심사만으로 구속여부를 결정하는 것이 아니라, 직접 피의자를 심문하여 구속사유를 판단하는 제도를 말한다.

⑤ **구속기간**: 사법경찰관이 피의자를 구속한 때에는 10일 이내에 피의자를 검사에게 인치하지 아니하면 석방하여야 한다. 검사의 구속기간도 10일이다. 다만 지방법원판사의 허가를 얻어 10일을 초과하지 아니하는 한도 내에서 구속기간을 연장할 수 있다. 따라서 수사단계에서의 피의자에 대한 최대구속기간은 30일이다. 피고인에 대한 구속기간은 2개월이다. 그러나 특히 구속을 계속할 필요가 있는 경우에는 심급마다 2개월 단위로 2차에 한하여 결정으로 갱신할 수 있다. 다만, 상소심은 피고인 또는 변호인이 신청한 증거의 조사, 상소이유를 보충하는 서면의 제출 등으로 추가심리가 필요한 부득이한 경우에는 3차에 한하여 갱신할 수 있다. 따라서 피고인의 구속기간은 1심은 최장 6개월이며, 2심과 3심은 원칙적으로 원심의 잔여구속기간을 제외한 4개월로 제한된다. 1심의 구속기간의 기산점은 공소제기시이다.

(3) 체포구속적부심사제도

체포구속적부심사제도란 수사기관에 의하여 체포 또는 구속된 피의자에 대하여 법원이 체포 또는 구속의 적법여부와 그 필요성을 심사하여 체포 또는 구속이 부적법·부당한 경우에 피의자를 석방시키는 제도를 말한다.

(4) 보증금납입조건부 피의자석방제도(피의자 보석)

보증금납입조건부 피의자석방제도란 피의자에 대하여 보증금납입을 조건으로 구속의 집행을 정지하는 제도를 말한다. 보증금납입조건부 피의자석방의 청구는 인정되지 않으며, 피의자가 구속적부심사를 청구한 경우에 법원은 보증금의 납입을 조건으로 피의자의 석방을 명할 수 있을 뿐이다.

(5) 보 석

보석이란 일정한 보증금의 납부 등을 조건으로 구속의 집행을 정지하여 구속된 피고인을 석방하는 제도이다.

(6) 압수, 수색, 검증

압수란 물건의 점유를 취득하는 강제처분을 말하고, 수색이란 압수할 물건 또는 체포할 사람을 발견할 목적으로 주거, 물건, 사람의 신체 또는 기타 장소에 대하여 행하는 강제처분을 말한다. 수색은 실제로 압수와 함께 행하여지는 것이 통례이고, 실무상으로도 압수·수색영장이라는 단일영장이 발부되고 있다. 검증이란 사람, 장소, 물건의 성질·형상을 오관의 작용에 의하여 인식하는 강제처분을 말한다.

6) 수사의 종결

검사는 공소제기여부를 판단할 수 있을 정도로 범죄혐의가 해명되거나, 수사를 계속할 필요가 없는 경우에 수사를 종결한다. 물론, 공소제기 후나 수사종결 후에도 수사를 계속할 수 있다. 수사는 다음과 같은 검사의 처분에 의하여 종결된다.

(1) 공소제기

검사는 범죄혐의가 충분하고, 소송조건도 구비하고 있어 유죄판결을 받을 수 있다고 판단되면 공소를 제기한다. 공소제기는 공소장을 관할 법원에 제출하는 방식으로 한다. 다만 벌금, 과료, 몰수에 해당하는 사건에 대하여는 약식명령(略式命令)을 청구할 수 있다. 따라서 공소제기는 공판을 청구하는 경우와 약식명령을 청구하는 경우로 나눌 수 있는데, 전자를 '구공판(求公判)' 후자를 '구약식(求略式)'이라 한다.

(2) 불기소처분

검사는 일정한 사유가 있는 경우에 공소를 제기하지 않을 수 있다. 검사가 공소를 제기하지 않는 처분을 불기소처분이라 한다. 불기소처분에는 협의의 불기소처분과 기소유예, 기소중지가 있다.

가) 협의의 불기소처분(검사사건사무규칙 제69조)

① **혐의 없음**: 피의사실이 범죄를 구성하지 아니하거나 인정되지 아니하는 경우(범죄인정안됨), 피의사실을 인정할 만한 충분한 증거가 없는 경우(증거불충분)

② **죄가 안됨**: 피의사실이 범죄구성요건에 해당하나 법률상 범죄의 성립을 조각하는 사유가 있어 범죄를 구성하지 아니하는 경우

③ **공소권 없음**: 확정판결이 있는 경우, 통고처분이 이행된 경우, 「소년법」, 「가정폭력범죄의 처벌 등에 관한 특례법」 또는 「성매매알선 등 행위의 처벌에 관한 법률」에 의한 보호처분이 확정된 경우(보호처분이 취소되어 검찰에 송치된 경우를 제외한다), 사면이 있는 경우, 공소의 시효가 완성된 경우, 범죄후 법령의 개폐로 형이 폐지된 경우, 법률의 규정에 의하여 형이 면제된 경우, 피의자에 관하여 재판권이 없는 경우, 동일사건에 관하여 이미 공소가 제기된 경우(공소를 취소한 경우를 포함한다. 다만, 다른 중요한 증거를 발견한 경우에는 그러하지 아니하다), 친고죄 및 공무원의 고발이 있어야 논하는 죄의 경우에 고소 또는 고발이 없거나 그 고소 또는 고발이 무효 또는 취소된 때, 반의사불벌죄의 경우 처벌을 희망하지 아니하는 의사표시가 있거나 처벌을 희망하는 의사표시가 철회된 경우, 피의자가 사망하거나 피의자인 법인이 존속하지 아니하게 된 경우

④ **각하**: 고소 또는 고발이 있는 사건에 관하여 고소인 또는 고발인의

진술이나 고소장 또는 고발장에 의하여 혐의 없음, 죄가 안됨, 공소권 없음의 사유에 해당함이 명백한 경우, 고소·고발이 「형사소송법」 제224조(고소의 제한), 제232조 제2항(재고소의 금지) 또는 제235조(고발의 제한)에 위반한 경우, 동일사건에 관하여 검사의 불기소처분이 있는 경우(다만, 새로이 중요한 증거가 발견된 경우에 고소인 또는 고발인이 그 사유를 소명한 때에는 그러하지 아니하다), 「형사소송법」 제223조, 제225조부터 제228조까지의 규정에 따른 고소권자가 아닌 자가 고소한 경우, 고소·고발장 제출 후 고소인 또는 고발인이 출석요구에 불응하거나 소재불명되어 고소·고발사실에 대한 진술을 청취할 수 없는 경우, 고소·고발 사건에 대하여 사안의 경중 및 경위, 고소·고발인과 피고소·피고발인의 관계 등에 비추어 피고소·피고발인의 책임이 경미하고 수사와 소추할 공공의 이익이 없거나 극히 적어 수사의 필요성이 인정되지 아니하는 경우 및 고발이 진위 여부가 불분명한 언론 보도나 인터넷 등 정보통신망의 게시물, 익명의 제보, 고발 내용과 직접적인 관련이 없는 제3자로부터의 전문(傳聞)이나 풍문 또는 고발인의 추측만을 근거로 한 경우 등으로서 수사를 개시할만한 구체적인 사유나 정황이 충분하지 아니한 경우

나) 기소유예: 검사는 「형법」 제51조의 양형조건, 즉 범인의 연령·성행·지능과 환경, 피해자에 대한 관계, 범행의 동기·수단·결과, 범행 후의 정황 등을 참작하여 공소를 제기하지 아니할 수 있다. 우리 형사소송법이 기소편의주의(起訴便宜主義)를 채택한 결과이다.

(3) 기타 처분

가) 기소중지와 참고인중지: 검사는 피의자의 소재불명 등의 사유로 수사를 종결할 수 없는 경우에 그 사유가 해소될 때까지 잠정적으로 수사를 중지할 수 있다(기소중지). 따라서 엄밀한 의미에서 수사종결처분은 아니다. 검사는 피의자뿐만 아니라 고소인, 고발인 또는 같은 사건의 피의자의 소재불명으로 수사를 종결할 수 없는 경우에도 그 사유가 해소될 때까지 수사를 중지할 수 있는데, 이를 참고인중지라고 한다.

나) 공소보류: 검사는 국가보안법 위반사범에 대하여 형법 제51조의 양형조건을 참작하여 공소제기를 보류할 수 있는데, 이를 공소보류라고 한다.

기소유예와 유사한 제도다. 기소유예와의 가장 큰 차이점은 공소보류를 받은 자가 공소의 제기 없이 2년을 경과한 때에는 소추할 수 없다는 점이다.

다) 타관송치 및 소년보호사건·가정보호사건·성매매보호사건의 송치: 검사는 사건이 소속검찰청에 대응한 법원의 관할에 속하지 아니한 때에는 사건을 서류와 증거물과 함께 관할법원에 대응한 검찰청 검사에게 송치하여야 한다. 소년보호사건 등의 가정법원에의 송치도 타관송치규정을 준용한다.

7) 불기소처분에 대한 불복

검사의 불기소처분에 대하여 고소인 또는 고발인은 검찰청법에 따른 (검찰)항고, 재항고, 형사소송법에 따른 재정신청의 방법으로 이의를 제기할 수 있다.

(1) 항고·재항고

(검찰)항고는 기소유예를 포함한 검사의 불기소처분에 불복하는 고소인 또는 고발인이 검찰조직의 상급기관에 그 시정을 구하는 제도다. 고소인과 고발인은 불기소처분의 통지를 받은 날로부터 30일 이내에 그 처분을 한 검사가 속한 지방검찰청 또는 지청을 거쳐 서면으로 관할 고등검찰청 검사장에게 항고할 수 있다. 또한 항고를 기각하는 결정에 불복하거나, 항고를 한 날부터 항고에 대한 처분이 이루어지지 아니하고 3개월이 지났을 때에는 그 검사가 속한 고등검찰청을 거쳐 서면으로 검찰총장에게 재항고할 수 있다.

(2) 재정신청

재정신청(裁定申請)이란 고소권자로서 고소를 한 자(일정한 공무원범죄에 대하여는 고발한 자도 포함)가 검사로부터 공소를 제기하지 아니한다는 통지를 받은 때에 그 검사가 소속한 지방검찰청 소재지를 관할하는 고등법원에 그 당부에 관하여 재정을 신청하고, 신청을 받은 법원이 심리하여 신청이 이유 있다고 인정하는 때에는 법원이 공소제기를 결정하는 제도를 말한다(형사소송법 제260조 참조).

2. 공판절차

공판절차란 공소가 제기되어 사건이 법원에 계속된 이후 그 소송절차가 종결될 때까지의 전체 절차를 말한다.

1) 공소제기의 기본원칙

(1) 국가소추주의

공소제기의 주체를 누구로 할 것인가에 대하여 국가소추주의와 사인소추주의가 대립한다. 국가소추주의는 공소제기의 권한을 국가기관에게 전담케 하는 입법주의를 말한다. 이에 비하여 사인의 공소제기를 인정하는 입법주의를 사인소추주의라고 한다. 사인소추주의에는 피해자소추주의와 공중소추주의가 있다. 「형사소송법」은 제246조는 공소는 검사가 제기하여 수행한다고 규정함으로써 국가소추주의를 채택하고 있다.

(2) 기소독점주의

국가소추주의를 취하면서도 국가기관 중 어느 한 기관에게 공소제기를 제기하고 수행할 권한을 독점적으로 부여하는 입법주의를 기소독점주의라고 한다. 「형사소송법」 제246조의 규정은 국가소추주의와 함께 기소독점주의를 규정하고 있다.

(3) 기소편의주의

수사결과 범죄혐의 및 증거가 충분하고 소송조건도 모두 갖추고 있어 유죄의 판결을 받을 가능성이 높은 경우에 검사는 반드시 공소를 제기하여야 하는가를 두고 기소법정주의와 기소편의주의의 대립이 있다. 기소법정주의는 이 경우 반드시 공소제기를 하야야 한다는 입법주의이며, 이에 반하여 기소편의주의는 이러한 경우에 검사의 재량에 의하여 기소하지 않을 수 있음을 인정하는 입법주의다. 우리 「형사소송법」 제247조는 검사는 「형법」 제51조의 사항을 참작하여 공소를 제기하지 아니할 수 있다고 규정함으로써 기소편의주의를 채택하고 있다.

(4) 기소변경주의

공소의 취소를 인정하는 입법주의를 기소변경주의라고 한다. 「형사소송법」 제255조 제1항은 공소는 제1심 판결의 선고 전까지 취소할 수 있다고 규정하여 기소변경주의를 채택하고 있다. 기소불변경주의가 기소법정주의의 논리적 귀결이듯이 기소변경주의는 기소편의주의의 논리적 귀결이다.

2) 공소제기의 효과

검사가 피고인, 죄명, 공소사실 및 적용법조를 기재한 공소장을 관할법원에 제출하는 방식으로 공소제기가 이루어진다. 공소제기에 의하여 법원의 공판절차가 개시되며, 피고사건은 검사의 지배를 떠나 공소가 제기된 법원의 지배 하에로 옮겨진다. 즉 수소법원(受訴法院)에 계속된다. 이와 같이 사건이 특정한 법원의 심판대상으로 되어 있는 상태를 소송계속(訴訟係屬)이라고 한다. 또한 불고불리(不告不理)의 원칙에 따라 공소제기에 의하여 법원의 심판의 범위도 공소장에 기재된 공소사실에 한정된다.

3) 법 원

(1) 소송법상 의미의 법원

법률상의 쟁송을 심리하고 재판하는 권한과 이에 부수하는 권한을 사법권이라고 하며, 이러한 사법권을 행사하는 기관이 법원이다. 그런데, 소송법에서 법원이라고 할 때에는 국법상 의미의 법원과는 구별하여야 한다. 소송법상 의미의 법원이란, 재판기관으로서의 법원, 즉 개개의 소송사건에 관하여 재판권을 행사하는 법원을 지칭한다.

(2) 단독제와 합의제

소송법상 의미의 법원은 국법상의 의미의 법원에 속하는 일정한 수의 법관에 의해 구성된다. 소송법상 의미의 법원을 구성하는 방법에는 1인의 법관으로 구성되는 단독제와 2인 이상의 법관으로 구성되는 합의제가 있다.

(3) 법원의 구성

지방법원의 심판권은 단독판사가 행함을 원칙으로 하며, 예외적으로 합의심판을 하여야 하는 경우에는 판사 3인으로 구성된 합의부가 행한다. 고등법원의 심판권은 항상 판사3인으로 구성된 합의부에서 행한다. 대법원의 심판권은 대법관 전원의 3분의 2이상의 합의체에서 이를 행하며 대법원장이 재판장이 된다. 다만, 대법관 3인 이상으로 구성된 부에서 먼저 사건을 심리하여 의견이 일치한 때에 한하여 그 부에서 재판할 수 있다(법원조직법 제7조).

(4) 사건의 경중에 따른 제1심 법원 관할의 분배(事物管轄)

사물관할은 지방법원 또는 지원의 단독판사 또는 합의부에 속한다. 제1심의 사물관할은 원칙적으로 단독판사에 속한다. 그러나 사형·무기 또는 단기 1년 이상의 징역이나 금고에 해당하는 중범죄 사건 등의 경우에는 합의부에서 심판한다.

(5) 상소심(항소, 상고, 항고)의 관할(審級管轄)

상소관계에 있어서의 관할을 심급관할이라고 한다. ① 지방법원 또는 지방법원지원의 단독판사의 제1심 판결에 대한 항소사건은 지방법원본원 합의부 및 춘천지방법원 강릉지원 합의부에서 관할하고, 지방법원 합의부의 제1심 판결에 대한 항소사건은 고등법원에서 관할한다. 제2심 판결에 대한 상고사건과 제1심판결에 대한 비약상고사건은 대법원에서 관할한다. ② 지방법원 단독판사의 결정이나 명령에 대한 항고사건은 지방법원본원 합의부 및 춘천지방법원 강릉지원 합의부에서 관할하고, 지방법원 합의부의 제1심 결정이나 명령에 대한 항고사건은 고등법원에서 관할한다. 고등법원의 결정이나 명령과 지방법원본원 합의부의 제2심 결정이나 명령에 대한 항고사건은 대법원에서 관할한다.

4) 공판기일의 절차

공판절차는 ① 진술거부권의 고지 → ② 인정신문 → ③ 검사의 모두진술 → ④ 피고인의 모두진술 → ⑤ 재판장의 쟁점정리 및 검사·변호인의 증거관계 등에 대한 진술 → ⑥ 증거조사 → ⑦ 피고인신문 → ⑧ 최종변론(검사의 논고 → 피고인과 변호인의 최종의견진술) → ⑨ 판결의 선고 순서로 행하여진다. 이러한 공판기일의 절차는 모두절차(冒頭節次)와 사실심리절차 및 판결선고로 나눌 수 있다.

(1) 모두절차

가) 진술거부권의 고지: 재판장은 인정신문을 하기 전에 피고인에게 진술을 하지 아니하거나 개개의 질문에 대하여 진술을 거부할 수 있고, 이익 되는 사실을 진술할 수 있음을 고지하여야한다(법 제282조의2).

나) 인정신문: 인정신문이란 재판장이 피고인의 성명, 연령, 등록기준지, 주거와 직업을 물어서 피고인으로 출석한 자가 공소장에 기재된 피고인과 동일인인가를 확인하는 절차를 말한다(법 제284조).

다) 검사의 모두진술: 검사는 공소장에 의하여 공소사실·죄명 및 적용법조를 낭독하여야 한다. 다만, 재판장은 필요하다고 인정하는 때에는 검사에게 공소의 요지를 진술하게 할 수 있다(법 제285조).

라) 피고인의 모두진술: 피고인의 모두진술은 피고인에 대하여 공소사실에 대한 인부, 주장과 신청 등 사건에 관한 총괄적인 진술을 할 기회를 제공하기 위한 것이다. 피고인은 검사의 모두진술이 끝난 뒤에 공소사실의 인정 여부를 진술하여야 한다. 다만, 피고인이 진술거부권을 행사하는 경우에는 그러하지 아니하다(법 제286조 제1항). 재판장은 검사의 모두진술 절차를 마친 뒤에 피고인에게 공소사실을 인정하는지 여부에 관하여 물어야 하며, 피고인 및 변호인은 공소에 관한 의견 그 밖에 이익이 되는 사실 등을 진술할 수 있다(규칙 제127조의2).

마) 재판장의 쟁점정리 및 검사·변호인의 증거관계 등에 대한 진술: 재판장은 피고인의 모두진술이 끝난 다음에 피고인 또는 변호인에게 쟁점의 정리를 위하여 필요한 질문을 할 수 있다. 재판장은 증거조사를 하기에 앞서 검사 및 변호인으로 하여금 공소사실 등의 증명과 관련된 주장 및 입증계획 등을 진술하게 할 수 있다. 다만, 증거로 할 수 없거나 증거로 신청할 의사가 없는 자료에 기초하여 법원에 사건에 대한 예단 또는 편견을 발생하게 할 염려가 있는 사항은 진술할 수 없다(법 제287조).

(2) 사실심리절차

가) 증거조사: 증거조사는 법원이 피고사건의 사실인정과 형의 양정에 관

한 심증을 얻기 위하여 인증, 서증, 물증 등 각종의 증거방법을 조사하여 그 내용을 감지하는 소송행위를 일컫는다. 증거조사는 재판장의 쟁점정리 및 검사·변호인의 증거관계 등에 대한 진술절차가 끝난 후에 실시한다(법 제290조).

나) 피고인신문: 피고인에 대하여 공소사실과 그 정상에 관하여 필요한 사항을 신문하는 절차이다. 검사 또는 변호인은 증거조사 종료 후에 순차로 피고인에게 공소사실 및 정상에 관하여 필요한 사항을 신문할 수 있다. 다만, 재판장은 필요하다고 인정하는 때에 증거조사가 완료되기 전이라도 이를 허가할 수 있다(법 제296조의2 제1항).

다) 최종변론: 증거조사가 끝나면 당사자의 의견진술이 행해지며, 의견진술은 검사의 의견진술과 피고인과 변호인의 최후진술의 순서로 진행된다.

증거조사와 피고인신문이 종료된 때에는 검사는 사실과 법률적용에 관하여 의견을 진술하여야 한다. 이를 검사의 논고(論告)라고 하며, 특히 양형에 대한 검사의 의견을 구형이라고 한다. 법원은 검사의 구형에 구속되지 않기 때문에 구형을 초과하는 형을 선고할 수도 있다.

재판장은 검사의 의견을 들은 후 피고인과 변호인에게 최종의 의견을 진술할 기회를 주어야 한다(법 제303조). 피고인과 변호인에게 각각 별도의 기회를 주어야 하며 재량으로 기회를 박탈할 수 있는 것은 아니다. 그리고 기회를 일단 준 이상 피고인이 최후진술을 않더라도 변론을 종결할 수 있다.

변호인과 피고인의 최종진술을 끝으로 변론은 종결되고 판결만을 기다리는 상태가 되는데, 이를 '종심'이라고 한다. 그러나 법원은 필요하다고 인정한 때에 직권 또는 검사·피고인이나 변호인의 신청에 의하여 결정으로 종결한 변론을 재개할 수 있다(법 제305조).

(3) 판결의 선고

판결의 선고는 변론을 종결한 기일에 하여야 한다. 다만, 특별한 사정이 있는 때에는 따로 선고기일을 지정할 수 있다. 이 경우 선고기일은 변론종결 후 14일 이내로 지정되어야 한다. 판결은 공판정에서 재판서에 의하여 선고한다. 판결의 선고는 재판장이 하며, 주문을 낭독하고 이유의 요지를 설명하여야 한다. 변론을 종결하는 기일에 판결을 선고하는 경우에는 판결의 선고

후 5일 내에 판결서를 작성할 수 있다. 형을 선고하는 경우에는 재판장은 피고인에게 상소할 기간과 상소할 법원을 고지하여야 한다. 판결의 선고에 의하여 당해 심급의 공판절차는 종결되고, 상소기간이 진행된다.

5) 종국재판

피고사건에 대한 당해 소송을 그 심급에서 종결시키는 재판을 종국재판이라고 한다. 종국재판에는 형식재판인 관할위반의 판결, 공소기각의 재판, 면소의 판결과 실체재판인 유죄의 판결, 무죄의 판결이 있다.

(1) 관할위반의 판결

피고사건이 법원의 관할에 속하지 아니한 때에는 판결로써 관할위반의 선고를 하여야 한다.

(2) 공소기각의 재판

공소기각의 재판은 피고사건에 대하여 관할권 이외의 형식적 소송조건이 결여된 경우에 절차상의 하자를 이유로 공소를 부적법하다고 인정하여 사건의 실체에 대한 심리를 하지 않고 소송을 종결시키는 형식재판이다. 공소기각의 재판에는 공소기각의 결정과 공소기각의 판결이 있다.

(3) 면소판결

면소판결은 실체심리를 해야 할 법률적 이익 또는 소송추행의 가능성 내지 이익이 없기 때문에 실체심리를 하지 않고 형식적으로 소송을 종결시키는 형식재판이다.

(4) 무죄판결

무죄판결은 피고사건이 범죄로 되지 않거나 피고사건의 범죄사실에 대한 증명이 없는 때에 선고하는 실체재판이다.

(5) 유죄판결

유죄판결은 피고사건에 대하여 범죄의 증명이 있는 때에 선고하는 실체재판이다. 피고사건에 대하여 범죄의 증명이 있는 때에는 형의 면제 또는 선고유예의 경우 외에는 판결로써 형을 선고하여야 한다.

6) 상 소

미확정의 재판에 대하여 불복하여 상급법원에 구제를 구하는 제도를 상소라 한다. 상소에는 항소, 상고, 항고가 있다. 제1심 판결에 대한 상소를 항소라 한다. 제2심 판결에 대한 상소를 상고라 한다. 항고는 법원의 결정에 대한 상소이다. 상소심은 심리하는 범위에 따라 사실심과 법률심으로 나누어진다. 사실심은 법률문제와 사실문제를 모두 심리함에 반하여, 법률심은 법률문제만을 심리한다. 항소와 상고의 상소기간은 7일이다.

상소심에서는 불이익변경금지의 원칙이 인정된다. 불이익변경금지의 원칙이란 피고인이 상소한 사건과 피고인을 이위하여 상소한 사건에 관하여 상소심은 원심판결의 형보다 중한 형을 선고하지 못한다는 원칙을 말한다. 불이익한 변경이 금지되는 것은 형의 선고에 한한다. 따라서 선고한 형이 중하게 변경되지 않는 한 원심이 인정한 죄보다 중한 죄를 인정하거나, 원심에서 일죄로 인정한 것은 경합범으로 변경하는 등 법령적용을 불이익하게 변경하는 것은 이 원칙에 반하지 않는다.

7) 약식절차

지방법원의 관할사건에 대하여 검사의 청구(求略式)가 있는 때에 정식공판절차에 의하지 아니하고, 검사가 제출한 자료만을 조사하여 약식명령으로 벌금, 과료, 몰수의 형을 과하는 간이절차를 약식절차라 한다. 검사의 약식명령 청구가 있는 경우 법원은 심사의 결과 공판절차에 이행할 경우가 아니면 청구가 있은 날로부터 14일 이내에 약식명령을 하여야 한다. 약식명령은 정식재판의 청구기간이 경과하거나 그 청구의 취하 또는 청구기각의 결정이 확정한 때에 확정판결과 동일한 효력이 있다. 검사와 피고인 등 정식재판의 청구권자는 약식명령의 고지를 받은 날로부터 7일 이내에 약식명령을 한 법원에 서면으로 정식재판을 청구할 수 있다. 법원은 정식재판의 청구가 법령상의 방식에 위배되거나 청구권의 소멸 후인 것이 명백한 때에는 결정으로 이를 기각하고, 정식재판의 청구가 적법한 때에는 공판절차에 의하여 심판하여야 한다.

8) 즉결심판절차

즉결심판절차란 지방법원, 지방법원지원 또는 시·군법원의 판사가 20만원 이하의 벌금, 구류 또는 과료에 처할 경미한 범죄에 대하여 공판절차에 의하지 아니하고, 「즉결심판에 관한 절차법」에 따라 즉결심판하는 절차를 말한다. 즉결심판의 청구권자는 경찰서장이다. 즉결심판을 받은 피고인은 즉결심판이 선고 또는 고지된 날로부터 7일 이내에 정식재판청구서를 경찰서장에게 제출하는 방법으로 정식재판을 청구할 수 있다.

9) 배상명령절차

법원이 직권 또는 피해자의 신청에 의하여 피고인에게 피고사건의 범죄행위로 인하여 발생한 손해의 배상을 명하는 절차를 배상명령절차라 한다. 배상명령을 할 수 있는 피고사건은 상해죄, 중상해죄, 상해치사와 폭행치사상 및 과실치사상의 죄, 강간과 추행의 죄, 절도와 강도의 죄, 사기와 공갈의 죄, 횡령과 배임의 죄, 손괴의 죄에 한한다. 배상명령은 법원의 직권 또는 피해자의 신청에 의하여 한다. 신청은 제1심 또는 제2심 공판의 변론종결시까지 사건이 계속된 법원에 신청할 수 있다. 배상명령은 유죄판결의 선고와 동시에 하여야 한다. 배상명령은 일정액의 금전지급을 명함으로써 하고, 배상의 대상과 금액을 유죄판결의 주문에 표시하여야 한다. 확정된 배상명령이 기재된 유죄판결서의 정본은 민사집행법에 따른 강제집행에 관하여는 집행력 있는 민사판결의 정본과 동일한 효력이 있다.

10) 재판의 확정

재판의 확정이란 재판이 통상의 불복방법에 의하여 다툴 수 없게 되어 그 내용을 변경할 수 없게 된 상태를 말한다.

재판이 확정되는 시기는 재판의 종류에 따라 다르다. 불복이 허용되지 않는 재판은 선고 또는 고지와 동시에 확정된다. 불복신청이 허용되는 재판은 상소기간 기타 불복신청기간의 도과, 상소 기타 불복신청의 포기 또는 취하, 불복신청을 기각하는 재판의 확정 등에 의하여 확정된다.

3. 형의 집행절차

재판의 의사표시 내용을 국가권력에 의하여 강제적으로 실현하는 것을 재판의 집행이라고 하는데, 재판의 집행에서 가장 중요한 것이 유죄판결의 집행인 형의 집행이다. 재판의 집행은 그 재판을 한 법원에 대응한 검찰청 검사가 지휘한다.

사형의 선고를 받아 형이 확정된 사람을 "사형확정자"라 하고, 징역형·금고형 또는 구류형의 선고를 받아 그 형이 확정된 사람과 벌금 또는 과료를 완납하지 아니하여 노역장 유치명령을 받은 사람을 "수형자"라 한다. 형의 집행과 수형자 등에 대한 처우에 관해서는 「형의 집행 및 수용자처우에 관한 법률」이 규정하고 있다.

제 9 장

국제사회와 법

제 1 절 국제법의 의의

1. 국제법의 개념

종래의 통설에 의하면, 국제법이란 국제사회에 있어서 국가와 국가 간의 관계를 정한 법을 의미한다. 그러나 제1차 세계대전과 제2차 대전을 계기로 국제연맹과 국제연합이라는 국제단체가 생겨나게 되어 국가 간의 관계뿐만 아니라 그 보다 범위를 더욱 확장시켜 국가, 국가단체, 개인에 대한 규율의 필요성이 생기게 되었고, 실제로 그와 같은 국제법이 다수 등장하게 되었다. 그리하여 오늘날의 통설에 따라, 국제법은 주로 국가 간의 상호관계와 국제단체 그 자체와 개인에 관하여 규정된 법이라고 하는 것이 타당하다고 할 수 있다.

2. 국제법의 성질

국제법이 법으로서의 성질을 가지고 있느냐에 대한 문제로서 종래에는 국제법 부인론이 주장되었다. 그 근거로서 국제사회에서는 국제법을 제정하는 특정의 국가기관이 없으며, 국제사회에서는 국제분쟁을 효과적으로 해결하는 재판소가 존재하지 않으며 또한 국제법에는 강제적 요소가 없다는 것이다.

그러나 이러한 근거는 오늘날 전 세계적으로 결속되어 있는 국제사회의 도덕성과 강제력에 의해서 설득력을 잃고 있다고 할 수 있다. 다음과 같은

이유에서 국제법 역시 법으로서의 성격을 가지고 있다고 해야 한다.[1)]

① 법세계적인 강제관할권을 가지는 입법기관이나 재판기관이 없다는 근거로 국제법의 법적 성격을 부인하는 것은 법의 제정방법 및 적용방법의 개념과 법개념 자체를 혼동하고 있는 것이다.

② 물론 국제법은 국내법보다 법으로서의 실효성이나 강제성이 낮은 것은 사실이다. 그러나 국제법을 위반하는 국가에 대하여 완벽한 제재나 조치가 이루어지지 않는다고 해서, 그것만으로는 국제법으로부터 법으로서의 성격을 빼앗을 수는 없다. 그것은 국내법도 마찬가지다. 단순히 실효성의 문제에 불과하다. 실효성의 문제와 법의 효력(법의 개념)의 문제는 마땅히 구별되어야 한다.

③ 실제에 있어서도 현실의 국제사회의 각국은 국제법상의 문제들을 '법적 문제'로 취급하지 '사실의 문제', 혹은 '힘의 문제'로 취급하지 않는다. 예컨대, 어떤 국가가 다른 국가를 무력으로 침공하여 병합하고자 할 경우, 국제사회의 실제는 그러한 행위를 비도덕적인 행위라고 하지 않고, '위법한 행위'라고 평가한다. 또한 바로 그러한 이유에서 적지 않은 국제분쟁이 당사국의 합의를 바탕으로 국제사법재판소와 같은 '사법기관'에서 법적 문제로 처리되고 있다.

④ 전세계 거의 모든 국가의 헌법과 마찬가지로 대한민국 헌법 역시 국제법을 법으로 인정하고 있다. 헌법이 국제법을 법으로 인정하고 있는 국가에서 국제법의 법적 성격을 부인하는 것은 법논리적으로 불가능하다.

3. 국제법의 법원

오늘날 국제법의 법원에 대한 논의는 국제사법재판소규정 제38조1항의 해석과 관련하여 이루어진다. 이 규정은 국제사법재판소가 자신에게 회부된 사건을 재판함에 있어 따라야할 '준칙'을 규정해 놓은 것이지만, 거기에 그치지 않고 일반적으로는 국제법의 법원에 대한 가장 권위 있는 정의로 평가되기 때문이다.

1) 정인섭 외 공저, 국제법, 한국방송통신대학교출판부, 5면 이하 참조.

동 규정에 의하면, 국제사법재판소는 자신에게 회부된 분쟁을 국제법에 따라 재판할 때 다음의 준칙들을 적용한다.[2)]

① 분쟁국에 의하여 명백히 인정된 규칙을 확립하고 있는 일반적인 또는 특별한 국제조약, ② 법으로서 수락된 일반관행의 증거로서의 국제관습, ③ 문명국에 의하여 인정된 법의 일반원칙, ④ 법칙결정의 보조수단으로서의 사법판결 및 제국의 가장 우수한 국제법학자의 학설. 물론 이 가운데 가장 중요한 국제법의 존재형식은 국제법의 양대 법원이라고 할 수 있는 국제조약과 국제관습이다.

1) 국제조약

국제조약(treaty)이란 국제법에 의해 규율되는 국가 간의 문서에 의한 합의를 가리키다. 즉, "단일의 문서에 또는 2 또는 그 이상의 문서에 구현되고 있는가에 관계없이 또한 그 특정의 명칭에 관계없이 서면 형식으로 국가 간에 체결되며 또한 국제법에 의하여 규율되는 국제적 합의"[1969, 조약법에 관한 비엔나 협약 제2조(a)]를 조약이라고 한다. 국제법에 따라 규율되는 국가 간의 문서에 의한 합의라면, 그 명칭이 협정(agreement), 협약(convention), 의정서(protocol), 선언(declaration), 규약(covenant), 규정(statue), 헌장(charter), 교환각서(exchange of notes) 등으로 되어있다 하더라도 조약과 아무런 법적 차이가 없다.

다만, 국가 간에 법적 구속력을 갖지 아니하고, 정치적 구속력만을 갖는 합의가 이루어질 수도 있다. 이러한 합의는 조약이 아니며, '신사협정'(gentlemen's agreement) 또는 '구속력 없는 협정'(non-binding agreement) 등의 명칭으로 불린다.

2) 국제관습

국제관습이란 국가 간의 묵시적 합의에 의하여 일반적으로 승인된 국제관행을 말한다. 국제법을 제정하는 특정의 단체가 존재하지 아니하는 현재의 국제사회에서는 국제관습은 국제법상의 중요한 법원을 이루고 있다.

2) 동규정의 해석에 관해서는 정인섭 외 공저, 앞의 책, 45면 이하 참조.

국제사법재판소 규정에 따르면, 국제관습은 '법으로서 수락된 일반관행'을 의미한다. 즉 국제관습법이 성립하기 위해서는 동일한 형태의 실행이 계속 반복되어야 하고(일반적 관행), 거기에 법적 확신이라는 요건 또한 갖추어야 한다.

국제관습법은 원칙적으로 모든 국가에 대하여 구속력을 발휘한다. 이 점에서 상대적인 효력만을 가지는 조약과 차이가 있고, 바로 이런 이유 때문에 국제관습법을 '국제법의 진정한 법원'이라고 하기도 한다.

3) 법의 일반원칙, 판례와 학설

국제사법재판소 규정 제38조 1항의 '법의 일반원칙'이란 각국의 국내법 법원의 판결에 응축되어 있는 법적 근본원리나 기본원칙들 중에서 국가 간의 관계와도 관련이 있다고 판단되는 원리나 원칙을 의미한다. 예컨대, 신의성실의 원칙이나 권리남용 금지의 원칙 등을 들 수 있다. 동 규정의 입법취지는 국제법규의 흠결로 인하여 재판이 불능에 빠지는 것을 막는 데에 있다. 법의 일반원칙 외에도 국제사법재판소 규정 제38조 1항은 보조적인 법원으로서 판례와 학설을 규정하고 있다. 판례와 학설은 국제관습법의 성립을 확인하거나 국제관습법을 성립시키는 데 중요한 역할을 한다.

4. 국제법과 국내법

1) 국제법과 국내법의 관계

국제법과 국내법의 관계를 이론적으로 어떻게 설명할 것인가는 매우 어려운 문제다. 전통적으로 양자의 관계에 대한 이론적 설명은 크게, 국제법과 국내법을 상호 독립적으로 존재하는 법체계로 이해하는 입장인 이원론과 양자를 통일적인 법질서로 보는 일원론으로 나누어진다. 일원론은 다시 국제법 우위론과 국내법 우위론으로 나누어진다.

이러한 이론적 구별의 문제는 다음과 같은 물음에서 나온다. 즉 만약 동일한 사건에 대하여 국제법과 국내법이 규율하는 내용이 서로 충돌한다면 어떤 규범에 따라 해결되어야 하는가? 국제법에 따라야 하는가? 아니면 국내법에 따라야 하는가?

① 이원론에 따르면, 양자는 별개의 법질서이기 때문에 서로 충돌할 일이 없고, 따라서 우열의 문제도 발생하지 않는다고 한다. 국내재판소는 국내법만을 적용하면 되고, 국제재판소는 국제법만을 적용하면 된다는 것이다. 국제법을 국내적으로 적용하기 위해서는 반드시 국내법으로의 변형이 이루어져야만 한다고 한다.

② 국내법 우위론에 따르면, 국제법의 궁극적인 타당근거는 국내법에 있기 때문에 국내법이 국제법보다 우위에 있다고 한다. 따라서 양자가 서로 충돌하는 경우에는 당연히 그리고 항상 국내법이 적용되어야 한다고 한다.

③ 국제법 우위론에 따르면, 국내법의 타당근거가 국제법에 있다고 한다. 즉 양자가 서로 충돌하는 경우에 각국은 국내법을 이유로 국제법상의 의무를 면할 수 없기 때문에 국제법이 우위에 있다는 것이다.

아직까지도 국제법과 국내법의 관계에 대한 이론적 대립은 끝나지 않았다. 그러나 양자의 관계를 이론적으로 명확하게 설명하는 것의 실제적인 의의는 그다지 크지 않다. 왜냐하면, 국제법과 국내법의 내용이 서로 충돌하는 경우, 실제에 있어서는 각국의 국내법원은 통상 국제법의 국내적 효력을 규정하고 있는 자국의 국내법(주로 헌법)에 따라 판단하고, 국제재판소는 국제법만을 구속력 있는 법규범으로 인정하기 때문에 각국의 국내법을 구속력 있는 법규범으로 보지 않고 하나의 '법적 사실'(fact)로만 인정하기 때문이다.

2) 국제법과 국내법의 관계에 대한 헌법의 규정

「대한민국헌법」은 제6조에서 "헌법에 의하여 체결·공포된 조약과 일반적으로 승인된 국제법규는 국내법과 같은 효력을 지닌다"고 규정하고 있다. 여기에서 '국내법과 같은 의미를 지닌다'는 의미는 다수설에 따르면, ① '법률'과 같은 효력을 지닌다는 것을 의미하고, ② 둘째, 조약과 국제관습법이 국내법으로의 변형을 거치지 않고도 직접 적용된다는 것을 의미한다. 실제 이러한 의미에서 내려진 헌법재판소나 대법원의 결정이나 판결을 다수 찾아볼 수 있다.

국제법과 국내법의 관계에 대한 헌법재판소와 대법원의 입장

- [관세법이나 특정범죄가중처벌등에관한법률의 개정 없이 조약에 의하여 관세범에 대한 처벌을 가중하는 것이 헌법에 위배되는지 여부(소극)] "마라케쉬협정도 적법하게 체결되어 공포된 조약이므로 국내법과 같은 효력을 갖는 것이어서 그로 인하여 새로운 범죄를 구성하거나 범죄자에 대한 처벌이 가중된다고 하더라도 이것은 국내법에 의하여 형사처벌을 가중한 것과 같은 효력을 갖게 되는 것이다. 따라서 마라케쉬협정에 의하여 관세법위반자의 처벌이 가중된다고 하더라도 이를 들어 법률에 의하지 아니한 형사처벌이라거나 행위시의 법률에 의하지 아니한 형사처벌이라고 할 수 없다"(헌법재판소 97헌바65).
- "항공운송에 관하여 아직까지 국내법이 제정된 바 없으므로 이에 관한 법률관계는 일응 일반법인 민법의 적용 대상이 된다고 하겠다. 그러나 (중략) 대한민국은 위와 같이 헤이그 의정서에 가입함으로써 1929.10.12 바르샤바에서 서명된 '국제항공운송에 있어서의 일부 규칙의 통일에 관한 협약'(이하 바르샤바협약이라 한다)에의 가입의 효력이 발생하였고 따라서 바르샤바협약은 헤이그 의정서에 의하여 개정된 내용대로 국내법과 동일한 효력을 가지게 되어서 국제항공운송에 관한 법률관계에 대하여는 일반법인 민법에 대한 특별법으로서 1955년 헤이그에서 개정된 바르샤바 협약(이하 개정된 바르샤바협약이라 한다)이 우선 적용되어야 할 것이다"(대법원 82다카1372).

제2절 국제법의 주체

국제법의 주체로서는 국가, 개인, 국제조직을 들 수가 있다.

1. 국 가

국가는 국제법상의 주체로서 가장 중요한 지위를 차지하고 있다. 국가는 완전한 국제법상의 능력을 가지고 있으며, 주권과 평등권, 명예권, 자위권등과 같은 권리와 불간섭의무와 조약이행의무와 같은 의무를 가지고 있다. 이러한 국제법상의 주체로서의 자격은 국가들 간의 승인에 의해서 주어지며, 합병, 병합, 분열, 분할, 해체 등에 의하여 국가로서 소멸하기도 한다. 과거 독일 통일과 소련의 독립국가연합으로의 변경은 국가의 승인과 소멸이라는 가장 대표적인 예라 할 수 있다.

2. 개 인

종래의 통설은 개인의 국제법 주체성을 부인하여 왔다. 그러나 국제사회가 발달함에 따라 국제법상의 손해배상 문제나, 반인도적 행위자의 처벌 등 개인을 규율할 필요성이 커졌고, 그리하여 오늘날에는 국제법을 국가, 개인 그리고 국제단체에 관한 법으로 규정하게 됨에 따라 일반적으로 개인의 국제법 주체성을 인정하고 있다.

그러나 개인이 국제법의 주체로서 인정되는 범위에 있어서는 적극적, 능동적 주체로서의 국가와는 달리 소극적, 수동적 주체에 속한다고 할 수 있다.

개인의 국제법상의 권리에는 외교특권, 조약상의 제권리, 국제재판소에 대한 소제기권, 국제기관에 대한 청원권 등이 있고, 의무에는 해적행위, 침략전쟁, 집단살해행위 등을 하지 않을 의무, 전쟁법규를 준수할 의무 등이 있다.

3. 국제조직

세계대전을 치르고 난 후 평화와 각 나라간의 이익과 권익을 위하여 각종의 국제조직이 생겨났는데 그중에서 가장 대표적인 것이 국제연맹과 국제연합이라고 할 수 있다.

국제연맹은 동맹 및 연합국 32개국과 중립국 13개국으로 결성이 되었으며 총회, 연맹이사국, 연맹사무국 등의 기관으로 구성되어 군비축소와 안전보장, 분쟁의 평화적 해결, 조약의 통제, 위임통치, 소수민족보호와 국제협력을 주된 임무로 하였다. 그러나 1939년 제2차대전의 발발과 더불어 기능이 정지되고, 1946년 제21회 총회에서 정식으로 해산하였다.

국제연합은 2차 대전이후 국제연맹의 정신을 이어 받아 51개 가맹국으로 출발하였으나 현재에는 거의 모든 나라가 가입되었으며, 우리나라도 1991년에 북한과 함께 정식 회원국이 되었다. 국제연합은 총회, 안전보장이사회, 경제사회이사회, 신탁통치이사회, 국제사법재판소, 사무국 등의 기관과 많은 전문기관으로 구성되어 있다. 그 주된 목적은 국제평화와 안전유지 및 각 나라간의 경제, 사회, 문화와 인도적인 문제해결을 위한 국제적 협력을 유지하려는데 있으며 6.25 전쟁과 중동전쟁, 걸프전쟁 등에서 국제평화의 유지에 큰 공헌을 하였다.

제3절 국제교섭기관

국가의 국제교섭기관으로서는 외교사절, 영사, 군대와 국가원수 및 외무장관 등이 있으나 일반적으로는 외교사절, 영사, 군대를 의미한다.

1. 외교사절

외교사절이란 외교교섭 및 기타의 직능을 수행하기 위하여 외국에 파견되는 사절을 말한다. 외교사절에는 외국에 계속 주재하는 상주외교사절과 임시외교사절로서 특정 사항에 관하여 외교사절이나 국제회의 등에 참석하는 전권대표가 있다.

외교사절의 계급에는 대사, 공사, 변리공사, 대리공사가 있으나 오늘날에는 변리공사는 거의 파견되지 않고 있으며 계급에 따른 업무상의 차이가 있는 것이 아니라 상대국과의 합의에 의하여 파견된다.

외교사절에게는 일반적으로 신체, 명예, 문서, 통신 및 관사를 그의 의사에 반하여 침해받지 아니할 권리를 부여하고 경찰권, 재판권, 과세권 등으로부터 면책특권을 갖는다. 외교사절 수행원과 가족에게도 이러한 외교특권이 인정된다.

2. 영 사

영사는 자국의 통상과 경제적 이익 그리고 자국민의 이익의 보호를 위하여 외국에 파견되는 국가기관이다.

영사에는 본국에서 파견되어 파견국에 상주하는 전임영사와 외국의 주민 중에서 선임, 위촉받아 수당을 받으면서 타 업무에 종사할 수 있는 명예영사가 있다. 그리고 영사의 계급은 총영사, 영사, 부영사, 영사대리가 있으며 이러한 영사에 대한 특권은 국제법상 확립된 것은 아니고 조약상 인정되며 그 범위는 외교사절보다 좁으며 일반적인 특권으로는 공관, 문서의 불가침성과 면세권이다.

3. 군 대

군대가 외국에 주둔하거나 그 나라의 영역을 통과하기 위해서는 원칙적으로 그 국가의 동의를 얻어야 한다. 또한 협정에 의하여 그 국가에 상주하게 되는 때에는 군대구성원의 군대 안에서의 치외법권 등과 같이 협정에 의하여 인정될 수 있다.

제 4 절 국제법과 여성(UN과 양성평등)

1. UN과 여성

인간의 존엄과 세계평화를 위해 1945년에 탄생한 유엔은 그 발족 이래 모든 인간의 인권 증진과 더불어 성차별을 제거하는 진정한 남녀 양성평등을 실현하기 위해 꾸준히 노력해 왔다. 다양한 논리와 정책을 통해 양성평등을 추구해 오는 과정에서 많은 시행착오를 거치면서 오늘날 남녀평등 법리의 집대성이라고 일컬어지는 '유엔 여성차별철폐조약'을 채택하게 되었다. 현재 우리나라도 이 조약의 체약국이다.

UN은 그 헌장에서 "우리 UN의 사람들은 인간의 기본권과 개개인의 존엄성과 가치, 남녀의 평등권과 대소국의 평등권에 관한 근본적인 믿음을 재확인한다"라고 규정하고 인권 특히 여성의 인권에 관해서도 관심을 표명하였다.

그러나 UN에 의한 남녀평등을 포함한 여성의 인권문제는 1972년도 UN총회에서 1975년을 여성의 해로 지정하면서 세계의 복지와 사회의 발전은 남성과 여성의 평등한 참여를 요구한다고 주장하면서 본격적으로 논의되었다. 그 후 UN은 1975년도 총회에서 1976년부터 1985년까지 여성을 위한 UN 10년으로 지정하여 여성에 대하여 깊은 관심을 나타냈다. 그 구체적인 활동내용을 살펴보면 다음과 같다.

① 세계평화와 모든 인간의 기본권존중을 기본이념과 목적으로 1945년에 탄생한 UN은 창설 이래 지금까지 여러 가지 형태의 규약 및 선언 등의 공식문서를 채택하여 가맹국에 남녀동권의 실현을 추진하고 촉구하여 왔다.

② 국제연합은 1945년 유엔헌장의 목적 조항에 "성에 의한 차별대우 금지"라는 인권존중 규정을 설정하고(유엔헌장 1조3항, 55조 c항) 여성의 생리적, 모성적 측면에 관한 사회정책적인 기본권의 존중을 구체화하는 조약, 인권선언, 인권규제 등을 채택하였다.

③ 여성의 인권보장에 관한 조약으로는 「세계인권선언」(1948년), 인신매매, 매춘, 착취금지조약(1950년), 여성의 정치적 권리에 관한 조약(1952년), 기혼여성의 국적에 관한 조약(1957년), 혼인의 동의와 결혼의 최저연령, 등록에 관한 조약(1962년), 경제적·사회적·문화적 권리에 관한 국제규약(1966년, 1976년 발효), 여성에 대한 차별철폐에 관한 선언(1967년), 사회진보와 발전에 관한 선언(1969년) 등이 있다.

2. ILO(국제노동기구)와 여성

ILO는 1919년 창설된 이래 지금까지 여성근로자를 보호하기 위한 많은 국제적인 기준을 제시하여 왔다. ILO의 여성근로자에 관한 조약과 권고내용의 흐름을 보면, 제2차 대전 이전까지는 주로 당시의 저임금과 가혹한 노동조건하에서 아무런 보호조치 없이 착취의 대상이 되고 있는 여성근로자를 보호하기 위한 인도적인 견지에서 취하여진 '국제적인 여성근로자 보호기준'을 마련하는데 있었고, 제2차 대전 후에는 세계적으로 여성근로자가 증가하고 여성의 직업의식이 높아진 가운데 모든 직종에 여성의 진출이 가능해진 현실에서 부당하게 가하여지는 여성에 대한 차별을 금지하기 위한 내용의 협약과 권고를 채택하는 데에 있다. 그 내용을 간추려 보면 다음과 같다.

제1호(1919년): 공업에 종사하는 근로자의 노동시간을 1일 8시간, 1주 48시간으로 제한하는 조약
제3호(1919년): 산전산후의 여성고용에 관한 조약
제4호(1919년): 여성의 야간고용에 관한 조약(1934년 개정, 제41호)
제4호(1919년): 여성 및 아동을 납중독에서 보호하기 위한 권고
제12호(1921년): 농업에 종사하는 산전산후의 여성임금근로자의 보호에 관한 권고
제13호(1921년): 농업에 종사하는 여성의 야간작업에 관한 권고
제45호(1935년): 광산의 지하작업에 고용되는 여성에 관한 조약
제47호(1935년): 노동시간을 1주 40시간으로 단축하는 것에 관한 조약
제89호(1948년 개정): 공업에 종사하는 여성의 야간작업에 관한 조약
제100호, 제90호(1951년): 동일가치의 노동에 대한 남녀근로자의 동일보수에 관한 조약, 권고
제102호(1956년): 노동자의 복지시설에 관한 권고
제102호(1952년): 사회보장의 최저기준에 관한 조약
제103호(1952년 개정): 모성보호에 관한 조약(제95호 권고)
제111호(1958년): 고용 및 직업에 대한 차별대우금지 조약
제112호(1959년): 작업장에서의 직업위생기관에 관한 권고
제123호(1965년): 가족책임이 있는 여성의 차별고용금지에 관한 권고
제165호(1980년): 가족책임을 가지는 남녀근로자의 기회균등과 평등대우에 관한 조약(이 조약은 1965년의 권고를 강화하여 법적 구속력 있는 조약화 했음)

3. UN 여성차별철폐협약

여성차별철폐협약은 1967년에 채택된 바 있는 유엔의 '여성에 대한 차별철폐선언'에 법적 구속력을 부여하여 양성평등을 실제적으로 구현하기 위해 1974년 여성위원회에서 성차별 제거를 위한 총괄적 조약 작성을 결의하고 기초에 착수하여, 1979년 유엔 제34차 총회에서 채택되었다. 20번째의 비준서 또는 가입서가 기탁된 날로부터 3일 후에 효력이 발생하는 것으로 되어 있는(제27조) 동 조약은 1980년 7월의 코펜하겐 세계여성대회에서 서명식을 거행하고 1981년에 20개국의 비준을 얻음으로써 효력을 발생하여 1984년 현재 91개국이 서명하여 60개국이 가입하였다. 우리나라도 1984년 12월 18일 국회의 비준 동의를 얻어 12월 27일 유엔 사무총장에게 비준서를 기탁함으로써 1985년 1월 26일부터 정식 가입국이 되었다.

이 조약은 여성에 대한 차별은 인간 존엄에 위배되고 사회와 가족의 번영을 저해하는 것이며, 모성은 사회적으로 중요하고 자녀 양육은 남녀 그리고 사회전체가 함께 책임질 필요가 있다는 기본 인식하에 정치, 경제, 사회, 문화 등 모든 분야에서 여성에 대한 차별 제거를 위해 체약국으로 하여금 모든 적절한 조치를 취하도록 구체적으로 열거하여 요청하고 있다.

전문과 6장 30개조로 구성되어 있는 이 조약의 제1장에서는 성차별철폐 제거를 위해 각국이 취해야 할 일반적 조치를 다음과 같이 열거하고 있다.

(1) 남녀평등원칙의 실질적 실현을 헌법, 법률 기타 적절한 수단을 통하여 확보할 것.

(2) 여성에 대한 모든 차별을 금지하는 입법 및 기타 조치를 채택할 것.

(3) 여성의 권리에 대한 법적 보호를 확립하며 권한 있는 국내 법원과 기타 공공기관을 통하여 모든 차별행위로부터 여성의 보호를 확보할 것.

(4) 여성에 대한 차별행위 또는 관행을 삼가며 공공기관이 동 의무와 부합되게 행동하도록 보장할 것.

(5) 개인, 조직 또는 기업에 의한 차별을 철폐하기 위한 모든 적절한 조치를 취할 것.

(6) 여성차별을 구성하는 현행 법률, 규칙, 관습 및 관행을 수정 또는 폐지하기 위한 모든 적절한 조치를 취할 것.

(7) 여성차별을 구성하는 모든 국내 형사법규정을 폐지할 것(이상 제2조).

(8) 양성이 동등하게 인권과 기본적 자유를 행사, 향유하는 것을 보장하기 위해 여성의 완전 발전과 진보를 확보할 수 있는 입법을 포함한 적절한 조치를 모든 분야에서 취할 것(제3조).

(9) 일반의 성이 열등 또는 우수하다는 관념 또는 남성과 여성의 역할에 관한 고정관념에 근거한 편견, 관습 기타 모든 관행을 제거하기 위해 남성과 여성의 사회적. 문화적 행동양식을 수정할 것.

(10) 사회적 기능의 하나인 모성에 대한 적절한 이해와 자녀의 양육 및 발전에 대한 남녀의 공동책임에 대한 인식이 가정교육에 포함되도록 확보하되 모든 경우에 자녀의 이익을 최우선적으로 고려할 것(이상 제5조).

(11) 당사국은 모든 형태의 여성의 인신매매 및 매춘에 의한 착취를 금지하기 위하여 입법을 포함한 모든 적절한 조치를 취할 것(제6조).

그리고 제2장 이하에서는 다시 이제까지 경험한 역사적 차별의 상황에 의거하여 다음과 같은 각 분야에서의 남녀평등 실현을 위한 조치를 취하도록 규정하고 있다.

(1) 정치적 공적 활동에서의 남녀평등(제7조, 제8조)
(2) 국적의 취득, 상실에서의 남녀평등(제9조)
(3) 교육에서의 남녀평등(제10조)
(4) 근로생활에서의 남녀평등(제11조)
(5) 경제적·사회적 생활에서의 남녀평등(제13조)
(6) 혼인 및 가족관계에서의 남녀평등(제16조)

제 10 장

보험과 법률

제1절 보험과 법률

1. 보험의 개념

보험이란 일상생활 속에서 항상 예측할 수 없는 여러 가지 사고의 발생으로 인한 위험에서 다수인이 그 사고로 인한 경제적 수요의 충족을 위하여 통계적 기초에서 산출된 금액을 미리 각출하여 자금을 만들어 두고 일정한 사고가 생겼을 때 이 자금으로부터 손실에 대한 재산적 급여를 받는 제도를 말한다.

이 경우 문제되는 사고를 보험사고라 하고, 그 사고발생의 위험을 느끼고 이러한 보험제도를 이용하여 가입하는 자가 부담, 각출하는 금액을 보험료라고 하고 보험사고가 발생하였을 때 지급되는 금액을 보험금이라 한다.

또한 가입자로부터 보험금을 받아서 관리하고 보험사고가 발생할 때 보험금을 지급하는 자를 보험자라 하고, 보험자와 이러한 계약을 체결하는 자를 보험계약자라 하며 보험사고로부터 보험금을 받는 자를 피보험자 또는 보험수익자라 한다.

2. 보험의 종류

1) 공보험(公保險)과 사보험(私保險)

이는 보험사업의 운영 목적 및 주체에 의한 분류이다. 국가나 그 밖의 공공단체가 공동 경제적 목적으로 운영하는 보험을 공보험이라 한다. 여기에 속하는 보험으로는 국민건강보험, 산업재해보상보험, 선원보험, 수출보험 등을 들 수 있다. 이에 비해 사보험은 개인이나 사법인이 사경제적 목적으로 운영하는 보험이다. 생명보험, 손해보험 등이 대표적인 사보험이다.

2) 영리보험, 상호보험

사보험은 다시 그 목적에 따라 영리보험과 상호보험으로 나누어진다. 영리보험은 보험자가 보험자로 되어 영리목적으로 제3자와 보험계약을 체결하는 것이며, 상호보험은 가입자 상호의 이익을 목적으로 하는 비영리조직에 의거하는 것이다.

영리보험이 순채권적 개인법적 법률관계인데 대하여 상호보험은 사단법인과 그 사원사이에 사원권적 관계를 수반하는 것이다. 그러나 실제적 경제적인 작용에 있어서는 별반의 차이가 있는 것은 아니다.

3) 인보험, 물건보험

사람에 대해서 발생하는 사고에 대한 보험을 인보험이라 하고 물건에 대하여 발생하는 사고에 대한 보험을 물건보험이라 한다. 전자에는 생명보험 이외에 상해보험, 질병보험 등이 있고, 후자에는 유체물에 관한 보험은 물론이고 운송보험, 해상보험, 화재보험, 선박보험, 자동차보험 등이 있다.

4) 손해보험과 생명보험

손해보험이란 우연한 사고로 인하여 발생할 손해를 보상하는 것을 목적으로 하는 것이며, 생명보험이란 손해의 유무와 관계없이 사람의 생존과 사망에 관하여 일정한 금액의 지급 등과 같은 기타의 급여를 지급하는 것이다.

5) 육상보험, 해상보험, 항공보험

육상보험이란 육상에서의 각종 보험 등을 총칭하는 것이며, 해상보험은 선박보험과 같이 해상위험에 대한 보험을 가리킨다. 여기서 해상이라 함은 조수와 하천의 내수는 포함되지 않는다. 항공보험이란 공중에 있어서의 각종의 위험을 보험사고로 하는 것으로서 그 위험은 특수성에 있어서 육상보험보다 해상보험에 더 가깝다고 할 수 있다.

6) 개별보험, 집합보험

개별보험이란 개개의 자연인 또는 물체를 보험의 목적으로 하는 것이며 다수인 또는 물체의 집단을 보험의 목적으로 하는 것을 집단보험이라고 한다.

7) 총괄보험, 특별보험, 계속보험

총괄보험이란 내용이 변동하는 다수의 자연인 또는 물체의 집단을 포괄적으로 하나의 보험목적으로 하는 보험을 말하고, 이에 속하지 않는 일반의 보험을 특정물에 관한 보험이라는 의미에서 특별보험이라고 한다. 그리고 총괄보험 중에서 그 교체성이 중복되는 것은 계속보험이라 한다. 예를 들면 운송인이 장차 운송할 물건의 특정을 조건으로 하여 미리 개괄적으로 하나의 운송보험계약을 체결하는 경우가 이에 해당하는 것이다.

8) 원보험, 재보험

어떤 보험자가 보험자로서 보험금을 지급하는 책임을 지는 경우에 이로 인하여 그 보험자가 입는 손해에 관하여 다시 제2의 보험자가 보험을 인수하는 경우에 제2의 보험을 재보험이라 하고 제1의 보험을 원보험이라 한다.

9) 기업보험, 가계보험

기업보험이라 함은 주로 기업자가 그의 기업경제활동의 불안정에 대비하여 이용하는 것이고 가계보험은 주로 비기업자가 그 가계의 불안정에 대비하여 이용하는 보험이다.

10) 강제보험, 임의보험

보험가입이 강제되어 있는 것이 강제보험이고, 그렇지 않는 것이 임의보험이다. 일반적으로 임의보험이 일반적이라 할 수 있고 예외적으로 법률에 의하여 보험이 강제되는 경우가 있다. 예컨대 화재로 인한 재해보상과 보험가입에 관한 법률에 의하면 특수건물의 소유자는 그 건물의 화재로 인한 사망, 부상에 대하여 무과실 손해배상책임을 져야 하며 건물 소유자는 보상책임의 이행을 위하여 신체손해보상 특약 부화재보험에 가입하여야 한다. 또한 「자동차손해배상 보장법」에 의하면 「자동차관리법」의 적용을 받는 자동차의 보유자와 「건설기계관리법」의 적용을 받는 덤프트럭, 타이어식 기중기, 콘크리트믹서트럭 등의 보유자는 자동차의 운행으로 다른 사람이 사망하거나 부상한 경우에 피해자(피해자가 사망한 경우에는 손해배상을 받을 권리를 가진 자를 말한다)에게 대통령령으로 정하는 금액을 지급할 책임을 지는 책임보험이나 책임공제에 가입하여야 한다. 자동차보유자는 책임보험 등에 가입하는 것 외에 자동차의 운행으로 다른 사람의 재물이 멸실되거나 훼손된 경우에 피해자에게 대통령령으로 정하는 금액을 지급할 책임을 지는 「보험업법」에 따른 보험이나 「여객자동차 운수사업법」, 「화물자동차 운수사업법」 및 「건설기계관리법」에 따른 공제에 가입하여야 한다. 이 밖에 「원자력손해배상법」도 원자력사업자는 원자력손해를 배상하기 위하여 필요한 조치인 원자력손해배상 책임보험계약 및 원자력손해배상 보상계약의 체결 또는 공탁 등의 손해배상조치를 하기 전에는 원자로의 운전 등을 할 수 없도록 하고 있다. 또한 「고용보험 및 산업재해보상보험의 보험료 징수에 관한 법률」도 「산업재해보상보험법」을 적용받는 사업의 사업주는 당연히 「산업재해보상보험법」에 따른 산업재해보상보험의 보험가입자가 된다고 규정하고 있다.

11) 생명보험, 손해보험, 제3보험

이는 「보험업법」에 따른 분류이다. 동법은 보험을 생명보험, 손해보험, 제3보험으로 구분하고 있다.

생명보험이란 위험보장을 목적으로 사람의 생존 또는 사망에 관하여 약정한 금전 및 그 밖의 급여를 지급할 것을 약속하고 대가를 수수하는 계약으로서 생명보험계약과 연금보험계약(퇴직보험계약을 포함함)을 의미한다.

손해보험이란 위험보장을 목적으로 우연한 사건(제3보험에 따른 질병·상해 및 간병은 제외함)으로 발생하는 손해(계약상 채무불이행 또는 법령상 의무불이행으로 발생하는 손해를 포함)에 대하여 금전 및 그 밖의 급여를 지급할 것을 약속하고 대가를 수수하는 계약을 말한다. 화재보험계약, 해상보험계약(항공·운송보험계약을 포함함), 자동차보험계약, 보증보험계약, 재보험계약, 책임보험계약, 기술보험계약, 권리보험계약, 도난보험계약, 유리보험계약, 동물보험계약, 원자력보험계약, 비용보험계약, 날씨보험계약 등이 여기에 속한다.

제3보험이란 위험보장을 목적으로 사람의 질병·상해 또는 이에 따른 간병에 관하여 금전 및 그 밖의 급여를 지급할 것을 약속하고 대가를 수수하는 계약을 말한다. 상해보험계약, 질병보험계약, 간병보험계약 등이 여기에 속한다.

〈인보험과 손해보험의 비교(금융감독원, 금융생활안내서, 2007에서 인용)〉

	인보험(생명보험 및 제3보험)	손해보험
피보험자	보험사고의 객체인 사람	보험사고 발생 시 보상금을 받는 사람
보험금청구권자	보험수익자	피보험자
보험목적	사람 (15세 미만자, 심신상실자, 심신박약자는 사망보험의 피보험자가 될 수 없음)	사람, 법인, 물건 등(피보험이익 요건을 충족하는 것이면 모두 가능)
피보험이익	없음	보험가액
보험금지급행위	체약체결 시 약정한 보험금	보험금액과 보험가액의 범위에서 실손보상
보험자대위	불인정 다만 상해보험 등 실손보상 개념이 있는 경우 특약에 의해 보험자대위 인정 가능	인정

제2절 보험약관

보험을 계약할 때에는 상법전이나 기타 법률에 의하여 성문화되어 있지 않거나 법 규정과는 다르게 계약하는 경우가 많이 있으므로 상법에 규정이 없는 사항과 임의규정과 다른 내용으로 계약하려는 경우에는 당사자 간의 합의에 의하여 결정하게 된다.

그러나 보험계약은 많은 보험계약자를 상대로 대량의 사무를 처리하게 되므로 일일이 개별적으로 계약내용을 절충하여 정할 수 없는 것이므로 자연히 보험사업자가 계약내용에 관한 일반적 표준적인 약관을 정하여 두고 보험계약자는 특별한 규정이 없는 이상 이것에 따라서 계약을 체결할 수밖에 없다.

뿐만 아니라 보험제도는 동질적인 위험을 예견하는 다수가입자의 단체인 보험단체를 전제로 하여 기술적으로 그 다수가입자에 관한 위험을 종합, 평균화하여 위험을 분산하는 것이므로 이것을 가능하게 하기 위해서는 보험계약의 내용이 각 가입자에 대해서 동일하여야 한다.

따라서 보험에 가입하기 위하여 보험계약을 체결할 때에는 보험약관에 나와 있는 내용을 정확히 인식하고 그 내용에 따라서 가입하여야 예상치 못한 불이익을 막을 수 있다.

그리고 보험제도는 일반적으로 사회적, 경제적으로 약자의 위치에 있는 자들이 이용하는 제도이므로 이들을 보호하기 위하여 국가가 후견인적 역할을 해야 한다. 이를 실현하기 위하여 현재에는 금융위원회, 공정거래위원회 등에서 계약의 내용에 관한 일반적 표준적 약관을 작성케 하고 행정기관을 통하여 이것을 감독하고 있다.

제3절 보험계약

1. 보험계약의 의의

보험계약이란 당사자 일방이 약정한 보험료를 지급하고 재산 또는 생명이나 신체에 불확정한 사고가 발생할 경우에 상대방이 일정한 보험금이나 그 밖의 급여를 지급할 것을 약정하는 계약을 말한다(상법 제638조). 보험계약은 보험자가 보험금지급의무를 지고, 보험계약자가 이에 대하여 보험료납부의무를 지는 유상·쌍무계약이다. 또한 보험사업자가 많은 보험계약자를 상대로 미리 계약의 내용을 보험약관에 의하여 정하고 이에 부합되어야 성립하는 부합계약이다.

2. 보험계약의 체결

1) 보험계약의 성립

보험계약은 불요식의 낙성계약이므로 보험계약자의 청약에 대하여 보험자의 승낙이 있는 때 계약이 성립함이 원칙이다(상법 제638조). 보험자는 보험계약을 체결할 때 보험계약자에게 보험약관을 교부하고 그 약관의 중요한 내용을 알려주어야 한다. 보험자가 교부·설명의무를 위반한 때에는 보험계약자는 보험계약이 성립한 날로부터 3개월 이내에 그 계약을 취소할 수 있다(상법 제638조의3).

보험계약자가 보험계약 청약서를 기재하여 제출함과 동시에 보험료 상당액의 전부 또는 일부를 지급한 경우, 보험자는 다른 약정이 없으면 30일 내에 상대방에게 보험계약의 승낙 여부를 알려야 하고, 보험자가 30일 내에 승낙 여부를 알리지 않는 경우 보험계약을 승낙한 것으로 본다(상법 제638조의2). 인보험의 피보험자가 신체검사를 받아야 하는 경우 보험회사는 신체검사를 받은 날부터 30일 내에 보험계약의 승낙 여부를 알려야 한다(상법 제638조의2).

보험회사는 피보험자가 계약에 적합하지 않은 경우에는 승낙을 거절하거나 별도의 조건(보험가입금액 제한, 일부보장 제외, 보험금 삭감, 보험료 할증 등)을 붙여 승낙할 수 있다. [「보험업감독업무시행세칙」(금융감독원세칙 2016. 4. 28. 발령·시행) 별표 15. 생명보험 표준약관 제16조 제2항].

2) 고지의무

고지의무란 보험계약자 또는 피보험자가 보험계약을 체결함에 있어 고의 또는 중대한 과실로 '중요한 사항'을 알리지 않거나 부실의 고지를 하지 않을 의무를 말한다. 여기서 말하는 중요한 사항이란, 보험회사가 보험사고의 발생과 그로 인한 책임부담의 개연율을 측정하여 보험계약의 체결 여부 또는 보험료나 특별한 면책조항의 부가와 같은 보험계약의 내용을 결정하기 위한 표준이 되는 사항을 말한다(대법원 2004다36215). 보험자가 서면으로 질문한 사항은 중요한 사항으로 추정된다(상법 제651조 및 제651조의2).

고지의무는 보험계약자와 피보험자가 부담하며, 보험계약 당시 보험계약자 또는 피보험자가 고의 또는 중대한 과실로 중요한 사항을 고지하지 않거나 부실하게 고지한 경우 보험자는 그 사실을 안 날부터 1개월 내에, 계약을 체결한 날부터 3년 내에 계약을 해지할 수 있다. 그러나 보험자가 계약 당시에 그 사실을 알았거나 중대한 과실로 알지 못한 경우에는 그러하지 아니하다(상법 제651조).

보험회사와 보험대리점 및 보험의는 고지수령권을 가지고 있지만, 보험설계사는 대리권이 없으므로 고지수령권이 없다. 따라서 보험자에게 서면을 통해 알려야 한다.

보험설계사에 대한 고지가 보험자에 대한 고지로 볼 수 있는지의 여부
[사례] 甲은 보험설계사인 자신의 친구 乙을 통해 丙회사의 생명보험을 가입하였는데, 자신이 간기능에 이상이 있다는 것을 乙에게만 구두로 이야기하고, 청약서상에는 그 내용을 기재하지 않았다. 이 경우 甲은 고지의무를 다한 것인가?
[해설] 보험설계사는 고지를 수령할 권한이 없기 때문에, 고지는 반드시 청약서상에 기재된 문서로 해야 한다. 따라서 병은 고지의무위반을 이유로 계약을 해지할 수 있다. 다음의 판례를 참조할 것: “보험모집인은 특정 보험자를 위하여 보험계약의 체결을 중개하는 자일 뿐 보험자를 대리하여 보험계약을 체결할 권한이 없고 보험계약자 또는 피보험자가 보험자에 대하여 하는 고지나 통지를 수령할 권한도 없으므로, 보험모집인이 통지의무의 대상인 ‘보험사고발생의 위험이 현저하게 변경 또는 증가된 사실’을 알았다고 하더라도 이로써 곧 보험자가 위와 같은 사실을 알았다고 볼 수는 없다”(대법원 2006다19672).

보험자의 설명의무 위반과 보험계약자의 고지의무의 위반

[사례] 보험설계사 甲도 약관의 중요내용을 제대로 설명하지 않았고, 보험계약자 乙도 약관에 규정된 고지의무를 위반한 경우, 보험계약자 乙은 보험금을 청구할 수 있는가?

[해설] 상법 제638조의3에서 보험자는 보험계약을 체결할 때에 보험계약자에게 보험약관을 교부하고 그 약관의 중요한 내용을 알려주어야 하고, 이를 위반한 때에는 보험계약자는 보험계약이 성립한 날부터 1월내에 그 계약을 취소할 수 있다고 규정하고 있다.

그런데 쌍방이 모두 각자의 의무를 위반한 경우에 관하여는 명문의 규정이 없는바, 여기에 관하여 판례는 "보험자 및 보험계약체결 또는 모집에 종사하는 자는 보험계약체결에 있어서 보험계약자 또는 피보험자에게 보험약관에 기재되어 있는 보험상품의 내용, 보험료율의 구체적이고 상세한 명시·설명의무를 지고 있으므로 보험자가 이러한 보험약관의 명시·설명의무에 위반하여 보험계약을 체결한 때에는 그 약관의 내용을 보험계약의 내용으로 주장할 수 없고, 보험계약자나 그 대리인이 그 약관에 규정된 고지의무를 위반하였다 하더라도 이를 이유로 보험계약을 해지할 수 없으며, 상법 제638조의3 제2항에 의하여 보험자가 약관의 교부 및 설명의무를 위반한 때에 보험계약자가 보험계약 성립일로부터 1월내에 행사할 수 있는 취소권은 보험계약자에게 주어진 권리일 뿐 의무가 아님이 법문상 명백하므로, 보험계약자가 보험계약을 취소하지 않았다고 하더라도 보험자의 설명의무위반의 법률효과가 소멸되어 이로써 보험계약자가 보험자의 설명의무위반의 법률효과를 주장할 수 없다거나 보험자의 설명의무위반의 하자가 치유되는 것은 아니다."라고 하였다(대법원 96다4893: 97다4494: 97다47255).

그러므로 보험계약자는 보험사고발생시 보험금을 청구할 수 있을 것이다. 그러나 보험계약자가 보험약관의 내용을 충분히 잘 알고 있는 경우에도 보험자에게 그 약관내용을 따로 설명할 의무가 있는지에 관하여 판례를 보면, "상법 제638조의3에서 보험자의 약관설명의무를 규정한 것은 보험계약이 성립되는 경우에 각 당사자를 구속하게 될 내용을 미리 알고 보험계약의 청약을 하도록 함으로써 보험계약자의 이익을 보호하자는 데에 입법취지가 있고, 보험약관이 계약당사자에 대하여 구속력을 갖는 것은 보험계약 당사자 사이에 그것을 계약내용에 포함시키기로 합의하였기 때문이라는 점 등을 종합하여 보면, 보험계약자나 그 대리인이 약관의 내용을 충분히 잘 알고 있는 경우에는 그 약관이 바로 계약내용이 되어 당사자에 대하여 구속력을 갖는다고 할 것이므로, 보험자로서는 보험계약자 또는 그 대리인에게 약관의 내용을 별도로 설명할 필요가 없다고 보는 것이 상당하다" 고 하면서 보험계약자가 주운전자의 고지의무에 관한 보험약관상의 내용을 충분히 잘 알면서 보험료 절감을 위하여 주운전자를 허위로 고지하였다고 보아, 보험자가 그에 관한 약관설명의무를 다하지 아니하였다는 보험계약자의 항변을 배척하고 보험계약자의 고지의무위반을 이유로 한 보험계약의 해지를 인정한 바가 있다(대법원 97다39308).

3. 보험계약의 효과

1) 보험자의 의무

(1) 보험증권교부의무

보험자는 보험계약이 성립한 때에는 지체 없이 보험증권을 작성하여 보험계약자에게 교부하여야 한다(상법 제642조). 보험증권이란 보험계약의 성립과 내용을 증명하기 위하여 계약의 내용을 기재하고 보험자가 기명날인 또는 서명하여 보험계약자에게 교부하는 증권이다.

(2) 보험금지급의무

보험자는 보험사고 발생한 경우에 보험금을 지급할 의무가 있다. 보험자는 보험금액의 지급에 관하여 약정기간이 있는 경우에는 그 기간 내에, 약정기간이 없는 경우에는 상법 제657조 제1항의 통지를 받은 후 지체 없이 지급할 보험금액을 정하고 그 정하여진 날부터 10일내에 피보험자 또는 보험수익자에게 보험금액을 지급하여야 한다(상법 제658조). 보험금청구권의 시효는 3년이다(상법 제662조).

(3) 보험료반환의무

보험계약의 전부 또는 일부가 무효인 경우에 보험계약자와 피보험자가 선의이며 중대한 과실이 없는 때에는 보험자에 대하여 보험료의 전부 또는 일부의 반환을 청구할 수 있다. 보험계약자와 보험수익자가 선의이며 중대한 과실이 없는 때에도 같다(상법 제648조). 보험사고가 발생하기 전에는 보험계약자는 언제든지 계약의 전부 또는 일부를 해지할 수 있다. 이 경우에 보험계약자는 당사자 간에 다른 약정이 없으면 미경과 보험료의 반환을 청구할 수 있다(상법 제649조). 보험료반환청구권의 시효는 3년이다(상법 제662조).

2) 보험계약자 · 피보험자 · 보험수익자의 의무

(1) 보험료지급의무

보험계약이 성립하게 되면 보험계약자는 보험자에 대하여 보험료를 지급할 책임이 있다. 그리고 보험자의 책임은 당사자 간에 다른 약정이 없으면 최초의 보험료의 지급을 받은 때로부터 개시한다(상법 제56조). 보험계약자는 계약체결 후 지체 없이 보험료의 전부 또는 제1회 보험료를 지급하여야 하며, 보험계약자가 이를 지급하지 아니하는 경우에는 다른 약정이 없는 한 계약성립 후 2월이 경과하면 그 계약은 해제된 것으로 본다. 또한 계속보험료가 약정한 시기에 지급되지 아니한 때에는 보험자는 상당한 기간을 정하여 보험계약자에게 최고하고 그 기간 내에 지급되지 아니한 때에는 그 계약을 해지할 수 있다(상법 제650조).

(2) 통지의무

보험계약자 또는 피보험자나 보험수익자는 보험사고의 발생을 안 때에는 지체없이 보험자에게 그 통지를 발송하여야 한다. 보험계약자 또는 피보험자나 보험수익자가 이러한 통지의무를 해태함으로 인하여 손해가 증가된 때에는 보험자는 그 증가된 손해를 보상할 책임이 없다(상법 제657조). 보험기간 중에 보험계약자 또는 피보험자가 사고발생의 위험이 현저하게 변경 또는 증가된 사실을 안 때에는 지체 없이 보험자에게 통지하여야 한다. 이를 해태한 때에는 보험자는 그 사실을 안 날로부터 1월내에 한하여 계약을 해지할 수 있다. 보험자가 이러한 위험변경증가의 통지를 받은 때에는 1월내에 보험료의 증액을 청구하거나 계약을 해지할 수 있다(상법 제652조).

(3) 손해의 방지 및 경감의무

보험계약자와 피보험자는 손해의 방지와 경감을 위하여 노력하여야 한다. 그러나 이를 위하여 필요 또는 유익하였던 비용과 보상액이 보험금액을 초과한 경우라도 보험자가 이를 부담한다(상법 제680조).

(4) 위험유지의무

보험기간 중에 보험계약자, 피보험자 또는 보험수익자의 고의 또는 중대한 과실로 인하여 사고발생의 위험이 현저하게 변경 또는 증가된 때에는 보험자는 그 사실을 안 날부터 1월내에 보험료의 증액을 청구하거나 계약을 해지할 수 있다(상법 제653조).

4. 보험자의 계약해지와 보험청구권

보험사고가 발생한 후라도 보험자가 제650조(보험료의 지급지체), 제651조(고지의무위반), 제652조(위험변경증가의 통지의무위반) 및 제653조(보험계약자의 고의나 중과실로 인한 위험의 증가)에 따라 계약을 해지하였을 때에는 보험금을 지급할 책임이 없고 이미 지급한 보험금의 반환을 청구할 수 있다. 다만, 고지의무(告知義務)를 위반한 사실 또는 위험이 현저하게 변경되거나 증가된 사실이 보험사고 발생에 영향을 미치지 아니하였음이 증명된 경우에는 보험금을 지급할 책임이 있다(상법 제655조).

제 11 장

어음, 수표와 법률

제 1 절 유가증권의 일반

1. 유가증권의 의의

유가증권이란 재산적 가치가 있는 사권을 표시하는 증권으로서, 그 권리의 발생이나 행사 또는 이전에 있어서 증권을 소지함을 요하는 것이다. 이러한 유가증권은 그 자체가 가치가 있는 것이 아니라 증권위에 문서로 표시된 권리와 결합됨으로서 가치가 부여되는 것이다. 이와 같이 권리와 증권이 밀접하게 결합되어 증권의 점유가 권리행사의 조건이 되어 있는 상태를 가리켜 "권리가 증권에 화체되어 있다"라고 한다.

유가증권 중에서 증권의 소지와 권리와의 관계가 가장 밀접하게 결합되어 있는 것이 어음과 수표이다. 이를 특히 완전유가증권이라 하고 그 밖의 증권을 불완전유가증권이라 한다. 그러나 영수증이나 증서에 지나지 않으므로 유가증권이 아니라 증거증권이라 하며 소지품을 보관시킬 때 받는 보관표와 신표 또는 옷표 등은 이를 가지고 있는 자가 정당한 권리자인가에 관계없이 소지인에게 단순히 인도하기만 하면 효력이 발생하는 것으로서 유가증권이 아니라 면책증권 또는 자격증권이라 한다.

2. 유가증권의 종류

1) 양도(유통)의 방식에 의한 분류

증권을 양도할 때 권리자를 어떻게 지정하느냐에 따른 분류방식으로서 다음과 같이 네 가지로 나누어진다.

(1) 기명(지명)증권

기명증권이란 증권상에 특정인을 권리자로 기재한 증권을 말한다. 증권상에 기재된 특정인 및 그로부터 보통의 지명채권양도의 방법으로 증권을 받은 자만이 권리를 행사할 수 있을 뿐 배서양도가 허용되지 않는다. 기명증권의 예로서는 기명채권, 배서금지된 어음, 배서가 금지된 대물상환증, 창고증권, 선하증권 등을 들 수 있다.

(2) 지시증권

증권상에 기재된 자 또는 그가 지시하는 자를 권리자로 하는 증권을 말한다. 이 지시는 보통 배서에 의하여 행해지므로 이를 배서증권이라고 한다. 지시증권이 되기 위해서는 원칙적으로 증권상에 지시문언이 있어야 하지만, 그러한 문헌이 없어도 법률상 당연히 배서에 의하여 양도할 수 있는 증권도 있는데 이를 '법률상 당연한 지시증권'이라고 한다. 어음, 수표, 화물상환증, 창고증권, 선하증권, 기명주권 등이 바로 이러한 증권에 속한다.

(3) 무기명증권

무기명증권이라 함은 증권상에 권리자로서의 특정인을 지정하지 아니하고 증권의 정당한 소지인을 권리자로 취급하는 증권을 말하고 소지인출급식증권이라 한다. 실제로 많이 이용되는 것은 무기명식수표, 무기명사채, 상품권 등이고, 환어음과 약속어음은 무기명식이 인정되지 않는다.

(4) 선택무기명증권

선택무기명증권이란 증권상에 특정인을 권리자로 지정하고 있으면서 동시에 증권의 정당한 소지인도 권리자로 인정하는 증권을 말한다. 이를 지명소지인출급증권이라고 한다. 이것은 무기명증권과 동일한 효력이 있으므로 역시 어음에는 인정되지 않는다.

2) 증권에 화체된 권리의 성질에 의한 분류

이는 증권이 어떤 권리를 나타내느냐에 따라 분류한 것으로서, 채권증권, 물권증권, 사원권증권 세 가지가 있다.

(1) 채권증권

채권증권이라 함은 채권을 표창하는 유가증권이다. 채권 중에서도 금전지급청구권을 표창하는 것을 금전증권(어음, 수표)이라 하며, 물건인도청구권을 표창하는 것을 물품증권(화물상환증), 서비스청구권을 표창하는 증권을 서비스증권(승차권, 관람권)이라고 한다.

(2) 물권증권

물권증권이라 함은 물권을 표창하는 유가증권으로서 우리나라에서는 그 예가 없다. 독일의 저당증권, 정기토지채무증권 등이 이에 속한다.

(3) 사원권증권

사원권증권이라 함은 사단에 있어서의 사원의 직위, 즉 사원권을 표창하는 유가증권으로 주권, 신주인구권증서, 신주인구권증권 등이 그 대표적인 예이다.

3. 유가증권의 법적 성질

1) 요식증권성

증권의 형식이 법에 정해져 있어서 증권에 일정한 기재사항을 필요로 하는 것을 말한다. 특히 주식, 화물상환증, 환어음, 약속어음, 수표는 모두 요식증권이며 그중에서 어음과 수표는 절대적 요식증권이다.

2) 문언증권성

증권상의 권리의 내용이 증권의 문언에 따라 정하여 있는 것을 말한다.

이것은 증권의 의무자는 증권의 취득자에 대하여 증권의 문언으로부터 알 수 없는 사항, 즉 증권에 기재되어 있지 아니한 사항을 가지고 대항할 수 없다는 뜻이다.

3) 지시증권성

증권상의 권리를 행사하는데 증권을 제시하여야 하는 것을 말한다. 따라서 증권의 제시가 없는 한 채무자는 이행지체의 책임을 지지 않는다. 어음, 수표는 물론 그 밖의 지시식 또는 무기명식의 유가증권은 보통 이러한 성질을 가지나 기명채권은 그러하지 아니하다.

4) 상환증권성

증권과 상환하지 않고는 채무의 변제를 할 필요가 없는 것을 말한다. 어음, 수표, 화물상환증, 창고증권 등은 모두 이러한 성질을 가지나 주권은 상환증권이 아니다. 다만 화물상환증, 창고증권은 증권과 상환하지 않고서도 화물을 인도하는 상관습이 있다.

5) 면책증권성

증권의 정당한 소지인이 악의 또는 중대한 과실이 없는 한 증권소지인이 무권리자라고 하더라도 채무자가 채무를 면하는 것을 말한다.

6) 법률상 당연한 지시증권성

증권상의 제시에 의하여 권리자를 지정할 수 있다는 문언이 없더라도 법률상 당연히 증권상에 권리자를 지시할 수 있는 것을 말한다.

7) 설권증권성

증권상의 권리가 증권의 작성에 의하여 비로소 발생하는 것을 말한다. 어음, 수표이외의 유가증권은 이미 발생한 증권에 표창하는데 불과하므로 설권증권이 아니다.

8) 무인증권성, 요인증권성

무인증권성이란 증권상의 권리가 원인관계로부터 분리되어 증권취득자의 권리가 확보되는 것을 말하며, 요인증권성이란 증권상의 권리가 원인관계와 연결되어 있어 원인관계의 하자로 인해 영향을 받는 것을 말한다. 어음과 수표는 무인증권이다.

9) 처분증권성

증권상의 권리를 처분하려면 반드시 증권으로서 하여야 하는 것을 말한다.

제2절 어 음

1. 어음의 의의

어음이란 일정한 금액의 지급을 목적으로 하는 유가증권을 말한다. 어음에는 환어음과 약속어음 두 가지가 있다.

환어음이란 어음의 작성자(발행인)가 제3자(지급인)에게 증권상에 기재된 금액을 일정기일에 증권상의 권리자(수취인 또는 그 지시인)에게 지급할 것을 무조건 위탁하는 증권, 즉 금전지급위탁증권이다. 약속어음은 발행인 자신이 일정기일에 일정금액을 수치인 또는 그 지시인에게 지급할 것을 무조건 약속하는 증권, 즉 금전지급약속증권이다.

2. 어음의 성질

환어음은 증권과 권리가 결합이 밀접하여 권리의 발생, 행사, 이전의 전부에 증권을 필요로 하는 완전유가증권으로서 금전채권증권성, 설권증권성, 무인증권성, 문언증권성, 절대적요식증권성, 지시증권성, 상환증권성과 처분증권성의 성질을 가지고 있다.

약속어음도 완전한 유가증권으로서 환어음과 동일한 성질을 가지고 있으나 환어음의 법적형식이 3당사자 간의 지급위탁임에 대하여, 약속어음은 양당사자간의 지급약속이란 점이 다르다. 그러므로 약속어음에는 인수, 참가인수라는 어음행위가 없다.

3. 어음의 종류

어음은 발행되는 경제적 목적에 따라 또는 어음이 사용되는 경제적 관계와 관련하여 다음과 같이 분류된다.

1) 위탁어음

위탁어음이란 발행인이 타인(위탁자)의 계산으로 발행한 어음을 말한다.

2) 연기어음

연기어음이란 이미 발행된 어음의 만기가 도래하였을 때 당사자의 합의하에 그 지급을 연기하기 위하여 발행한 어음으로서 개서어음이라고도 한다.

3) 대부어음

금전소비대차에 있어서 그 자금을 확보하고 또한 차용증서로 대용하기 위하여 차주가 대주에게 교부하는 어음이다.

4) 상업어음

상업어음이란 실제 거래가 원인이 되어 발행되는 어음이다. 상업어음은 반드시 물품이 오가는 상거래를 수반하기 때문에 진성어음, 상품어음, 실어음이라도 한다.

5) 대환어음

운송중의 화물을 담보로 하여 발행된 어음으로서 일종의 담보어음이다. 이에 대하여 물적 담보가 없는 어음을 clean bill이라고 하여 대환어음과 구별한다. 이것은 격지자 사이의 매매거래에 있어서 매도인이 신속하게 자금을 회수할 수 있기 때문에 많이 이용되고 있다.

6) 부도어음

부도어음이란 환어음의 인수인, 지급인 또는 약속어음의 발행인이 지급을 거절한 어음이다.

7) 융통어음

융통어음이란 상업어음에 대한 개념으로서 아무런 실질적 거래가 없이 발행된 어음이다. 자금의 일시융통을 위하여 이러한 어음을 발행하는 경우가 많아서 이를 재정어음이라고도 하고, 빈어음, 대어음, 차어음이라고도 한다. 또한 타인에게 신용을 줄 목적으로 발행, 배서, 인수 등의 행위를 한 경우, 예컨대 은행이나 친척, 친지 등의 호의인수, 호의배서를 하거나 위탁어음을 발행하는 경우 이 어음을 신용어음이라고도 하는데 이것 역시 융통어음이다.

8) 할인어음

할인어음이란 할인받은 어음이며 할인이라 함은 만기도래 전 어음의 소지인이 어음금액에서 할인율을 공제한 금액을 지급받고 그 권리를 양도하는 거래를 말한다. 일단 할인된 어음을 다시 할인하는 경우, 이를 재할인어음이라고 한다.

9) CP어음(기업어음, 중개어음, commercial paper)

기업자금의 조달을 위하여 발행되는 약속어음으로서 상거래의 뒷받침이 없는 융통어음이기 때문에 상업어음이라 하지 않고 속칭 기업어음이라 한다. 이것은 단자회사에서 기업의 신용을 조사하여 우량적격업체로 선정된 기업의 이윤을 매입하여 고객에서 매출한 것이기 때문에 단자회사의 신용으로 융통된다고 볼 수 있다.

제3절 수 표

1. 수표의 의의

수표란 발행인이 지급인(은행)으로 하여금 수취인 또는 피배서인 또는 무기명식수표의 소지인 등 증서의 정당한 소지인에게 일정한 금액을 지급할 것을 위탁하는 증권, 즉 금전지급위탁증권이다.

2. 수표의 성질

수표는 발행인, 지급인, 수취인이 그 기본당사자이며, 금전지급위탁증권이란 점에서 약속어음과는 다르나 환어음과는 똑같은 법적 형식과 특질을 가지고 있다. 그러나 수표의 경우 지급인이 반드시 은행이어야만 하고, 인수제도가 존재하지 않는다는 점에서 환어음과는 다르다. 수표는 지급증권으로서의 특성을 유지하기 위하여 지급인을 신용 있는 금융기관으로 한정하고, 만기가 따로 없는 일람출급으로 하고, 무기명식 발행이 허용된다는 점에서 어음과는 차이가 있다.

경제적 기능의 측면에서 보면, 수표는 주로 송금수단과 지급수단으로서 기능하고, 환어음은 송금수단, 추심수단 및 신용수단으로서 기능하며, 약속어음은 신용수단과 추심수단으로서 기능한다.

3. 수표의 종류

1) 위탁수표

발생인이 제3자의 계산으로 발행한 수표이다.

2) 연 수 표

연수표란 실제 발행된 날짜 보다 후의 날을 발행일자로 한 수표로서 선일자수표라고도 한다. 보통 수표에는 만기의 표시를 하지 못하므로 그 불편을 덜기 위하여 거래상 많이 이용되지만 수표가 신용증권화할 위험성도 있다. 선일자수표라도 기재된 발행일자의 도래 전에 지급을 위한 제시를 한 경우 지급인은 이를 지급하여야 한다.

3) 당좌수표

당좌수표는 개인수표라고도 하며 자기앞수표, 즉 보증수단에 대한 말이다. 은행과 당좌거래가 있는 사람이 은행에서 교부된 수표용지에 발행인으로 기명날인한다.

4) 보증수표

보증수표란 자기앞수표를 말하는데 발행인 자신이 지급인으로 하여 발행한 수표이다. 은행이 발행인과 지급인을 겸하고 있어서 지급이 확실하기 때문에 이러한 명칭이 생겼으며 '보수'라고 약칭한다.

5) 가계수표

은행에 가계종합예금구좌를 개설하고 있는 개인이 발행하는 수표로서 당좌예금을 하고 있는 자가 발행하는 당좌수표와 유사하다. 다만 개인이 발행하고 수표금액에 제한이 있으며 은행이 일정한 금액까지 지급을 보증하는 점에 그 특색이 있다.

6) 송금수표

은행이 본·지점 간 또는 그 거래은행을 상대로 발행하는 수표이다. 송금의 구실을 하기 때문에 이러한 명칭이 생겼으나 이것은 법률상의 용어는 아니다. 또한 보증수표와 송금수표는 은행이 발행하는 것이므로 은행발행수표라고도 한다.

7) 여행자수표(T/C)

여행자수표란 외국에서 현금 휴대에 따른 도난, 분실 등의 위험을 대비하여 이용하는 수표로서 그 법률적 성질이 수표인가 아니면 약속어음인가 또는 환어음인가에 대하여는 의견이 갈리고 있다. 그러나 배서를 통해서 신원이 확인되는 한 일종의 수표라고 보아야 할 것이다.

8) 국고수표

국고수표라고 함은 정부재정지출의 방법으로서 한국은행이 발행한 자기앞수표를 말한다.

차용증의 공증과 약속어음 공정증서
[사례] 甲은 자신의 친구 乙에게 금전을 빌려주면서 차용증(금전소비대차계약서)을 작성하였는데, 후일의 분쟁을 예방하기 위해 이를 공증해두려고 한다. 차용증을 공증하면 민사소송을 거치지 않고도 강제집행이 가능한가?
[해설] 차용증의 공증이란 공증사무소에서 차용증을 공정증서로 작성하거나, 이미 작성한 차용증에 공증인의 인증을 받는 것을 말한다. 이렇게 공증을 하면 이는 「공증인법」 제2조와 「민사소송법」 제356조 제1항에 의하여 차용증 자체의 진정성이 추정된다. 또한 「형사소송법」 제315조도 공정증서의 등본은 당연히 증거능력이 있는 서류로 인정하고 있다. 그러나 차용증을 작성하고 이를 공증했다고 해서 곧바로 금전채무를 변제하지 않는 채무자로부터 채권을 강제집행할 수 있는 권한이 생기는 것은 아니다. 왜냐하면, 차용증의 공증은 금전소비대차계약의 성립의 진정을 입증하는 효력만을 가질 뿐이기 때문이다. 그런데 차용증을 공증할 때 강제집행을 인낙하는 취지의 약속어음공정증서를 작성하면 그 공정증서가 집행권원이 되어 만약 채무자가 이를 이행하지 않을 때에는 별도의 소송절차를 거치지 않고도 강제집행을 할 수 있다. 이 경우 채무자는 어음·수표의 발행인이 되고, 채권자는 어음·수표의 수취인이 된다.

제 12 장

세금과 법률

제1절 총 론

1. 세금의 의의

'세금'(조세)이란 국가나 지방자치단체가 그의 경비충당을 위한 재정수입을 조달할 목적으로 법률에 규정된 과세요건을 충족한 모든 자에게 직접적 반대급부 없이 부과하는 금전급부를 말한다.

2. 세법에 관한 일반원칙

1) 조세법률주의

우리 헌법은 제59조에서 "조세의 종목과 세율은 법률로 정한다"고 함으로써 명문으로 조세법률주의를 규정하고 있다. 비록 헌법 제59조는 법률로 정할 것을 명령하고 있는 대상으로 '종목'과 '세율'만을 언급하고 있지만, 기본권제한의 일반원리에 따라 종목과 세율뿐만 아니라, 조세와 관련하여 국민의 기본권을 침해할 수 있는 중요한 사항은 당연히 법률로 정하여야 한다.

조세법률주의의 구체적 내용은 과세요건 법정주의, 과세요건 명확주의, 포괄위임 금지의 원칙 등을 들 수 있다.

헌법상 조세법률주의와 포괄위임 금지의 원칙(헌법재판소, 2006헌바36등)

(가) 헌법은 제38조에서 "모든 국민은 법률이 정하는 바에 의하여 납세의 의무를 진다."라고 규정하고, 제59조에서 "조세의 종목과 세율은 법률로 정한다."라고 규정하여 조세법률주의를 선언하고 있다. 조세법률주의는 과세요건 법정주의와 과세요건 명확주의를 그 핵심적 내용으로 하고 있는바, 과세요건 법정주의는 납세의무를 성립시키는 납세의무자, 과세물건, 과세표준, 과세기간, 세율 등의 모든 과세요건과 부과·징수절차는 모두 국민의 대표기관인 국회가 제정한 법률로 규정하여야 한다는 것을 말하며, 과세요건 명확주의는 과세요건을 법률로 규정하였다고 하더라도 그 규정내용이 지나치게 추상적이고 불명확하면 이에 대한 과세관청의 자의적인 해석과 집행을 초래할 염려가 있으므로 그 규정내용이 명확하고 일의적이어야 한다는 것을 말한다. 이러한 조세법률주의의 이념은 결국 과세요건을 국회가 제정한 법률로 명확하게 규정함으로써 국민의 재산권을 보장함과 동시에 국민의 경제생활에 있어서의 법적 안정성과 예측가능성을 보장하기 위한 것이다(헌재 1992. 12. 24. 90헌바21, 판례집 4, 890, 899-900; 헌재 1995. 11. 30. 93헌바32, 판례집 7-2, 598, 606-607).

(나) 헌법 제38조 및 제59조에 의거한 조세법률주의에도 불구하고 사회현상의 복잡다기화와 국회의 전문적·기술적 능력의 한계 및 시간적 적응능력의 한계로 인하여 조세부과에 관련된 모든 법규를 예외 없이 형식적인 법률에 의하여 규정한다는 것은 사실상 불가능할 뿐만 아니라 실제에 적합하지도 아니하기 때문에, 경제현실의 변화나 전문적 기술의 발달에 즉시 대응하여야 할 필요 등 부득이한 사정이 있는 경우에는 법률로 규정하여야 할 사항에 관하여 국회 제정의 형식적 법률보다 더 탄력성이 있는 행정입법에 위임함이 허용된다(헌재 1997. 10. 30. 96헌바92등, 판례집 9-2, 478, 494).

(다) 그러므로 헌법 제75조도 "대통령은 법률에서 구체적으로 범위를 정하여 위임받은 사항 …… 에 관하여 대통령령을 발할 수 있다."고 규정함으로써 위임입법의 근거를 마련함과 동시에 위임은 "구체적으로 범위를 정하여" 하도록 하여 그 한계를 제시하고 있다. 이와 같이 헌법 제75조는 입법을 위임할 경우 법률에 미리 대통령령으로 규정될 내용 및 범위의 기본사항을 구체적으로 규정하여 둠으로써 행정권에 의한 자의적인 법률의 해석과 집행을 방지하고 의회입법과 법치주의의 원칙을 달성하고자 하는데 그 입법취지가 있

> 다. 따라서 "구체적으로 범위를 정하여"라 함은 법률에 대통령령 등 하위법규에 규정될 내용 및 범위의 기본사항이 가능한 한 구체적이고도 명확하게 규정되어 있어서 누구라도 당해 법률 그 자체로부터 대통령령 등에 규정될 내용의 대강을 예측할 수 있어야 함을 의미하고, 그 예측가능성의 유무는 당해 특정조항 하나만을 가지고 판단할 것은 아니고 관련 법조항 전체를 유기적·체계적으로 종합 판단하여야 하며, 각 대상법률의 성질에 따라 구체적·개별적으로 검토하여야 한다(헌재 1997. 10. 30. 96헌바92등, 판례집 9-2, 478, 495). 그리고 위임의 구체성·명확성의 요구 정도는 그 규율대상의 종류와 성격에 따라 달라질 것이지만 특히 처벌법규나 조세법규와 같이 국민의 기본권을 직접적으로 제한하거나 침해할 소지가 있는 법규에서는 구체성·명확성의 요구가 강화되어 그 위임의 요건과 범위가 일반적인 급부행정의 경우보다 더 엄격하게 제한적으로 규정되어야 하는 반면에, 규율대상이 지극히 다양하거나 수시로 변화하는 성질의 것일 때에는 위임의 구체성·명확성의 요건이 완화되어야 한다(헌재 1998. 2. 27. 95헌바59, 판례집 10-1, 103, 112). 또한 위임조항 자체에서 위임의 구체적 범위를 명백히 규정하고 있지 않다고 하더라도 당해 법률의 전반적 체계와 관련규정에 비추어 위임조항의 내재적인 위임의 범위나 한계를 객관적으로 분명히 확정할 수 있다면 이를 포괄적인 백지위임에 해당하는 것으로는 볼 수 없다.

우리 헌법이 이와 같이 조세법률주의의 원칙을 규정하고 있는 이유는 과세요건을 형식적 의미의 법률로 명확하게 규정함으로써 국민의 기본권이 재산권을 보호하고, 국민이 경제생활을 함에 있어 법적 안정성과 예측가능성을 보장하기 위한 것이다.

2) 조세공평주의

조세공평주의란 세금은 평등의 원칙에 따라 공평하게 부담하여야 한다는 원칙을 말한다. 그렇다면, 무엇을 기준으로 세금을 부담해야 공평한 것인가? 여기에 대해서는 두 가지 과세원칙을 생각해 볼 수 있다.

하나는, 조세납부자가 국가나 지방자치단체로부터 받는 이익에 상응하게 조세를 부담하는 것이 공평하다고 생각해 볼 수 있다. 즉 국가나 지방자치단체로부터 많은 이익을 받는 사람이 많은 세금을 내야 한다는 사고방식이 그것이다. 이를 응익부담의 원칙(應益負擔의 原則, benefit principle)이라고 한다.

또 다른 하나는 세금납부자가 세금을 낼 수 있는 경제적 능력, 즉 담세력(擔稅力, taxable capacity)을 고려하여 이 담세력에 상응하게 조세를 부담하는 것이 공평하다고 생각해 볼 수도 있다. 즉 담세력이 동일한 사람에게는 동일한 세금을 과세하여야 하고(수평적 공평), 담세력이 더 큰 사람은 그렇지 않은 사람보다 보다 많은 세금을 부담하여야 한다(수직적 공평)는 사고방식이다. 이를 응능부담의 원칙(應能負擔의 原則, ability-to-pay principle)이라고 한다.[1] 이 원칙은 조세공평의 정의를 실현하기 위하여 모든 조세에 요구되는 원칙이지만, 특히 직접세인 소득세에 강하게 요구되는 원칙이다.

조세공평주의에 대한 헌법재판소의 판례

"조세의 합형평성의 원칙은 조세관계법률의 내용이 과세대상자에 따라 상대적으로 공평(상대적 평등)하여야 함을 의미하는 것으로서, 비슷한 상황에는 비슷하게, 상이한 상황에는 상이하게 그 상대적 차등에 상응하는 법적 처우를 하도록 하는 비례적·배분적 평등을 의미하며, 본질적으로 불평등한 것을 자의적으로 평등하게 취급하는(내용의) 법률의 제정을 불허함을 의미하는 것이다. 조세부담의 공평기준은 근세초기의 국가로부터 납세자가 받는 이익에 상응하는 부담이어야 한다는 소위 '응익과세'(應益課稅)의 원칙이었으나, 오늘날 소득, 재산, 부(富)와 같은 납세능력 내지 담세력에 따라 부담하여야 한다는 소위 '응능과세'(應能課稅)의 원칙이 강조되고 있으며, 형평의 요건으로 '주관적 자의의 배제' 내지 '자의의 금지'라거나 '차별의 합리성의 유무' 등이 강조되고 있는데, 결국 위 요건을 합하여 조세권자의 자의가 배제되고 객관적인 사실을 기초로 한 합리적인 근거에 의하여 조세가 부과·징수되는 내용의 법률이라고 할 수 있기 위하여서는, 과세대상의 선정규

1) '수직적 공평'을 달성하기 위해서는 누진세제가 필수적이다. 누진세의 헌법적 근거는 헌법 제11조 평등의 원칙과 "국가는 균형 있는 국민경제의 성장 및 안정과 적정한 소득의 분배를 유지하고, 시장의 지배와 경제력의 남용을 방지하며, 경제주체간의 조화를 통한 경제의 민주화를 위하여 경제에 관한 규제와 조정을 할 수 있다"는 헌법 제119조 2항에서 찾을 수 있다.

정과 담세력의 산정규정에 합리성이 배려되어, 결국 과세 적격사유가 있는 대상에 대하여 그 능력에 합당한 과세액이 부과·징수되도록 규정되어 있는 것을 의미하는 것이라 할 것이다(헌법재판소 89헌가95).

2) 실질과세의 원칙

실질과세의 원칙이란 과세의 대상이 되는 소득, 수익, 재산, 행위 또는 거래의 귀속이 명의(名義)일 뿐이고 사실상 귀속되는 자가 따로 있을 때에는 사실상 귀속되는 자를 납세의무자로 하여 세법을 적용하여야 하며, 또한 귀속 이외에 세금의 계산에 필요한 사항들도 마찬가지로 거래의 형식이나 명칭에 관계없이 그 실질에 따라 적용하여야 한다는 원칙을 말한다.

[사례] 甲은 자신의 명의로 재산을 취득하기 곤란한 사정이 있어 동생 乙의 명의를 빌려 부동산을 취득하였다. 그 후 丙에게 부동산을 양도하였는데 양도소득이 발생하였다. 양도소득세의 납세의무자는 누구인가?

국세기본법 제14조(실질과세) ① 과세의 대상이 되는 소득, 수익, 재산, 행위 또는 거래의 귀속이 명의(名義)일 뿐이고 사실상 귀속되는 자가 따로 있을 때에는 사실상 귀속되는 자를 납세의무자로 하여 세법을 적용한다.

② 세법 중 과세표준의 계산에 관한 규정은 소득, 수익, 재산, 행위 또는 거래의 명칭이나 형식에 관계없이 그 실질 내용에 따라 적용한다.

③ 제3자를 통한 간접적인 방법이나 둘 이상의 행위 또는 거래를 거치는 방법으로 이 법 또는 세법의 혜택을 부당하게 받기 위한 것으로 인정되는 경우에는 그 경제적 실질 내용에 따라 당사자가 직접 거래를 한 것으로 보거나 연속된 하나의 행위 또는 거래를 한 것으로 보아 이 법 또는 세법을 적용한다.

[해설] 이 경우 실질적인 양도소득은 형식적인 소유자인 명의수탁자 乙에게 귀속되는 것이 아니라, 사실상 실질적 소유자인 甲에게 귀속되므로 실질과세의 원칙에 따라 甲이 양도소득세의 납세의무자가 된다.

3) 소급과세 금지의 원칙

소급과세 금지의 원칙이란 국세를 납부할 의무가 성립한 소득, 수익, 재산, 행위 또는 거래에 대해서는 그 성립 후의 새로운 세법에 따라 소급하여 과세하여서는 안 된다는 원칙을 말한다. 납세자의 재산권, 예측가능성, 법적 안정성 등을 고려한 원칙이다.

그러나 금지되는 소급과세는 납세자에게 불리하게 변경된 입법을 소급하는 것이다. 따라서 원칙적으로 납세자에게 유리한 경우에는 소급과세 금지의 원칙은 적용되지 않는다. 또한 소급과세가 금지되는 이유는 개인의 재산권의 보호 및 예측가능성과 법적 안정성의 확보에 있는 것이므로, 납세자의 신뢰를 보호할 필요가 없거나 소급과세로 달성할 수 있는 공익이 특별히 크다거나 하는 경우에는 소급과세가 이루어진다 하더라도 헌법에 반한다고 할 수 없다.

한편, 「국세기본법」은 과세관청의 세법해석이나 관행을 소급해서 납세자에게 불합리하게 변경하는 것도 금지하고 있다.

소급과세 금지의 원칙과 관련된 국세기본법의 규정

제18조(세법 해석의 기준 및 소급과세의 금지) ① 세법을 해석·적용할 때에는 과세의 형평(衡平)과 해당 조항의 합목적성에 비추어 납세자의 재산권이 부당하게 침해되지 아니하도록 하여야 한다.

② 국세를 납부할 의무(세법에 징수의무자가 따로 규정되어 있는 국세의 경우에는 이를 징수하여 납부할 의무. 이하 같다)가 성립한 소득, 수익, 재산, 행위 또는 거래에 대해서는 그 성립 후의 새로운 세법에 따라 소급하여 과세하지 아니한다.

③ 세법의 해석이나 국세행정의 관행이 일반적으로 납세자에게 받아들여진 후에는 그 해석이나 관행에 의한 행위 또는 계산은 정당한 것으로 보며, 새로운 해석이나 관행에 의하여 소급하여 과세되지 아니한다.

3. 조세부과에 대한 불복

국가가 납세의무를 결정하거나 또는 경정하여 확정하여 납세의무자에게 그 세액을 고지하는 행정처분을 '과세처분' 또는 '부과처분'이라고 한다. 이

러한 부과처분에 대하여 불복하고자 하는 경우에는 다음의 절차를 거치게 된다.[2)]

1) 관할세무서에 대한 불복(임의적 불복절차)

(1) 과세전 적부심사

부과처분은 관할세무서장이 하는데, 부과처분을 하기 전에 과세관청은 납세자에게 일정한 통지를 하게 된다. 이러한 통지는 그 자체는 부과처분이 아니지만, 이 통지를 통하여 실제 부과처분이 이루어지기 전에 앞으로 부당한 부과처분이 내려질 것이라는 것을 납세자가 미리 알게 되었다면, 부과처분이 내려진 후에 불복하는 것 보다 그 전에 아예 그러한 부과처분이 나오지 않도록 할 수 있는 절차가 있어야 할 것이다. 그것이 바로 '과세전 적부심사'이다.

세무조사의 결과에 대한 서면통지, 또는 과세예고통지를 받은 자는 통지를 받은 날로부터 30일 이내에 통지를 한 세무서장이나 지방국세청장에게 통지 내용의 적법성에 관한 심사, 즉 과세전 적부심사를 청구할 수 있다. 과세전 적부심사 청구를 받은 세무서장, 지방국세청장 또는 국세청장은 각각 국세심사위원회의 심사를 거쳐 청구인의 청구의 채택여부를 결정을 하고 그 결과를 청구를 받은 날부터 30일 이내에 청구인에게 통지하여야 한다(국세기본법 제81조의15). 만약 과세관청이 채택하는 결정을 하면 통지에 언급된 부과처분을 더 이상 할 수 없게 된다.

(2) 이의신청

부과처분이나 경정거부처분이 있는 경우 그 처분에 불복하고자 하는 자는 그 처분을 한 과세관청에 대하여 이의신청을 할 수 있다. 이의신청은 임의적인 절차로서 반드시 진행하여야 하는 절차는 아니다.

이의신청은 부과처분 등을 받은 날로부터 90일 이내에 제기하여야 한다. 이의신청이 있는 경우 과세관청은 국세심사위원회의 심의를 거쳐 이의

2) 납세자가 세액의 감액을 청하는 통상의 경정청구(감액경정의 청구)를 하였는데, 관세관청이 이를 거부하는 것 역시, 과세관청의 경정거부처분에 해당하고, 따라서 부과처분과 마찬가지로 취소소송을 제기할 수 있음은 물론이다.

신청의 인용여부를 결정한다. 부과처분을 내린 과세관청이 이의신청을 인용하면 부과처분은 취소된다.

2) 행정심판에 통한 불복(필요적 절차)

법원에 과세처분이나 경정거부처분의 취소소송을 제기하기 위해서는 「국세기본법」이 정하는 바에 따라 '심사청구'나 '심판청구' 중 하나를 거쳐야만 한다(필요적 전치주의).

심사청구는 처분을 받을 날로부터 90일 이내에 불복의 사유를 갖추어 해당처분을 하였거나 하였어야 할 세무서장을 거쳐 국세청장에게 하여야 한다. 심사청구를 받으면 국세청장은 국세심사위원회의 심의를 거쳐 청구를 기각하거나, 처분의 취소·경정 결정을 하게 된다.

심판청구에 대한 결정을 하기 위하여 국무총리 소속으로 조세심판원을 둔다. 심판청구는 처분을 받을 날로부터 90일 이내에 불복의 사유를 갖추어 해당처분을 하였거나 하였어야 할 세무서장을 거쳐 조세심판원장에게 하여 한다. 심판청구를 받으면 조세심판원장은 조세심판관회의의 심리를 거쳐 청구를 기각하거나, 처분의 취소·경정 결정을 한다.

3) 행정소송

심사청구나 심판청구에 대한 결정에 불복하고자 하는 자는 결정의 통지를 받은 날로부터 90일 이내에 행정소송을 제기할 수 있다. 행정소송에서 과세처분, 또는 경정거부처분의 적법성에 대한 입증책임은 과세관청이 부담한다.

제2절 소득세

1. 소득세의 의의

1) 소득세의 개념

소득세라 함은 개인이 과세기간동안 경제적 활동에서 얻은 이익금에서 필요경비를 제외한 금액에서 부과하는 세금을 말한다. 이러한 소득세의 과세방식은 개인이 얻은 모든 종류의 소득을 합한 총액을 기준으로 과세하는 종합과세방식과 소득별로 분류하여 과세하는 분류과세방식으로 나눌 수 있다.

2) 과세소득의 구분

현행 소득세법은 과세소득을 종합소득, 퇴직소득, 양도소득 세 가지로 구분하고 있다(소득세법 제4조). 종합소득은 다시 이자소득, 배당소득, 사업소득, 근로소득, 연금소득, 기타소득의 여섯 가지로 구분한다.

이러한 구분이 갖는 의미는, ① 첫째, 이들 소득 중 어디에도 해당하지 않는 소득은 소득세법상의 과세대상이 아니라는 점, ② 둘째, 이러한 구분에 따라 종합소득, 퇴직소득, 양도소득에 대한 각각의 소득세는 별도로 계산되고 별도의 신고납부 대상이 된다는 점, ③ 종합소득에 속하더라도 각 소득구분별로 필요경비의 공제여부, 세율, 원천징수 방법 등에서 상당한 차이가 난다는 점에 있다.

3) 과세기간

소득세의 과세기간은 매년 1월 1일부터 12월 31일까지의 1년으로 한다.

4) 납세의무자

소득세의 납세의무자는 거주자(국내에 주소를 두거나 183일 이상의 거소를 둔 개인)나 비거주자(거주자가 아닌 개인)로서 국내원천소득이 있는 개인이다.

5) 소득세의 원천징수

원천징수제도란 소득을 지급하는 자가 그 지급받는 자의 조세를 징수하여 국가에 납부하는 제도를 말한다. 국내에서 거주자나 비거주자에게 소득을 지급하는 자는 그 거주자나 비거주자에 대한 소득세를 원천징수하여야 한다(소득세법 제127조 1항). 원천징수의무자는 원천징수한 소득세를 그 징수일이 속하는 달의 다음 달 10일까지 대통령령으로 정하는 바에 따라 원천징수 관할 세무서, 한국은행 또는 체신관서에 납부하여야 한다(소득세법 제128

조 1항). 원천징수하여야 하는 소득의 범위는 퇴직소득 전부와 종합소득 중에서 이자, 배당, 근로소득이 주된 원천징수의 대상이다. 사업소득이나 기타 소득도 원천징수의 대상이 되는 경우가 있다.

6) 양도소득세

양도소득세란 토지 또는 건물, 부동산, 골프장회원권, 콘도미니엄 회원권 등의 특정시설이용권, 영업권, 점포임대차권리금, 특정주식 등을 사고팔았을 경우에 남는 차액을 기준으로 누진 세율을 과세하는 세금을 말한다. 그런데 양도소득세는 부과취지가 투기억제에 있기 때문에 모든 종류의 양도소득에 대해 부과하는 것은 아니고, 「소득세법」 제94조 1항에 열거된 재산의 양도에서 발생하는 소득에 대해서만 부과된다. 따라서 동법에 열거되지 않은 재산의 양도로부터 생기는 소득은 그것이 사업의 정도에 이르지 않는 한 양도소득세를 부과하지 않는다.

제3절 법인세

1. 의 의

개인의 소득에 대해서 소득세가 부과되는 것과 같이 주식회사와 같은 법인조직으로 사업을 영위하는 자에게 그 사업에서 생긴 소득에 대하여 부과되는 조세를 법인세라고 한다. 이는 광의의 소득세의 일종이고 법인 소득세라고 할 수 있다.

법인세의 납세의무자, 과세표준, 세율신고 및 납부 등의 절차와 납세의무의 적정한 이행을 확보하기 위하여 필요한 사항을 정한 법률을 법인세법이라고 한다.

2. 특 성

1) 법인세는 국세이다.

조세는 조세의 부과권자를 기준으로 하여 국세와 지방세를 분류할 수 있다. 즉 소득세 및 부가가치세와 같이 국가가 부과하는 세금을 국세라고 하고 취득세, 면허세 및 등록세와 같이 지방자치단체가 부과하는 세금을 지방세라 한다. 이 중에서 법인세는 소득세와 부가가치세와 같이 국가에서 부과하는 국세이다.

2) 법인세는 직접세이다.

모든 조세는 직접세와 간접세로 분류된다. 직접세는 소득세, 취득세와 같이 조세의 납세자와 담세자가 동일한 세금을 말하며, 간접세는 부가가치세 및 특별소비세와 같이 납세자가 서로 다른 세금을 말한다. 이 중에서 법인세는 소득세, 취득세와 같이 조세의 납세자와 담세자가 동일한 직접세에 해당한다.

3) 법인세는 소득에 대하여 부과되는 조세이다.

조세에는 지출 또는 소비에 대하여 부과하는 소비세도 있고 이윤 또는 소득에 대하여 부과하는 소득세도 있다. 주세 및 특별소비세는 그 주세 및 사치성제품 등 소비에 대하여 세금이 부과되는 것으로서 전자에 해당하며, 소득세는 소득에 대하여 부과되는 세금으로서 후자에 해당한다. 이 중에서 법인세는 소득세와 마찬가지로 그 법인의 소득에 세금이 부과되는 조세이다.

4) 법인세는 누진세이다.

조세는 적용하는 세율에 따라 비례세와 누진세로 분류할 수 있다. 예컨대 자산재평가세, 취득세, 부가가치세 등은 과세표준의 크기에는 관계없이 일정한 세율을 적용하여 부과되는 조세로서 전자에 해당한다. 법인세는 소득세, 증여세와 같이 과세표준의 크기에 따라 높은 세율을 적용하는 조세로서 후자에 해당한다.

3. 구 성

우리나라의 현행 법인세는 다음 세 가지로 구성되고 있다고 말할 수 있다. ① 첫째, 각 사업연도의 소득에 대한 법인세, ② 둘째, 청산소득에 대한 법인세, ③ 셋째, 토지 등 양도소득에 대한 법인세가 그것이다.

법인의 종류별 과세소득의 범위는 아래 도표와 같다.

〈법인의 종류별 과세소득의 범위〉

구분		각 사업연도의 소득	청산 소득	토지 등 양도소득
내국법인	영리법인	국내원천소득+국외원천소득 (포괄적 전세계소득)	○	○
	비영리법인	수익사업에서 발생한 소득 (고유목적사업은 비과세)	×	○
외국법인	영리법인	국내원천소득 (속지주의)	×	○
	비영리법인	국내원천소득 중 수익사업에서 발생한 소득	×	○

4. 각 사업연도의 소득에 대한 법인세

각 사업연도의 소득에 대한 법인세란 모든 법인에게 법인의 각 사업연도라는 과세기간을 단위로 그 기간의 소득을 계산해서 과세하는 세금을 말한다. 법인세의 과세기간은 '각 사업연도'로서 이 연도는 법령이나 정관 등에서 정한 회계연도에 따른다.

1) 과세소득의 범위

위의 도표에서 보듯이, 각 법인의 각 사업연도소득의 과세대상 소득은 법인의 종류에 따라 상이하다.

2) 과세표준의 계산

현행 법인세법상 내국법인의 각 사업연도에 대한 법인세의 과세표준은 각 사업연도의 소득의 범위 안에서 다음 각호에 해당하는 소득과 금액을 순차로 공제한 금액으로 한다.

(1) 각 사업연도 개시일 전 10년 이내에 개시한 사업연도에서 발생한 결손금으로서 그 후의 각 사업연도의 과세표준계산을 할 때 공제되지 아니한 금액

(2) 법인세법과 다른 법률에서 규정하는 비과세소득

(3) 법인세법과 다른 법률에서 규정하는 소득공제액

3) 각 사업연도소득의 계산

내국법인의 각 사업연도의 소득은 그 사업연도에 속하거나 속하게 될 익금(益金)의 총액에서 그 사업연도에 속하거나 속하게 될 손금(損金)의 총액을 공제한 금액으로 하고 있다. 여기서 말하는 익금이라 함은 자본 또는 출자의 납입과 「법인세법」 제15조에서 규정하는 익금불산입 항목을 제외하고 그 법인의 순자산을 증가시키는 거래로 인하여 발생하는 수익의 금액을 말하며 또 순금이라 함은 자본 또는 자본의 환급 잉여금의 처분 및 「법인세법」 제16조에서 규정하는 손금불산입 항목을 제외하고 그 법인의 순자산을 감소시키는 거래로 인하여 발생하는 손비의 금액을 말한다.

법인세법상 소득계산의 요소인 익금과 손금의 개념은 기업회계상 수익과 비용과 같은 개념이지만 그 내용은 반드시 일치하는 것은 아니다. 따라서 기업회계상 수익에 해당하지 않는 것이 세법상 익금에 해당하는 것이 있다. 또 세법상 손금에 해당하는 것이 기업회계상 비용에 해당하지 아니하는 것이 있는가 하면 이와 반대로 기업회계상 비용에 해당하는 것이 세법상 손금에 해당하지 않는 것이 있다. 이와 같은 세법상 소득과 기업회계상 소득을 일치시키기 위하여 조정하는 절차가 있는데 이를 세무조정이라 한다.

5. 청산소득에 대한 법인세

1) 청산소득의 개념

법인이 해산하는 경우 그 법인의 잔여재산의 가액이 해산할 당시 자기자본의 총액을 초과할 때 또는 법인이 합병의 경우 피합병법인이 합병으로 인하여 합병법인으로부터 교부받는 주식가액과 교부금의 합계액이 합병당시의 자기자본의 총액을 초과할 때에 그 초과하는 금액을 청산소득이라 한다.

2) 과세의 근거

법인의 각 사업연도 소득에 대한 법인세의 과세 외에 청산소득에 대하여 과세하는 이유는 각 사업연도소득에 대하여 법인세를 부과할 때에 착오 또는 오류 등에 의하여 과세되지 아니한 부분이 있을 수 있다. 이와 같은 경우에 소득에 대하여 조세부과를 보완할 필요가 있기 때문에 과세하는 것이다.

또 설립일로부터 해산 또는 합병할 때까지의 각 사업연도의 소득에 대한 법인세 부과는 그 법인이 스스로 자산을 평가하여 인플레이션소득을 그 법인의 소득으로 계산하지 않는 한 인플레이션소득에 대하여 과세할 수 없다. 그러나 법인이 해산할 때 또는 합병할 때에는 인플레이션 소득이 그 법인의 소득으로 실현되는 경우가 있으므로 이 소득에 대하여 조세를 부과하고자 하는 데 목적이 있다.

3) 납세의무자

청산소득에 대한 법인세 납세의무는 내국법인 중 영리법인에게만 있고, 내국법인 중 비영리법인이나 외국법인에게는 납세의무가 없다. 그 이유는 비영리법인은 정관에서 그 법인이 해산할 때에는 그 법인의 잔여재산을 동일한 목적을 가진 다른 비영리법인에게 기부하거나 또는 국가에 기부하도록 하고 있는 것이 일반적이다. 이는 비영리법인이 동일한 사업을 계속 추진시키도록 하는 국가의 목적이 있기 때문이다. 그리고 외국법인의 청산소득에 대하여 과세하지 아니하는 이유는 외국법인은 우리나라에서 합병할 수도 없고 또 해산할 수도 없기 때문이다.

4) 청산소득의 계산

청산소득의 계산은 합병의 경우와 해산의 경우로 구분하여 다음과 같이 계산한다. ① 합병의 경우에는 합병교부 주식가액이 자기 자본(납입자본금+잉여금)을 초과할 때 그 초과하는 금액이 청산소득이 된다. ② 해산의 경우에는 해산법인의 잔여재산 확정일 현재의 잔여재산가액이 해산법인의 자기자본을 초과할 때, 그 초과하는 금액이 청산소득이 된다.

5) 세 율

아래의 표에서 보듯이, 청산소득에 대한 법인세율은 내국법인의 각 사업연도의 소득에 대한 법인세 세율과 동일하다.

과세표준	세율	누진공제
2억원 이하	10%	-
2억원 초과 200억원 이하	20%	2,000만원
200억원 초과 30000억원 이하	22%	42,000만원
30000억원 초과	25%	942,000만원

6) 신 고

청산소득의 종류에 따라 다음과 같이 청산소득에 대한 과세표준과 세액을 정부에 신고 납부하여야 한다. 즉 해산의 경우에는 잔여재산가액 확정일로부터 90일 이내에 신고하여야 하며, 합병의 경우에는 합병등기일로부터 90일 이내에 신고 납부하여야 한다.

6. 토지 등 양도소득에 대한 법인세

토지 등 양도소득이란 주택이나 비사업용 토지의 양도소득을 말한다. 법인이 소유하고 있는 주택이나 비사업용 토지의 양도소득은 영업수익 또는 영업수익으로서 그 법인의 각 사업연도 소득을 구성하게 되어 법인세 과세표준에 산입된다. 그런데 현행 법인세법은 법인의 투기활동을 억제할 목적으로 그런 소득이 각 사업연도의 소득에 산입되어 법인세를 부과하는 것과는 별도로 토지 등의 양도소득에 대한 법인세를 따로 부과하고 있다.

납세의무자는 모든 종류의 법인, 즉 내국법인, 외국법인, 영리법인, 비영리법인과 관계없이 토지 등 양도소득이 있는 모든 법인이 납세의무자다.

또한 토지 등 양도소득의 범위나 과세방법 역시 모든 종류의 법인이 동일하다. 토지 등 양도소득의 과세표준은 양도금액에서 양도 당시의 장부가액을 차감한 금액이며, 세율은 10%(미등기토지의 등의 경우 40%)이다.

제4절 상속세와 증여세

1. 상속세

1) 상속세의 의의

상속세란 사람의 사망을 계기로 무상으로 이전되는 재산에 대하여 그 재산의 취득자에게 부과되는 세금을 말한다. 따라서 상속세의 납부의무자는 원칙적으로 상속을 받은 사람이 되겠지만, 수유자(유증을 받은 자 또는 사인증여에 의하여 재산을 취득한 자) 또한 상속세의 납부의무자가 된다.

2) 상속세 산출세액의 산정

상속세는 상속세의 과세표준에 다음의 세율을 적용하여 계산한 금액으로 한다.

과세표준	세율	누진공제
1억원 이하	10%	-
1억원 초과 5억원 이하	20%	1천만원
5억원 초과 10억원 이하	30%	6천만원
10억원 초과 30억원 이하	40%	1억6천만원
30억원 초과	50%	4억6천만원

3) 상속세의 납부

상속세 납부의무가 있는 상속인 또는 수유자는 상속개시일로부터 6월 이내에 상속세의 과세표준가액 및 과세표준을 상속개시지 또는 사망자의 사망당시의 주소지를 관할하는 관할세무서장에게 신고하고, 관할 세무관서, 한국은행 또는 우체국에 세액을 납부해야 한다. 법정 신고기간 내에 신고를 하지 아니하거나, 납부기간 내에 납부를 하지 않으면, 무신고가산세액이 가산되거나, 납부불성실가산세액이 가산된다.

상속세 부담의무자가 수인인 경우의 각자의 부담액과 연대납부의무
[사례] 甲이 유언 없이 사망하자 그 유족에게 법정상속이 일어났다. 상속인으로는 아내 乙과 아들 丙, 그리고 딸 丁이 있다. 만약 상속세 산출세액이 1천4백만원으로 나왔다면, 각자는 얼마의 상속세를 부담해야 하는가? 만약 아들 丙이 상속세를 납부하지 않는다면, 乙이나 丁이 상속세를 납부할 책임이 있는가?
[해설] 상속세 부담의무자가 여러 명인 경우 각자의 상속세 부담액은 각자의 상속액에 비례하여 정해진다. 따라서 이 경우에는 乙 600만원, 丙과 丁이 각각 400만원을 부담하게 된다. 그런데 공동상속인 또는 수유자는 자기가 받았거나 받을 재산을 한도로 연대하여 상속세를 납부할 의무를 진다. 따라서 사례와 같이 丙이 상속세를 납부하지 않는다면, 다른 공동상속인인 乙과 丁이 자기가 받은 상속재산의 범위 내에서 연대하여 납부할 책임이 있다.

2. 증여세

1) 증여세의 의의

증여세라 함은 타인으로부터 재산을 무상으로 증여받았을 경우에 증여받은 재산의 가액을 과세표준으로 하여 증여받은 자가 납부하게 되는 세금을 말한다. 이때 증여한 자도 증여받은 자와 연대하여 납부할 의무가 있다.

2) 증여세 산출세액의 산정

증여세의 과세표준과 세율은 아래의 표와 같다.

과세표준	세율	누진공제액
1억원 이하	10%	-
1억원 초과 5억원 이하	20%	1천만원
5억원 초과 10억원 이하	30%	6천만원
10억원 초과 30억원 이하	40%	1억 6천만원
30억원 초과	50%	4억 6천만원

3) 증여세의 납부

증여세 납부의무가 있는 사람은 증여를 받은 날이 속하는 달의 말일부터 3월 이내에 과세표준을 상납세지 관할세무서장에게 신고하고, 관할 세무관서, 한국은행 또는 우체국에 그 세액을 납부해야 한다. 법정 신고기간 내에 신고를 하지 아니하거나, 납부기간 내에 납부를 하지 않으면, 무신고가산세액이 가산되거나, 납부불성실가산세액이 가산된다.

저자 오경식, 국립강릉원주대학교 법학과 교수

[약 력]
연세대학교 법과대학 학사·석사·박사
독일 튀빈겐대(Tubingen), 객원교수
미국 버클리 법대(UC Berkeley Law School), Visiting Scholar
강릉대학교 사회과학대 학장, 경영정책과학대학원장 역임
제15대 한국비교형사법학회 회장, 제6대 한국피해자학회 회장,
제7대 한국소년정책학회 회장. 제29대 한국교정학회 회장
강릉가정법률상담소 소장
법무부 형사소송법 개정특위 개정위원
여성가족부 정책자문위원, 대검찰청 형사정책자문위원회 위원
사법시험, 변호사시험, 행정고시, 입법고시, 경찰승진, 5급, 7급, 9급 출제위원
법무부 가석방심사위원회 위원, 강원도 소청심사위원회 위원장
국립강릉원주대학교 법학과 교수
국립강릉원주대학교 대학원장. 전국대학원장협의회 회장

[최근 저서 및 논문]
『신형사소송법』, 『미국형사소송법개요』, 『서초동 0.917』, 『미국형사소송 실무와 절차』
권리로서의 피해자진술권 확보방안
수사절차상 압수·수색제도에서의 인권보장 방안 외 다수

생활과 법률[제4판]

2023년 9월 1일 제 4 판 발행
2019년 2월 15일 제 3 판 발행
2017년 2월 20일 개정판 발행
2016년 9월 12일 초 판 발행

저 자 오경식
발행인 이구만
발행처 유원북스
04091 서울특별시 마포구 토정로 222,
한국출판콘텐츠센터 416호
대표전화 (02)593-1800 Fax (02)6455-1809
등록 2011. 9. 6. 제25100-2012-3호
www.uwonbooks.com uwbooks@daum.net

정 가 29,000원 ISBN 979-11-6288-174-3 03360